ENCICLOPÉDIA DA
NUVEM

Preencha a **ficha de cadastro** no final deste livro
e receba gratuitamente informações
sobre os lançamentos e as promoções da Elsevier.

Consulte também nosso catálogo
completo, últimos lançamentos
e serviços exclusivos no site
www.elsevier.com.br

LULI RADFAHRER

ENCICLOPÉDIA DA

NUVEM

100 oportunidades e 550 ferramentas online
para inspirar e expandir seus negócios

© 2012, Elsevier Editora Ltda.

Todos os direitos reservados e protegidos pela Lei nº 9.610, de 19/02/1998.

Nenhuma parte deste livro, sem autorização prévia por escrito da editora, poderá ser reproduzida ou transmitida sejam quais forem os meios empregados: eletrônicos, mecânicos, fotográficos, gravação ou quaisquer outros.

Revisão: Edna Cavalcanti e Roberta Borges
Editoração Eletrônica: Estúdio Castellani

Elsevier Editora Ltda.
Conhecimento sem Fronteiras
Rua Sete de Setembro, 111 – 16º andar
20050-006 – Centro – Rio de Janeiro – RJ – Brasil

Rua Quintana, 753 – 8º andar
04569-011 – Brooklin – São Paulo – SP – Brasil

Serviço de Atendimento ao Cliente
0800-0265340
sac@elsevier.com.br

ISBN 978-85-352-4822-7

Nota: Muito zelo e técnica foram empregados na edição desta obra. No entanto, podem ocorrer erros de digitação, impressão ou dúvida conceitual. Em qualquer das hipóteses, solicitamos a comunicação ao nosso Serviço de Atendimento ao Cliente, para que possamos esclarecer ou encaminhar a questão.

Nem a editora nem o autor assumem qualquer responsabilidade por eventuais danos ou perdas a pessoas ou bens, originados do uso desta publicação.

CIP-Brasil. Catalogação-na-fonte
Sindicato Nacional dos Editores de Livros, RJ

R12e

Radfahrer, Luli
  Enciclopédia da nuvem : 100 oportunidades e 550 ferramentas online para inspirar e expandir seus negócios / Luli Radfahrer. – Rio de Janeiro : Campus : Elsevier, 2012.
  23 cm

  ISBN 978-85-352-4822-7

  1. Negócios – Recursos de rede de computador. 2. Internet. 3. Administração de empresas – Recursos de rede de computador. 4. Comércio eletrônico. 5. Sucesso nos negócios. 6. Marketing na Internet.
  7. Redes sociais on-line. 8. Mídia social. I. Título. II. Enciclopédia da nuvem : cem oportunidades e cento e ciquenta ferramentas online para inspirar e expandir seus negócios.

12-0803.

CDD: 658.872
CDU: 658.879

*à Paula,
meu foco em meio a tantos estímulos.*

Agradecimentos: Este livro não seria possível sem o apoio dos muitos cérebros que me ajudaram com sua visão, experiência, bom-senso e inspiração. Em especial Paula Romano, Tales Cione, Manoel Lemos, Celso e Wanda Antunes, Roberto e Sonia Cusma Romano, Marco Pace, José Antonio Rugeri, Leandro Mayer, Tiago Baeta, Felipe "Proto" Raffani, Gabriel Prado, Carlos Gurgel, Juliano Spyer, André Passamani, Kauê Linden, Paulino Michelazzo, Ruy Reis, Luiz Yassuda, André Pontual, Fernando dos Santos, André Ghion, alunos e colegas da ECA-USP, leitores de minhas colunas na *Folha de S. Paulo* e toda a comunidade que me acompanha e inspira nas mídias sociais. Por mais que não possam ouvir, gostaria de reconhecer a importância de Andy Warhol, Marshall McLuhan e Timothy Leary por mudarem, com sua forma de pensar, minha forma de compreender o mundo digital. A todos que por acaso esqueci – porque agradecimentos são incompletos e injustos – e a você que investe seu precioso tempo e dinheiro nesta leitura, meu humilde e sincero obrigado. Espero corresponder às expectativas.

Sumário

Prefácio xi
Introdução xii
Para quem é este livro xvi
Minha definição de nuvem xvii
Como funciona este livro xviii
Desafios para empresas xx
Dez caminhos a seguir xxii
Tabela 1: propostas xxiv
Tabela 2: ferramentas e serviços . . . xxvi
Tabela 3: cases e sugestões xxviii

1. Desenvolvimento pessoal e profissional — 2

Blogs de empresas 4
SquareSpace, Movable Type Enterprise,
ExpressionEngine, Symphony 5
Medição de influência 6
Klout, Peerindex,
Influencer Exchange, Tweetlevel 7
Redes sociais privadas 8
Ning, SocialGo,
Elgg, Groupsite 9
Fornecedores e freelancers 10
Elance, Freelancer,
Odesk, The Resumator 11
Contato remoto 12
MSN /Lync, Skype, Campfire, Google Talk . . 13
Otimização de tempo 14
Timesheets, Intervals, Fengoffice, Harvest . . 15
Gamificação 16
Bigdoor, Badgeville, Bunchball, Gamify . . 17
Mapas mentais 18
Mindmeister, Freemind,
Spicynodes, Wordle e Tagxedo 19
Tomada de notas 20
Evernote, Diigo,
SpringNote e Privnote, Writeboard 21
Fluxo de caixa 22
ContaAzul, Sol Financeiro,
Granatum, Kashoo 23

2. Empreendedorismo, carreira e iniciativa — 24

Miniblogs de diretoria 26
Posterous, Concrete5,
GetSimple, LightCMS 27

Administração de cenários 28
Busca no Twitter, What The Trend Pro
Topsy, TweetReach 29
Redes profissionais 30
Linkedin, Plugins,
Linkedin Answers, Google+ 31
Fóruns de especialistas 32
Quora, StackOverflow,
Blekko, Perguntas Facebook 33
Audiolivros 34
Audible, iTunes,
TextAloud e Ivona, Google Tradutor 35
Tutoriais 36
Treina Tom, Bloomfire, Litmos, Twiki . . . 37
Listas de tarefas 38
Toodledo, Remember The Milk,
Wunderlist, Coolendar 39
Apresentações gerenciais 40
Slideshare, Animoto, Prezi, XMind 41
Biografias profissionais 42
AboutMe, Flavors.me, Meadiciona, Zerply . . 43
Compartilhamento de documentos . . 44
Dropbox, Yousendit,
FileFactory, Box 45

3. Educação continuada — 46

Material didático 48
Moodle, eFront, Ilias, Engrade 49
Compilação social 50
Paper.li, PostPost, Linkedin Today, NewsMap . 51
Salas de aula 52
PBWorks, CollaborizeClassroom,
Grou.ps, Edmodo 53
Fóruns de suporte 54
IP Board, PHPbb,
BuddyPress e BbPress, Vanilla 55
Podcasts educativos 56
SoundCloud, Looplabs, Myna,
Soundation Studio 57
Ensino compartilhado 58
MITWorld e OpenCourseware
FORA.TV e TED, iTunesU,
GoogleModerator 59
Gestão de conhecimento 60
Drupal, Joomla, Plone, Liferay 61
Screencasts 62
Phoenix e Raven, Zamzar,
Screencast-o-matic, Qwiki 63
Debates 64
Disqus, IntenseDebate
SocialCast, BoltWire 65
Direitos de reprodução 66
CreativeCommons, Software livre
SaaS, CopyScape 67

4. Formação de equipes e gestão de projetos — 68

Atualizações de status 70
Huddle, Clarizem,
Glasscubes, KnowledgeTree 71
Rádio-peão 72
Yammer, Ididwork, Chatter, Present.ly . . . 73
Gerenciamento de projetos 74
BaseCamp, Gantter,
WizeHive, Produceev 75
Wikis de colaboração 76
MediaWiki, TikiWiki,
Wikispaces, WikiMatrix.org 77
Administração de viagens 78
TripIt, TimeOff manager,
Kayak, TripAdvisor 79
Documentos coletivos 80
Google Docs, ZoHo Docs,
Office Web Documents, LiveDocuments . . 81
Colaboração interna 82
Sazneo, Do,
Smartsheet, Foswiki 83
Apresentações coletivas 84
Sliderocket, Empressr, LibreOffice Impress,
Knoodle 85
Registro de processos 86
Xwiki, Teamlab,
DokuWiki, ScrewTurnWiki 87
Pagamentos 88
Paypal, Pagamento Digital,
MOIP e PagSeguro, Peela 89

5. Fluxo de trabalho e administração de tempo — 90

Blogs internos 92
Wordpress, Alfresco,
TextPattern, CmsMatrix.org 93
Miniblogs 94
Tumblr, Soup,
Webdoc, Temas para CMS 95
Aplicativos sob medida 96
Google Apps, Podio, ZoHo Creator,
AppExchange e Force.com 97
Acompanhamento de processos . . . 98
Office365, Google Sites,
ZoHoWiki, MODxRevolution 99
Escritório móvel 100
QuickOffice, Jolicloud,
AmoebaOS, Documents2Go 101
Salas virtuais de reunião 102
TokBox, Imeet,
Infinite Conferencing, Vyew 103
Geolocalização social 104
Apontador API, FourSquare API,
GoogleMaps API, SimpleGEO 105

Diagramas 106
Lucidchart, Gliffy,
Product Planner, Creately 107
Registros coletivos 108
MindTouch TCS, ActiveCollab,
BitWeaver, Confluence 109
Privacidade 110
TOR, DuckDuckGo,
Splunk, KeePass 111

6. Estratégia
e inteligência competitiva 112

Painéis de controle 114
QlikView, Geckoboard,
Klipfolio, RoamBI 115
Benchmarking 116
SocialBakers, Twitalyzer,
Likester, TwitterCounter 117
Sumários executivos 118
Scribd, GetAbstract,
BizSum, Google Acadêmico 119
Visualização dinâmica 120
MicroStrategy, Tableau,
Spotfire, Bime 121
Pesquisas customizadas 122
Pandaform, Wufoo,
SurveyMonkey, GoogleForms 123
Análise de métricas 124
Google Analytics, ChartBeat,
KissMetrics, Digital Analytix 125
Grupos de trabalho 126
Grupos do Linkedin, Grupos do Google,
Socialengine, Grupos do Facebook 127
Visualização de dados 128
ManyEyes, Protovis e D3, Axiis, Flare . . . 129
Startups e incubação 130
Kickstarter, Catarse, Conceptfeedback,
StartupNation, PlanHQ 131
Redes distribuídas 132
Bit Torrent, Usenet, SourceForge, GitHub . . 133

7. Comunicação empresarial
e proposta de valor 134

Blogs de produtos 136
Blogger, Weebly, Cubender, SnapPages . . . 137
Monitoramento de mídias sociais . . . 138
Brandwatch, Radian6,
Scup, Livebuzz 139
Credibilidade 140
Certificação e-bit, Confiômetro,
ReclameAqui, Portais 141
Help desk 142
Zendesk, Kampyle,
UserVoice, GetDashboard 143

Planejamento estrutural 144
Mockflow, Pidoco, Balsamiq, Axure 145
E-books e revistas online 146
Issuu, Yudu, Calaméo, Wobook. 147
Promoções 148
Groupon, Peixe Urbano, Saveme, Buscapé 149
Streaming 150
Brightcove, Livestream, Ustream, Justin.tv 151
Histórias visuais 152
Storify, Memolane, Curated.by, Pearltrees . 153
Superdistribuição 154
Trending Topics, Loadimpact,
Repositórios, Qik. 155

8. Criatividade, inovação e tendências 156

Seleção de informação 158
Instapaper, Xmarks, Evernote Clearly,
CoolIris 159
Lembretes 160
RememberTheMilk, MyEN,
FollowUpThen, Twitterfeed 161
Redes de especialistas 162
ResearchGate, Xing, Plaxo, Focus 163
Direção da criação 164
Cozimo, Conceptshare,
Vyoopoint, Bounce 165
Aplicativos para smartphones 166
Apple app store, Android Market,
Amazon app store, GetJar 167
Previsão 168
Google Insights, Hunch,
WolframAlpha, Freebase 169
SEO 170
Webmaster Tools, SEOmoz,
SEO for Firefox, Yslow 171
Bancos de imagens 172
Flickr e acessórios, DeviantArt,
iStockPhoto, Pinterest 173
Linhas do tempo 174
Dipity, Tiki-Toki, TimeToast, Preceden . . . 175
Registro de identidade 176
Oauth, OpenID,
Facebook Connect, Lastpass 177

9. Marketing e CRM 178

Redes de publicidade digital 180
Google: rede de busca e conteúdo,
boo-Box, HotWords 181
Gerenciamento de mídias sociais . . 182
SproutSocial, Hootsuite,
Seesmic, CoTweet 183
E-mail marketing 184
MailChimp, Mail2Easy,
Virtual Target, Icontact 185

CRM 186
Salesforce, ZoHo CRM, WorkETC, Solve360 187
Acesso remoto 188
LogMeIn, GoTomyPC,
Radmin, TeamViewer 189
Vendas 190
Applane, Assistly,
Batchbook, Fcontrol 191
Jogos sociais 192
Aplicativos Facebook, OpenSocial,
Twitter API, Empireavenue 193
Webdesign 194
960 grid system, Google Web Fonts,
IE NetRenderer e Spoon, ACChecker 195
Administração de eventos 196
EventBee, RegOnline, Amiando, Lanyrd . . . 197
Memes e tendências 198
Digg, Del.icio.us,
StumbleUpon, 4Chan 199

10. Branding,
publicidade e promoção 200

Websites temporários 202
Webs, Wix, Jimdo, Webnode 203
Perfil da empresa 204
Página Linkedin, Canal Slideshare,
Perfil no Twitter, Brand App 205
Páginas em redes sociais 206
Páginas Facebook, Pagemodo,
Comunidades Orkut, Redes de nicho 207
Crowdsourcing 208
Edistorm, Ideascale,
Wridea, StormWeight 209
Serviços de localização 210
Google Locais, FourSquare,
Facebook Locais, Google Latitude 211
Comércio eletrônico 212
Magento Go, PrestaShop,
Goodsie, Bondfaro 213
Advergames 214
Unity3D, Flash, JavaFX, XNA 215
Focos de atenção 216
AttentionWizard, CrazyEgg,
ClickTale, ClickHeat 217
TV promocional 218
Canais YouTube, Vimeo,
Videolog, GetGlue 219
Landing Pages 220
Visual Website Optimizer, Unbounce,
Verify, Fivesecondtest 221

Considerações finais 222
Leituras complementares 224
O autor 224
Índice alfabético remissivo 225

Prefácio

Manoel Lemos, CTO da Editora Abril

Os primeiros computadores apareceram no início dos anos 40. Eles não passavam de grandes e desajeitadas máquinas de calcular eletromecânicas. Setenta anos mais tarde, o tamanho de sua revolução é incrível. Saímos da singela capacidade de um cálculo realizado por segundo para cada mil dólares de hardware e chegamos à casa dos dez bilhões de cálculos realizados por segundo para os mesmos mil dólares em equipamento. Esta evolução da capacidade computacional que muda tudo a nossa volta: como nos comunicamos, como nos relacionamos, como percebemos e manipulamos o mundo e a vida. Nos últimos 20 anos vimos a explosão da Internet, da computação gráfica em Hollywood, a popularização da medicina não invasiva e o surgimento de dispositivos como o iPhone e o iPad, entre outros.

Vivemos em tempos exponenciais. Cada nova onda de inovação acelera a onda seguinte e isto tem um impacto tremendo na velocidade da evolução tecnológica e no que acontecerá nas próximas décadas. Pensando novamente em termos computacionais, o que veremos acontecer nos próximos trinta anos será inimaginável, já que a capacidade computacional atual crescerá cerca de um milhão de vezes. Não há como imaginar o que isto pode significar na evolução de todas as outras áreas, mas é possível ter certeza de que muito do que hoje é apenas imaginável será possível até lá.

No epicentro desta transformação está a Internet, que desmaterializou a informação e afetou praticamente todos os segmentos de mercado. Ninguém foi poupado. Negócios baseados no comércio de informações, como é o caso da mídia, foram atingidos em sua mais profunda natureza e tiveram suas leis fundamentais praticamente invertidas. Negócios mais tradicionais, como a venda de mercadorias, foram desafiados a lidar com escalas gigantescas. Mais profundas ainda são as mudanças que a Internet está causando na sociedade a na maneira como nos relacionamos. Cada vez mais conectados à rede, a noção de distância e tempo se perde em um mundo em que crianças de países diferentes travam batalhas em mundos virtuais ou formam bandas e ensaiam a distância através de conferências via Skype. Amizades, relações, interesses e interações são registrados em uma gigantesca e pulsante estrutura de dados digital, chamada de grafo social. Milhares de serviços, sustentados por milhões de linhas de código de computador sendo executadas na nuvem mineram esta estrutura a cada segundo atrás de padrões dos mais variados tipos, criam novos negócios, provocam maiores interações e até nos ajudam a descobrir coisas a nosso respeito que não sabíamos.

É neste contexto que este livro se encontra. Ele não pretende ser um mapa, já que a geografia da rede muda a cada segundo, mas busca detalhar padrões visíveis na paisagem. Ao destacar os principais componentes e explicar seu funcionamento e papel dentro desta complexa organização, ele permite a cada um encontrar sua própria orientação. A melhor maneira de entender a rede é conhecer e experimentar o maior número possível de serviços. Juntos eles codificam o *modus operandi* da rede e oferecem soluções pensadas por empreendedores e hackers para virtualmente quase todos os problemas do mundo físico.

É hora de içar suas velas e se preparar para navegar por um mar de águas agitadas, mas cheio de possibilidades. Bons Ventos!

Wikitannica?
Nem Wikipedia, nem Encyclopædia Britannica

Uma curva exponencial, em seu início, é parecida com uma horizontal. As grandezas que ela registra crescem tão lentamente que é fácil considerá-la estática. Até chegar o dia em que suas variáveis alcancem a massa crítica necessária para movê-la. A partir desse ponto, como um tsunami no horizonte, seu crescimento é certeiro e evidente, engolindo o que estiver no caminho e se recusar a compreendê-la. A exponencial daí se assemelha a uma vertical, e parece inatingível. No entanto ela sempre foi a mesma.

Até há pouquíssimo tempo as mudanças eram lentas e a informação, escassa. Sem aviso, de repente tudo mudou e continua a mudar, de forma desordenada, crescente e acelerada. Atordoadas, muitas empresas se paralisam, atrasando decisões importantes em busca de dados mais sólidos. Alguns de seus executivos chegam a acreditar seriamente que esse ritmo não tem condições de se sustentar e esperam que a "moda" da Internet acabe e as coisas voltem a ser como eram.

Por mais que o futuro seja desejável, o passado sempre será mais confortável. Todos já estiveram nele, suas regras são conhecidas e não demandam novos aprendizados que, em muitos aspectos, só aumentam as inseguranças. Olhando para trás, é fácil identificar que tecnologias dariam certo e porquê. Para frente, tudo o que se tem são especulações. E assim se avança para o futuro repetindo erros por tradição, preguiça ou teimosia, continuando na mesma posição até que uma crise force a mudança. Para só daí perceber que ela deveria ter acontecido há um bom tempo.

O modelo de negócio baseado em bens e escassez foi, durante os últimos séculos, praticamente a regra geral. Ninguém de bom-senso seria capaz de contestá-lo. Mas à medida que o mundo se tornou mais bem informado e conectado, parte importante da economia se virtualizou na forma de serviços. A Internet deu corpo e volume para essa tendência, criando impérios como Google, Facebook, Salesforce ou Amazon cujo funcionamento seria inexplicável há meros 25 anos. Nesse mundo de informação e serviços populares e baratos a escassez vem sendo rapidamente extinta.

A transformação é grandiosa, e nem mesmo a própria Internet está livre de seus efeitos. Na virada para o século XXI o que se chamava de grande rede mundial de computadores era um esboço para os padrões atuais. Todo o tráfego de dados que corria por ela era menor do que é utilizado hoje por um só produto – o YouTube, criado em 2005.

A digitalização cria novos desafios à medida que resolve problemas passados, em um processo de complexidade crescente e desequilíbrio permanente, em que não há estado ideal ou final. Nunca se poderá dizer que o mundo foi computadorizado ou digitalizado para sempre, nem ao menos compreender o que isso significa. A ideia de problemas resolvidos ou ambientes perfeitos é uma ilusão de controle típica do tempo das manufaturas.

É fundamental compreender o progresso em sua verdadeira forma. Pulverizações, concentrações e mudanças de opinião serão cada vez mais comuns daqui para a frente. A ideia de permanecer em "beta" perpétuo está mais para uma estratégia de sobrevivência do que de marketing.

Tecnologias são a manifestação física de ideias. Como toda ideia, nascem para se procriar. Boas ideias podem dar errado por excesso de popularidade. Outras podem falhar porque tornam possíveis novos problemas que jamais existiriam sem elas. Computadores e smartphones velozes e conectados permitem o trabalho ininterrupto e forçam seu usuário a jornadas de intensidade e duração nunca imaginadas. Em zonas de guerra, estilhaços de mísseis interceptados caindo aleatoriamente podem provocar mais danos do que os mísseis em si. Por isso é fundamental compreender o progresso em sua verdadeira forma. Pulverizações, concentrações e mudanças de opinião serão cada vez mais comuns daqui para a frente. A ideia de permanecer em "beta" perpétuo está mais para uma estratégia de sobrevivência do que de marketing.

Estamos saindo de um sistema em que a forma seguia a função e que tudo fazia sentido mecânico para um ambiente simbólico em que as máquinas morrem mais rápido do que seus usuários e as ideias cabem em antenas ou chips, e podem ser mudadas a qualquer instante. Os novos objetos, como um iPad, por exemplo, tem formas completamente genéricas e recebem cada vez mais funções específicas.

O mundo digital e interconectado não é melhor nem pior que o anterior, só é diferente. Nele, hábitos, tradições e continuidade perdem terreno para a flexibilidade, mobilidade, imaginação e criatividade. Não é perfeito nem infalível, mas busca sua resiliência no apoio de seus pares. Está mais para uma sociedade do que para um gênio, mais para uma família do que para uma máquina.

Este livro não se propõe a estudar extensivamente cada uma das cerca de 550 funcionalidades propostas, nem a dizer a empreendedores ou gestores de empresas consolidadas como tocar seus negócios. Tampouco se propõe a sugerir a profissionais de TI abordagens alternativas às estruturas criadas com tanta pesquisa. Ele foi escrito para servir como material de referência, um guia para ajudá-lo a elaborar suas estratégias dentro desse novo cenário. Se parece estranho que um volume tão pequeno como este se proponha a ser uma enciclopédia, é porque a Internet mudou a ideia que se tinha delas.

Para falar de enciclopédias, nada melhor do que citar a *Wikipédia*, a mais consultada hoje em dia. Segundo ela, "uma enciclopédia é uma obra de referência, compêndio que sumariza as informações de uma área particular de conhecimento. São divididas em artigos ou tópicos, maiores e mais detalhados do que os encontrados na maioria dos dicionários e, diferente deles, não tem por foco informações linguísticas ou vernaculares, mas factuais. Seu nome vem de *enkyklios paideia*, ou educação geral".

A organização enciclopédica segue a definição clássica, feita por Diderot e os enciclopedistas franceses no século XVIII, que buscavam coletar a informação disseminada pelo mundo em um sistema que a classifique e auxilie os que ainda não tinham acesso a ela. Da mesma forma que a enciclopédia original não pretendia substituir os livros pesquisados mas, pelo contrário, popularizá-los, esta procura começar aqui e continuar na rede. Seu uso é importante porque chegamos em uma época em que, atordoados por excesso de informação, todos procuram critério.

Como vários dos serviços online listados aqui, que se apresentam espartanos, em poucas páginas e com uma aparente simplicidade a ocultar um trabalho dedicado, esta pesquisa analisou extensivamente mais de 1.500 soluções online para os diferentes processos empresariais, buscando respostas às perguntas cada vez mais comuns, como *"devo fazer um blog para minha empresa?"; "Como selecionar currículos?"; "Esse fornecedor que o Google mostra é confiável?"; "Que fonte de informação posso levar em conta?"; "Qual a melhor forma de usar o YouTube?"; "Devo liberar o acesso às mídias sociais dentro da empresa?"; "Para que criar um aplicativo?"* e tantas outras.

Não há, naturalmente, resposta simples ou definitiva para essas questões. A Internet é cada vez mais social e interativa, por isso sujeita às dinâmicas de quem participa de suas redes. A melhor (talvez a única forma) de administrar as mudanças está em buscar, sempre que possível, compreender o comportamento e a demanda que se escondem por trás de cada novo jargão.

O livro foi concebido para ajudar nos debates mais recentes no mundo corporativo, como *a insatisfação crescente dos funcionários; novas formas de avaliação de desempenho; validade de cursos de extensão; neces-*

sidade de competências diversas e complementares; restrições de sigilo em ambientes colaborativos; dificuldade em transmitir a versão oficial de um fato; multiplicidade de tendências de validade questionável; mercado consumidor microssegmentado, entre tantos. Para facilitar a consulta, as áreas empresariais foram reunidas em dez grupos *complementares*:

DESENVOLVIMENTO PESSOAL E PROFISSIONAL
EMPREENDEDORISMO, CARREIRA E INICIATIVA
EDUCAÇÃO CONTINUADA
FORMAÇÃO DE EQUIPES E GESTÃO DE PROJETOS
FLUXO DE TRABALHO E ADMINISTRAÇÃO DE TEMPO

ESTRATÉGIA E INTELIGÊNCIA COMPETITIVA
COMUNICAÇÃO EMPRESARIAL E PROPOSTA DE VALOR
CRIATIVIDADE, INOVAÇÃO E TENDÊNCIAS
MARKETING, CRM E CONTATO COM O CONSUMIDOR
BRANDING, PUBLICIDADE E PROMOÇÃO

Desde o surgimento dos computadores em empresas, não faltam aplicativos procurando criar um sistema central que administre todas as questões internas. Com a multiplicidade de serviços digitais disponíveis, uma solução dessas não é mais possível. Mesmo que existissem processos capazes de gerir absolutamente todos os aspectos do ambiente contemporâneo de trabalho, eles provavelmente seriam tão complexos e burocráticos que sua aplicação seria inviável. Sem contar que qualquer atualização poderia causar uma crise de gestão. Este é, de fato, o problema de muitas soluções de administração digital.

Isso acontece porque cada área (em alguns casos, cada executivo) tem necessidades específicas e precisa de ferramentas cada vez mais precisas para tratar delas. Por isso, aos poucos, a ideia do *Grande Sistema* vem sendo substituída por uma série de aplicativos pequenos, integrados, rápidos e objetivos que, como bons assistentes, resolvem problemas específicos com precisão, sem maiores burocracias. A grande novidade dos novos aplicativos é a multiplicidade de serviços cujos processamento e armazenamento podem ser feitos via Internet, ou "na nuvem".

Cada um dos 100 capítulos deste livro buscará conceituar uma nova abordagem, propor recomendações e cuidados ao aplicá-la, sugerir ferramentas ou serviços para sua implementação e ilustrar com cases de sucesso ou exemplos de aplicação. Para facilitar sua apresentação, as soluções foram agrupadas em dez áreas:

BLOGS, CURADORIA, EXPRESSÃO E INDEPENDÊNCIA
MICROMÍDIA, TWITTER E IMPULSO
REDES SOCIAIS, GRUPOS E COMUNIDADES
FÓRUNS, WIKIS, REPUTAÇÃO E EMPOWERMENT
MOBILIDADE, LOCALIZAÇÃO E IDENTIFICAÇÃO

NOMADISMO E COMPARTILHAMENTO
COLABORAÇÃO, COMPETIÇÃO E JOGOS
DESIGN, IDENTIDADE E ACESSIBILIDADE
NARRATIVAS TRANSMÍDIA E GERAÇÃO DE VALOR
PRIVACIDADE, SIGILO E SUBVERSÃO

Ferramentas podem ser utilizadas de várias formas e aplicadas em diferentes departamentos. Por isto o guia deve ser visto como orientação, não como determinação. Alguns produtos e serviços são mais versáteis, outros mais específicos. Procurei destacar sua característica principal ou mais aplicável ao problema em questão, mas isso não significa que seja a única, nem mesmo a mais importante. O mercado é volátil, novas empresas surgem a cada instante e nada impede que as ferramentas evoluam. É isso o que as torna tão fascinantes. As soluções propostas foram selecionadas para atender a três condições:

• **Aplicabilidade** — atenderem a demandas comuns a diversas empresas e a seus funcionários, independentemente de segmento ou tecnologia, com o menor nível técnico necessário;

• **Popularidade** — serem conhecidas, se possível testadas por uma massa crítica consistente de milhões de usuários, em diversos tipos e tamanhos de empresa; e

• **Flexibilidade e Custo** — serem gratuitas ou de baixo custo (salvo raras exceções) terem código aberto ou permitirem uma grande customização de suas funcionalidades.

O resultado da pesquisa é um cardápio de opções tecnológicas, muitas delas combináveis de diversas formas. Não se espante se por acaso encontrar uma aplicação inusitada para uma ferramenta que você já conhece. Boas ideias são ainda melhores quando usadas em ambientes conhecidos.

É possível que várias empresas usem eficientemente soluções não listadas aqui. Como o foco da pesquisa é inovação, versatilidade e inspiração, em nenhum momento ela procurou elencar todas as soluções existentes, até porque a velocidade do mercado torna essa tarefa praticamente impossível. Por esse motivo foram deixadas de lado soluções cuja instalação depende de equipes especializadas ou orçamentos customizados. Não há nenhuma restrição a esses produtos consolidados, muito pelo contrário. Eles foram deixados de lado por seu alto custo ou complexidade de instalação e manutenção, o que dificultaria seu acesso a novos empreendedores, gestores de forças-tarefa e administradores de pequenas e médias empresas. Por este motivo soluções corporativas de grande porte foram excluídas.

A distribuição de ferramentas procurou ser bastante pulverizada. No entanto, certas empresas, em especial o Google, investem pesadamente na criação de novos segmentos ou de ferramentas especializadas e integradas, o que é exatamente o foco deste livro. Por isso há tantas citações a seus produtos e serviços. De qualquer forma não há favorecimento em espécie alguma. Todos os serviços foram extensivamente testados e selecionados por serem os mais relevantes, inovadores ou inspiradores do mercado. Sua classificação não deve ser vista como divisão estática, mas como orientação e aproximação temática para facilitar a escolha. Algo parecido com as divisões de filmes ou videogames em gêneros.

Antes de começar a leitura, vale um alerta: apesar de muitas das ferramentas expostas serem de fácil aplicação, elas podem modificar substancialmente a forma como são feitos negócios e se estabelecem relações, dentro e fora da empresa. Por isso é fundamental avaliar os riscos e o impacto de eventuais mudanças, aplicá-las com cuidado e acompanhá-las de perto. Sempre que possível faça cursos, consulte especialistas e monitore a mudança, para se prevenir contra as armadilhas do acaso, fracasso e sucesso.

Sucesso? Pois é. No mundo digital imprevisível, o sucesso repentino pode ser um enorme problema. Ele pode provocar a falta de recursos, de capacidade de armazenamento, de banda, de disponibilidade e tecnologia em servidores e, principalmente, da falta de uma equipe dimensionada corretamente para cuidar da tarefa. Isso torna a qualidade do serviço instável e a inovação, questionada. É fácil colocar um satélite em órbita. Difícil é administrá-lo, evitar que se choque outros corpos em movimento e que se queime na reentrada.

Por fim, vale lembrar que livros sempre se desatualizam. Em caso de dúvidas específicas ou sugestões, consulte *http://www.luli.com.br/nuvem* e, para suporte e atualização, os sites dos fornecedores.

Seja bem-vindo. A casa, afinal, é sua.

Para quem é este livro
Gestores de todos os níveis podem (devem) consultá-lo

Este não é um livro técnico para profissionais de TI. É um livro de negócios, para todos. Por ter o formato de uma enciclopédia, sua função é apresentar, ilustrar e sugerir novas ferramentas e possibilidades. Não faria sentido restringir sua leitura aos poucos que já dominassem um determinado jargão ou conhecimento técnico. Tampouco é destinado àqueles que desconhecem a Internet, seu histórico, como funcionam browsers, e-mail, sistemas de notificações e mensagens instantâneas, redes sociais ou repositórios de imagens.

A seleção da informação e a forma de apresentação deste livro segue um princípio utilizado por boa parte dos aplicativos e serviços bem-sucedidos. Photoshop e Excel, por exemplo, não desperdiçam o tempo de novos usuários tentando ensiná-los a usarem por inteiro suas tecnologias. Pelo contrário, deixam acessível o que é mais relevante para rápido aprendizado, facilitando o acesso em um nível intermediário que seja satisfatório.

É para este intermediário perpétuo que o livro foi desenvolvido. Alguém que esteja razoavelmente à vontade com o que conhece, até motivado a aprender, porém ocupado demais para mergulhar em milhares de fóruns em busca da ferramenta mais adequada. Ele pode ser usado como material de referência para **administradores de pequenas e médias empresas** ao sugerir áreas a automatizar, integrar, terceirizar ou expandir. **Empreendedores** podem usá-lo para transformar seus planos de negócios em pequenos protótipos, baratos e interativos e expor melhor suas ideias a potenciais interessados. **CEOs** têm nela um potencial de brainstorm e desenvolvimento de novas áreas da empresa, da mesma forma que **gestores de departamentos, equipes e forças-tarefa** podem usar algumas de suas ferramentas para aumentar a eficiência e o registro de seus projetos. Do lado de fora das empresas, **profissionais autônomos e freelancers** podem utilizá-la para reforçar sua presença de marca e amplificar a gama de serviços que oferecem. Como toda enciclopédia, há um pouco de tudo para todos.

Uma única restrição, típica da Internet, é algum conhecimento da língua inglesa, já que a maioria dos sites (ainda) não tem versão em português.

Este livro é agnóstico. Não defende plataformas, tecnologias, atitudes ou modelos de negócios, já que isso prejudicaria a análise cuidadosa de cada ferramenta e prática. No entanto, para evidenciar as principais características de cada serviço é preciso tomar posição. Isso fará com que algumas páginas, lidas em sequência, pareçam esquizofrênicas. Para falar de análise de métricas, por exemplo, é preciso defender a marcação de cada interação de usuário, estabelecendo um ambiente de constante vigilância. Para falar de privacidade é preciso defender o contrário e propor o completo anonimato.

Qual abordagem é a correta? Não cabe a este livro dizer. Acredito que o amplo conhecimento de todas as técnicas e práticas levam a uma abordagem madura e consciente da rede e das ferramentas à disposição de ideias consistentes e empreendimentos bem estruturados, reforçando-os e amplificando sua atuação.

Mas é preciso critério para usar e administrar essas informações, caso contrário as tecnologias se acumularão e se misturarão, gerando uma paralisia por excesso de opções e falta de estratégia. A melhor forma de estabelecer critério é gerir adequadamente as ferramentas à medida que surgem as necessidades, desenvolvendo-as conforme o feedback de seus usuários, em uma relação construtiva.

Minha definição de nuvem
Do que, afinal, trata esta enciclopédia?

Quando alguém se propõe a fazer uma enciclopédia de algo, deve começar por defini-lo, para deixar mais claro seu escopo. Em círculos técnicos, "nuvem" é sinônimo de rede, em especial de Internet. Mas esta não é uma enciclopédia de Internet. É de parte dela, a que abrange aplicativos e serviços hospedados ou processados remotamente, usando a rede mundial como estrutura, intermediário ou objeto final de sua ação.

Boa parte das empresas com produtos nessas condições os classifica sob a categoria de **SaaS** (*Software como Serviço*, em inglês), em que o algoritmo não é mais vendido a seu usuário final, mas "alugado" de servidores remotos, processado por máquinas dedicadas e entregue na forma de interface. A casa das máquinas fica distante – algumas vezes é distribuída – e tudo o que se vê é o balcão de atendimento. Muitas redes sociais e aplicativos complexos parecem amigáveis porque boa parte do trabalho pesado não é visível.

Nem todos os recursos citados neste livro são aplicativos online (chamados aqui ferramentas). São chamados serviços as redes sociais e ambientes cujas tarefas não podem ser automatizadas ou que dependam de interações com outras pessoas. A divisão serve apenas para facilitar a compreensão. GMail, por exemplo, é chamado de ferramenta. Já Linkedin e Slideshare são serviços. Este livro aborda aproximadamente 340 ferramentas e 220 serviços, além de mais de 130 cases com exemplos de situações.

Sob muitos aspectos, a computação em nuvem propicia uma grande ajuda a empresas de diversos tamanhos – em especial a estruturas pequenas e médias, como departamentos, forças-tarefa, grupos específicos e empreendedores. Os produtos e serviços oferecidos podem ser acessados instantaneamente, gratuitamente ou a custo muito baixo, com grande agilidade e flexibilidade. Tudo isso sem demandar trabalho extra das áreas de planejamento ou infra-estrutura, como RH, Compras ou TI. Com isso é possível dar corpo a ideias sem esperar aprovações de orçamentos ou alocações de recursos, facilitando a criação de protótipos e a discussão de novas ideias.

Ao centralizar o processamento, as funcionalidades disponíveis na nuvem se encarregam da parte técnica e deixam seus usuários livres para conceber novas ideias de produtos. A maioria deles é acessível por um browser, como o Firefox, Chrome, Opera ou versões mais novas do Internet Explorer, e compatível com diversas plataformas, independentemente de memória, sistema operacional ou espaço em disco. Boa parte também é compatível com smartphones e tablets, e acredita-se que esta parcela tenda a crescer nos próximos anos.

Mas nem tudo é belo no mundo da nuvem: é preciso avaliar com cuidado os preços dos produtos oferecidos, pois eles podem sair muito mais caros do que soluções conhecidas, já instaladas e igualmente eficientes. Por mais que seja tentador pensar em um sistema que armazene remotamente os dados a um valor ínfimo mensal, vale lembrar que, ao longo de um ano, esse pequeno montante pode custar bem mais caro do que um igualmente portátil e acessível pen drive.

Outros serviços, mesmo sendo mais baratos ou apresentando funcionalidades incomparáveis, podem cobrar por usuário, o que torna o preço do sucesso de uma empreitada medido na conta bancária. Isso sem falar de outros custos implícitos, como os de suporte, banda, administração e atendimento ao consumidor.

A privacidade é outra questão que ainda não chegou a uma resposta satisfatória. Mais obscura do que ela é a propriedade dos dados. Antes a rede controlava os protocolos, mas os bancos de dados ficavam nas empresas. Com a nuvem, a identidade, documentos e comprovantes diversos ficam guardados nas máquinas de outras empresas. Como se deve proceder? Que backups e chaves serão necessários?

Em resumo, a decisão não é fácil nem direta e deve ser encarada como a digitalização, a migração para uma plataforma ou o desenvolvimento de algum produto ou serviço. Quanto mais informação, melhor a qualidade da decisão e maior a experiência acumulada para administrar novas situações e oportunidades.

10 situações, 10 propostas, 100 ideias, 340 ferramentas, 220 serviços, 130 cases e sugestões
Como funciona este livro

Quando se fala em inovação é natural propor que se dê um passo à frente. Este tópico se atreve a sugerir exatamente o contrário. Dê, por alguns momentos, um passo para trás. Por mais que o futuro esteja adiante, muitas vezes se está imerso demais no ambiente para ter uma visão abrangente das forças que interagem nele. Ao dar um passo para trás, os detalhes ficam menos precisos, mas a interação que eles têm com o todo fica bem mais clara.

Livros, por exemplo, têm sido os alvos mais recentes da inovação digital. Até o surgimento da Internet, praticamente ninguém se incomodava com as "restrições tecnológicas" de uma página estática, de tantos que sempre foram os seus benefícios. À medida que aumenta o conteúdo online de qualidade, suas limitações começam a ser questionadas. O tempo deles teria finalmente acabado?

Não necessariamente. Bons livros, como bons professores, são mais do que simples fontes de informação. Seu valor não costuma estar na novidade dos fatos, mas em sua seleção, associação e questionamento. Eles são mais parecidos com gente do que com tecnologias. Substituí-los não é tão fácil.

A evolução do livro não passa necessariamente pelo e-book. Ele é só um novo suporte. Livros eletrônicos podem ser mais práticos, mas só serão algo verdadeiramente novo se procurarem mudar sua estrutura para um formato mais ágil e conversacional. Caso contrário serão apenas os mesmos velhos manuscritos, agora em tinta digital.

É essa a intenção do formato modular desta enciclopédia. A cada par de páginas, uma nova ideia é apresentada, buscando combinar uma proposta tecnológica a uma situação comum às empresas (por exemplo: *Estratégia e inteligência competitiva* + *Micromídia, Twitter e impulso* = *Monitoramento de popularidade em mídias sociais*).

Cada proposta é acompanhada de uma pequena lista de recomendações e cuidados para evitar erros mais frequentes. Normalmente são apresentadas quatro ferramentas tecnológicas – produtos e/ou serviços – para colocar a ideia em prática. Nos casos em que uma ferramenta for abrangente demais ou tiver diversas características interessantes, subdivisões dela são tratadas à parte. É o que acontece, por exemplo, com o *Linkedin*. Cada tópico encerra com três sugestões de aplicação ou cases, com links quando aplicável.

DESCRIÇÃO
Descrição do tópico, sua importância e aplicação para ajudar na melhoria dos processos de gestão.

RECOMENDAÇÕES
Dicas de uso e recomendações gerais para aplicar o produto ou serviço com o máximo possível de eficiência.

FERRAMENTAS
Soluções para abordar a situação proposta, descritas resumidamente.

CUIDADOS
Alertas para erros comuns na aplicação das ferramentas.

CASES e SUGESTÕES
Exemplos de usos, ferramentas ou serviços adicionais ou sugestões de aplicação.

Praticamente todos os tópicos podem ser combinados de múltiplas formas, algumas simultâneas, como mostram as três tabelas. Elas devem servir como guias para o conteúdo dando uma ideia geral da interação entre desafios da empresa, áreas de aplicação tecnológica e soluções propostas. Sua escolha procurou resolver questões que surgem naturalmente quando situações recorrentes na empresa (descritas nas linhas) encontram novos produtos ou serviços tecnológicos (apresentados nas colunas).

A primeira tabela traz ideias e sugestões, e pode ser usada como brainstorm de práticas para a aplicação das tecnologias. A segunda reúne ferramentas e apresenta alternativas para estratégias conhecidas. A terceira mostra ferramentas adicionais ou complementares e aplicações das ideias e ferramentas, e pode servir de inspiração para novas aplicações e usos segmentados. As três tabelas levam aos mesmos tópicos, e são um bom exemplo de como se pode seguir vários caminhos a partir das mesmas situações.

A consulta pode ser mais interessante e prática se a leitura sequencial for ignorada desde o princípio. Procure analisar os tópicos em busca de soluções para questionamentos, situações ou problemas específicos vividos. Cada resposta tenderá a migrar naturalmente para os próximos tópicos até que o problema seja tratado com a profundidade necessária.

Se algum assunto ou exemplo precisar de mais explicações, há vários links que podem levá-lo a conteúdos adicionais. Eles foram selecionados para que a pesquisa seja o mais objetiva possível, evitando a confusão típica que se enfrenta em qualquer busca realizada na Internet. Mesmo assim, se um vigésimo dos links for clicado, dará acesso a mais de dez vezes o total de texto exposto nestas páginas. É impossível ler tudo. E, na maioria dos casos, desnecessário.

Além das tabelas é possível acessar o conteúdo através de um sumário geral, de pequenos índices por capítulo e pelo clássico índice alfabético remissivo no final da edição, com os nomes e tecnologias citados. Sua consulta, como a de todo índice, é extensa, específica, fragmentada e ineficiente, não recomendada. Só deve ser usada na busca direta por alguma solução.

A melhor forma de consultar este material, enfim, é "conversar" com o conteúdo, traçando paralelos com seu ambiente profissional e usando os tópicos para inspirar novas respostas. É assim que se fazia antes dos livros serem inventados. Talvez seja assim que voltaremos a fazer daqui pra frente. À medida que as soluções e ferramentas se tornam conhecidas, sua posição fica evidente. A partir desse ponto não é preciso dar passos para trás.

É hora de dar um grande salto à frente.

A insustentável leveza dos tempos
Desafios para empresas de todos os tamanhos

Na época do fechamento desta edição havia cerca de 2 bilhões de pessoas online. Serviços de telefonia celular atingiam a marca de 5,3 bilhões de usuários, um mercado ainda em crescimento – a uma taxa oito vezes maior do que o de PCs. A Amazon.com, maior livraria do mundo, vendia 180 e-books para cada livro em capa dura. O Facebook era o terceiro maior país do mundo, com mais de 750 milhões de pessoas, dedicando, somadas, o equivalente a 1,3 milhão de anos por mês.

Dentre todos os novos serviços talvez poucos mostravam um crescimento mais impressionante do que o YouTube, que em pouco mais de meia década de vida acumulava mais de um bilhão de contas, um acervo de vídeos de mais de 600 anos de conteúdo e crescendo a cerca de um dia e meio por minuto. Hoje esses números podem ser ainda maiores ou completamente diferentes. A transformação é formidável, não é à toa que cause perplexidade.

A crescente virtualização dos bens e serviços é mais uma das várias mudanças ocorridas nas últimas décadas. Resultado de operações complexas e sofisticadas de gestão, logística e infraestrutura, ela foi acelerada pela Internet e mudou completamente a forma de se fazer transações. Hoje, que tecnologia e informação são abundantes, quase commodities, é preciso repensar a visão e missão de negócios.

A mudança nunca é um processo fácil. Para piorar, são poucas as empresas que têm modelos claramente definidos de representação e administração. Enquanto se encarregavam de produzir e vender produtos, estes falavam por si. À medida que os produtos, eletrônicos ou digitais, se tornaram cada vez mais maleáveis, a definição de sua personalidade se tornou fundamental para quem os fabrica. Mas como tomar atitudes se não há segurança quanto ao que se pretende dizer?

Por mais que a estrutura das empresas pareça não ter mudado, os desafios certamente são novos. A pesquisa que resultou neste livro buscou classificá-los por áreas comuns a diversos segmentos:

- *Desenvolvimento pessoal e profissional* – a crescente insatisfação entre os executivos frente aos desafios do mercado de trabalho e a busca por um ambiente em que sucesso profissional e qualidade de vida voltem a ser conciliáveis. Como abordar os problemas de necessidade de conhecimento instantâneo, falta de foco, estresse e angústia, cada vez mais comuns em profissionais de diversos níveis e postos hierárquicos?

- *Empreendedorismo, carreira e iniciativa* – ideias, sem planejamento, são inviáveis em um ambiente de alta competitividade. Como estimular o empreendedorismo interno e externo, identificar e estimular lideranças e aplicá-las em processos?

- *Educação continuada* – a educação não acaba mais na escola, todos dizem. Mas que educação é esta? Quais aplicações e especializações devem ficar a cargo da empresa, já que são parte de sua propriedade intelectual e um de seus maiores ativos?

- *Formação de equipes e gestão de projetos* – há diversos serviços e ferramentas para contactar e administrar equipes com profissionais multitarefa. O que pode ajudar a gerir grupos com qualificações diversas e, ao mesmo tempo, específicas? Como manter, estimular e administrar competências em um mercado mutante?

- *Fluxo de trabalho e administração de tempo* – empresas sempre foram redes de pessoas, dependentes de suas interações. As limitações das primeiras intranets burocratizaram os processos. As mídias sociais anarquizaram a organização que restava. Que ferramentas podem reorganizar a rede sem limitá-la nem reinventar a roda?

- *Estratégia e inteligência competitiva* – como estabelecer um ambiente de colaboração sem revelar segredos estratégicos? De que forma lançar mão de técnicas de inovação aberta para criar novos produtos e serviços?

- *Comunicação empresarial e proposta de valor* – recomendações e ferramentas para ajudar a estabelecer a "voz oficial" de um produto, serviço ou empresa em um ambiente de tantas vozes.

- *Criatividade, inovação e observação de tendências* – há ideias demais na rede. Onde encontrá-las, como selecioná-las? Como criar fóruns e submeter ideias para brainstorm coletivo?

- *Marketing, CRM e contato com o consumidor* – como levar a empresa para as mídias sociais, principal ambiente de interação de seus públicos? Que atitudes reforçar e como construir um bom relacionamento digital?

- *Branding, publicidade e promoção* – agora que mecanismos de busca democratizaram a busca por informação, como fica a nova publicidade? Como usar websites temporários, construir o perfil da marca online e conseguir um feedback mais ágil e confiável?

Como se pode ver, os tempos mudaram. O futuro chegou, mas de forma irregular e mal distribuída. Estes tópicos procuram minimizar o descompasso entre as novas tecnologias e as necessidades de gestão.

Soluções à procura de problemas
Dez novos caminhos a seguir

Há muita tecnologia disponível na Internet para tornar qualquer empresa mais eficiente. Com um pouco de pesquisa é possível encontrar soluções focadas, de operação simples e transparente, que conversam sem dificuldade com os grandes sistemas de trabalho e gestão profissional populares hoje em dia. Há quem suspeite delas exatamente por suas vantagens: como podem ser tão eficientes, baratas e desconhecidas?

Por vários motivos: estrutura enxuta, boas doses de investimento inicial, formas alternativas de remuneração, economia nos custos de manufatura e embalagem e distribuição, entre outros. As novas ferramentas são, essencialmente, muito mais ágeis, modulares e segmentadas. Boa parte delas é pouco conhecida por não usar publicidade em sua forma tradicional. Tanto o Google como o Twitter e o Facebook começaram sem anúncios e cresceram organicamente.

A especialização e o foco em poucas tarefas tornam sua estrutura de desenvolvimento bastante enxuta e eficiente, com um modelo de negócios que costuma visar o comprometimento a longo prazo. Mesmo criados por empresas completamente diferentes, muitos produtos e serviços precisam ser compatíveis entre si e com outras soluções consolidadas para compartilharem bases de dados similares e gerarem uma experiência cada vez mais integrada.

As soluções – ferramentas, serviços e websites – propostas foram classificadas de acordo com as áreas mais relevantes e populares para as empresas:

- *Blogs, curadoria, expressão e independência* – serviços de criação, administração e manutenção de blogs de empresas, departamentos, produtos, marcas e serviços, para realizar diversas funções de esclarecimento e reforçar vínculos. Nessa categoria também estão incluídos serviços como Tumblr e painéis de controle.

- *Micromídia, Twitter e impulso* – Twitter é o produto mais famoso de sua categoria, mas não é o único, existem várias ferramentas que realizam a mesma função. O volume de mensagens curtas cresceu tanto que há hoje diversos aplicativos para a medição de influência, popularidade e repercussão de uma empresa, marca ou produto na rede.

- *Redes sociais, grupos e comunidades* – o Facebook se tornou uma comunidade grande demais. Para grupos mais específicos, seu enfoque geral pode ser dispersivo ou informal demais. Por isso existem redes sociais privadas e ambientes de relacionamento profissional, bem como ferramentas para que uma empresa crie sua própria rede.

- *Fóruns, wikis, reputação e empowerment* – um dos primeiros serviços oferecidos pela Internet foi a criação de grupos de discussão. Hoje eles estão mais vivos do que nunca, administrando fornecedores e freelancers, estabelecendo a reputação de especialistas e servindo como fóruns de suporte e bibliotecas de referência.

- *Mobilidade, localização e identificação* – os aparelhos de computação móvel ampliam o escopo das ferramentas conhecidas e mudam a percepção de seus usuários, que passaram a estar cada vez mais ligados, conectados e relacionados. Essas ferramentas podem ser usadas para contato remoto, podcasts, audiobooks e também para a administração de um escritório virtual e móvel.

• **Nomadismo e compartilhamento** – ferramentas para otimização de tempo e compartilhamento de conhecimentos e estratégias podem ser bastante úteis para o desenvolvimento de equipes.

• **Colaboração, competição e jogos** – a antiga competição, essencial a muitos jogos, vem cedendo lugar à colaboração. Por isso elementos de jogos são cada vez mais usados por empresas em busca de maior eficiência e contato com seus públicos interno e externo. Esses valores podem ser usados na gestão do conhecimento e na colaboração interna.

• **Design, identidade e acessibilidade** – o excesso de informação demanda novas formas de interpretação. Esse é um dos motivos da crescente importância do design e dos infográficos nos últimos tempos. Como eles, ferramentas para a criação de mapas mentais, apresentações gerenciais, visualização de dados e busca visual são cada vez mais importantes.

• **Narrativas transmídia e geração de valor** – histórias sempre foram uma das melhores formas de transmitir valores e ideias complexas. Quando tudo muda muito rápido, elas se tornam ainda mais importantes para fundamentar o registro de memória e processos de empresas, inspirando novas ideias.

• **Privacidade, sigilo e subversão** – por último, mas não menos importante, uma questão de cautela com o excesso de trocas. Como manter a privacidade e guardar o sigilo de estratégias ao mesmo tempo que a conexão é cada vez mais popular? Como evitar a transgressão de direitos? Por outro lado, como buscar, nas praças públicas digitais, novas ideias a aplicar?

As relações de trabalho, agora conectadas, distribuídas e automatizadas, ganham novas dimensões. As ferramentas e serviços da nuvem facilitam o uso de tecnologias dedicadas para expandir mercados, aumentar a eficiência e gerar novas oportunidades e empregos. Não é pouca coisa.

TABELA 1: PROPOSTAS	DESENVOLVIMENTO PESSOAL E PROFISSIONAL	EMPREENDEDORISMO, CARREIRA E INICIATIVA	EDUCAÇÃO CONTINUADA	FORMAÇÃO DE EQUIPES E GESTÃO DE PROJETOS
BLOGS, CURADORIA, EXPRESSÃO E INDEPENDÊNCIA	Blogs de empresas	Miniblogs de diretoria	Material didático	Atualizações de status
MICROMÍDIA, TWITTER E IMPULSO	Medição de influência	Administração de cenários	Compilação social	Rádio-peão
REDES SOCIAIS, GRUPOS E COMUNIDADES	Redes sociais privadas	Redes de relacionamento profissional	Salas de aula	Gerenciamento de projetos
FÓRUNS, WIKIS, REPUTAÇÃO E EMPOWERMENT	Fornecedores e freelancers	Fóruns de especialistas	Fóruns de suporte	Wikis de colaboração
MOBILIDADE, LOCALIZAÇÃO E IDENTIFICAÇÃO	Contato remoto	Audiolivros	Podcasts educativos	Administração de viagens
NOMADISMO E COMPARTILHAMENTO	Otimização de tempo	Tutoriais	Ensino compartilhado	Documentos coletivos
COLABORAÇÃO, COMPETIÇÃO E JOGOS	Gamificação	Listas de tarefas	Gestão do conhecimento	Colaboração interna
DESIGN, IDENTIDADE E ACESSIBILIDADE	Mapas mentais	Apresentações gerenciais	Screencasts	Apresentações coletivas
NARRATIVAS TRANSMÍDIA E GERAÇÃO DE VALOR	Tomada de notas	Biografias profissionais	Debates	Registro de processos
PRIVACIDADE, SIGILO E SUBVERSÃO	Fluxo de caixa	Compartilhamento de documentos	Direitos de reprodução	Pagamentos

FLUXO DE TRABALHO E ADMINISTRAÇÃO DO TEMPO	ESTRATÉGIA E INTELIGÊNCIA COMPETITIVA	COMUNICAÇÃO EMPRESARIAL E PROPOSTA DE VALOR	CRIATIVIDADE, INOVAÇÃO E TENDÊNCIAS	MARKETING E CRM	BRANDING, PUBLICIDADE E PROMOÇÃO
Blogs internos	Painéis de controle	Blogs de marcas e produtos	Seleção de informação	Redes de publicidade digital	Websites temporários
Miniblogs	Benchmarking	Monitoramento de mídias sociais	Lembretes	Gerenciamento de mídias sociais	Perfil da empresa
Aplicativos sob medida	Sumários executivos	Credibilidade	Redes de especialistas	E-mail marketing	Páginas em redes sociais
Acompanhamento de processos	Visualização dinâmica	Help Desk	Direção da criação	CRM	Crowdsourcing
Escritório móvel	Pesquisas customizadas	Planejamento estrutural	Aplicativos para smartphones	Acesso remoto	Serviços de localização
Salas virtuais de reunião	Análise de métricas	E-books e revistas online	Previsão	Vendas	Comércio eletrônico
Geolocalização social	Grupos de trabalho	Promoções	SEO	Jogos sociais	Advergames
Diagramas	Visualização de dados	Streaming	Bancos de imagens	Webdesign	Focos de atenção
Registros coletivos	Startups e incubação	Histórias visuais	Linhas do tempo	Administração de eventos	TV promocional
Privacidade	Redes distribuídas	Superdistribuição	Registro de identidade	Memes e tendências	Landing Pages

TABELA 2: FERRAMENTAS E SERVIÇOS	DESENVOLVI-MENTO PESSOAL E PROFISSIONAL	EMPREENDEDO-RISMO, CARREIRA E INICIATIVA	EDUCAÇÃO CONTINUADA	FORMAÇÃO DE EQUIPES E GESTÃO DE PROJETOS
BLOGS, CURADORIA, EXPRESSÃO E INDEPENDÊNCIA	SquareSpace Movable Type ExpressionEngine Symphony	Posterous Concrete5 GetSimple LightCMS	Moodle eFront Ilias Engrade	Huddle GlassCubes Clarizen KnowledgeTree
MICROMÍDIA, TWITTER E IMPULSO	Klout Peerindex Influencer Exchange Tweetlevel	What The Trend -> What The Trend Pro	Paper.li PostPost Linkedin Today NewsMap	Yammer Ididwork SalesForce Chatter Present.ly
REDES SOCIAIS, GRUPOS E COMUNIDADES	Ning SocialGo Elgg Groupsite	Linkedin Linkedin Plugins Linkedin Answers Google+	PBWorks Collaborize Classroom Grou.ps Edmodo	BaseCamp Gantter WizeHive Producteev
FÓRUNS, WIKIS, REPUTAÇÃO E EMPOWERMENT	Elance Freelancer Odesk The Resumator	Quora StackOverflow Blekko Perguntas Facebook	IP Board PHPbb BuddyPress e BbPress Vanilla	MediaWiki TikiWiki CMS Wikispaces WikiMatrix.org
MOBILIDADE, LOCALIZAÇÃO E IDENTIFICAÇÃO	MSN /Lync Skype Campfire GoogleTalk	Audible iTunes TextAloud e Ivona Google Tradutor	SoundCloud Looplabs Myna Soundation Studio	TripIt TimeOff manager Kayak TripAdvisor
NOMADISMO E COMPARTILHA-MENTO	Timesheets Intervals Fengoffice Harvest	TreinaTom Bloomfire Litmos Twiki	MITWorld e OCW FORA.TV e TED iTunesU GoogleModerator	Google Docs ZoHo Docs Office Web Apps LiveDocuments
COLABORAÇÃO, COMPETIÇÃO E JOGOS	Bigdoor Badgeville Bunchball Gamify	Toodledo Remember The Milk Wunderlist Coolendar	Drupal Joomla Plone Liferay	Manymoon -> Do
DESIGN, IDENTIDADE E ACESSIBILIDADE	Mindmeister Freemind Spicynodes Wordle e Tagxedo	Slideshare Animoto Prezi XMind	Phoenix e Raven Zamzar Screencast-o-matic Qwiki	280slides -> LibreOffice Impress
NARRATIVAS TRANSMÍDIA E GERAÇÃO DE VALOR	Evernote Diigo SpringNote, Privnote Writeboard	AboutMe Flavors.me Meadiciona Zerply	Disqus IntenseDebate SocialCast Boltwire	Xwiki Teamlab DokuWiki ScrewTurnWiki
PRIVACIDADE, SIGILO E SUBVERSÃO	Ágil ERP -> ContaAzul	Dropbox Yousendit FileFactory Box	CreativeCommons Software livre SaaS CopyScape	PagSeguro e MOIP -> MOIP e PagSeguro

FLUXO DE TRABALHO E ADMINISTRAÇÃO DO TEMPO	ESTRATÉGIA E INTELIGÊNCIA COMPETITIVA	COMUNICAÇÃO EMPRESARIAL E PROPOSTA DE VALOR	CRIATIVIDADE, INOVAÇÃO E TENDÊNCIAS	MARKETING E CRM	BRANDING, PUBLICIDADE E PROMOÇÃO
Wordpress Alfresco TextPattern CmsMatrix.org	QlikView Geckoboard Klipfolio RoamBI	Blogger Weebly Cubender SnapPages	Instapaper XMarks Readable Coolris	Google: rede busca Adwords Boo-Box HotWords	Webs Wix Jimdo Webnode
Temas Wordpress -> Temas par CMS	SocialBakers Twitalyzer Likester TwitterCounter	Brandwatch Radian6 Scup Livebuzz	RememberTheMilk MyEN FollowUpThen Twitterfeed	Hootsuite -> Hootsuite Seesmic CoTweet	Página Linkedin Canal Slideshare Perfil Twitter Brand App
Google Apps Podio ZoHo Creator AppExchange, Force	Scribd GetAbstract BizSum Google Acadêmico	PROCON -> Portais	AngelList Xing Plaxo Focus	Trocar posição Mail2Easy e VirtualTarget	Página Facebook Pagemodo Comunidade Orkut Redes de nicho
Office365 Google Sites ZoHo Wiki MODxRevolution	MicroStrategy Tableau Spotfire Bime	Zendesk Kampyle UserVoice GetDashboard	AngelList -> ResearchGate	Salesforce ZoHo CRM WorkETC Solve360	Edistorm Ideascale Wridea StormWeight
QuickOffice Jolicloud AmoebaOS Documents2Go	Pandaform Wufoo SurveyMonkey GoogleForms	Mockflow Pidoco Balsamiq Axure	Notable -> Bounce	LogMeIn GoTomyPC Radmin TeamViewer	Google Locais FourSquare Facebook Locais Google Latitude
TokBox Imeet Infinite Conferencing Vyew	Google Analytics ChartBeat KissMetrics Digital Analytix	Issuu Yudu Calaméo Wobook	Google Insights Hunch WolframAlpha Freebase	Applane Assistly Batchbook Fcontrol	Magento Go PrestaShop Goodsie Bondfaro
Apontador API FourSquare API GoogleMaps API SimpleGEO	Grupos Linkedin Grupos Google Socialengine Grupos Facebook	Groupon Peixe Urbano Saveme Buscapé	Webmaster Tools SEOmoz SEO for Firefox Yslow	Apps Facebook OpenSocial Twitter API EmpireAvenue	Unity3D Flash JavaFX XNA
Lucidchart Gliffy Product Planner Creately	ManyEyes Protovis e D3 Axiis Flare	Brightcove Livestream Ustream Justin.tv	Flickr e acessórios DeviantArt iStockPhoto Pinterest	960 grid system Google web fonts NetRenderer, Spoon ACChecker	AttentionWizard CrazyEgg ClickTale ClickHeat
MindTouch TCS ActiveCollab BitWeaver Confluence	Kickstarter e Catarse Conceptfeedback StartupNation PlanHQ	Storify Memolane Curated.by Pearltrees	Dipity Tiki-Toki TimeToast Preceden	EventBee RegOnline Amiando Lanyrd	Canais YouTube Vimeo Videolog GetGlue
TOR DuckDuckGo Splunk KeePass	Bit Torrent Usenet SourceForge GitHub	Trending Topics Loadimpact Repositórios Qik	Oauth OpenID Facebook Connect Lastpass	Digg Del.icio.us StumbleUpon 4Chan	Website Optimizer Unbounce Verify Fivesecondtest

TABELA 3: CASES E SUGESTÕES	DESENVOLVI-MENTO PESSOAL E PROFISSIONAL	EMPREENDEDO-RISMO, CARREIRA E INICIATIVA	EDUCAÇÃO CONTINUADA	FORMAÇÃO DE EQUIPES E GESTÃO DE PROJETOS
BLOGS, CURADO-RIA, EXPRESSÃO E INDEPENDÊNCIA	ArmorWorks Mad Men Benetton Japão	Adventure Networks GAP MAG NBC News	Dante Alighieri UFSCar Fujitsu	Kia Motors McLane AKQA
MICROMÍDIA, TWITTER E IMPULSO	Britney Spears Audi A8 Microsoft	Cisco Systems Oscars 2011 TrendsMap	Twournal MentionMapp Flipboard, AOL Editions	LG Santander Governo de Flandres
REDES SOCIAIS, GRUPOS E COMUNIDADES	Smart XBL Gamer Hub Fórum da Cultura Digital	CNN Money The Weather Channel Linkedin Skills	Deloitte Digital Share Wik Learn boost	SideJobTrack MinuteBox So1o
FÓRUNS, WIKIS, REPUTAÇÃO E EMPOWERMENT	Aplicativos smartphones > Freetheapps	Pikimal, FindTheBest OfficeDrop Edufire	Activision Pearl Jam Fóruns Wordpress	Congressos Quebec Novell Novell
MOBILIDADE, LOCALIZAÇÃO E IDENTIFICAÇÃO	Rip Curl Nikon KLM	Skype, IKEA Google Tradutor Ordflyt	Tutor.com Ether Bacardi	Hertz Streetview MapBox Touristeye
NOMADISMO E COMPARTILHA-MENTO	Epoch staffing BigSpaceship GrafirePM	Nokia UfPel Kellogg's	CitizenTube Translatordetector Kno	National Geographic Motorola Mobile ZoHo para Google Apps
COLABORAÇÃO, COMPETIÇÃO E JOGOS	Liga de Baseball EUA BlueFly Marriott Recruiting	Todoist 1calendar.com Doit.im	Data.gov.uk USP Min. Defesa Francês	D-Link Venture Capital Partners Inventure Management
DESIGN, IDENTIDADE E ACESSIBILIDADE	ABB Charles Schwab Air Products	Dell Genetech TED	OpenStudy Lectureshare Learnvest	Discovery Communics. Google presentations CardFlick
NARRATIVAS TRANSMÍDIA E GERAÇÃO DE VALOR	Evernote Tomadas de notas Memorandos de voz	InnovativeResume Profilactic HelloThere	Veículos noticiosos Blogs de tecnologia Comentários	Air France KLM MafiaWars Wiki
PRIVACIDADE, SIGILO E SUBVERSÃO	Xpenser, Xspens'd Docusign Proposable	Columbia University -> Hunter College	Al Jazeera Ericsson Arduino	SquareUp Boleto Bancário Google Checkout

FLUXO DE TRABALHO E ADMINISTRAÇÃO DO TEMPO	ESTRATÉGIA E INTELIGÊNCIA COMPETITIVA	COMUNICAÇÃO EMPRESARIAL E PROPOSTA DE VALOR	CRIATIVIDADE, INOVAÇÃO E TENDÊNCIAS	MARKETING E CRM	BRANDING, PUBLICIDADE E PROMOÇÃO
Ford Motors Jobs@Intel Merck Serono	Sopas Campbell's Heidelberg Lufthansa	VIRB DoodleKit BusinessCatalyst	Viewrl Evri Visual.ly	Pacotes / startups Coca-Cola Zero HP	Kuler IconWanted.com BuildorPro
Time Magazine IBM Smarter Planet Travel Channel	American Idol Estimativas Likester Ranking Socialbakers	Beevolve Twiangulate Ispionage.com	Greeting Scheduler Tweet Old Post ActiveInbox	NYPL Museu Guggenheim TransLink	Branding Linkedin Consultorias Durabilidade de links
RunMyProcess Criadores de Apps If This Then That	Codecademy Docstoc Spreedly	Yelp ZocDoc SeeClickFix	LegalZoom Indeed The Ladders	Nook Graphite Old Navy	Red Bull SonyEricsson Lacoste
Patagonia Konica Minolta Roberto Cavalli	Herbalife Allergan Hard Rock Cafe	LonelyPlanet Fundação Mozilla Xerox	ShareFlow Flowzit Recurse	WorkForce Track -> KPI.com	Innocentive Jovoto Crowdtap
Greplin FieldAgent Skanz	John Deere Lanbito PollEverywhere	IPlotz HotGloo PencilProject	Starbucks Adidas Originals ColorSnap e Pantone	Real VNC Cellica GoToMeeting	Bar Brejas; Pictometry e Social Report
Fuze Meeting Meetin.gs Doodle	American Cancer Society Diageo	Publisha FlipSnack AnyClip	Pautas de jornalismo Inform. nutricional Ngram Viewer	PipeJump -> Base	PlanetArchitecture Peugeot Sport Lojas Goodsie
OpenStreetMap 4SQ AppGallery GetaTaxi	Grupos Linkedin Grupos Google Redes Facebook	Clickon Betterworks Ideeli	SEMRush KeywordSpy SEOmoz Cheat Sheet	Uprace EpicWin Nike+	Pleasure Hunt Obsessed w/sound The Escape
Chatle.net AutoDesk Draw Labs LovelyCharts	Map of the Market Baby Name Visualiz. ManyEyes	Vail Resorts Facebook Live SFO Ballet	Instagram Behance Pose app	Referências Editores de foto CSS Inliner	Credo Mobile Usabilia Feng-GUI
Topsan Who runs GOV Autodesk	Bplans PickyDomains.com Diaspora	Imprensa Bundlr Embed.ly	GoalScape Vizualize.me Remeble	Bookwhen Mozes WillCall, HotelTonight	CreateSpace Video Blip.tv Miro
Disconnect.me Org. humanitárias Voz da América	Ruby On Rails Nine Inch Nails Podcasts, videocasts	Pingdom Onbile Pingg	Google Refine Scrubly OpenID	Etsy DaWanda Copious	Usaura Clue Intuition

ENCICLOPÉDIA DA
NUVEM

A rede mundial de pessoas
Desenvolvimento pessoal e profissional

É curioso que ainda se classifique a Internet como uma rede mundial de computadores. Por mais potentes que sejam as redes e circuitos integrados, eles não têm a capacidade de auto-organização e, principalmente, de atribuir significado às informações que trafegam. As máquinas são mensageiros surdos. São os usuários da rede, as pessoas que interagem com esse ambiente que fazem a diferença.

Em comunidades pequenas ou restritas, o grupo social ainda é único. Mas nas empresas, no mundo digital e nos grandes centros urbanos ele foi dividido em núcleos, cada um exigindo um comportamento diferente. É só pensar nos códigos de conduta e vestimenta exigidos na empresa, no clube, entre amigos, em ambientes de networking e em família para se perceber como é difícil estar consciente e adaptado o tempo todo.

O resultado é uma fragmentação de identidade, que leva muita gente saudável a dúvidas, conflitos e, em casos mais graves, até a crises de personalidade. As mídias sociais, ao contrário do que muita gente pensa, não são uma invenção da tecnologia, mas uma resposta social. Por isso são tão poderosas.

Ao longo do século XX, as comunidades foram se fragmentando. A crescente urbanização rompeu laços e relacionamentos tradicionais. A globalização ignorou os valores locais, enviando uma mesma mensagem para todos. A mídia de massa dividiu a sociedade em lotes por gênero, idade e poder aquisitivo. Os grandes centros urbanos aumentaram o estresse e a insegurança, forçando muitos a se isolarem em seus ninhos. Nos anos 1990, o "animal social" estava cada vez mais isolado e solitário, sem valores de referência nem modelos a copiar ou se inspirar. Já não havia mais o que poderia ser considerado absolutamente pessoal, profissional, adulto, feminino etc. – tudo se tornou, em certo grau, relativo e dependente do contexto e do grupo social em que se estava.

Com a banda larga surgem as mídias sociais e com elas o meio digital passou a ser manipulável. Cada pessoa pode usá-las para representar papéis, contribuir com conteúdo, dar opinião, selecionar o que interessa consumir e compartilhar, criando uma rede de comunicação sem precedentes. Nunca houve tantas opções de conteúdo e, ao mesmo tempo, nunca o desconforto foi tão grande. É natural. Transformações, como a adolescência, sempre trazem uma sensação de deslocamento, uma crise de referências que acompanha o aumento de poder.

Não há como parar o progresso. Nem o mais lírico dos mortais quer sinceramente voltar para o passado, porque a tecnologia, apesar de todas as angústias que proporciona, representa um aumento da quantidade de opções e, em última instância, da qualidade de vida. O mundo sempre esteve para acabar e a nova geração sempre foi perdida. No entanto, ela se move enquanto o que muitos acreditam ser sólido desmancha-se no ar. Quem pretende sobreviver e explorar as maravilhas da era digital precisa entender que a ansiedade indica a falência de um modelo de ver o mundo, não do mundo em si.

A crise global de mão de obra qualificada, que ainda está em seu início, é um bom exemplo dessa transformação que abrange empresas em todos os segmentos e tamanhos. Profissionais qualificados são o único patrimônio verdadeiramente móvel, colaborativo e evolutivo – portanto insubstituível – à disposição.

Fala-se que a Internet separa as pessoas. É verdade. Mas ela também conecta, mesmo que seja sem contato físico. Se não fosse assim, as redes sociais dificilmente seriam tão populares. As histórias de hoje, como os seres humanos de hoje, são as mesmas de sempre e tratam daqueles que, por mais que tenham se tornado Sapiens, continuam a ser, fundamentalmente, Homo.

A nova ferramenta é remota, interativa, evolutiva, orgânica e multiusuário. As fontes de informação são muitas e a relação que se estabelece com elas mudou completamente. Sem que se percebesse a mudança, os profissionais que trabalham em sua construção passaram a falar cada vez menos em navegação e mais em experiência, em inteligência social. Depois de muito valorizar as máquinas, as empresas parecem finalmente ter se dado conta de que o que realmente importa é o conteúdo que circula por elas. Restringir o acesso às redes é inútil. E tão perigoso quanto permiti-lo sem um plano de uso testado e refinado ao longo do tempo.

A digitalização promove uma mudança nas relações. Por isso é importante repensar como elas devem ser administradas na empresa. Os departamentos de RH ainda têm práticas muito antigas, desconectadas do modo em que se vive hoje. É preciso mudá-las. Este capítulo traz 10 sugestões de como fazê-lo, usando ferramentas que vêm sendo testadas com bastante sucesso: blogs de empresas, medição de Influência, criação de redes sociais privadas, contratação de fornecedores e freelancers online, contato remoto entre equipes, ferramentas para otimização de tempo, gamificação, compartilhamento de mapas mentais, registro de memória e controle de orçamentos.

Solução	Ferramentas	Página
Blogs de empresas	*SquareSpace,* Movable Type Enterprise, ExpressionEngine, Symphony	4
Medição de influência	*Klout,* Peerindex, Influencer Exchange, Tweetlevel	6
Redes sociais privadas	*Ning,* SocialGo, Elgg, Groupsite	8
Fornecedores e freelancers	*Elance,* Freelancer, Odesk, The Resumator	10
Contato remoto	*MSN /Lync,* Skype, Campfire, GoogleTalk	12
Otimização de tempo	*Timesheets,* Intervals, Fengoffice, Harvest	14
Gamificação	*Bigdoor,* Badgeville, Bunchball, Gamify	16
Mapas mentais	*Mindmeister,* Freemind, Spicynodes, Wordle e Tagxedo	18
Tomada de notas	*Evernote,* Diigo, SpringNote e Privnote, Writeboard	20
Fluxo de caixa	*ContaAzul,* Sol Financeiro, Granatum, Kashoo	22

SITUAÇÃO:
Desenvolvimento pessoal e profissional.

PROPOSTA:
Blogs, curadoria, expressão e independência.

Um recurso mais humano

Blogs de empresas são ferramentas bastante versáteis. Blogs já foram usados por adolescentes para fazer seus diários. Hoje são poderosos sistemas de publicação de conteúdo digital com texto, fotos e vídeos. Nessa evolução uma coisa não mudou: eles continuam a ser percebidos como canais legítimos de expressão. Em uma empresa, podem ser usados como uma espécie de jornal online, cujas edições anteriores podem ser facilmente consultadas e qualquer notícia pode ser avaliada, comentada, citada — ou removida do ar, se necessário. Como são considerados fontes atualizadas e confiáveis de informação, diversas empresas os utilizam na comunicação interna para humanizar o discurso corporativo sem perder a seriedade. Por serem simples e versáteis, há blogs com notícias sobre departamentos, grupos de atuação, áreas profissionais, forças-tarefa, produtos, serviços e até eventos temporários. Quem teme o excesso de exposição deve saber que blogs não precisam ser públicos. É possível torná-los privados ou invisíveis para mecanismos de busca como o Google. Assim é possível uma abrangência ampla sem o risco de exposição demasiada. Existem serviços abertos e gratuitos para a sua publicação, bem como sistemas que podem ser instalados em um servidor da empresa.

RECOMENDAÇÕES

Pesquise e debata. Analise os tópicos a desenvolver. Todo blog é um veículo de comunicação, por isso precisa ter sua linha editorial bem clara, para que o leitor saiba o que esperar.

Defina métricas de sucesso antes de começar. O que você espera que os leitores façam? Comentem? Participem? Se mobilizem? Divulguem? É mais fácil medir o sucesso de uma iniciativa quando suas intenções são claras.

Garanta a periodicidade do conteúdo. Por mais que a mídia seja digital e dinâmica, seus leitores ainda têm o hábito de consultar notícias periodicamente. Se necessário, tenha textos pré-escritos para garantir que sempre haverá conteúdo na data e horário esperados. Ferramentas de administração de blogs permitem que a publicação seja agendada.

Responda aos comentários. Não deixe a discussão esfriar. É bom que todos deem voz a seus pensamentos, por mais desagradável que pareça a princípio. Insatisfações e problemas são mais fáceis de solucionar quando mostrados às claras.

Compartilhe o conteúdo. Empresas têm muitas informações valiosas sobre qualidade de vida, mercado, pesquisas e outros temas de valor para seus funcionários. O blog pode selecioná-los, compilá-los e divulgá-los, fortalecendo vínculos.

Oriente seus leitores. Manuais e guias são fundamentais. Eles podem ficar em áreas secundárias, acessíveis apenas para leitores que precisem de informações específicas.

CUIDADOS

Comprometa-se. Blogs demandam dedicação. Se não houver tempo para mantê-los, é melhor tirá-los do ar do que deixá-los desatualizados. Não espere grandes resultados com pouco esforço. O normal é que aconteça o contrário.

O crescimento é orgânico. Às vezes a audiência e a discussão demoram para surgir, podem nunca vir ou aparecer instantaneamente. O comportamento do público raramente é previsível.

Pense em longo prazo. Escrever um blog é um trabalho de dedicação e paciência, precisa ser uma ação bem planejada. Se demandar muito empenho, dificilmente se manterá ao longo do tempo. Se for simples demais, talvez não prenda o interesse.

Tenha tato. Blogs internos são ambientes de conversa, não instrumentos de propaganda. Não subestime o leitor. Se ele perceber que está sendo manipulado, irá embora. Quem não resiste a falar de suas próprias qualidades deve fazê-lo com cautela.

Edição. Evite editar o conteúdo de colaboradores além de correções ortográficas e gramaticais. Ninguém gosta de ser censurado ou creditado por algo que não disse ou não concorda.

Cuidado com o que publica. É fácil colocar informações na rede, mas quase impossível tirá-las de lá. Poucos textos são tão sujeitos a más interpretações do que a voz oficial de uma marca.

Desburocratize. Evite o uso de formulários e senhas a não ser quando fundamental. Pense em como é chato preenchê-los.

Ferramenta: SquareSpace

Ferramenta de administração de conteúdo que permite a criação de páginas completamente customizáveis, mesmo sem conhecimento técnico ou de web design. Voltada para blogs e websites profissionais, ela dá total controle para o usuário, permitindo a criação rápida de publicações versáteis e com um layout profissional. Sua instalação e operação são simples e escaláveis, pois a hospedagem e manutenção, feita em servidores seguros, é incluída nos pacotes de contratação. A edição de conteúdo e criação de formulários é feita diretamente em suas páginas, sem a necessidade de acessar painéis de controle. Seus administradores podem restringir o acesso ao conteúdo para determinados grupos. A conversão de blogs previamente desenvolvidos em outros serviços é bem simples, bem como a exportação do conteúdo para outras bases de dados. A interface é bastante sofisticada, com diversos recursos multimídia e integração com serviços de mídias sociais. Tem várias funcionalidades para a customização de conteúdo e interação. [WWW.SQUARESPACE.COM]

Movable Type Enterprise – plataforma de publicação de conteúdo, instalada em servidor próprio. Extremamente flexível e escalável, seu código aberto pode ser customizado de acordo com as necessidades da empresa, conectando-a a diversas tecnologias de servidor e bancos de dados, o que permite uma fácil integração e atualização de conteúdos existentes. O pacote Enterprise é indicado para empresas com múltiplos websites diferentes entre si ou comunidades com grande número de usuários, pois pode usar um só painel de controle para visualizar, atualizar, administrar e compartilhar informações entre vários websites. [www.movabletype.com]

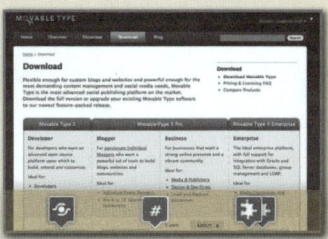

ExpressionEngine – ferramenta de publicação bastante maleável, que permite a criação de múltiplos sites e canais de conteúdo, organizados em páginas com formatação detalhada. Oferece vários módulos e extensões prontas para instalação, o que permite a rápida criação de wikis, redes sociais, fóruns de discussão e lojas virtuais. Suas ferramentas de administração permitem a criação de páginas especiais, otimização para mecanismos de busca, adaptação do conteúdo para plataformas móveis, verificação da atividade do servidor, divisão do conteúdo em páginas e até uma pequena edição de imagens para ajuste de suas dimensões. [www.expressionengine.com]

Symphony – sistema de administração de conteúdo escalável, ideal para usar o blog como embrião de um sistema maior. Ele permite a criação de serviços com várias funcionalidades, que podem ser expandidos sem a necessidade de migrar para outra plataforma. A ferramenta é bastante modular e permite a seu administrador escolher quais e quantos dados pretende usar, em que ordem. Isso facilita a adaptação do site a diferentes necessidades de publicação, já que é possível criar novas páginas rapidamente, sem depender da adaptação de modelos prontos. Pode integrar dinamicamente conteúdos de outros repositórios, como fotos do Flickr. [www.symphony-cms.com]

BUSINESS CASES, FERRAMENTAS ADICIONAIS E SUGESTÕES DE USO

ArmorWorks, fabricante de armas e veículos militares para as Forças Armadas dos EUA criou um website em ExpressionEngine em que mostra seus últimos produtos, notícias e releases de imprensa. Extensões permitem a publicação de histórias de usuários, tabelas e atualizações dinâmicas. [www.armorworks.com]

O blog da série de TV **Mad Men**, construído em MovableType, é bem versátil. Ele mostra notícias de cada temporada, perfis de personagens, jogos e brincadeiras interativas variadas para aumentar seu engajamento com um público exigente, formado por profissionais de comunicação. [blogs.amctv.com/mad-men]

A **Benetton Japão** usa seu site para alinhar sua comunicação com a marca global ao mesmo tempo em que manifesta sua independência. As páginas de produtos incrementam a mensagem da rede ao usar animações e funcionalidades específicas, e são atualizadas localmente, conforme a necessidade. [www.benetton.jp]

SITUAÇÃO:
Desenvolvimento pessoal e profissional.

PROPOSTA:
Micromídia, Twitter e impulso.

A força da marca pessoal

Medição de influência. Redes de comunicação individual e instantânea como o Twitter e atualizações no Facebook e Linkedin permitem que todos sejam formadores de opinião. Alguns, no entanto, têm popularidade acima da média. O que eles têm de especial? Agora que há tanta informação disponível nas redes sociais, como medir esse bem intangível? Há quem tenha um grande número de seguidores, quem seja bastante citado, quem dialogue com seu público e quem tenha uma grande taxa de cliques nos endereços web que compartilha. Hoje que muitos usam esses serviços como canais de expressão, há ferramentas especializadas em calcular e interligar um grande número de variáveis para determinar o potencial de influência de cada integrante. Seu uso para o público interno de grandes empresas permite identificar lideranças e formadores de opinião, os assuntos mais discutidos por eles e temas em ascensão. Com esses dados em mãos é mais fácil descobrir as melhores pessoas a mobilizar para a transmissão de notícias importantes, bem como identificar previamente assuntos debatidos e tomar providências para se antecipar a eles antes que se tornem inadministráveis.

RECOMENDAÇÕES

Defina prioridades. Tenha um objetivo claro ao medir a influência de um profissional, produto ou serviço. Qual quesito se pretende medir? Por que motivo? Há ações planejadas para responder à mensuração? Sem parâmetros claros, não há como desenvolver estratégias.

Analise mudanças. O mais importante de qualquer análise é o seu progresso ao longo do tempo. Mensurações de curto prazo podem provocar erros de percepção, por isso é importante acompanhar a evolução destes parâmetros para identificar as mudanças no cenário.

Transforme a análise em prática. A mensuração do humor interno pode ser uma excelente ferramenta administrativa, desde que seja feita continuamente. As primeiras análises tendem a ser exageradas ou enviesadas, e se aprimorar com o tempo.

Reaja rapidamente. Não faz sentido investir na mensuração se ela não corresponder a uma ação. Se um evento tem uma resposta diferente da esperada, o que se pode fazer de imediato para reverter o cenário? O simples monitoramento não tem como provocar mudanças significativas se não gerar aprendizado a partir de seus resultados.

Aplique o feedback, principalmente se for negativo. A toda ação corresponde uma reação. A mensuração só fará sentido se corresponder a mudanças no comportamento da empresa seguindo os anseios de seus funcionários. Todos adoram elogios, mas eles funcionam muito melhor quando são sinceros.

CUIDADOS

Não suponha correlações. Evite conclusões apressadas a respeito dos resultados das mensurações. Nem sempre os comportamentos registrados estão diretamente relacionados à empresa.

Seja discreto. Quem busca uma medição exata não pode interferir nela, muito menos permitir que seus influenciadores saibam do poder que têm, caso contrário isso pode comprometer os resultados obtidos.

Mensuração não é polícia. A melhor forma de análise do discurso das pessoas é deixá-las completamente livres e não penalizá-las por qualquer comentário negativo feito, exceto em casos extremos, que coloquem a empresa ou seus funcionários em situações constrangedoras. Lembre-se de que pessoas influentes que usam o Twitter para expressar suas opiniões fariam o mesmo verbalmente se a ferramenta não existisse. Se desconfiarem que estão sendo monitorados, não será mais possível ouvi-los.

Divulgação. Evite divulgar os resultados da análise ou criar qualquer espécie de ranking. Isso poderá comprometer o trabalho em equipe, criar problemas de autoestima ou, pior, estimular comportamentos excessivos por profissionais com necessidade de aprovação. Sugira ideias, evite falar de comentários de pessoas.

Variáveis múltiplas. O número de seguidores, retweets ou listas participadas não significa absolutamente nada fora de seu contexto, que pode variar muito conforme a época ou público. É o conjunto dessas variáveis que poderá determinar cenários. Separe os bons profissionais dos especialistas em autopropaganda.

Ferramenta: Klout

Ferramenta online que atribui nota (0-100) a seus usuários com base em um algoritmo que analisa mais de 35 variáveis relativas a suas ações e debates de que participam em mídias sociais como Twitter, Facebook, FourSquare e Linkedin. São medidas a participação, diversidade do grupo de interação, inovação, abrangência e consistência do conteúdo contribuído, a partir de consultas à quantidade de menções, inclusão em listas, encaminhamentos (retweets), comentários e aprovações (como o "curtir" do Facebook). Cada usuário é identificado por um perfil – observador, curador, especialista ou celebridade, por exemplo –, de acordo com o tipo de influência e importância daqueles com quem se conecta. A análise do perfil traz um histórico recente do alcance de suas mensagens (eliminando seguidores em contas inativas e spam), nível de engajamento proporcionado, tamanho da audiência engajada e a probabilidade de uma mensagem promover conversações, atitudes e encaminhamentos. É possível comparar a influência entre diferentes usuários. [WWW.KLOUT.COM]

PeerIndex – ferramenta de medição de popularidade e autoridade, que divide o potencial de influência de seus usuários de acordo com sua área e assunto de especialidade. A classificação é realizada em comparação a outros especialistas sobre o mesmo tópico, resultando em uma nota de 0 a 100. A classificação por área de influência ajuda a evitar eventuais ruídos, como uma eventual popularidade de um comentário fora de tópico. A ferramenta permite a criação de grupos de perfis a monitorar e reúne seus resultados em uma página. Entre as redes analisadas estão o Twitter, Facebook, Linkedin, Quora e sites informados pelo usuário. [www.peerindex.com]

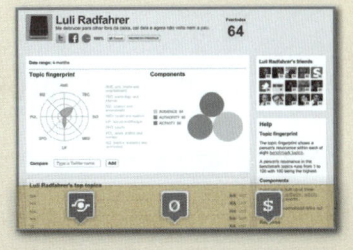

Influencer Exchange – a ferramenta busca e classifica formadores de opinião levando em conta seu perfil e contexto. Seu ponto de partida é um nome ou marca, tópicos que aborde e assuntos em que esteja envolvido. Analisado o perfil, o sistema busca referências para comparar a marca com o tipo de comentários que recebe. Eles podem vir de fontes tradicionais de grande reputação, personalidades temporárias ou especialistas em nichos. Ao cruzar essas informações a partir de diversas fontes além das mídias sociais, a ferramenta gera uma nota e classificação, identificando perfis similares, links e termos associados. [http://bit.ly/nuvem-influencer]

Tweetlevel – ferramenta da Edelman que atribui uma nota ao perfil pesquisado no Twitter, de acordo com sua influência, popularidade, engajamento e credibilidade. A metodologia envolve diversas variáveis, incluindo a participação em listas e posição em rankings como o Topsy e IdeaStarter. Suas análises são publicadas, explicando por que determinado quesito cresceu ou caiu. Ao final das análises a ferramenta publica um relatório com recomendações a respeito do que se pode fazer para aumentar a influência. Além de perfis no Twitter, é possível pesquisar por tópico e analisar a evolução de temas (hashtags, marcados com #) seguindo o mesmo critério. [http://tweetlevel.edelman.com]

BUSINESS CASES, FERRAMENTAS ADICIONAIS E SUGESTÕES DE USO

Empresários de **Britney Spears** foram até o escritório do Klout entender por que seu índice estava abaixo de celebridades pop como Lady Gaga e Justin Bieber. Após ouvir seus conselhos, ela passou a usar múltiplas plataformas para estar mais presente nas redes. Seu índice subiu de 64 para 80. [www.klout.com/britneyspears]

A **Audi** utilizou o Klout Perks, ferramenta de promoção do Klout, como uma das estratégias para o lançamento do A8 2011. O índice ajudou a identificar os principais influenciadores de seu nicho nas redes sociais, que foram convidados para o evento de lançamento e test-drive do novo modelo. [www.klout.com/perks]

A **Microsoft** reconhece os usuários mais influentes em comunidades de tecnologia através de seu programa MVP (Most Valuable Professional), que os trata como mídia especializada, presenteando-os com versões-teste de novos produtos e com um canal para feedback e recomendações. [http://bit.ly/nuvem-influencia]

ferramenta | serviço | gratuito | preço variável | até US$100/ano | US$100~600 | US$600~2000 | US$2000+ | simples | mediana | difícil | para experts

SITUAÇÃO:
Desenvolvimento pessoal e profissional.

PROPOSTA:
Redes sociais, grupos e comunidades.

Sociedades anônimas

Há muita discussão sobre a liberação do acesso às mídias sociais nas empresas. Bloqueá-las não é uma medida muito eficiente, já que praticamente todos podem acessá-las a partir de smartphones. Uma prática mais recomendada é permitir seu acesso limitado, da mesma forma que se disponibiliza o telefone da empresa para uso pessoal. Para que informações da empresa não sejam compartilhadas através de redes públicas, **redes sociais privadas** são ferramentas bastante produtivas e menos sujeitas a ruído e congestionamentos do que a comunicação por e-mail ou uma conversa de corredor. Nelas é possível criar páginas individuais de apresentação de cada usuário, com um resumo de suas habilidades profissionais, preferências, hobbies, grupos e recomendações. Se bem usadas, essas redes podem servir como diretório de fácil acesso aos profissionais ligados à empresa, estimulando o trabalho em equipe, humanizando o ambiente de trabalho e reforçando o espírito de grupo. Ao "dar cara" para muitos que se cruzam no ambiente de trabalho mas mal compartilham experiências, essas ferramentas podem canalizar esforços e ampliar os vínculos pessoais com o ambiente de trabalho, funcionando como extensões do departamento de RH.

RECOMENDAÇÕES

Crie um diferencial. A rede não deve ser uma cópia do Facebook. Muitos programas de desenvolvimento de carreira podem ser transmitidos para ela: compartilhamento de recursos, formação de grupos, divulgação de eventos e assim por diante.

Crie um canal de conversa. A rede pode ser uma boa plataforma para contato simples e direto, tratando de assuntos que não seriam discutidos em outros ambientes por parecerem simples, burocráticos ou pessoais demais.

Mensure e seja pró-ativo. Uma das maiores vantagens de ser proprietário de uma rede é ter acesso a todos os dados que circulam por ela, incluindo estatísticas sobre os serviços mais utilizados e o tempo despendido neles.

Esteja aberto a sugestões. Aproveite o clima informal para criar um ambiente de debate contínuo. O ideal é disponibilizar várias páginas para leitura complementar e feedback.

Respeite a identidade visual da empresa. Por mais que existam layouts e templates interessantes na rede e que a identidade visual de sua empresa esteja desatualizada ou seja precária, para o usuário é instintivamente muito mais confortável estar em uma interface cujas cores, formas e tipografias sejam conhecidas.

Forme grupos de trabalho e discussão. Redes privadas podem ser ótimas para criar grupos temporários para a troca de mensagens, documentos, links e informações sem preocupações com riscos de sigilo ou privacidade.

CUIDADOS

Tenha foco. A rede da empresa deve tratar de temas relevantes para o trabalho de seus funcionários. Por mais que assuntos do dia a dia sejam interessantes, evite opiniões políticas e só fale de eventos externos se eles tiverem relação com ações internas (uma torcida organizada, por exemplo).

Estimule a interação, não a force. A comunicação em grupo funciona melhor quando é espontânea e gira em torno de assuntos que seriam abordados normalmente. O cotidiano do executivo já é sobrecarregado demais para que participe de fóruns que considera desnecessários. Forçar o convívio funcionará por um tempo curto e gerará a impressão que a rede é desagradável.

Respeite a inteligência de seu usuário. Tenha fóruns de ajuda sempre disponíveis, mas pense em seu usuário como alguém inteligente, mas muito ocupado. Imagens infantis, textos apelativos e outras estratégias só aumentarão sua reação contrária. Trate-o como adulto.

Facilite a vida. O trabalho já é complicado demais para ser sobrecarregado com mais uma ferramenta. Por isso facilite o uso sempre que possível, onde for possível. Poucas páginas, sistema de ajuda claro, ícones diretos e legendas são um bom começo.

Mais do que socialização. Redes privadas serão mais eficientes se puderem ir além das conversas e se conectarem a profissionais e sistemas que ajudem na realização de tarefas burocráticas: reservas, informativos, comprovantes e atendimentos são exemplos de ações complementares.

Serviço: Ning

Ferramenta versátil e fácil de usar para a criação de redes sociais. Sua operação é simples, rápida e não demanda conhecimento técnico. A maior parte dos serviços necessários já vem instalada em uma suíte de tecnologias que pode ser customizada de acordo com as necessidades do grupo. As comunidades criadas pelo Ning podem acomodar diversos tamanhos, assuntos e abordagens. Entre as funcionalidades oferecidas estão blogs, wikis, fóruns, galerias de imagens e vídeos, microblogs e calendários de eventos. Seu painel de administração permite que o administrador do sistema estabeleça diversos níveis de controle e funcionalidades a seus participantes. Todos os planos oferecidos incluem a hospedagem do serviço, que também pode ser instalado em um domínio próprio, embora a migração dos dados para bases externas demande conhecimento técnico. Suas redes podem ser privadas, acessíveis somente a membros cadastrados. Se forem públicas, seu conteúdo pode ser otimizado para fácil acesso via mecanismos de busca. [WWW.NING.COM]

SocialGo — Permite a hospedagem em domínio próprio e uma ampla customização, boa parte sem demandar conhecimento técnico. Suas redes têm um sistema interno de mensagens instantâneas, com suporte para áudio e vídeo, em que é possível contactar grupos inteiros simultaneamente. Cada membro pode criar e alterar seu próprio conteúdo em blogs e fóruns, compartilhar documentos e controlar o nível de privacidade que pretende para suas páginas. Todo o conteúdo pode ser rapidamente acessado por um mecanismo de busca interna, o que facilita a localização de profissionais ou habilidades específicas. As redes podem se conectar ao Twitter ou Facebook. [www.socialgo.com]

Elgg — Ferramenta gratuita e versátil para a criação de redes sociais. A instalação e configuração devem ser feitas em servidor próprio e demandam algum conhecimento técnico. Oferece serviços de criação de perfis e interação social, blogs, microblogs, galerias de fotos, compartilhamento de documentos, criação de grupos, comentários, avaliações, notificações, alertas e mais de mil extensões possíveis, com grande flexibilidade e possibilidade de integração com outros serviços e bases de dados de uma empresa. Administradores têm total controle sobre as ações de seus usuários e podem bloquear sua participação ou acesso a funcionalidades. [www.elgg.org]

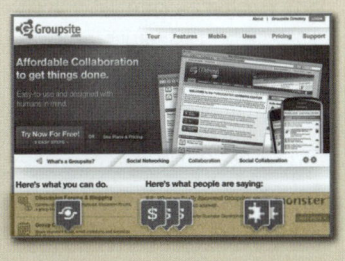

Groupsite — ferramenta de colaboração social, aberta a grupos ou associações que englobem profissionais de diversas empresas e áreas de trabalho. O site é hospedado pela própria ferramenta, que disponibiliza calendários compartilhados, blogs grupais, fóruns, repositórios de documentos, fotos e vídeos, administração de grupos, controle de diversos níveis de privacidade e relatórios de uso com métricas de acesso à rede. Seus usuários têm acesso a atividades de membros do grupo, espaços de debate e perfis individuais, com recomendações e endossos. Tanto o acesso como o conteúdo podem ser públicos ou restritos. É compatível com smartphones. [www.groupsite.com]

BUSINESS CASES, FERRAMENTAS ADICIONAIS E SUGESTÕES DE USO

Smart, o carrinho urbano compacto para dois, tem personalidade marcante e fãs apaixonados. A marca criou uma rede no Ning para levantar dados de clientes, oferecer atendimento personalizado, analisar tendências e gerar benefícios exclusivos, aumentando a conexão que tem com seu consumidor. [www.smartusainsider.com]

XBL Gamer Hub é uma comunidade em que usuários de vários jogos da plataforma XBox360 podem se encontrar, discutir técnicas, formar equipes e organizar jogos coletivos, o que amplia o espírito de grupo. Muitos fã-clubes usam a rede privada para aumentar a afinidade e melhorar a experiência. [www.xblgamerhub.com]

Fórum da Cultura Digital é um espaço público aberto para discutir políticas públicas digitais, administrado pelo Ministério da Cultura. Ele leva em consideração o impacto das novas tecnologias de comunicação na sociedade e propõe soluções de desenvolvimento tecnológico e inclusão digital. [www.culturadigital.br]

ferramenta | serviço | gratuito | preço variável | até US$100/ano | US$100~600 | US$600~2000 | US$2000+ | simples | mediana | difícil | para experts

SITUAÇÃO:
Desenvolvimento pessoal e profissional.

PROPOSTA:
Fóruns, wikis, reputação e empowerment.

Fornecedores de confiança

Fornecedores e freeelancers. A administração de equipes remotas é uma realidade presente em empresas de todos os tamanhos. Conforme o tipo de trabalho a ser executado, redes de freelancers podem ser uma solução rápida, qualificada e econômica. Existem redes digitais, chamadas de "mercados de talentos", cujo objetivo é facilitar a tarefa de encontrar candidatos, contactá-los e remunerá-los de acordo com suas entregas. Seu processo tem cinco etapas. Ele começa com o recrutamento, em que as propostas de trabalho são publicadas em murais para que os interessados se voluntariem. Se você tem urgência, pode anunciar sua oferta, mostrando-a em destaque no painel. Os interessados passam pela qualificação, em que realizam testes ou mandam amostras de seu serviço para análise de competência. O candidato mais adequado passa pela contratação, em que preenche um contrato-padrão do serviço ou atende a solicitações especiais do contratante quanto a direitos de propriedade, sigilo etc. Assim que as partes entram em acordo começa o trabalho, com medição de tempo e entregas, normalmente condicionadas a partes do pagamento total. Alguns serviços oferecem ferramentas sofisticadas de medição de tempo. Por último acontece o pagamento, normalmente através de contas de custódia (escrow).

RECOMENDAÇÕES

Verifique a reputação. A grande vantagem de redes sociais de fornecedores é que o feedback de fornecedores e clientes é livre. Isso permite o acesso a críticas diretas, que poderiam não ser tão explícitas em outras condições sociais.

Faça uma descrição clara do serviço. Um fornecedor remoto pode enfrentar dificuldades na interpretação de um pedido ambíguo – ou, pior, interpretá-lo de forma completamente errada. Por isso é preciso deixar muito claro o que se precisa. Se possível, com exemplos. Evite ironias, exageros e generalizações.

Teste resultados, entregas e prazos. Teste seu fornecedor com pequenas tarefas para conhecer o padrão de qualidade, confiabilidade, relacionamento e, principalmente, entrega.

Recomende e peça recomendações. Ajude a valorizar bons fornecedores e não hesite em contactar clientes anteriores para pedir referências complementares, assim você ajuda a construir reputações.

Acompanhe o andamento do trabalho. Determine pontos de referência ao longo do projeto e esteja preparado para avaliá-los. Isso pode burocratizar e atrasar um pouco o desenvolvimento, mas garante que a entrega fique mais próxima do esperado.

Estabeleça parâmetros. Qual é a expertise demandada? Que tipo de qualificação se espera do fornecedor? Parâmetros claros, estabelecidos desde o início do projeto, ajudam a delimitar as entregas e evitar conflitos.

CUIDADOS

Procure experiência. Muitos fornecedores inexperientes começam por redes abertas. Não se deixe levar pelo discurso de vendas, sempre que possível analise o portfólio de serviço, peça amostras e leia depoimentos de clientes.

Evite serviços ou demandas urgentes. Pelo menos a princípio, não conte que um fornecedor esteja sempre disponível. Uma das maiores vantagens sobre o trabalho autônomo é a liberdade de horário.

O (muito) barato sai caro. Se algum fornecedor é barato demais, desconfie. Hoje é possível saber rapidamente qual é o preço médio de cada serviço. Valores muito abaixo da média devem ter motivo para tal.

Estude e valorize os recursos internos. Evite comparações ou sobrecarga de trabalho em sua equipe. Se possível, deixe as tarefas de maior prestígio e valor estratégico para o pessoal interno.

Crie vínculos, mas não dependa deles. Mudanças de vida ou oportunidade profissional pode fazê-los cancelar contratos anteriores sem aviso. Não tenha freelancers em funções estratégicas por longo período. Eles devem ser encarados como recursos emergenciais ou provisórios.

Peça a opinião de especialistas sobre o resultado. Principalmente se a entrega for em uma área nova, específica ou desconhecida. Não é raro ver trabalhos de qualidade medíocre camuflados com uma bela apresentação.

Serviço: Elance

Rede social que conecta mais de 100.000 freelancers e empresas de outsourcing a potenciais clientes, um ambiente para fácil acesso a profissionais de diversas especialidades, níveis e faixas de remuneração. Como o perfil de seus clientes é de bom pagador e exigente, a rede atrai melhores fornecedores. Tanto a oferta quanto a procura por trabalho é muito fácil, rápida e intuitiva: interessados divulgam suas solicitações e faixa de remuneração pretendida em um painel. Fornecedores que se interessarem pelas tarefas clicam nas ofertas e, ali mesmo, fazem suas contrapropostas de custos e prazos. A empresa cobra uma comissão dos fornecedores e uma pequena taxa para empresas que quiserem destaque em seus anúncios. Para facilitar o andamento das tarefas, o Elance disponibiliza um ambiente virtual em que é possível compartilhar arquivos, trocar mensagens, atualizar o status do projeto e administrar pagamentos. O pagamento costuma ser depositado em contas de custódia (escrow), para garantia de ambas as partes. [WWW.ELANCE.COM]

Freelancer – Rede gratuita que disponibiliza uma lista de freelancers e projetos cadastrados, facilitando o contato entre as partes interessadas. Focado em profissionais para pequenos negócios, os trabalhos costumam sair mais baratos do que a média de mercado. O empregador tem a opção de pagar apenas se estiver satisfeito com os resultados. O site costuma promover concursos para destacar novos talentos e reforçar o networking. Os membros da rede podem atribuir notas a clientes e fornecedores, aumentando sua credibilidade. [www.freelancer.com]

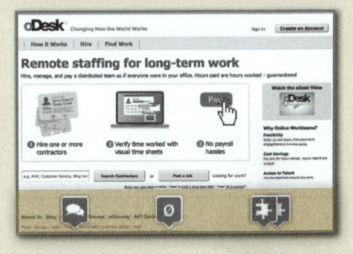

Odesk – É a maior rede em volume de profissionais envolvidos. Ela administra grupos de trabalho, em tarefas de nível mais operacional. Pelo Odesk é possível contratar funcionários a longo prazo, que podem ser pagos por semana, mês ou projeto. Tanto a publicação quanto o acesso às vagas é gratuito. O site disponibiliza uma série de ferramentas, que vão de testes de conhecimentos e listas de tarefas a mecanismos de controle e acompanhamento das horas trabalhadas. Entre elas, uma ferramenta controversa de administração fotografa constantemente a área de trabalho do fornecedor para verificar se o tempo está sendo gasto no projeto. [www.odesk.com]

The Resumator – Serviço que automatiza a administração de propostas e currículos para vagas. O processo é abrangente, e começa com a publicação das vagas no Twitter, Facebook, Linkedin e outros serviços de contratação. Interessados são redirecionados para uma página customizada, com todas as informações necessárias para se candidatar ou recomendar a amigos. Os currículos recebidos são armazenados e organizados em um arquivo que os organiza para consulta por palavras-chave e os lista em um painel de administração. Quando a vaga for preenchida, o serviço envia e-mails a todos os participantes agradecendo pelo interesse. [www.theresumator.com]

BUSINESS CASES, FERRAMENTAS ADICIONAIS E SUGESTÕES DE USO

Muitos **Aplicativos para Smartphones** vêm sendo desenvolvidos por empreendedores com pouco ou nenhum conhecimento técnico. Basta delimitar muito bem as demandas e entregas de cada função do aplicativo e contratar freelancers para desenvolver a interface e código. É o que fazem os executivos do [www.freetheapps.com]

Evernote, Tumblr e Klout, algumas das mais importantes **startups americanas de tecnologia**, usam sistemas de terceirização para a contratação e administração de vagas em diversos níveis, em razão da alta volatilidade do mercado e da constante urgência na contratação de profissionais qualificados.

É possível realizar concorrências globais para **serviços de design** de uma marca ou empresa. O cliente determina o pedido de criação, descreve a marca, estipula valores a destacar e referências gráficas. Interessados submetem conceitos e são avaliados. Ao fim do prazo, o escolhido recebe o pagamento. [www.99designs.com]

| ferramenta | serviço | gratuito | preço variável | até US$100/ano | US$100~500 | US$600~2000 | US$2000+ | simples | mediana | difícil | para experts |

SITUAÇÃO:
Desenvolvimento pessoal e profissional.

PROPOSTA:
Mobilidade, geolocalização e identificação.

Positivo e operante

Serviços de troca imediata de mensagens de textos existem desde meados da década de 1960, bem antes do surgimento da Internet. Perde-se a conta de quantas vezes já se pregou sua extinção e, no entanto, eles continuam mais fortes do que nunca. A razão é muito simples: são serviços práticos, discretos e amplamente conhecidos, que resolvem muito bem a tarefa para a qual foram concebidos: a de facilitar o contato remoto entre profissionais, eliminando dúvidas, e tornando a comunicação mais transparente, documentada e barata. É uma grande invenção, que só tem a crescer com o uso de smartphones. As duas principais diferenças entre os serviços de mensagens instantâneas e outras formas de comunicação escrita, como o e-mail, tweet e tantos outros, é que a comunicação acontece em tempo real (como uma ligação telefônica, espera-se do outro lado da "linha" até que o interlocutor responda) e que sua natureza simplificada permite que seja usada sem dedicação exclusiva. O serviço é muito mais eficiente do que uma reunião ou telefonema para a resolução de dúvidas ou transmissão de tarefas simples. Algumas funcionalidades complementares, como o envio direto de arquivos, o compartilhamento de telas e o uso de webcams, tornam o serviço indispensável.

RECOMENDAÇÕES

Organize seus contatos por listas de afinidade. Se possível, agrupe-os por áreas de interesse e tarefas. Isso ajuda a facilitar o contato e evitar omissões em caso de equipes muito grandes.

Armazene frases comuns. Se possível, com teclas de função ou comandos de teclado. Isso agiliza o ritmo da comunicação.

Seja breve. Não desperdice a oportunidade de contato direto com rodeios ou mensagens vagas. Se a conversa for interrompida, seu interlocutor pode estar ao telefone ou ter abandonado a mesa por algum motivo. Não insista. Deixe uma mensagem final e volte a ela mais tarde.

Seja específico. Evite abordar temas demais em uma só conversa, para evitar confusões ou enganos. O ideal é começar cada contato com uma agenda de tópicos, e eliminá-los um a um.

Elimine dúvidas. Não se deixe levar por confusões ou mal-entendidos. Se algo em sua tarefa não está claro, o sistema de mensagens é o canal mais eficiente para buscar links e documentos complementares que ajudem a compreensão.

Conclua o assunto. Evite criar tarefas intermináveis ao delegar o envio de materiais ou links posteriormente. A maioria das ferramentas de comunicação instantânea tem recursos para o compartilhamento de e-mails, links e arquivos anexos. Faça-os o quanto antes. Deixá-los para depois só atrasa a tarefa.

Seja relevante. Evite contatos não relacionados ao trabalho.

CUIDADOS

Não seja inconveniente. Faça o menor número de contatos possível, sempre com uma agenda ou mensagem importante. Não use a ferramenta para conversar, pois ela pode prejudicar o fluxo de trabalho de seu interlocutor.

Um texto é um documento. Cuidado com o que fala e escreve, pois ironias ou contextos podem ser perdidos e o registro final pode levar a más interpretações e consequências sérias, conforme a gravidade da situação.

Comporte-se. As pessoas à sua volta não estão imersas no seu ambiente de discussão e podem se espantar com manifestações espontâneas e súbitas de mudança de humor.

Separe o público do privado. Não misture contatos ou canais, pois isso pode levar a constrangimentos e mal-entendidos.

Sigilo. Cuidado com as informações sigilosas ou documentos que compartilhe, até mesmo quando mostra sua área de trabalho. A informação que é colocada na rede raramente sai de lá.

Evite permanecer conectado. Isso pode dar a impressão que você está disponível e interromper seu fluxo de trabalho com informações irrelevantes. Conecte-se e mostre-se disponível apenas para aqueles de quem espera contato.

Tenha alternativas de comunicação. Esteja prevenido caso caia a rede. E-mail ou telefone podem ser fundamentais em casos de maior urgência ou complexidade.

Ferramenta: Live Messenger e Lync

Serviços de mensagens instantâneas são usados, oficialmente ou não, na maioria das empresas e ambientes de trabalho contemporâneos. Por mais que muitos vejam esse tipo de comunicação como um sistema pessoal, ele pode ser facilmente utilizado para contatos rápidos com freelancers, clientes e fornecedores. O Live Messenger, parte integrante do sistema Windows, é um dos mais conhecidos e utilizados sistemas de troca de mensagens instantâneas no mundo, com mais de 75 milhões de usuários. Seu correspondente corporativo, o Lync, tem as mesmas funcionalidades e ainda pode ser integrado à suíte Office e ao SharePoint, acessando a agenda de contatos e permitindo a busca de profissionais na rede por palavras-chave e áreas de atuação. Ele também pode administrar as contas do Yahoo! e outros comunicadores, unificando os serviços. Outro recurso disponível que pode ser bastante útil é o redirecionamento de contatos para o telefone, que toca se o comunicador estiver desligado. [HTTP://OFFICE.MICROSOFT.COM/PT-BR/LYNC] e [HTTP://EXPLORE.LIVE.COM/WINDOWS-LIVE-MESSENGER]

Skype – É o mais conhecido serviço de telefonia via Internet, com versões para os principais sistemas operacionais e cerca de 50 modelos de smartphones. Seu uso é gratuito entre dois equipamentos conectados à Internet, pouco importa o tempo utilizado ou a distância. A um pequeno custo, é possível usar a rede do serviço para se conectar às de telefonia, propiciando uma opção econômica e confiável para se fazer chamadas internacionais, de voz ou vídeo. A comunicação é encriptada, o que o torna bastante seguro para ligações, mensagens instantâneas e documentos compartilhados. O serviço chega a atender mais de 30 milhões de usuários simultâneos. [www.skype.com.br]

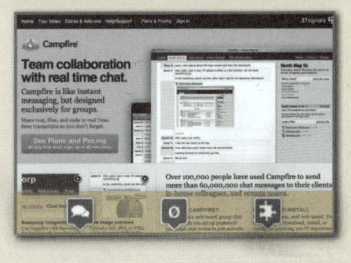

Campfire – Ferramenta de mensagens instantâneas desenvolvida para o gerenciamento de projetos, com suporte para conferências online com até cem pessoas. Por ser um serviço web, não demanda a instalação de aplicativos e pode ser usado a partir de qualquer computador conectado. O Campfire costuma ser usado para criar redes de comunicação interna e externa, com clientes e membros da equipe. Cada sala de reuniões virtual tem um endereço próprio, e pode ser acessada sem habilitar o contato com a rede interna. É possível compartilhar documentos em tempo real, e estes ficam armazenados em uma área correspondente ao seu projeto. [http://campfirenow.com]

Google Talk – Ferramenta de comunicação instantânea integrada ao GMail. O serviço é minimalista, simples e prático, e funciona automaticamente quando se acessa uma conta Google. Além da comunicação instantânea em texto, áudio e vídeo entre dois computadores ligados à Internet, é possível compartilhar documentos de diversos tipos, realizar chamadas de conferência em áudio com vários participantes simultâneos e, em alguns países, se conectar à rede de telefonia (infelizmente esta funcionalidade ainda não está disponível no Brasil). Quando acessado por smartphones, o sistema permite identificar quais contatos estão próximos. [www.google.com/talk]

BUSINESS CASES, FERRAMENTAS ADICIONAIS E SUGESTÕES DE USO

Rip Curl, confecção australiana de roupas para surf e esportes aquáticos, usa Skype para mais de 3.000 contatos ao redor do mundo, entre eles os atletas patrocinados pela marca, que devido à natureza do esporte nem sempre estão em grandes cidades ou mesmo em locais acessíveis. [http://bit.ly/nuvem-contato-1]

Para se manter competitiva em um mercado mutante, a **Nikon Corporation** desenvolveu uma solução complexa de mensagens, conferências e telefonia para acelerar a resposta a consumidores, a tomada de decisões e a colaboração, usando o Microsoft Lync Server como principal tecnologia. [http://bit.ly/nuvem-contato-2]

A companhia aérea **KLM** usa o serviço de comunicação instantânea do Google para facilitar a comunicação e o compartilhamento de recursos entre seus 11.200 funcionários. Com ele é mais fácil sincronizar recursos entre escritórios e smartphones de profissionais em constante trânsito. [http://bit.ly/nuvem-contato-3]

SITUAÇÃO:
Desenvolvimento pessoal e profissional.

PROPOSTA:
Nomadismo e compartilhamento.

Horas-homem

Como fazer uma boa **otimização de tempo** de equipes? Cada profissional, em cada área, costuma ter seu próprio sistema de priorização e eficiência. À medida que se colocam várias pessoas e sistemas de trabalho em contato é cada vez mais difícil estabelecer um bom processo. Sistemas que podem ser bastante úteis para alguns, para outros pode funcionar como instrumento de pressão e comprometer seu rendimento. Por mais que todos saibam que o controle eficiente do tempo empenhado em cada tarefa ajuda a determinar a produtividade, corrigir estimativas e determinar necessidades de contratação, poucas tarefas são mais odiadas e malfeitas do que o preenchimento das planilhas de horas trabalhadas. Sob os argumentos de falta de tempo para preenchê-las e necessidade de foco em tarefas de maior prioridade, a maioria das planilhas é preenchida com dados genéricos e abrangentes, pouco estratégicos, em um processo que ninguém se beneficia. Em equipes e projetos coletivos, o cenário é ainda pior, já que precisa integrar várias planilhas para identificação de pontos fortes e fracos na equipe, eliminar gargalos e distribuir recursos. Ferramentas online, acessíveis por smartphones, permitem a coleta de dados no momento em que ela é mais eficiente: durante a realização da tarefa.

RECOMENDAÇÕES

Simplifique. Quanto menor a curva de aprendizado de uma ferramenta, mais fácil e direto será o seu uso por todos. Evite aplicativos que tenham funcionalidades demais, bem como programas genéricos demais, que demandem adaptação. A gestão de atividades não pode ser mais complicada do que as tarefas que pretende administrar.

Integre. Integre a administração do tempo com outros sistemas de uso cotidiano de sua equipe, como calendário, e-mail e lista de tarefas. Assim será mais fácil cumpri-la.

Conecte. Não há motivo para que a administração seja isolada. Se possível, conecte as diferentes ferramentas de produtividade, pois isso ajudará a manter a equipe unida, consciente e eficiente.

Estimule o registro de tarefas. Boa parte da desorganização vem de tarefas não registradas no sistema porque eram simples demais ou porque este era muito complexo. Evite o problema criando sistemas que as agrupem ou permitam que um único membro as registre por todo o grupo, distribuindo o trabalho.

Disponibilize. Conecte sua ferramenta a vários contextos de seus usuários, como computador, notebook, celular e web.

Analise os resultados. E tome atitudes para otimizá-los, como uma melhor determinação de valor-hora, redefinição de orçamentos e cálculo de custos. Não se esqueça de tornar claro para toda a equipe que as atitudes são reflexo da mensuração de tempo, estimulando o processo.

CUIDADOS

Privacidade. Cuidado com o acesso e compartilhamento de informações pessoais ou profissionais – em especial das que dizem respeito ao desempenho de cada membro, pois isso pode distrair ou desmotivar a equipe.

Evite cobranças. Use a administração do tempo para ajudar seu usuário, não o faça se sentir culpado. Seja tolerante e o estimule a completar o máximo de tarefas possível. Valorize as tarefas conquistadas. Não puna pelas ainda não completas. Redistribua tarefas e avalie funções com base em medições feitas em planilhas de registro de tarefas.

Notificações e lembretes. Use somente os que forem absolutamente necessários. Se o usuário receber avisos para todo tipo de tarefa, é bem possível que se irrite com eles, desligue-os ou não os considere importantes.

Memória. Estimule o preenchimento da planilha no momento em que se realiza uma tarefa. Evite que sejam feitas aos lotes, pois a possibilidade de erros e generalizações é muito mais alta.

Desburocratize. Se possível, automatize os registros. Use horários de cadastro em sistemas, operação de ferramentas, métricas de navegação e tempo em páginas dentro da intranet e websites para uma medição mais precisa.

Seja realista. Ajude seu usuário a deixar de lado tarefas não cumpridas ou adiadas por muito tempo. Crie estruturas para facilitar o estabelecimento de prioridades.

Ferramenta: Timesheets

Ferramenta ágil, dedicada ao registro de tempo em projetos e tarefas. Por estar online, ela tem muitas vantagens: maior precisão nos dados, comparação e ajustes entre diversos membros para diminuir a frequência de períodos "genéricos", acesso a equipes remotas, a profissionais que trabalhem em casa ou em horários incomuns. O sistema oferece quatro tipos de tabela, de acordo com a necessidade: cronogramas, gerência de projetos, registro de despesas e recursos humanos. Com elas é possível determinar configurações e regras tanto globais quanto individuais, para análise e administração mais relevantes e flexíveis.

Boa parte dos serviços de sistemas complexos de recursos humanos está presente nessa ferramenta, como controles de períodos, aviso de horas extras, aprovações de supervisores, relatórios customizados e restrições de acesso para maior segurança da informação. Seus relatórios ajudam a se prevenir para períodos de ausência e controlar o tempo alocado em diversos projetos simultâneos, que envolvam equipes variadas. [WWW.TIMESHEETS.COM]

Intervals – ferramenta para gestão de processos em equipe que permite um registro detalhado do tempo de cada profissional, com definição de metas e tarefas e sua integração ao fluxo de trabalho. Suas funcionalidades de registro e compartilhamento de documentos possibilitam sua utilização para a gestão de projetos de pequenos grupos. O registro do tempo empenhado é detalhado em relatórios que podem ser usados para o cálculo de horas e profissionais empenhados em uma tarefa. Seus usuários têm acesso a diversos calendários e timers e podem compartilhar informações a respeito de processos e clientes de seus colegas se mudarem de departamento. [www.myintervals.com]

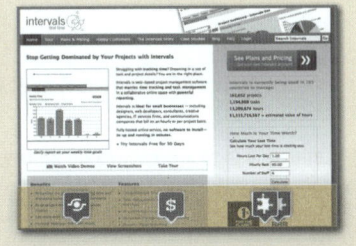

Fengoffice – ferramenta para a administração de contatos remotos, que cria ambientes de trabalho específicos, habilitando o compartilhamento de documentos e algumas funcionalidades específicas para a gestão de equipes ou projetos. Cada ambiente funciona como um escritório virtual. Nele é possível determinar e atribuir tarefas, controlar tempo e execução, agrupar funcionários e segmentá-los por palavras-chave. Os ambientes podem ser privativos, compartilhados ou conectados a outros. A administração e a determinação de regras de trabalho pode ser local ou global. O preço do serviço varia de acordo com o número de usuários. [www.fengoffice.com/web]

Harvest – Ferramenta multiplataforma para o registro de tempo na realização de tarefas. Fácil de instalar e administrar, ele tem versões para uso em diversas plataformas. O aplicativo para smartphones permite a seus usuários fotografar recibos e enviá-los para o sistema, e tem um cronômetro para registro do tempo empenhado em cada tarefa, que funciona mesmo se o telefone estiver desligado ou sem conexão à rede. Assim que se conectar, a sincronização é automática, facilitando o registro e aprovação de tempo e despesas. O Harvest disponibiliza vários relatórios que identificam graficamente os recursos disponíveis e oportunidades. [www.getharvest.com]

BUSINESS CASES, FERRAMENTAS ADICIONAIS E SUGESTÕES DE USO

Empresas de terceirização de RH, como **Epoch Staffing** e **Marathon**, são grandes usuários de serviços de acompanhamento como Timesheets. O blog da ferramenta traz recomendações para a administração de problemas típicos de pequenas empresas, baseado na experiência de seus milhares de usuários. [http://bit.ly/nuvem-timesheets]

A agência digital **BigSpaceship** implantou o Harvest em várias de suas equipes multidisciplinares, com profissionais de planejamento e criação. Desde a primeira semana, com pouco treinamento, a ferramenta se tornou parte integrante da administração diária e de projetos de longo prazo. [http://bit.ly/nuvem-timesheets-2]

GrafirePM é um sistema de gerenciamento de projetos gratuito para autônomos. Suas funcionalidades são simplificadas, voltadas para a administração individual de tarefas e clientes. A interface pode ser customizada e integrada ao website do fornecedor, dando a ele diversos controles administrativos. [www.grafire.com]

SITUAÇÃO:
Desenvolvimento pessoal e profissional.

PROPOSTA:
Colaboração, jogos e meritocracia.

Medalha, medalha, medalha

Gamificação é um neologismo que se refere à utilização de valores e elementos presentes em jogos para aumentar o engajamento de seus usuários. Serviços como o FourSquare e jogos comunitários no Facebook são exemplos de ferramentas poderosas para integrar pessoas e formar grupos. A ideia é tão simples quanto incomum: os visitantes de um site se tornam seus "jogadores". Ao realizarem determinadas tarefas, como comentar artigos ou reencaminhar links, ganham pontos ou medalhas. Por mais que pareça infantil, a atividade lúdica se relaciona ao ambiente informal dos jogos de tabuleiro e esportes e vem sendo aperfeiçoada há décadas pelos fabricantes de videogames.

Táticas como rankings para estimular a competição por pontos são cada vez mais comuns. Programas de relacionamento e fidelidade online estão cada vez mais parecidos com seus equivalentes em companhias aéreas, hotéis e cartões de crédito, com a vantagem de oferecerem prêmios virtuais, normalmente a custo zero. A maioria dos jogos se apoia na ideia da meritocracia, em que todos gostam de ser reconhecidos por um trabalho realizado, ainda mais se demandar dedicação. Associações como a Wikipédia e Vigilantes do peso se baseiam em um princípio semelhante.

RECOMENDAÇÕES

Conecte o jogo aos valores da empresa. Não desperdice a oportunidade de reforçar sua cultura, visão e modelo de gestão.

Conheça o usuário. Não demande conhecimento, envolvimento ou nível de participação acima de sua disponibilidade.

Use como laboratório. Atividades lúdicas, quando bem aplicadas, costumam gerar um grande envolvimento e identificar demandas do grupo.

Comprometa a equipe. Quanto mais pessoas envolvidas, melhor, mais divertido e produtivo tende a ser o jogo.

Seja divertido. A ideia de um jogo é que seja uma experiência agradável. Não o transforme em um peso ao complicar suas tarefas ou a transformá-lo em obrigação.

Crie lideranças. Líderes inspiram seus colegas e estimulam uma competição produtiva.

Recompense. Evite os caçadores de prêmios recompensando atividades comunitárias de auxílio a todos.

Estimule debates e contribuições. O conteúdo gerado pelo usuário aumenta a variedade e versatilidade do jogo.

Tenha objetivos claros. Se não houver uma estratégia bem definida por trás da atividade, ela será um desperdício de iniciativa e oportunidade, e dificilmente será levada a sério.

CUIDADOS

Ambiente de trabalho. Não deixe que o jogo prejudique a produtividade. Seu objetivo é ser incentivo, não distração.

Seja maduro. Um dos maiores erros nos jogos para adultos é tratá-los como crianças. O espírito jovem pode ser estimulado sem remeter a situações embaraçosas ou ridículas.

Constrangimentos. Algumas ações, bem-vindas entre pessoas que compartilham um mesmo contexto, podem ser estranhas para quem não pertence a ele, por isso evite constrangimentos e tome cuidado ao tornar públicos alguns elementos do jogo.

Não misture canais. O desempenho do funcionário no ambiente do jogo não deve ser visto como canal de avaliação profissional. O ideal é que as atividades não estejam relacionadas.

Não seja fácil ou difícil demais. Quanto mais pessoas e departamentos envolvidos, maios complexo pode ficar o jogo. Estruture-o de forma a ser estimulante, não complexo.

Defina o registro do tempo. Como será computado o tempo empenhado nessa atividade? Uns podem vê-lo como trabalho, outros como diversão. É bom deixar as regras bem claras para evitar confusões posteriores.

Bons jogos não mascaram produtos ruins. Pelo contrário, ao chamar a atenção para uma experiência agradável, eles podem evidenciar as fraquezas existentes. Gamificação não é uma panaceia, e é incapaz de mascarar situações ruins a longo prazo.

Ferramenta: Bigdoor

Ferramenta amigável e fácil de implementar para quem quer fazer experimentos em gamificação ou instalar um sistema simples, com pouco ou nenhum conhecimento técnico. Todo o processo é gratuito e bastante intuitivo: o aplicativo cria um "minibar", barra de opções customizável em que se pode habilitar diversas ferramentas — perfis de usuários, check-ins, conexão com Twitter ou Facebook, compartilhamento, ranking, troféus e credenciais (badges) — conforme sua necessidade ou relevância. Configuradas as opções, a ferramenta produz o código necessário para a implementação, que pode ser copiado com um clique, para ser agregado ao site que se pretende gamificar por seu administrador, que pode criar formas diferentes de interação social a partir de seu conteúdo. O painel de administração da ferramenta disponibiliza algumas métricas simples para análise de engajamento: atividade dos usuários por hora, dia e mês; faturamento por usuário; rankings, níveis e prêmios; e o compartilhamento de links e bens virtuais. [WWW.BIGDOOR.COM]

Badgeville – é uma solução mais robusta, porém mais cara e de desenvolvimento complexo. É voltada a empresas que pretendam uma interação intensa com seus usuários e estabeleçam uma estratégia detalhada de níveis e recompensas. Com ela é possível criar jogos e interações mais complexas com o conteúdo, determinar o layout de cada elemento lúdico e definir com precisão diferentes critérios de pontuação e premiação por atividade. O serviço também oferece um conjunto de soluções de métricas e análises que identifica a frequência de seus usuários, e o relaciona com a popularidade de cada conteúdo e com as principais formas de interação. [www.badgeville.com]

Bunchball – é a empresa mais conhecida do segmento, produzindo jogos desde 2005 para uma gama respeitável de clientes. Sua plataforma de gamificação, chamada "Nitro", é mais simples do que o Badgeville, mas igualmente robusta. É necessário ter uma boa estratégia de jogo para tirar proveito de suas ferramentas, como a premiação por ações específicas, o contato direto entre cada participante de uma atividade, desafios e missões complexas, atividades em grupo, pontos atribuídos em momentos e horários específicos, níveis e áreas de acesso restrito, identidades, bens e salas virtuais, grupos e painéis de discussão e criação de competições específicas. [www.bunchball.com]

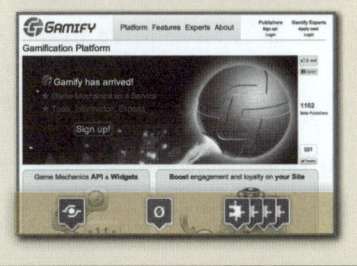

Gamify – ferramenta mais complexa que as expostas acima, porém extremamente modular e de código aberto, o que permite uma grande customização de cada atividade lúdica criada. Permite a análise de métricas em tempo real e a comparação entre versões de jogos mais atraentes para os usuários. Sua abordagem é mais pragmática, diretamente ligada aos benefícios da gamificação no engajamento de equipes. Oferece perfis de usuário, pontos, credenciais, cupons, níveis, bens virtuais, notificações, barras de progresso e rankings. Seu website traz sugestões para amplificar o engajamento, contribuições e envolvimento em atividades de grupo. [www.gamify.com]

BUSINESS CASES, FERRAMENTAS ADICIONAIS E SUGESTÕES DE USO

A liga de **Baseball** dos EUA oferece credenciais e outros prêmios virtuais aos usuários que acompanham os jogos por seu site. Torcedores ganham pontos de acordo com a performance de seus times e sua atividade online. Alguns bens "colecionáveis" são distribuídos somente em ocasiões especiais. [www.mlb.com]

Bluefly.com, loja multimarcas de alto padrão, usa elementos de jogos para manter a exclusividade de seus clientes. Estes ganham pontos ao assistir vídeos, ler publicações de blogs, escrever análises e criar listas de compras. Credenciais estão ligadas às tendências de moda e nível de expertise de cada usuário. [www.bluefly.com]

Os **Hotéis Marriott** usam, para atrair talentos, games nos moldes dos jogos do Facebook em que é preciso administrar o orçamento, recursos e funcionários de várias áreas do hotel, entre elas uma cozinha industrial. Dessa forma mostra as oportunidades de carreira e crescimento entre novos públicos. [http://bit.ly/nuvem-gamifica]

| ferramenta | serviço | gratuito | preço variável | até US$100/ano | US$100~600 | US$600~2000 | US$2000+ | simples | mediana | difícil | para experts |

SITUAÇÃO:
Desenvolvimento pessoal e profissional.

PROPOSTA:
Design, usabilidade e acessibilidade.

Paisagens conceituais

Mapas mentais são diagramas que mostram conexões entre conceitos de forma não linear, normalmente compostos de palavras, ideias e imagens conectados a um tema central. O processo surgiu como uma forma de tomar notas, destacando ideias de forma a facilitar sua identificação e discussão de pontos-chave, muito mais eficiente do que a tradicional apresentação em slides e bullets. O formato estimula a visão global de um tema e a abordagem por pontos de vista diferentes do que a estrutura cronológica ou hierárquica permitiria, por isso os mapas mentais acabaram sendo bastante utilizados em ambientes criativos e brainstorms. Eles também são usados para a apresentação de conceitos elaborados, sem estrutura linear, com variáveis e dependências múltiplas – como uma situação econômica ou rede de logística. No ambiente online, diagramas deste tipo são bastante populares para administrar dados contextuais, definir novos conceitos, pesquisar temas, gerar ideias, imaginar protótipos, escolher alternativas, implementar práticas e aprender novas técnicas, um processo chamado de design thinking. Ferramentas colaborativas para a sua produção facilitam sua criação e discussão por equipes remotas, estimulando a produção constante de novas ideias.

RECOMENDAÇÕES

Comece com uma boa pergunta. Inicie o processo de construção do mapa mental com uma ideia diretamente ligada ao objetivo final, para direcionar a discussão.

Concentre-se nas ligações e desdobramentos. Boas ideias costumam surgir aos pedaços, de conexões inesperadas entre ambientes e processos bastante conhecidos.

Valide o mapa com monitores e consultores. O apoio externo ajuda a evitar a perda de foco e de motivação, além de poder contribuir com novas ideias na organização do conteúdo.

Estimule apresentações do material. A apresentação ajuda a eliminar dúvidas e propicia o surgimento de novas conexões e mostra abordagens inéditas feitas por grupos diferentes.

Linearize a conclusão. Peça aos membros de cada equipe para explicarem o que conseguiram identificar dos novos mapas. A explicação dos diagramas em grupo pode gerar novas ideias.

Dê continuidade. Não isole o processo. Identifique tópicos para pesquisas posteriores e estimule novas discussões.

Familiarize-se com as ferramentas e metodologia. Não interrompa o processo criativo para consultar manuais técnicos.

Abra espaço para expansão. Não espere que todas as ideias caibam no papel – ou horário – determinado. Tenha material e tempo extra disponível caso precise usá-los.

CUIDADOS

Seja específico. Não tente resolver tudo de uma vez. Quanto mais genérico for o desafio, mais difícil será sua resolução. O ideal é começar com um mapa mental para uma situação simples (a lista de coisas a fazer, por exemplo) e aprofundá-lo aos poucos.

Descomplique. Quanto menos regras tiver o mapa, menores serão as inibições. Evite complicações formais desnecessárias.

Seja flexível. O ponto de partida não precisa ser o tópico central. Excelentes ideias surgem de mudanças de pontos de vista.

Evite distrações. Para a discussão de temas complexos e criativos o ideal é trabalhar sem que nada interrompa a atenção. Revistas, celulares, mídias sociais e televisão devem ser evitados. Estabeleça pausas regulares e evite distrações entre elas.

Funcionalidade *vs.* estética. O mapa não é diagrama nem infográfico, por isso não precisa ser belo nem muito legível. Concentre-se na ideia, o mapa sempre poderá ser passado a limpo.

Evite críticas durante o processo. Raramente uma ideia surge "pronta". O normal é aparecer simplificada e ser aprimorada com debate. Um ambiente livre de críticas propicia o surgimento de várias ideias, que podem ser selecionadas mais tarde.

Não deixe o mapa "esfriar". Canalize o entusiasmo da sessão para promover um clima permanente de inovação. Tome atitudes assim que terminar a sessão e reforce os canais de contato para que o debate permaneça.

Ferramenta: Mindmeister

Ferramenta para a criação, administração e compartilhamento de mapas mentais online. Sua operação é razoavelmente intuitiva, e permite a criação rápida de mapas simples a diagramas complexos, que podem conter texto, links, documentos e imagens. Novas ideias podem ser acrescentadas via e-mail, computadores conectados à rede e SMS. Sua maior vantagem, no entanto, é permitir a contribuição de várias pessoas em tempo real. As modificações vão surgindo à medida que são feitas, e várias versões são gravadas automaticamente, para que se possa voltar atrás a qualquer instante. Os mapas são acessados pelos principais browsers, sem a necessidade de instalação de aplicativos ou extensões. Para dar continuidade ao processo de registro de novas ideias e desdobramentos, há versões do Mindmeister para uso em computadores, tablets e smartphones, que permitem a criação de mapas mentais em diversos locais, mesmo offline. Os novos mapas são sincronizados quando se conectarem à rede. [WWW.MINDMEISTER.COM]

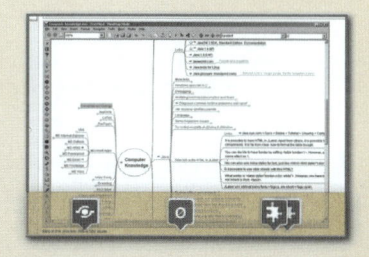

Freemind – ferramenta online gratuita, que cria gráficos simples e claros, sem adornos, e os exporta em formatos bastante compatíveis, como HTML, PDF e JPEG. Seu funcionamento é rápido e fácil: basta criar os blocos e movê-los pela página. Caso o mapa tenha muito conteúdo, é possível ocultar partes dele rapidamente sob seus temas principais, quando estes não estiverem sendo usados, reativando-os quando necessário. Os mapas podem dar links a páginas web, documentos ou pastas no computador do usuário, rede local ou Internet. [http://freemind.sourceforge.net]

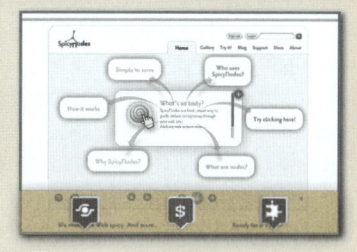

Spicynodes – ferramenta para a produção de mapas mais sofisticados, com vários estilos gráficos, transições e trilhas sonoras. Os mapas podem ser privativos ou compartilhados entre múltiplos autores em um grupo. A versão gratuita tem menos funcionalidades, mas ainda assim permite realizar diagramas simples. Mapas podem ser criados diretamente no browser ou gerados automaticamente a partir de listas de tópicos estruturados, escritos em documentos de texto e depois importados. Para ganhar espaço, o mapa se reorganiza automaticamente na tela à medida que se navega por ele. Em mapas complexos, apenas os tópicos relacionados ao central ficam visíveis. [www.spicynodes.org]

Tagxedo e Wordle – serviços de criação de nuvens de conceitos com base em um texto ou série de palavras e termos definidos por seu usuário. Com elas é possível identificar os termos mais usados ou criar combinações de palavras-chave para descrever situações complexas. Pode-se atribuir pesos e cores para determinadas expressões e remover termos comuns. O Wordle gera formas mais simples, o Tagxedo é de operação mais complicada, porém permite a criação de layouts elaborados, leitura de perfis do Twitter, inserção de links e criação de formas complexas, como um logotipo. O resultado de ambos pode ser baixado no formato de imagem. [www.tagxedo.com] e [www.wordle.net]

BUSINESS CASES, FERRAMENTAS ADICIONAIS E SUGESTÕES DE USO

O **ABB Group** usa o Mindjet, ferramenta de mapa mental, para gerenciamento de projetos de automação, desde 2001. O sistema é usado em mais de 20 países para compartilhar conhecimento técnico, designar tarefas, acompanhar processos e detalhar vários indicadores de desempenho. [http://bit.ly/nuvem-mindmap-1]

A financeira **Charles Schwab** usa mapas mentais em brainstorms para o aprimoramento de processos. As ideias sugeridas são alimentadas diretamente no diagrama, poupando trabalho e evitando mal-entendidos. A estrutura conceitual é armazenada para que o processo seja fácil de reproduzir. [http://bit.ly/nuvem-mindmap-2]

O sucesso da **Air Products** depende do desenvolvimento de soluções confiáveis e inovadoras, e de fazê-las chegar rapidamente ao mercado. Para isso seus processos precisam de colaboração e comunicação rápida e efetiva. Mapas mentais contribuem para isso com sua flexibilidade e abrangência. [http://bit.ly/nuvem-mindmap-3]

| ferramenta | serviço | gratuito | preço variável | até US$100/ano | US$100~500 | US$600~2000 | US$2000+ | simples | mediana | difícil | para experts |

SITUAÇÃO:
Desenvolvimento pessoal e profissional.

PROPOSTA:
Narrativas transmídia e geração de valor.

Notas de rodapé

Boas ideias e recomendações podem acontecer em qualquer lugar. É comum anotá-las apressadamente, no primeiro papel encontrado, para depois esquecê-lo em um bolso ou gaveta até reencontrá-lo e ter perdido a oportunidade ou não lembrar mais do que se trata. Para resolver esse problema existem os aplicativos para **tomada de notas**. Eles são muito úteis para captar ideias no momento em que acontecem, depois organizar, compilar e compartilhar anotações entre diferentes equipamentos e membros de uma equipe, mantendo a organização e o sigilo. A princípio esses programas parecem inúteis, já que qualquer computador ou telefone celular tem um aplicativo para anotações, e praticamente todos usam e-mails. O problema com esses aplicativos simples é que suas informações não são sincronizadas, e acabam se perdendo na pilha de comunicação diária. Da mesma forma, muitos memorandos que deveriam ser sigilosos acabam escapando ao controle e caindo em domínio público. Aplicativos de tomadas de notas podem organizá-las em pastas e atribuir palavras-chave ao conteúdo para referência futura.

RECOMENDAÇÕES

Crie o hábito de anotar. Não deixe as ideias escaparem. Use o smartphone ou a ferramenta que achar mais prática para anotar tudo que chamar a sua atenção. Converta o conteúdo para o formato digital assim que puder, para não perdê-lo.

Fotografe tudo. Lugares, receitas, telas de apresentações, capas de livros, layouts de equipes, organização de mesas – e tome notas rápidas sobre o que fotografou e porquê. Esses registros podem se transformar em um prático banco de ideias.

Faça listas de tarefas temporárias. Anote listas de compras, agendas de reuniões, pessoas a contactar e outras atividades pequenas demais para fazer parte de seu fluxo de trabalho, mas não por isso menos importantes.

Anote códigos de suprimentos. Registre modelo de impressora, especificações de acessórios, medidas de mesa e todos os números que precisa ao comprar suprimentos.

Agenda e tópicos a tratar. Anote com antecedência os assuntos que pretende abordar em contatos, e-mails, reuniões e apresentações importantes, para lembrá-los no calor do momento.

Leitura posterior. Copie links e conteúdos que achou interessante para lê-los mais tarde, em ambientes de espera ou filas.

Revise suas notas regularmente. De nada adianta anotar tudo se essas notas não forem revisadas periodicamente. O bloco de notas não deve ser um arquivo morto.

CUIDADOS

Privacidade e sigilo. Nem tudo pode ou deve ser compartilhado. Informações pessoais, estratégicas ou sigilosas devem ser registradas em ambientes mais seguros.

Códigos de acesso. Por mais que seja prático, jamais armazene números de série, senhas, dados de cartão de crédito ou outras chaves de acesso a sistemas em um programa de anotações. Se por acaso você perder seu celular ou tiver sua senha de acesso roubada, os registros de fotos e senhas podem facilitar o trabalho de falsificações, fraudes e diversas ações de espionagem industrial.

Dados pessoais. Pelo mesmo motivo, endereço, códigos de acesso, dados pessoais que sejam usados para senhas e conexões devem ficar longe de seu celular, notebook ou máquina que pode ser furtada ou enviada, a qualquer momento, para uma empresa desconhecida de manutenção.

Opiniões pessoais e perfis. Guarde suas opiniões para si mesmo. O risco de compartilhar intimidades é embaraçoso e pode ter sérias consequências profissionais.

Permissão. Peça autorização para fotografar ou gravar sons, pois os dados de uma apresentação, projeto ou local podem ser sigilosos ou restritos à imprensa.

Perturbações. O excesso de fotografias pode atrapalhar uma apresentação, principalmente se a câmara fizer algum ruído ou tiver flash automático.

Ferramenta: Evernote

Aplicativo versátil para registro de textos, imagens, vídeo e áudio. Ele facilita o registro de ideias em anotações, gravações ou fotografias tiradas a partir do smartphone, para sua organização e desenvolvimento em momentos posteriores, mais convenientes. As notas podem conter dados de localização, para ajudar a lembrar do local e momento em que foram armazenadas, anexar documentos, receber comentários e classificações e serem guardadas em pastas. Quando acessada a partir de computadores, a ferramenta tem recursos adicionais para o registro automático de textos a partir de comandos de teclado e extensões de browsers para o armazenamento de textos e imagens de páginas web. A conta gratuita tem várias funcionalidades, embora a versão paga seja barata, compatível com mais formatos e disponibilize maior espaço de armazenamento. O serviço é integrado com o Twitter, Gmail e vários aplicativos para smartphones. É possível exportar as notas armazenadas em diversos formatos de texto. [WWW.EVERNOTE.COM]

Diigo – ferramenta gratuita para o compartilhamento de conteúdo encontrado na Internet. Ele permite a seus usuários marcarem o trecho mais interessante ou importante de uma página, anexarem comentários a ele e o enviarem por e-mail ou para redes sociais. É possível criar notas públicas ou privativas, sincronizar bookmarks e organizar grupos de conteúdo para facilitar sua organização ou tirar fotos de tela para comentá-las e armazená-las. O serviço pode ser instalado nos principais browsers ou acessado a partir de aplicativos para smartphones. Algumas de suas versões permitem o armazenamento offline de conteúdos para leitura ou comentário posterior. [www.diigo.com]

Springnote e Privnote – Springnote é um "caderno digital" gratuito, baseado em tecnologia Wiki. Com ele é possível criar páginas de texto online, editá-las coletivamente, classificá-las, criar subpáginas e administrá-las em um painel de controle, que inclui um espaço de armazenamento de até 2 GB para compartilhar documentos entre contatos, permitindo a criação rápida de documentos coletivos. Se a preocupação com o sigilo de uma mensagem for muito grande e o objetivo for o envio de comunicados rápidos, pode-se usar serviços como o PrivNote, em que as mensagens são destruídas assim que lidas. [www.springnote.com] e [https://privnote.com]

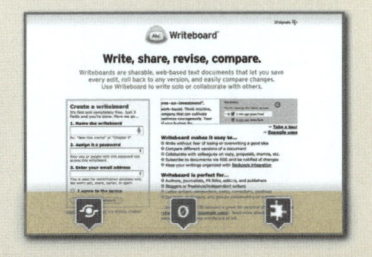

Writeboard – serviço gratuito de escrita colaborativa, que permite a criação de textos públicos ou privados. Sua principal vantagem é gravar diversas versões do documento à medida que é editado, o que permite a recuperação de versões antigas ou apagadas por engano. Membros de um grupo podem receber notificações online à medida que o conteúdo é atualizado. É possível criar documentos protegidos por senhas e comparar diferentes versões. Cada anotação tem um link específico, para facilitar sua consulta pública. Para classificar as notas e organizá-las é preciso usar o Backpack, ferramenta paga, desenvolvida pelo mesmo fabricante. [www.writeboard.com]

BUSINESS CASES, FERRAMENTAS ADICIONAIS E SUGESTÕES DE USO

A ferramenta é simples demais para gerar business cases — a não ser para seus fabricantes. O **Evernote**, por exemplo, tem mais de 12 milhões de usuários e continua a crescer. São tantos os aplicativos compatíveis com a ferramenta que ela criou sua própria loja de software e acessórios. [www.evernote.com/about/trunk]

Alguns **possíveis usos** para ferramentas de tomada de notas, além do registro de ideias e dados aleatórios são: fotografar cartões de visitas com o smartphone para o acesso rápido a contatos importantes; fotografar números de comprovantes, bilhetes eletrônicos e cartões de milhagem para acesso rápido; fotografar telas de apresentações para referência posterior; registrar sons e músicas para descobrir o artista mais tarde; guardar mapas e caminhos caso o GPS falhe; colecionar rótulos de vinhos ou bebidas interessantes; criar listas de tarefas e compras simples; registrar conteúdo direto do Twitter; fazer memorandos de voz etc.

| ferramenta | serviço | gratuito | preço variável | até US$100/ano | US$100~600 | US$600~2000 | US$2000+ | simples | mediana | difícil | para experts |

SITUAÇÃO:
Desenvolvimento pessoal e profissional.

PROPOSTA:
Privacidade, sigilo e subversão.

O dado mais sigiloso

A ideia de levar o **fluxo de caixa** para a Internet faz sentido, por mais que ainda não seja popular. Conforme a escolha da ferramenta, ela pode ser uma solução abrangente, versátil, econômica — e segura. A curva de aprendizado para usos desses sistemas costuma ser bastante simples e muitos oferecem programas gratuitos de treinamento. Pela natureza da área envolvida, o sigilo da informação é uma característica essencial dessas ferramentas, sem contar que há uma grande probabilidade de o PC usado hoje na rede interna de uma empresa pequena ou média ser mais vulnerável a ataques e brechas de segurança do que um servidor dedicado em uma empresa especializada. Ao concentrar produtos, tecnologias e profissionais, pacotes de serviços financeiros web podem ser mais abrangentes, atualizados, estáveis, customizáveis e rápidos do que suítes consolidadas de software. Acima de tudo, utilização de sistemas online de fluxo de caixa não representa uma ameaça ao emprego dos profissionais da área de administração e finanças. Muito pelo contrário, como boa parte deles se concentra em eliminar as tarefas tediosas e repetitivas do cotidiano, eles podem liberar profissionais para decisões de maior valor.

RECOMENDAÇÕES

Integração com banco de dados. Se a ferramenta não trocar informações detalhadas com os sistemas de administração de processos da empresa em que é implementada, dificilmente será utilizada, por mais eficiente que seja.

Conheça a infraestrutura de segurança. Antes de optar por uma ferramenta tão essencial é fundamental entender bem qual o nível de proteção dos dados. Procure por padrões e certificações de segurança reconhecidos internacionalmente, como o VeriSign, ao se decidir pela ferramenta.

Trabalhe em paralelo. Até ficar tranquilo com a operação da ferramenta, use-a em conjunto com os sistemas já implementados na empresa — mesmo que estes sejam complexos, desatualizados ou manuais. Nunca dependa imediatamente de um recurso tão estratégico.

Consulte especialistas e faça cursos. Por mais que o software seja abrangente, há sempre dados tributários, locais ou de mercado específicos e que não podem ser ignorados. Conhecimento nunca é demais, ainda mais em uma área tão crítica.

Crie contas para projetos. Dessa forma é mais fácil administrar o orçamento que se tem para eles com maior independência, sem para isso perder o controle sobre o orçamento global.

Experimente novos relatórios. Aproveite a versatilidade das ferramentas para tornar seu planejamento estratégico mais integrado e abrangente.

CUIDADOS

Sigilo. O software pode ser seguro, mas o e-mail, as pessoas que o operam e os notebooks nos quais ele está instalado nem sempre o são. Por isso tome cuidado com a distribuição de senhas e dados de acesso ao sistema, principalmente se ele tiver uma versão para smartphones.

Mude devagar, implemente com cuidado. Sistemas financeiros implantados apressadamente ou mal geridos podem causar grandes choques de gestão ou erros estratégicos. A evolução só será saudável se acontecer de forma responsável e deixar os profissionais envolvidos confortáveis e seguros.

Burocracia. Lembre-se que a ferramenta deve estar a seu serviço para facilitar os processos da empresa. Não fique escravo de suas limitações ou restrições.

Um passo por vez. Cuidado com a implementação, principalmente se ela implicar mudanças de comportamentos, registros e processos. Muitas alterações simultâneas podem levar a uma sensação de perda de controle.

Conflitos. Cuidado para não gerar erros na comunicação entre os dados gerados pela ferramenta e o sistema da empresa. Todos são impacientes quando o assunto é dinheiro.

Tenha um bom planejamento. Por melhor que seja a ferramenta, ela só executa ordens e não pode pensar pelos administradores, muito menos corrigir erros de gestão. Sem um planejamento adequado, racional e viável, não há sistema que salve.

Ferramenta: ContaAzul

Ferramenta completa de fluxo de caixa, que inclui gestão de transações, emissão de notas fiscais (e notas eletrônicas, quando habilitadas), sua impressão e envio por e-mail. A operação demanda uma pequena curva de aprendizado, típica de aplicativos do gênero. O sistema permite organizar as informações de clientes, criando rankings, preferências, padronização e histórico de propostas comerciais. Através dele é possível acompanhar negociações, integrar pedidos de venda a sistemas de contas a pagar e receber, registrar transações, classificar despesas, controlar saldos e calcular impostos. Vendedores ou representantes podem enviar pedidos pela ferramenta, e sua comissão é calculada automaticamente. Com ela é possível analisar o balanço e demonstrativo de resultados da empresa a qualquer momento, aumentando a velocidade das decisões. O acesso às informações é seguro e restrito e o backup, automático. Para maior controle contábil, os dados ficam registrados no sistema até um ano após o término do contrato de serviço com a ferramenta. [WWW.CONTAAZUL.COM]

SolFinanceiro – solução bastante completa para a gestão financeira, com vários pacotes de serviços, conforme a necessidade da empresa. Permite a administração de múltiplas contas, cartões de crédito, criação de categorias personalizadas, programação de transações periódicas, relatórios e gráficos customizados, conciliação bancária, administração de cadastros e orçamento, geração de boletos e histórico de movimentos no estoque. O controle de orçamento compara previsões com resultados para auxiliar o desenvolvimento de estratégias, o desenvolvimento de orçamentos financeiros periódicos e o planejamento de cenários. [www.solfinanceiro.com.br]

Granatum – possui planos de pagamento mensal, semestral e anual. Entre suas funcionalidades estão o controle de lançamentos, fluxo de caixa e geração de relatórios sobre as movimentações dentro da empresa. É possível cadastrar vários usuários para utilizar a interface de controle, o que permite o compartilhamento de informações com a contabilidade e todos os envolvidos no processo de gestão financeira. A ferramenta dá acesso direto a diversos painéis de análise, com o resumo financeiro, históricos, lucratividade e metas definidas por categorias e centros de custo. É compatível com smartphones e dispositivos móveis. [www.granatum.com.br]

Kashoo – ferramenta estrangeira para pequenas empresas, com suporte a operações em Reais e módulo de controle de contabilidade a um valor bastante acessível. Permite o controle de despesas, criação de faturas, conciliação bancária (feita offline, sem integração com o banco), fluxo de caixa e relatórios financeiros. Sua operação é extremamente fácil, voltada para organizar as contas e faturamento de quem não tem experiência com aplicativos de administração. Suas funcionalidades são mais limitadas do que as ferramentas acima, mas costuma dar contas de pequenos e médios negócios a uma excelente relação custo-benefício. [www.kashoo.com]

BUSINESS CASES, FERRAMENTAS ADICIONAIS E SUGESTÕES DE USO

Aplicativos de **Registros de despesas** ajudam a gestão financeira e controle de orçamento e simplificam a vida de seus usuários, que podem atualizá-los de forma simples e rápida. Duas boas ferramentas são o Expens'd [www.expensd.com] e o Xpenser [www.xpenser.com], que também é compatível com smartphones.

Para evitar a falsificação de documentos transferidos pela rede, o uso de **assinaturas digitais** é cada vez mais comum. Sistemas como o DocuSign tem mais de oito milhões de usuários em mais de 50 países, poupando tempo e garantindo a segurança das transações com uma base de dados na nuvem. [www.docusign.com]

A preparação de **propostas comerciais e orçamentos** costuma ocupar muito tempo de quem a realiza, sob o risco de não serem aprovados. Serviços como o Proposable oferecem diversos modelos de layout e permitem a elaboração de propostas coletivas, compartilhadas pela rede por seus usuários. [www.proposable.com]

| ferramenta | serviço | gratuito | preço variável | até US$100/ano | US$100~600 | US$600~2000 | US$2000+ | simples | mediana | difícil | para experts |

Serra pelada digital
Empreendedorismo, carreira e iniciativa

Biografias de negócios são, em geral, romanceadas. O mundo digital não é – e nunca foi – mais fácil do que qualquer outro ambiente de negócios. Não se pode imaginá-lo como uma terra de oportunidades de sucesso fácil, é preciso levar em conta o planejamento e as reais dificuldades. O mundo da inovação corporativa é bem mais complicado que aparenta ser.

Mesmo assim, empreender seja através da criação de novos negócios ou, em grandes empresas, da estruturação de novos produtos ou departamentos, nunca foi fácil. Em uma economia de serviços e informação, o empreendedorismo normalmente diz respeito à criação ou adaptação de processos e metodologias. Não é à toa que surgem tantas iniciativas na Internet: a rede mundial é um excelente ambiente de troca de informações.

Não se pode esquecer, no entanto, que novos aplicativos e serviços, estejam baseados em ambientes digitais ou não, costumam envolver mudanças significativas na cadeia de negócios em que uma empresa se insere. Isso normalmente implica agregar novas competências e terceirizar ou eliminar as que não são mais essenciais. Por mais que seja aparentemente fácil fazer planos de negócios, geri-los continua a ser um grande desafio, esteja a equipe com que se trabalha dentro ou fora da empresa.

A complexidade crescente dos processos demanda uma necessidade cada vez maior de compartilhamento e acesso a conhecimentos e estratégias específicas, complexas demais para serem desenvolvidas por uma só pessoa ou equipe. O conhecimento é cada vez mais descentralizado, desorganizado e pulverizado. Se bem administrado, esse conhecimento pode ser mais criativo e acessível, mesmo que não esteja mais em documentos estruturados ou até mesmo em bases de dados.

O Vale do Silício continua sem filial porque é resultado de uma política constante e duradoura de investimentos progressivos em pesquisa e inovação. Boa parte do dinheiro ganho com circuitos integrados foi reinvestido em microinformática, que gerou uma fortuna aplicada em redes e segurança, cujos lucros com o "bug" do milênio ajudaram a sobreviver ao estouro da bolha pontocom e financiar os produtos de mídia social, em um contínuo encadeamento.

Até mesmo a Califórnia está longe de ser um paraíso. Por mais que haja a cultura de investimento e crédito fácil, há muita especulação e uma concorrência agressiva. São poucas as empresas que sobrevivem uma década na liderança. Ainda mais raras as que continuam inovadoras. Contam-se nos dedos uma Adobe, uma Intel, uma Apple, uma Dell.

Não há milagres nem gênios. Até mesmo as empresas consolidadas e líderes há décadas não estão imunes à revolução digital. Essa situação costuma gerar um grande desconforto entre seus funcionários, que ficam pressionados entre as novas demandas de seus públicos e sua aparente incapacidade de lidar com elas.

Cada funcionário é, mais do que nunca, o centro de sua rede de relacionamentos. Se for estimulado, pode se transformar em uma poderosa fonte de ideias para a sua equipe e canal de relações públicas para a sua empresa. As redes de profissionais estimulam o trânsito e o registro de conhecimento, ao mesmo tempo que atribuem valor aos especialistas. O Linkedin, a maior delas, já passou dos 75 milhões de membros, mais do que as populações da França e da Bélgica somadas, e continua a crescer. Só no Brasil, já são mais de um milhão de profissionais de diversos níveis de qualificação, conectados à rede. Por mais que elas deem acesso a profissionais de currículo e qualificações invejáveis, é preciso analisar seus perfis com cautela.

Carreiras hoje duram mais tempo do que antigamente, porém menos tempo delas é gasto dentro de uma só empresa. Ferramentas digitais, se bem administradas, podem ser usadas para estimular o empreendedorismo e a iniciativa de profissionais dentro das empresas e departamentos, construindo reputações à medida que geram serviços de qualidade.

As redes podem ter se digitalizado, mas os relacionamentos continuam a ter sutilezas além da capacidade de compreensão de bases de dados. Como a capacidade de construir relações, é excessivamente valorizado, mas muitos torcem a verdade em nome do bom convívio social. Por esse motivo, muitos perfis se transformam em ambientes ainda mais distorcidos do que os velhos currículos. Mesmo assim as redes profissionais podem ser bastante úteis, desde que analisadas com sensatez e um pouco de cautela.

Este capítulo traz dez tipos de ferramentas, algumas mais conhecidas do que outras, para estimular e sustentar ideias empreendedoras dentro e fora das empresas: microblogs de diretoria ajudam a inspirar ideias e reforçar os valores da empresa. A busca de tendências ajuda a medir a temperatura do mercado. Redes de relacionamento profissional, sites de biografias e fóruns de especialistas dão acesso informal a consultorias profissionais que seriam inviáveis. Podcasts, tutoriais e apresentações gerenciais compartilhadas ajudam a transmitir conhecimento de formas (e em locais) inusitadas. Por fim, listas de tarefas e intercâmbio remoto de documentos ajudam a compartilhar o conhecimento e aumentar a eficiência. A maioria desses serviços, depois que começam a ser usados, promove uma transformação tão grande nas equipes que normalmente passam a fazer parte fundamental de seus processos.

Solução	Ferramentas	Página
Miniblogs de diretoria	*Posterous,* Concrete5, GetSimple, LightCMS	26
Administração de cenários	*Busca no Twitter,* What The Trend Pro, Topsy, TweetReach	28
Redes profissionais	*Linkedin,* Linkedin Plugins, Linkedin Answers, Google+	30
Fóruns de especialistas	*Quora,* StackOverflow, Blekko, Perguntas Facebok	32
Audiolivros	*Audible,* iTunes, Textaloud e Ivona, Google Tradutor	34
Tutoriais	*Treina Tom,* Bloomfire, Litmos, Twiki	36
Lista de tarefas	*Toodledo,* Remember The Milk, Wunderlist, Coolendar	38
Apresentações gerenciais	*Slideshare,* Animoto, Prezi, XMind	40
Biografias profissionais	*AboutMe,* Flavors.me, Meadiciona, Zerply	42
Compartilhamento de documentos	*Dropbox,* Yousendit, FileFactory, Box	44

SITUAÇÃO:
Empreendedorismo, carreira e iniciativa.

PROPOSTA:
Blogs, curadoria, expressão e independência.

Para onde vamos?

Um dos erros mais frequentes em **miniblogs de diretoria** e CEO é seu tom. Na ansiedade por usar ferramentas de mídias sociais e humanizar a empresa, muitos blogs assumem uma voz pessoal, tratando de assuntos absolutamente irrelevantes para o resto da empresa. Outros terceirizam a mensagem ou dão voz corporativa aos comunicados, tornando-os impessoais. Há ainda os que tratam o blog como mais um canal de assessoria de imprensa e encaminham os releases para ele, sem nenhum tratamento especial para a mensagem. Com essas atitudes é natural que a maioria tenha atingido resultados abaixo do esperado. Um bom canal de divulgação da diretoria não precisa ser amigável, mas deve mostrar o direcionamento da empresa, comentar informações divulgadas na imprensa, contornar crises e detalhar políticas. Como os cargos de direção costumam ser inspiradores, esse tipo de comunicação interna pode ser bastante útil para contextualizar a empresa, comunicar conquistas e estimular a participação e empreendedorismo internos. Por mais que a alta gerência não tenha tempo para escrever, não deve terceirizar esse tipo de tarefa, pois o discurso direto, sem rodeios, é um dos principais fatores de credibilidade de um blog. Ferramentas de publicação simples cumprem bem essa tarefa.

RECOMENDAÇÕES

Rumos da empresa. Estimule o pensamento a longo prazo em sua equipe. Mostre os rumos da empresa e do departamento e os estimule a compartilhar suas expectativas para a empresa. O miniblog pode ser utilizado para divulgar a visão e os valores da empresa através de atos e eventos realizados, tornando clara a direção da empresa.

Colaborações. Abra um canal de comunicação. Crie oportunidades ou tópicos específicos para sugestões ou colaborações, peça feedback de todos, incluindo aqueles que não estejam diretamente envolvidos com projetos, mas que sejam atingidos por seus resultados. Pense nos funcionários como se fossem investidores ou clientes, até porque eles o são.

Inspiração. Os cargos de direção de uma empresa são desejados por todos os funcionários. Um canal de divulgação pode usar essa expectativa para ajudar a fomentar atitudes positivas, explicar oportunidades e planos de carreira.

Administração de crises. Uma voz oficial firme, consistente e consoante com os valores da empresa ajuda a padronizar o discurso e buscar saídas em momentos difíceis.

Dados e contextos. Mostrar que a empresa faz parte de um mercado e sistema maior, às vezes até internacional, ajuda a explicar algumas decisões tomadas.

Assumir erros. É por eles que se aprende, por mais que sejam gloriosas as conquistas.

CUIDADOS

Propaganda. O blog não pode se transformar em um canal de textos motivacionais ou elogiosos à empresa. Não subestime seu público. Se bem usado, esse pode se tornar um excelente canal de relacionamento interno.

Política e linguagem corporativa. Procure ser o mais claro possível. Não precisa ser informal, mas cuidado com jargões, generalizações ou afirmações vagas que levem a más interpretações.

Evite a terceirização. Deixar o texto do blog a cargo de jornalistas é confortável, mas artificial. Como o texto não vem de quem toma a decisão, ele pode demorar para surgir ou ser genérico demais e, dessa forma, perder boas oportunidades.

Intimidade. É bom ter um contato próximo, mas não íntimo, pois isso pode gerar situações constrangedoras. É sempre bom lembrar que a voz é de um cargo, não de uma pessoa.

Ritmo. Todo blog precisa ter ritmo de publicação. Em casos de limitações de agenda, pode-se dividir os textos entre várias pessoas e chamar convidados, sempre deixando claro quem é o autor de cada texto. Cuidado para não ser monótono, seu objetivo é deixar os funcionários orgulhosos da empresa em que trabalham.

Nostalgia. É fácil cair na armadilha dos bons tempos ou passar a impressão de que as principais conquistas foram resultado de genialidade. Evidencie, sempre que possível, a estratégia e trabalho em equipe.

Ferramenta: Posterous

Ferramenta simples para criar e atualizar blogs rapidamente. Instalada e hospedada remotamente, não depende de conhecimento técnico ou configurações específicas. A criação do canal é muito rápida, e pode ser feita a partir de qualquer plataforma, incluindo smartphones. É possível configurar várias opções de layout e determinar o nível de acesso ou compartilhamento em seu painel de controle. Os acessos aos blogs podem ser feitos através de um endereço do Posterous ou reencaminhados a partir de um endereço próprio. Sua principal característica é a grande facilidade de uso: atualizações podem ser feitas por e-mail, e a partir de documentos em diversos formatos, como PDF, Word, PowerPoint, imagens em JPG, GIF e PNG e arquivos em áudio MP3. Basta anexá-las ao e-mail que o sistema automaticamente as converte e formata para exposição, armazenando o documento original para download posterior. Para agregar vídeos que estejam em repositórios online basta fornecer o link da página que a ferramenta o incorpora automaticamente à página de conteúdo . [WWW.POSTEROUS.COM]

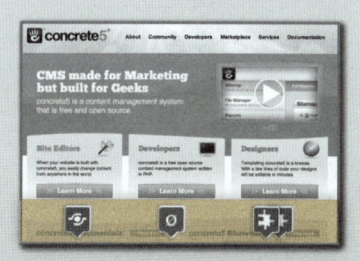

Concrete5 – ferramenta de publicação e administração de conteúdo simples e gratuita. É preciso instalá-la em um servidor próprio, mas o processo é bem simples. A edição de conteúdo é feita diretamente em cada página, o que permite a visualização das mudanças enquanto se trabalha nelas. A ferramenta disponibiliza um organizador de documentos para classificar todas as imagens e arquivos para fácil acesso. As páginas são estruturadas em módulos, que podem ser configurados e estruturados independentemente. Uma loja interna administra a venda de complementos, que vão de layouts a extensões do sistema. [www.concrete5.org]

GetSimple – como o Concrete5, essa ferramenta precisa ser instalada em um servidor próprio, mas o processo também é muito simples. A ferramenta é abrangente, com boa parte das funcionalidades que se espera para a publicação de conteúdo: páginas em vários níveis de hierarquia, customização completa, extensões de fácil instalação para cuidar de necessidades específicas e um painel de administração completo. O controle de versões permite que se desfaça praticamente qualquer alteração no site, protegendo-o contra danos involuntários. [www.get-simple.info]

LightCMS – como o próprio nome sugere, é um sistema de administração de conteúdo (CMS) "light". Ele não tem as funcionalidades de um Wordpress ou Drupal, mas compensa por ser extremamente intuitivo e fácil de usar. A edição do conteúdo é organizada em módulos, que podem ser movidos, editados ou eliminados. É possível instalar módulos para blogs, calendários, galerias de fotos, vídeos, formulários, pesquisas e até um sistema de e-commerce, rapidamente configurados e combinados. Existe uma biblioteca de modelos de layout predefinidos, que pode ser usada ou adaptada livremente e armazenada para uso posterior. [www.lightcms.com]

BUSINESS CASES, FERRAMENTAS ADICIONAIS E SUGESTÕES DE USO

O estúdio que desenhou o website da **Adventure Networks**, empresa de viagens de aventura, usou Concrete5 para criar um sistema abrangente, fácil de usar e escalável, o que facilitou a transferência da administração de conteúdo para o cliente depois de terminado o período de criação e implementação. [http://bit.ly/nuvem-AdventureNet]

GAP MAG, revista online de moda da marca The Gap, funciona como um catálogo digital, que discute moda, mostra composições com peças de suas coleções e inspira consumidores. O site oficial, Gap.com, é um e-commerce completo, bastante pragmático. Cabe ao miniblog assumir a função editorial. [www.gap-mag.com]

NBC News usa Posterous em seu blog interno para envolver a comunidade de usuários de seu website e espectadores do programa jornalístico no mesmo clima de captura das notícias e sua investigação. Imagens e textos rápidos direto da redação mostram os bastidores de programas e reportagens. [http://nbcnews.posterous.com]

ferramenta | serviço | gratuito | preço variável | até US$100/ano | US$100~500 | US$600~2000 | US$2000+ | simples | mediana | difícil | para experts

SITUAÇÃO:
Empreendedorismo, carreira e iniciativa.

PROPOSTA:
Micromídia, Twitter e impulso.

O que dizem por aí

As mídias sociais mudaram a natureza da comunicação. Websites já foram a fonte oficial de comunicação de empresas e veículos noticiosos, essenciais para a organização do conteúdo disponível na web. Hoje o volume de informação circulado nas mídias sociais é tamanho que as torna fontes de informação instantânea, resposta por impulso a situações cotidianas, que costuma ser rápida demais para chegar aos canais oficiais das páginas, websites e blogs. Quando o assunto é recente ou quando se pretende fazer **administração de cenários**, analisando a opinião de diferentes públicos a respeito de um acontecimento, declaração ou evento, o melhor é recorrer às buscas sociais. A todo instante, milhões de pessoas alimentam voluntariamente as gigantescas bases de dados de redes como o Twitter, com suas opiniões e visão particular do mundo. No entanto, quando há muita informação e variáveis demais (palavras, expressões, temas, datas, línguas, locais, pessoas, horários) é fácil chegar a resultados confusos, que não levam a decisões estratégicas. Por isso é fundamental estabelecer um bom critério de pesquisa e escolher a ferramenta mais adequada para analisar os resultados para criar estratégias em um cenário que muda muito rápido, o tempo todo.

RECOMENDAÇÕES

Faça buscas específicas. Nem sempre a consulta por cargos ou empresas gera bons resultados. Pesquisas por nome ou expressão podem mostrar informações sob novas perspectivas.

O que perguntam sobre sua empresa? A busca é uma via de mão dupla. Ao mesmo tempo que empresas querem saber mais sobre seus funcionários, estes também procuram saber mais sobre seus empregadores. É importante realizar buscas periódicas, especialmente depois de atitudes que gerem repercussão.

Pesquise por comportamento. Dúvidas, exclamações, gírias e ironias podem ser importantes argumentos de busca, gerando muitas vezes resultados bem interessantes.

Grafias alternativas. Celulares são muito propícios a erros de digitação. Pesquise o máximo de variações que imaginar, levando em conta diversos tipos de teclados e sistemas de correção.

Hashtags. Temas, acompanhados do caractere #, são chamados de hashtags, e costumam reunir vários comentários sobre um assunto ou evento, mesmo que ele não seja citado nominalmente.

Volume. Elogios e críticas devem ser analisados de acordo com o volume recebido e, se disponíveis, conectá-los aos dados de seu emissor, para que o contexto seja levado em conta.

Oportunidade. Boa parte das respostas acontece muito rápido. Se bem analisados, podem revelar boas ideias, nichos de mercado e oportunidades de carreira.

CUIDADOS

Paranoia. Muitas pessoas podem "explodir" em um primeiro momento de frustração e criticar furiosamente uma empresa, produto ou serviço. Reagir imediatamente a esse tipo de impulso pode transmitir insegurança ou dar ao consumidor uma perigosa sensação de poder demasiado.

Resposta por impulso. A comunicação escrita sempre pode ser documentada, ainda mais se for de acesso público. Um comentário inflamado no calor de um momento pode ser (mal) interpretado e mais tarde se voltar contra seu autor.

Arrogância. Receba comentários com elegância, evite reproduzir os elogios que recebe.

Falta de feedback. Tenha um plano de ação para contornar crises e agir rapidamente. De nada adianta ficar a par de problemas e depender de processos demorados para reagir a eles.

Filtre pela média. Evite computar elogios ou críticas exageradas. Filtre os excessos para ter um retrato mais fiel da realidade.

Crie políticas de uso. A conscientização dos profissionais que usam as redes em nome das empresas em que trabalham é fundamental para evitar danos à imagem pública da empresa.

Separe o espaço pessoal do profissional. Nos próximos anos deverá haver um grande aumento no uso de mídias sociais. É importante, o quanto antes, orientar os executivos sobre políticas de conduta.

Serviço: Busca no Twitter

Sistema de monitoramento integrado ao twitter. Ideal para pesquisa instantânea de assuntos recentes em conversas e debates. Não deve ser visto como uma alternativa aos mecanismos de busca, mas como uma pesquisa complementar para que se descubra a repercussão imediata de determinados tópicos, como lançamentos, aparições na mídia ou eventos em geral. A web já existe há tempo suficiente para que determinadas informações fiquem desatualizadas em páginas abandonadas, por isso muitos usam a busca do Twitter como fonte alternativa de recomendações, informação e entretenimento. Como a base de dados é muito grande, recomenda-se refinar a pesquisa com o uso de argumentos compostos e caracteres especiais na busca, como @ para identificar usuários e # para temas. A ferramenta tem vários filtros de resultados: pode-se buscar por pessoa, localização, datas, links e outras variáveis. Os tópicos mais discutidos (trending topics, ou TTs) são divulgados, também podem ser pesquisados e filtrados. [HTTP://SEARCH.TWITTER.COM]

What The Trend Pro – ferramenta de análise de tendências do Twitter, que mostra os assuntos mais comentados localmente e pelo mundo, divididos por categoria e comparáveis com outros períodos. Sua base de dados compila dezenas de milhares de tópicos e pode ser consultada para avaliação de mudanças de comportamento. Usuários do serviço recebem semanalmente relatórios detalhados de análise, em que o progresso ou queda de popularidade de cada uma das 100 principais tendências são descritos. O serviço também vende relatórios anuais de análise das 250 principais tendências, agrupadas por área de interesse. [www.whatthetrend.com/pro]

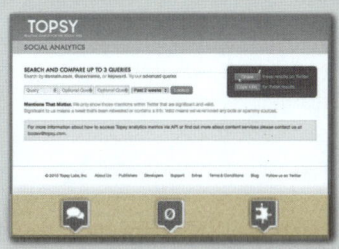

Topsy – mecanismo de busca que classifica conteúdos de mídias sociais. Seus resultados mostram termos e artigos relacionados e identificam influenciadores. Entre os vários filtros de busca é possível selecionar os resultados das últimas horas, dias, semana ou mês. Os resultados são classificados de acordo com sua popularidade e podem incluir buscas por fotos e vídeos. A empresa disponibiliza alguns usos de sua API, como o Topsy Analytics, [http://analytics.topsy.com], que busca e compara até três argumentos de pesquisa, mostrando a interação que os usuários de redes sociais tiveram com elas no último mês e os principais links trocados nas últimas 24 horas. [http://analytics.topsy.com]

TweetReach – analisa o alcance de mensagens publicadas na rede do Twitter, levando em conta os usuários que a reproduziram ou a comentaram. Computa o número de perfis diversos que receberam a mensagem ou suas derivadas, como encaminhamentos (retweets) e respostas. Com ela é possível estimar o impacto de cada ação, o que auxilia no monitoramento de marcas, inteligência de mercado, planejamento de campanhas e divulgação de eventos. Ao analisar o alcance e a exposição, a ferramenta busca identificar a quantidade de leitores únicos e sua taxa de cliques. Versões profissionais mostram informações mais detalhadas de cada multiplicador. [www.tweetreach.com]

BUSINESS CASES, FERRAMENTAS ADICIONAIS E SUGESTÕES DE USO

A responsável pelo perfil @theconnor postou em sua conta no Twitter que tinha sido contratada pela **Cisco Systems** para ganhar um bom salário, mas odiaria o trabalho. A empresa tomou conhecimento e desistiu de sua contratação. O caso veio a público e virou notícia nos principais blogs. [on.msnbc.com/adm-cenario]

O Tweetreach analisou o volume de mensagens no Twitter antes e durante a entrega do **Oscar 2011**. Com base nesses dados, a empresa fez previsões acertadas de vencedores e identificou, entre outros fatos, que a participação de Oprah Winfrey gerou mais repercussão do que o filme Rede Social, ao contrário do que se esperava.

Trendsmap é um aplicativo web que cria nuvens de palavras com os principais perfis e assuntos que estão sendo discutidos no Twitter e os aplica sobre mapas do Google, o que permite ver as tendências e definições do What the Trend no mundo, aglutinados por região, em diferentes escalas. [www.trendsmap.com]

SITUAÇÃO:
Empreendedorismo, carreira e iniciativa.

PROPOSTA:
Redes sociais, grupos e comunidades

Cada funcionário é uma rede

Quando se contrata um funcionário, contrata-se com ele sua rede de relacionamentos. No mundo digital não é diferente. Por esse motivo que **redes de relacionamento profissional** são cada vez mais importantes para a administração da carreira. Essas redes, que inicialmente se limitavam a reforçar contatos e fazer networking, com o tempo passaram a ser usadas em diversas áreas do ambiente profissional. A maior parte dos empreendedores e executivos com nível de alta gerência das grandes empresas está por lá, e muitas corporações criam perfis e comunidades como instrumento de RH, relações públicas e marketing institucional. Hoje é possível usá-las para apresentar currículos, analisar a temperatura e humores de mercados, questionar a saúde e determinadas políticas em empresas e segmentos, identificar startups e pequenas empresas promissoras, verificar as credenciais de consultores, palestrantes e potenciais candidatos, aumentar a visibilidade de fornecedores de serviços, buscar novas indicações e recomendações, estabelecer fóruns de discussão técnica e profissional, procurar investidores e patrocinadores, eliminar dúvidas técnicas, profissionais ou específicas. Ou seja, tudo o que se faz quando se consulta um colega ou especialista, só que online. Em um grupo muito maior.

RECOMENDAÇÕES

Esteja presente. Coloque sua empresa, divisão ou departamento nas páginas e comunidades de empresas, canais muito eficientes de Relações Públicas e prospecção de clientes.

Verifique as informações. Todo mundo parece eficiente e cordial em redes de relacionamento. Procure informações complementares ao perfil no Google, comente com colegas, pesquise referências. Quanto maior ou mais específico for o cargo, mais importante será sua análise.

Mantenha suas informações atualizadas. Nunca se sabe quando clientes, fornecedores ou profissionais de perfil ou rede importantes visitarão suas páginas.

Participe de grupos e associações. Discussões técnicas são ótimos ambientes para recrutar ou consultar especialistas.

Procure informações a respeito de clientes e contatos comerciais para reforçar o vínculo, buscar oportunidades e identificar assuntos a serem evitados.

Contribua com conteúdo. Aproveite os foros técnicos para mostrar sua expertise de forma produtiva, ajudando a escrever textos e eliminar dúvidas.

Atualizações no estilo Twitter. Use-as para transmitir dados de mercado, pontos de vista, declarações de missão e assuntos gerais que correspondam à imagem da empresa — em especial para os profissionais que desejariam trabalhar nela.

CUIDADOS

Mantenha a imagem limpa. Redes profissionais são um bom lugar para a administração de crises e resposta a críticas. Cuide de sua imagem e defenda sua empresa e os grupos de que participa.

Selecione contatos. A rede é profissional, você não precisa abri-la a desconhecidos se não quiser. Procure conhecer quem agrega à sua lista de contatos.

Tenha parcimônia em suas recomendações. Recomendar um mau profissional pode trazer consequências desastrosas, pois sua imagem fica ligada à dele. O problema será ainda maior se as críticas forem de ordem ética.

Evite suposições. Se suspeitar de algo em um perfil, entre em contato direto com empregadores e clientes para verificar referências. Faça o mesmo com empresas.

Personificação. Páginas de empresas são muito diferentes das páginas pessoais, mesmo (ou principalmente) se for o CEO.

Filtre e seja filtrado. O processo de verificação de referências é uma via de mão dupla, por isso tome cuidado com a imagem que pretende transmitir de suas qualificações e das de sua empresa.

Um tom de voz para cada rede. Não se espera material em profundidade no Twitter, nem discussões técnicas no Facebook. No Linkedin as discussões devem ter um tom profissional. Não se esqueça que sua forma de expressão é uma forma de manifestar sua identidade.

Serviço: Linkedin

Um dos 15 sites mais acessados do planeta, a rede do Linkedin cresce a uma taxa impressionante. Além de profissionais em diversos estágios de carreira, mais de dois milhões de empresas com páginas institucionais cadastradas. A maioria ainda está nos EUA, mas o Brasil já é o quarto país que mais acessa a rede. Em 2010 foram realizadas cerca de dois bilhões de buscas a profissionais em sua base de dados. Sua estrutura é a de uma rede social, com design e arquitetura de informação para facilitar o acesso às informações profissionais e redes de contato. É fácil preencher o perfil, listar qualificações, adicionar contatos, pedir e fazer recomendações. A natureza da rede estimula a verificação e atualização dos dados, o que a torna muito valiosa. Empresas a utilizam para disponibilizar vagas e realizar seleções de candidatos. O serviço é gratuito, financiado por anúncios. O plano pago permite o acesso a mais informações, identificar quem visitou seu perfil e mandar mensagens para qualquer membro da rede, independente de estar diretamente conectado a ele.

[WWW.LINKEDIN.COM]

Acessórios e complementos – vários desenvolvedores criam soluções adicionais para interligar a rede a sites, blogs, redes sociais e outros serviços populares. Essas extensões permitem, por exemplo, o compartilhamento rápido de informações, realização de pesquisas de opinião, consulta ao perfil de pessoas e empresas para complementar notícias sem precisar acessar o site, recomendação de produtos e serviços e uso do perfil para se autenticar em outras redes. Recentemente o Linkedin criou um botão para que seus usuários possam se candidatar a vagas, conectando seu perfil a elas e o enviando com um clique. [https://developer.linkedin.com/plugins]

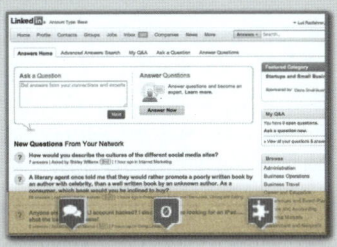

Linkedin Answers – usuários podem fazer perguntar para a rede, e conseguir respostas de profissionais altamente qualificados, que normalmente não estariam disponíveis. O serviço é gratuito e público, identifica tanto o autor da pergunta como o da resposta. É uma ótima forma de conectar talentos e construir reputação. Se for usada com discrição, a ferramenta serve até como instrumento sutil de promoção pessoal e de sua empresa. Não espere muitas respostas, nem urgência. O que se procura por aqui é qualidade e visão diferenciada. As respostas podem ser avaliadas por seus leitores. Usuários frequentes ganham maior exposição. [www.linkedin.com/answers]

Google+ – seria apenas mais uma dentre as várias redes sociais (e dentre as várias tentativas do Google se estabelecer neste mercado, como ocorreu com os serviços Orkut, Wave e Buzz). Mas algumas de suas funcionalidades a transformam em uma rede interessante, com bom trânsito entre a vida pessoal e profissional, mantendo-as organizadas e conectadas. Algumas de suas funções de destaque são a integração com aplicativos e serviços Google e de outras redes em um só ambiente, a organização de grupos em círculos de relacionamentos, com diferentes níveis de privacidade e acesso, e um serviço de videoconferência simplificado e aberto. [http://plus.google.com]

BUSINESS CASES, FERRAMENTAS ADICIONAIS E SUGESTÕES DE USO

CNN Money, que hospeda a revista *Fortune*, usa o recurso "Company Insider" para mostrar detalhes das empresas tratadas em suas matérias. O aplicativo mostra aos leitores quais pessoas de sua rede trabalham para as empresas listadas. Cada usuário vê informações personalizadas e recebe atualizações. [http://bit.ly/nuvem-linkedin-1]

The Weather Channel adquiriu os websites Lakerentals.com e Coastrentals.com através de contatos realizados com as empresas via serviço de envio de e-mails do Linkedin. A oportunidade surgiu quando um dos vendedores postou em seu perfil o interesse em uma eventual transação e foi contactado. [http://bit.ly/nuvem-linkedin-2]

Muitos jornalistas usam o **Linkedin Skills** para buscar fontes de referência em áreas específicas. O serviço agrupa os resultados de busca por habilidade em uma página que lista profissionais, mostra médias de tamanho e crescimento do mercado, sugere áreas relacionadas e lista grupos de interesse. [www.linkedin.com/skills]

| ferramenta | serviço | gratuito | preço variável | até US$100/ano | US$100~600 | US$600~2000 | US$2000+ | simples | mediana | difícil | para experts |

SITUAÇÃO:
Empreendedorismo, carreira e iniciativa.

PROPOSTA:
Fóruns, wikis, reputação e empowerment.

Pergunte ao expert

Fóruns de especialistas existem desde o início da Internet. Em áreas técnicas, específicas ou que sofrem constantes modificações – de videogames a software livre – essas bases de dados específicas sempre foram ferramentas essenciais. Recentemente elas passaram a ocupar um lugar significativo entre executivos de outras áreas nas empresas, essencialmente por dois motivos:

— O ambiente de trabalho se tornou mais complexo e acelerado, cheio de novas ferramentas e variáveis, demandando aprendizado contínuo e consultas recorrentes a especialistas; e

— As mídias sociais facilitaram a publicação de conteúdo, mas não garantem sua qualidade.

Bases de dados específicas, grupos de discussão e fóruns de especialistas são considerados fontes respeitáveis de informação técnica na busca por resultados em maior profundidade do que se pode conseguir em buscas regulares em mídias sociais, na Wikipédia ou até mesmo no Google, já que as respostas são identificadas e avaliadas pela comunidade. Esse processo garante que a qualidade dos resultados seja validada e esteja em frequente evolução, proporcionando uma melhor curadoria e abrindo oportunidades para a descoberta de novos tópicos relacionados.

RECOMENDAÇÕES

Aprenda coisas novas. Aproveite a pesquisa nessas ferramentas para explorar assuntos relacionados e complementares. É uma boa oportunidade para descobrir tópicos e pontos de vista muito diferentes do que se imaginava ao começar a busca.

Participe de debates. Procure opiniões polêmicas ou antagônicas. Fóruns são excelentes recursos para questionar conteúdos que, de tão repetidos, se transformaram em um tipo de dogma, mesmo que não haja garantias da sua validade.

Ensine. Contribua para combater a desinformação no mercado. Use sua experiência para ajudar a enriquecer o fórum com o conteúdo que domine. Essa informação pode ajudar a muitos e reforçar seu networking.

Explore. Mesmo que não haja dúvidas específicas, essas ferramentas são ótimas para se buscar temas genéricos e estabelecer as bases para um treinamento informal. É também um bom lugar para se aprender com os erros dos outros.

Compartilhe sua visão. Explore o conteúdo de fóruns para fundamentar seus pontos de vista ou abandoná-los se estiverem desatualizados ou distantes da realidade do mercado.

Informe-se. A arena é neutra e ninguém o vê. Ela pode ser o lugar perfeito para saber o que se diz a respeito de assuntos delicados para sua empresa, indústria ou mercado. É também uma boa opção para se informar a respeito de novos processos e tecnologias alternativas.

CUIDADOS

Entre com cuidado. Fóruns são muito diferentes entre si, cada comunidade tem sua dinâmica própria, ainda mais se estiver ativa há algum tempo. Verifique regras de conduta, tipo de linguagem e profundidade do conteúdo debatido. Não se esqueça de verificar o tom e envolvimento de quem comenta. A Internet é bem menos neutra do que parece.

Fale sobre o que você sabe. Evite dar palpites. Bons fóruns costumam ser ambientes de alto nível e debate sério. Uma informação claramente errada ou desatualizada pode causar sérios danos à reputação.

Propaganda. Evite falar excessivamente de sua empresa, departamento ou produto. Só o faça se a questão for específica ou para defendê-la de críticas sem fundamento.

Examine os tópicos. É comum a discussão sobre um assunto se estender por diversos tópicos. Em alguns ela é analisada superficialmente, em outros a discussão é mais profunda. Não se contente com o primeiro resultado que encontrar.

Opinião. Saiba separar sua opinião pessoal da voz oficial de uma marca ou empresa com que se relacione.

Verifique a fonte. Cuidado com as informações retiradas de fóruns. Nessas arenas o maior objetivo é o debate, não a exposição de informações verificadas. Por isso é fácil encontrar opiniões apaixonadas ou tendenciosas, que não correspondem à realidade, principalmente no que diz respeito a tecnologias e padrões.

Serviço: Quora

Rede social baseada em perguntas e respostas, não restrita a uma área específica. Sua mecânica é simples e eficiente: um usuário publica uma pergunta e, a partir dela, é gerada uma discussão. Cada membro pode "seguir" tópicos por que se interesse, e receberá notificações em sua página à medida que forem atualizados. Respostas podem receber comentários e avaliações, subindo ou descendo na página. As que tiverem maior qualidade podem ser promovidas e se tornar o assunto principal da página. Quando o tópico é bastante comentado, é criado um sumário das respostas, resumindo o tema. Ele pode ser editado por qualquer usuário registrado. Diferente da Wikipédia, o Quora não tem o objetivo de ser uma enciclopédia, seu foco está na discussão de temas. É uma boa fonte de referência para novos assuntos e serviços emergentes, para os quais ainda não há uma clara referência. Por enquanto o serviço ainda é muito novo e as contribuições, de alto nível, estão só em inglês. Não se sabe o que acontecerá quando a rede for expandida para uma base maior de usuários. [WWW.QUORA.COM]

StackOverflow — fórum de desenvolvedores e profissionais de TI. Como o Quora, funciona à base de perguntas, respostas e reputação de seus membros, que podem atribuir valor às respostas. Todo o conteúdo publicado pode ser reproduzido sem custo, desde que indicada a fonte. A base tem mais de 250.000 usuários e um milhão de perguntas respondidas. A área de carreiras costuma ser uma referência para a contratação de profissionais de alto nível técnico, validando seu histórico de atuação e avaliação por seus colegas. Seu formato é tão bem-sucedido que seus organizadores criaram o StackExchange, com fóruns em áreas diversas como culinária e fotografia. [www.stackoverflow.com]

Blekko — não é exatamente um fórum, mas se beneficia de buscas e marcações feitas por usuários para aumentar a relevância de seus resultados, diminuir a incidência de spam e identificar conteúdos de qualidade duvidosa. O blekko mostra informações de otimização de cada resultado encontrado e permite que seus usuários refinem as respostas de acordo com o critério que quiserem e as armazenem. Se a busca não trouxer resultados suficientes, ela é complementada com pesquisas em outros repositórios. A transparência do processo ajuda a descobrir novas fontes de referência. À medida que seu número de usuários cresce, seus resultados tendem a se aprimorar. [www.blekko.com]

Perguntas do Facebook — se o que se busca é uma opinião popular, a rede do Facebook pode ser uma boa opção. Lá é possível encontrar as respostas de todos os que estão em sua rede. As perguntas podem ser abertas ou apresentadas na forma de enquete, com opções pré-selecionadas. À medida que as perguntas são respondidas por seus contatos, elas são publicadas em seus murais e se espalham por suas redes. Pela natureza do Facebook, o recurso funciona melhor para questões simples e diretas. Administradores de páginas podem usá-las para perguntar e responder dúvidas mais frequentes a respeito de seus produtos ou serviços. [www.facebook.com/questions]

BUSINESS CASES, FERRAMENTAS ADICIONAIS E SUGESTÕES DE USO

A busca do **melhor produto ou serviço** não é fácil. Muitas opiniões registradas em websites e mídias sociais estão desatualizadas ou podem ser enviesadas. Serviços de busca coletiva como o Pikimal [www.pikimal.com] e FindTheBest [www.findthebest.com] ajudam a diminuir a dúvida, mas não a eliminam.

A digitalização de **bibliotecas de documentos** é prática por facilitar o acesso e compartilhamento. OfficeDrop é um serviço americano de digitalização que transforma documentos em PDFs. Não compensa enviar documentos daqui, mas o modelo de negócio é simples e pode ser reproduzido. [www.officedrop.com]

A necessidade de conhecimento é inversamente proporcional ao tempo disponível para frequentar um curso. Uma boa forma de se tirar proveito da rede para aproveitar melhor o tempo é criar **aulas particulares** de horário flexível, como as oferecidas pelo serviço Edufire, rede que conecta alunos a professores. [www.edufire.com]

| ferramenta | serviço | gratuito | preço variável | até US$100/ano | US$100~600 | US$600~2000 | US$2000+ | simples | mediana | difícil | para experts |

SITUAÇÃO:
Empreendedorismo, carreira e iniciativa.

PROPOSTA:
Mobilidade, geolocalização e identificação.

Ouça um livro

Audiolivros já existem há algum tempo, mas sempre foram voltados para um público de nicho. À medida que o cotidiano nas empresas leva a um acúmulo de tarefas e a uma quantidade cada vez maior de informações a processar, há pouco tempo para ler. Como ouvir demanda menos atenção, já existem aplicativos para smartphones que leem e-mails em áudio, o que ajuda a identificar as mensagens que demandam atenção. Qualquer conteúdo em áudio pode ser transferido para smartphones ou aparelhos tocadores de MP3 e ouvido no trânsito ou em momentos ociosos. As editoras e repositórios de audiolivros em português têm crescido, embora ainda estejam aquém do necessário. Felizmente há boas opções em inglês. Se o documento não for disponibilizado em áudio, pode-se usar um sintetizador de voz, e converter até livros inteiros para arquivos sonoros. A narração automática não é tão boa quanto a humana, mas ultimamente a tecnologia tem se tornado mais fluente. Na pior das hipóteses pode-se recorrer a ferramentas de tradução, embora estas ainda sejam ineficientes para textos longos ou técnicos. Este tópico mostra alguns repositórios e ferramentas que se complementam. Os dois primeiros disponibilizam conteúdo, os dois seguintes o convertem e o último traduz.

RECOMENDAÇÕES

Muitas faixas. Divida o material em um grande número de partes e dê a elas títulos claros. Isso facilita a busca de tópicos e a retomada da leitura quando for interrompido. Organize-as em pastas que substituam capítulos e facilitem a consulta posterior.

Material de apoio. Crie um material de referência para impressão e acompanhamento, com tópicos, imagens e diagramas que resumam os elementos principais expostos no programa em áudio. Isso facilita a compreensão e a fixação de conteúdos.

Referência complementar. Tenha disponível uma lista de links e textos para referência complementar. Divida essa biblioteca por tópico e capítulo.

Redundância. Garanta que o texto retome os tópicos mais importantes algumas vezes, já que o audiolivro pode ser consumido em ambientes bastante dispersivos.

Armazenamento online. Armazene seu conteúdo no local de mais fácil acesso e permita o download para vários dispositivos. Isso permitirá que um material comece a ser ouvido no computador e continue em smartphones e tocadores de MP3.

Fale devagar. Se a narração for automática, garanta que o resultado final seja lido lentamente a ponto de todas as palavras, em especial os termos técnicos, serem bem enunciadas.

Resuma. Encerre cada tópico importante com um sumário executivo para reforçar a compreensão dos tópicos.

CUIDADOS

Discrição e sigilo. Textos estratégicos e de tom pessoal, como recomendações de saúde ou relacionamento, devem ter uso restrito por senhas de acesso para evitar constrangimentos.

Entonação e ênfase. O material poderá ser ouvido em ambientes públicos. Por isso cuidado para que não tenha um tom que possa ser inadequado ou estranho quando fora de seu contexto.

Formato do texto. Existem textos que foram feitos para serem lidos, outros que foram preparados para locução. Alguns documentos podem ser extremamente tediosos se forem narrados, o que dificulta sua compreensão e memorização.

Sonoplastia. Cuidado com o excesso de efeitos sonoros, principalmente em textos longos. Uma trilha de fundo ajuda a tornar o conteúdo mais agradável de ouvir, mas pode distrair, irritar ou dificultar a compreensão do conteúdo.

Compatibilidade. Grave o material em vários formatos de áudio e tamanhos, para garantir compatibilidade com diferentes dispositivos e programas. Numere as faixas para que estejam sempre na ordem correta.

Classificação. Identifique corretamente o material final para que seja reconhecido pelos dispositivos de reprodução como um livro, não como música. Isso garantirá que as faixas sejam retomadas do ponto em que pararam a as impedirá de aparecer em momentos indesejáveis, como no meio de uma sequência aleatória de músicas.

Serviço: Audible

Com 85.000 títulos, é o maior acervo de audiolivros da Internet – em inglês. A empresa vende títulos de todos os gêneros, muitos lidos por seus próprios autores. Além de livros, há discursos, entrevistas, versões em áudio de jornais e revistas e programas de rádio e TV. Os títulos são disponibilizados em vários tamanhos, compatíveis com a maioria dos computadores e dispositivos móveis. Pode-se comprar um título isoladamente ou fazer assinaturas para baixar um número determinado de títulos por mês. Os livros podem ser baixados em diferentes versões e níveis de qualidade (o que influencia o tamanho do documento para transferência e capacidade de reprodução). Seu formato proprietário .aa impede a cópia. A empresa é hoje parte da Amazon.com e a apresentação de seus títulos segue a mesma estrutura comunitária de avaliações e resenhas feitas por membros registrados. Além disso, o Audible conta com algumas vantagens com relação a outros repositórios: seus arquivos são baixados rapidamente e é possível ouvir um trecho de cada título antes de comprá-lo. [WWW.AUDIBLE.COM]

iTunes – software gratuito da Apple (compatível com a plataforma Windows) é conectado à loja de mesmo nome, que também conta com um catálogo extenso. O programa facilita a conversão de documentos sonoros de diversos formatos para audiolivros, organizando-os em capítulos, calibrando o aparelho para explorar as características da palavra falada e classificando-os em listas de reprodução que não se misturam com outras músicas que estejam no computador ou smartphone. Há opções para regular a velocidade de reprodução, compartilhar podcasts com outros membros de uma rede interna e organizar listas de reprodução em pastas. [www.apple.com/itunes]

Textaloud e Ivona – o TextAloud não é uma solução da nuvem, mas um excelente software para leitura de textos e sua transformação em áudio. Há vozes para entonação em várias línguas, incluindo o Português. O resultado é inferior ao da voz humana, mas vem evoluindo rapidamente e pode ser uma boa opção para documentos sem versão em áudio. O aplicativo permite a definição da velocidade de leitura e lê textos direto em diversos formatos (PDF, textos em editores, apresentações etc.) com um clique. Para sintetizar sons online uma boa opção é o Ivona, ferramenta versátil e com opções gratuitas, mas que ainda não fala português. [www.nextup.com/TextAloud] e [www.ivona.com]

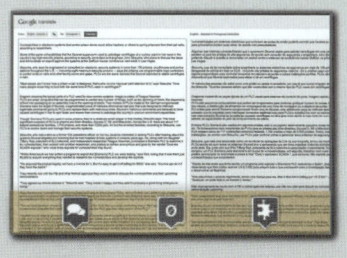

Google Tradutor – se não houver outra opção, pode-se apelar para um tradutor automático. O Google faz um serviço rápido e gratuito e converte cerca de 60 línguas, incluindo estruturas fonéticas diversas como Búlgaro, Chinês, Árabe e Swahili. É uma boa opção quando se quer ter uma boa ideia sobre o contexto geral, embora a tradução deixe de lado algumas palavras e construções. Pode-se converter textos copiados ou páginas inteiras, bastando para isso fornecer o link. O sistema busca padrões entre os diversos documentos que indexa em sua base de dados, proporcionando resultados acima da média dos tradutores automáticos. [http://translate.google.com.br]

BUSINESS CASES, FERRAMENTAS ADICIONAIS E SUGESTÕES DE USO

O Ivona é usado por sistemas de apoio a portadores de necessidades especiais, serviços dedicados como **Skype**, que o utiliza para a leitura de mensagens em voz alta, e campanhas publicitárias de empresas como **IKEA**, que narram textos enviados por seus consumidores em vídeos expostos na loja. [http://bit.ly/nuvem-audio-1]

É possível traduzir um website ou blog para outras línguas rapidamente, a custo zero. O **Add Google Translate to sites** está longe de ser perfeito mas permite dar a interessados uma boa ideia do que é abordado em um produto ou serviço, sem precisar falar a língua em que ele está escrito. [http://bit.ly/nuvem-audio-2]

Ordflyt é uma rede norueguesa de audiolivros que busca levar sua transmissão para a rede, via streaming e download, liberando seus usuários de um dispositivo específico para sua reprodução. Uma associação entre editoras e estruturas de distribuição permite a distribuição de muitos títulos gratuitos. [www.ordflyt.no]

| ferramenta | serviço | gratuito | preço variável | até US$100/ano | US$100~500 | US$600~2000 | US$2000+ | simples | mediana | difícil | para experts |

SITUAÇÃO:
Empreendedorismo, carreira e iniciativa.

PROPOSTA:
Nomadismo e compartilhamento.

Suporte coletivo

Há cada vez mais técnicas, procedimentos e áreas de especialidade, a maioria fundamental para o progresso na carreira. Infelizmente não há tempo para frequentar escolas (e menos tempo ainda para avaliá-las, verificar sua qualidade, atualização e pertinência). Esse excesso de oferta leva muitos profissionais a uma paralisia de decisão que acaba tornando-os desatualizados ou mal-informados com relação a novas práticas e habilidades. Como cada empresa tem demandas especiais de aprendizado e customização, uma boa solução pode estar na elaboração de **tutoriais** customizados para as necessidades de seus executivos. Um possível modelo para o seu funcionamento está nos conhecidos professores particulares de línguas, tão comuns em salas de reunião na hora do almoço. Uma empresa pode contratar profissionais para desenvolver cursos em um sistema dedicado, gravá-lo e reproduzi-lo para grupos de profissionais conforme sua disponibilidade de local e horário. Outros profissionais podem ser contratados para monitorias específicas ou help desk online. Esse processo economiza tempo e recursos, pode ter seu programa montado e segmentado de acordo com as diferentes necessidades de seus alunos e estar acessível a mais pessoas.

RECOMENDAÇÕES

Tenha um programa de curso completo. Defina claramente quais são os pré-requisitos, objetivos e áreas abordadas no curso. Faça uma sinopse do conteúdo de cada aula e procure resumir os objetivos esperados ao seu término. Isso ajuda a definir melhor o tipo de aluno adequado e prepará-lo para o ambiente das aulas. Com um programa em mãos os professores podem definir melhor a abrangência e profundidade do conteúdo.

Avaliações e certificação. São importantes para todos. Provas de avaliação funcionam como aval de conhecimento e garantia das capacidades dos profissionais que as realizam. A certificação garante sua qualificação profissional a quem os contrata e pode ser um diferencial importante no currículo.

Referências complementares e eliminação de dúvidas. Boa parte dos tutoriais falha por falta de suporte e acompanhamento dos professores, o que leva os alunos a desistirem do treinamento assim que surja uma dúvida sem solução aparente.

Informação específica. Tenha disponível um conjunto de referência complementar para nichos específicos de indústria e mercado para estimular o aprendizado contínuo.

Material de apoio. Se bem desenvolvido, ajuda a fixar o conteúdo e orienta na busca de informações complementares.

Seminários online e apresentações ao vivo. São uma forma de contribuir com conteúdo ágil, dinâmico, atualizado e fácil de fazer. Tudo que agregar valor ao material deve ser utilizado.

CUIDADOS

Aulas, não palestras. O conteúdo deve ser progressivo, conectado e bem amarrado ao programa de curso. É importante dar espaço aos alunos para que se manifestem, bem como provocá-los com questões e debates. Evite conteúdos que, mesmo sendo inspiradores, não qualificam nem promovem soluções.

Metas a atingir. Tutoriais têm uma flexibilidade de conteúdo bem menor do que aulas ao vivo, por isso precisam ter sua finalidade declarada e mensurável. Seja o menos genérico possível.

Comece pequeno. Por mais que se planeje um grande programa de cursos, abrangendo vários departamentos e especialidades, é importante começar pequeno, em uma área que se pode pedir cumplicidade até ganhar experiência.

Seleção prévia. Os alunos precisam ser selecionados cuidadosamente. Não para que sejam de altíssimo nível, mas para que a turma seja o mais homogênea possível, o que facilita seu progresso, colaboração e apoio mútuo.

Pesquise e priorize. Selecione os temas a abordar por necessidade e relevância. Assegure-se que os cursos desenvolvidos acompanham as necessidades da carreira e empresa.

Sugestões e feedback. Permitem avaliação de performance e adequação do conteúdo às necessidades profissionais dos alunos.

Exercícios e exemplos. Contextualize sempre que possível cada novo conteúdo a situações reais. Isso facilita seu aprendizado.

Serviço: Treina TOM

Ferramenta para a elaboração de aulas online ao vivo (webcasts). A interface é bastante simples e prática, e pode ser aprendida rapidamente. A aula é transmitida em vídeo, que ocupa parte da tela, reservando outras áreas para debates ao vivo entre os usuários e o professor, com perguntas abertas ou privadas. O gestor do evento pode receber feedback da palestra e perguntas durante a apresentação e disponibilizar uma pasta para compartilhamento de documentos em vários formatos, incluindo links para vídeos online. Vários recursos gráficos permitem a marcação de diferentes partes da tela pelo professor à medida que é apresentada. É possível passar a palavra para qualquer participante, a qualquer momento. Um número ilimitado de pessoas pode ser adicionado como audiência da transmissão, sem direito a interação. O serviço é online, e pode ser gerado a partir de qualquer equipamento que possua webcam e conexão de banda larga. A aula pode ser gravada para transmissão e compartilhamento posterior. [WWW.TREINATOM.COM.BR]

Bloomfire – cria redes de conteúdo para aprendizado remoto, compartilhado entre grupos. É intuitivo e versátil, e apresenta funcionalidades de redes sociais, como páginas de perfil e acompanhamento de atividades. Cursos podem ser criados a partir de documentos no formato Office ou PDF, integrados a imagens, vídeos e gravações direto da webcam ou do registro de movimentações do mouse e janelas na tela (screencasts). Sua versão gratuita tem recursos limitados, mas pode ser usada para aulas sem grande interatividade. Os cursos são disponibilizados online através do site da ferramenta, que também pode vendê-los, cobrando comissão. [www.bloomfire.com]

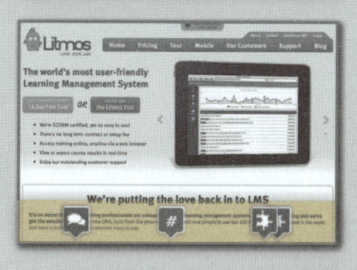

Litmos – ferramenta para a geração de pacotes de cursos, customizável e fácil de usar. Os cursos podem conter vídeo e áudio, sendo gerados a partir de conteúdos em diversos formatos. O sistema converte, adapta, otimiza e distribui o curso em um formato compatível com diversas plataformas, incluindo smartphones. Como nem sempre a rede está disponível para dispositivos móveis, o Litmos armazena partes do conteúdo no aparelho para permitir a consulta e a realização de testes offline, sincronizados quando a conexão estiver disponível. Professores têm acesso a métricas em tempo real e notificações quando seus alunos completarem suas tarefas ou perderem prazos. [www.litmos.com]

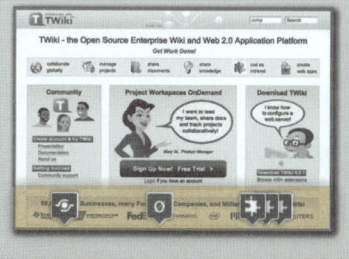

Twiki – plataforma wiki bastante amigável e intuitiva, voltada para redes de empresas. É fácil de instalar e manter, já que sua base de dados fica instalada remotamente. Indicada para projetos de comunicação e colaboração, como serviços de atendimento, tutoriais, esclarecimentos ou qualquer aplicação aberta a contribuições de usuários externos. Sua biblioteca de funcionalidades tem mais de 400 aplicativos que podem ser usados para customizar a ferramenta e adequar partes dela a diferentes contextos e necessidades. A empresa estima ter mais de 400.000 páginas e 20.000 usuários dentro de intranets corporativas. [http://twiki.org]

BUSINESS CASES, FERRAMENTAS ADICIONAIS E SUGESTÕES DE USO

Para gerar uma base de conhecimento coletivo e estimular a troca de ideias entre os profissionais de diversas equipes em subsidiárias pelo mundo, soluções corporativas da TWIKI são utilizadas por empresas do porte de **Nokia, FedEx, Oracle e Sony**, estimulando a colaboração em processos de inovação. [http://bit.ly/nuvem-tutorial-1]

A **Universidade Federal de Pelotas** usa a estrutura de salas de aula virtuais proporcionada pelo Treina TOM para ministrar cursos à distância de Matemática e Pedagogia, integrados ao sistema Universidade Aberta do Brasil, utilizado em algumas cidades do Rio Grande do Sul e Paraná. [http://bit.ly/nuvem-tutorial-2]

A **Kellogg's** utiliza Bloomfire para realizar treinamentos em equipes de vendas e ajudar profissionais em trânsito a trocar ideias e dicas entre si, estimulando seu constante aprimoramento e socialização. O sistema funciona como plantão de dúvidas e repositório de material de apoio sempre disponível. [http://bit.ly/nuvem-tutorial-3]

| ferramenta | serviço | gratuito | preço variável | até US$100/ano | US$100~500 | US$600~2000 | US$2000+ | simples | mediana | difícil | para experts |

SITUAÇÃO:
Empreendedorismo, carreira e iniciativa.

PROPOSTA:
Colaboração, jogos e meritocracia.

Um leão por dia

Boa parte da confusão e desorientação comuns hoje em dia vem do excesso de informação que é preciso analisar e avaliar em pouco tempo disponível. Como há muitas variáveis a administrar, profissionais de diversos níveis passam boa parte do dia com uma grande quantidade de tarefas em mente, o que gera uma sensação contínua de angústia. Aplicativos e serviços de administração de **listas de tarefas** são mais importantes do que nunca porque o cérebro humano é especializado no processamento de informações e tomada de decisão, não em seu armazenamento. Metodologias de produtividade como o Getting Things Done fazem um grande sucesso porque substituem os antigos sistemas baseados em prioridades por outro, mais flexível, baseado no local, contexto e relevância de cada tarefa. Ao armazenar externamente todos os itens a realizar, esses sistemas liberam a mente de seus usuários para se concentrarem em sua resolução efetiva. Para administrar a carreira e as demandas, em seus diferentes níveis de foco, é preciso coletar e administrar cada nova informação que seja potencialmente relevante, organizá-la de acordo com contextos previamente estruturados e delegá-la para ser resolvida no momento (ou pelo profissional) adequado.

RECOMENDAÇÕES

Defina claramente suas tarefas. O ambiente e o contexto mudam o tempo todo e boa parte da sensação de desorientação vem de uma indefinição com relação ao que fazer a seguir. No começo a estruturação parecerá burocrática, mas com o tempo tende a se transformar em um bom apoio estratégico, se encarregando de contextos e ordem de tarefas.

Áreas de responsabilidade. Estabeleça tarefas que possam ser completamente executadas. Esperar por ações externas para completá-las pode paralisar um processo inteiro.

Delegue e confie. Tire as demandas da cabeça. Delegue-as ao sistema e confie que ele o ajudará a se lembrar do que é preciso fazer. Use seu administrador de tarefas como um despertador e só se preocupe com os tópicos na hora de resolvê-los.

Priorize e contextualize. Quais itens de sua lista são verdadeiramente importantes? Quais podem ser realizados imediatamente? Agrupe as tarefas a executar por contextos. Reconheça padrões de processos e sua resolução — e aja de acordo.

Premie conquistas. Mesmo que os prêmios não tenham valor material, eles podem ser muito importantes para que se reconheça o esforço, melhorando a autoestima e senso de responsabilidade da equipe.

Crie checklists. Eles ajudam a lembrar de tarefas a realizar em eventos recorrentes e a transferir conhecimento e experiência em novas atividades.

CUIDADOS

Tenha um sistema flexível. Às vezes a metodologia usada para a organização de tempo e tarefas só aumenta o estresse. Use cada metodologia por um mínimo de um mês para poder avaliá-la adequadamente. Estruturas que derem muito trabalho ou que não consigam ser implementadas no cotidiano devem ser abandonadas. Não se prenda a um sistema só porque é popular. Use a solução que funcionar melhor para você.

Subdivida claramente as tarefas. Tarefas genéricas criam indefinições e aumentam a sobrecarga, pois criam dúvidas com relação ao seu escopo, responsabilidades e ações.

Falta de objetivos claros. Dificulta a definição de prioridades, o que pode levar a maiores confusões e redundâncias.

Excesso de urgências. Cria a sensação paralisante de pânico. Urgências causam estresse, queimam recursos e só devem ser usada em caso de imprevisto.

Prazos irreais. Você não é o super-homem. Se algo não pode ser feito no prazo estabelecido, insistir nele só aumentará o estresse da equipe. Tente negociá-lo antes que acabe.

Misturar planejamento com ação. O projeto de cenários a médio e longo prazo é uma atividade completamente diferente da realização de tarefas imediatas, simples e ao alcance das mãos. Misturá-las quebra o ritmo de execução e leva à confusão de prioridades. Separe um tempo semanal para planejar e avaliar o dimensionamento de tempo, tarefas, prioridades e recursos.

Ferramenta: Toodledo

Ferramenta gratuita e versátil para organizar listas de tarefas. Com ela é possível atribuir palavras-chave e anexar documentos a cada tópico, organizá-los em pastas e ordená-los segundo vários critérios. É possível, por exemplo, agrupar as tarefas por local e ver o que é prioritário conforme o ambiente em que se está (telefone, escritório, rua etc.). As listas podem ser importadas de várias ferramentas, customizadas conforme a necessidade e compartilhadas. Filtros de tarefas ocultam tópicos e ajudam a se concentrar no que é mais importante em cada ocasião, e o que se pode fazer em um limitado período. Alarmes personalizados podem ser recebidos por e-mail, Twitter, browser ou calendário. Mais de 50 ferramentas desenvolvidas por terceiros o tornam compatíveis com diversas plataformas e smartphones, além de integrá-lo a aplicativos Google. As listas podem ser impressas em folhetos dobráveis para levar no bolso. Métricas detalhadas ajudam a estimar o tempo investido em cada projeto, além de identificar áreas que demandem maior atenção. [WWW.TOODLEDO.COM]

RememberTheMilk – um dos mais populares serviços online para a administração de listas de tarefas, pessoais ou coletivas. Pode ser acessado em seu website ou em aplicativos para plataformas móveis. Suas listas podem ser integradas ao Microsoft Outlook, Twitter e Gmail. É possível estruturá-las em categorias, atribuir cores, palavras-chave, prazos e níveis de urgência. Usuários em aplicativos móveis podem registrar o local de realização de determinadas tarefas. O sistema tem vários níveis de alerta, sincronizados com calendários, e registra quantas vezes uma tarefa foi adiada. Listas podem ser compartilhadas ou de acesso restrito. [www.rememberthemilk.com]

Wunderlist – aplicativo gratuito e versátil, que pode ser usado diretamente no browser ou em plataformas Linux, Windows, MacOS, tablets e smartphones. Permite a criação de vários tipos de listas de tarefas e a marcação das tarefas mais importantes. Cada item a ser completado pode ser classificado em categorias e receber prazos. A ferramenta guarda um histórico de tarefas feitas e sincroniza os dados entre os diversos dispositivos em que estiver instalada. É possível realizar buscas de texto entre as tarefas, o que facilita a localização de tópicos específicos em listas grandes. Novas tarefas podem ser adicionadas por e-mail. [www.6wunderkinder.com/wunderlist]

Coolendar – aplicativo que integra os compromissos de Google Calendar, Apple iCal e Microsoft Outlook em projetos e listas de tarefas, sincronizando-os a um sistema de administração do tempo. O cadastro é feito através de uma conta Google, que também habilita o comunicador instantâneo para definir e alertar a respeito de prazos e compromissos. O Coolendar administra e coordena tarefas, estabelece alertas, categorias e classificações e disponibiliza as informações em vários dispositivos, incluindo smartphones e Kindles. Cada tarefa pode ser marcada com palavras-chave no estilo Twitter (acompanhadas de #) para serem mais facilmente encontradas. [www.coolendar.com]

BUSINESS CASES, FERRAMENTAS ADICIONAIS E SUGESTÕES DE USO

Todoist é outro bom serviço de listas de tarefas, que também pode ser usado para criar e compartilhar checklists para eventos importantes ou repetidos, garantindo que todos os membros de uma equipe realizem as tarefas necessárias e contribuam com sugestões para deixar a lista de requisitos mais completa. [www.todoist.com]

Desenhado para organizar a vida de estudantes, integrando obrigações escolares a mídias sociais, o **1calendar** combina atividades, tarefas e agendas ao Facebook em um aplicativo que pode ser acessado via web e smartphones. Também pode ser usado para conectar a rede social a compromissos profissionais. [www.1calendar.com]

Doit.im é um aplicativo simples para o registro e organização rápida das tarefas a realizar. A anotação, organização e visualização são simplificadas para que o processo seja o mais eficiente possível. Cada tarefa pode ser organizada por projeto, contexto, duração e filtros estabelecidos pelo usuário. [www.doit.im]

ferramenta | serviço | gratuito | preço variável | até US$100/ano | US$100~500 | US$600~2000 | US$2000+ | simples | mediana | difícil | para experts

SITUAÇÃO:
Empreendedorismo, carreira e iniciativa.

PROPOSTA:
Design, usabilidade e acessibilidade.

Momento mídia

Apresentações gerenciais são uma forma de mídia, como prova a popularidade de eventos como o TED, redes sociais como o Slideshare e até o sucesso de Al Gore e sua "Verdade Inconveniente". Presentes em organizações de diferentes portes e áreas, apresentações são novas maneiras de se transmitir ideias e conceitos de forma poderosa, confiável, influente, maleável e interativa. Infelizmente há boas apresentações com resultados aquém do desejado simplesmente por não demandarem ou ao menos esperarem de suas audiências uma resposta às provocações e questionamentos propostos.

São poucos os apresentadores que levam em conta o fato de que reunir uma equipe para uma apresentação demanda um grande esforço e que se as próximas etapas não forem claramente definidas no calor da apresentação, se possível na forma de pequenas tarefas individuais, boa parte do potencial da reunião será desperdiçado. Ferramentas digitais e serviços de compartilhamento podem ajudar os apresentadores a magnetizar suas plateias com recursos visuais cativantes, mas que só serão efetivos se a apresentação for encarada como forma de comunicação dirigida, para um público-alvo específico e com objetivos bem definidos.

RECOMENDAÇÕES

Planeje o tema e conteúdo. Determine o assunto a abordar. Pesquise, se possível, sua relevância para a plateia. Defina pré-requisitos para que sua apresentação não fique muito simples ou complexa demais. O que espera que o público já saiba?

Conheça o público. Qual é o perfil de quem vai assistir à sua apresentação? Que papel você pretende assumir perante ele? Líder, expert, motivador, crítico e consultor representam papéis completamente diferentes.

Calcule o tempo de cada slide. Assim a apresentação não excederá o limite de tempo planejado. Se possível, determine um tempo fixo para cada tela e ensaie para ver se esse ritmo consegue ser mantido ao longo da apresentação.

Descubra a motivação do público. Quem assiste veio voluntariamente? O que esperam aprender de novidade com você?

Roteiro e encadeamento. Determine a linha de pensamento que a apresentação deverá seguir, em um encadeamento lógico de conceitos.

Palavras-chave. Pense nas telas como ferramentas para fixação do conteúdo transmitido. Elas devem mostrar os conceitos mais importantes apresentados ou discutidos no momento.

Coerência. Mantenha o ritmo de sua apresentação com uma constância no layout das telas, em seu conteúdo, velocidade de apresentação, legibilidade e tipos de imagem.

CUIDADOS

Efeitos visuais. Distraem a atenção e são mais difíceis de harmonizar do que parecem. Se usados em excesso, podem distrair a atenção e prejudicar a absorção do conteúdo. O mesmo vale para elementos visuais, que devem ser evitados se não estiverem ligados ao tema da apresentação.

Imagens. Não utilize mais figuras do que o necessário e evite, sempre que possível, imagens como fundo de textos, pois isso prejudica a legibilidade.

Atitude. Várias atitudes inconscientes do apresentador prejudicam a atenção da plateia. Atrasos, falta de controle sobre a relação entre o conteúdo e o tempo disponível, nervosismo ou movimento excessivo, falta de ritmo na apresentação, encadeamento confuso de ideias, referências herméticas ou excessivamente técnicas, vícios de fala e insegurança ao falar são alguns dos erros mais comuns. Procure evitá-los.

Slideumentos. Cuidado com textos excessivos, pequenos demais ou muito detalhados. Telas de apresentação não são documentos para serem lidos ao vivo. Texto demais na tela faz com que a plateia deixe de prestar atenção no apresentador para ler o que está escrito. Isso pode quebrar o ritmo e prejudicar a transmissão de conteúdo.

Legenda. Evite ler o que está escrito na tela, pois isso quebra o ritmo da apresentação. Lembre-se que cada pessoa tem uma velocidade particular de leitura — e que a informação visual e a sonora são interpretadas em velocidades diferentes.

Serviço: Slideshare

Um dos 250 sites mais acessados da Internet, é um repositório de publicação e compartilhamento de apresentações e documentos. As apresentações podem ser enviadas em diversos formatos, incluindo vídeos, e são convertidas pelo sistema antes de serem disponibilizadas. Devido à sua popularidade, é um excelente canal para que profissionais e marcas divulguem conhecimento, troquem ideias, conduzam pesquisas, promovam serviços e criem uma relação construtiva com seus stakeholders. Como acontece com os vídeos do YouTube, os documentos podem ser facilmente inseridos em blogs e páginas web e compartilhados via mídias sociais. É possível comentar apresentações, adicionar palavras-chave, permitir o download do conteúdo e acompanhar usuários. O slideshare permite a sincronização de slides a trilhas de áudio para narração (slidecasts) e a inserção de vídeos online nas telas. A versão paga do serviço permite a criação de páginas de marcas, acesso a métricas de visitação e criação de apresentações privativas.

[WWW.SLIDESHARE.NET]

Animoto – ferramenta de criação de vídeos com efeitos profissionais a partir de fotografias e vídeos originais, com recursos de transição e trilhas sonoras. As imagens são aceitas em vários formatos de foto e vídeo, e podem ser importadas diretamente dos principais repositórios, como o Flickr, até um máximo de 300 imagens por vídeo. Os planos de serviços oferecidos permitem a criação de vídeos em alta definição e maior duração, além de agregar a eles músicas com os direitos de reprodução garantidos. Todo o processo é automático, não requer conhecimento técnico ou aprendizado em formatação ou edição de vídeos.

[www.animoto.com]

Prezi – ferramenta online para criar apresentações não lineares, no formato árvore de conceitos. Ao contrário das apresentações convencionais, em que uma série de painéis é mostrada, aqui não se sai da tela original. Texto, imagens, vídeos e outros elementos são agrupados por contexto. Ao apresentá-los, a ferramenta se aproxima e se afasta, "voando" de um elemento a outro e deixando claro que estão inter-relacionados. É possível interromper a apresentação a qualquer momento e evidenciar algum conceito ou relação. O resultado final pode ser baixado em um módulo interativo para visualização offline.

[www.prezi.com]

XMind – ferramenta para apresentar e compartilhar mapas mentais de diversos tipos e formatos, que podem ser editados colaborativamente, direto do aplicativo ou em um browser. O resultado pode ser exportado para formatos como PDF e PowerPoint. Tópicos ligados a um cronograma podem ser visualizados na forma de um gráfico de Gantt, determinando com maior clareza os gargalos e oportunidades. No modo de apresentação o mapa é mostrado em tela cheia, minimizando as distrações e permitindo a navegação por comandos de teclado. É possível gravar as contribuições da plateia em áudio, direto da própria ferramenta.

[www.xmind.net]

BUSINESS CASES, FERRAMENTAS ADICIONAIS E SUGESTÕES DE USO

O canal da **Dell** no Slideshare é um bom exemplo do uso de um grande repositório de informações para divulgar e popularizar o conteúdo que é normalmente feito pela empresa para várias apresentações gerenciais, aglutinando-os em um só lugar, com muito conteúdo e intenção de compartilhá-lo. [www.slideshare.net/Dell]

As apresentações gerenciais são tão importantes na difusão de ideias que até o **TED**, um dos principais eventos de compartilhamento de novas descobertas, tem apelado para o uso de novas técnicas de apresentação, como revela seu investimento no Prezi e utilização de sua tecnologia em apresentações. [http://bit.ly/nuvem-apresenta-1]

A **Genetech**, empresa de biotecnologia, usa o Animoto para comunicar a visão e expectativas da direção da empresa a seus profissionais em 12 subsidiárias internacionais. A tecnologia é usada no lugar de apresentações gerenciais convencionais para aumentar a assimilação e envolvimento. [http://bit.ly/nuvem-apresenta-2]

| ferramenta | serviço | gratuito | preço variável | até US$100/ano | US$100~600 | US$600~2000 | US$2000+ | simples | mediana | difícil | para experts |

SITUAÇÃO:
Empreendedorismo, carreira e iniciativa.

PROPOSTA:
Narrativas transmídia e geração de valor.

Currículo em nova embalagem

Biografias profissionais são um enorme sucesso editorial. O histórico de artistas, esportistas, políticos, músicos e executivos são inspiradores, e sua trajetória costuma ser bastante popular. Felizmente, histórias e personalidades interessantes não são exclusividade de celebridades. Na gigantesca cidade pequena das mídias sociais todos podem – ou melhor, precisam – de uma apresentação pessoal, em que destacam sua personalidade, visão de mundo e ponto de vista com relação às novas tecnologias e transformações sociais. A visão individual é cada vez mais importante do que os cursos realizados ou mesmo a capacidade técnica, já que esta pode ser cada vez mais automatizada ou terceirizada. Hoje há tantos espaços para expor diferentes aspectos de uma identidade, de websites e blogs a fóruns e perfis em redes sociais, que é recomendável centralizá-los. Serviços de identificação reúnem as características selecionadas e as concentram em um endereço de fácil memorização. Essas páginas podem conter cartas de recomendação, referendos ou recomendações. Por terem maior controle sobre a fotografia do perfil e as redes sociais que disponibilizam, podem concentrar mais parâmetros para uma eventual identificação e seleção.

RECOMENDAÇÕES

Faça um perfil amplo. Muitos chegarão a uma página indiretamente, como resultado de pesquisas em mecanismos de busca. Por isso é recomendável pensar nela como um espaço de mídia, que procura atrair a atenção e prender o interesse de seu visitante.

Fotografia. É comunicação subliminar. Preste bastante atenção nela e produza a melhor que você conseguir. Contrate um fotógrafo para isso, se considerar importante. Essa fotografia é sua apresentação, faça com que seja o mais fiel possível à sua personalidade e área de atuação.

Texto de apresentação. Capriche em sua própria introdução. Faça com que seu texto venda bem o produto intelectual que você entrega. Evite o excesso de elogios mas não seja excessivamente tímido. O ambiente é de exposição de perfis, por isso um discurso elogioso é natural.

Referências. Páginas pessoais são um bom lugar para colocar depoimentos e referendos sobre as qualidades ou habilidades profissionais. Em especial se emitidas por chefes, profissionais reconhecidos do mercado ou a mídia. Elas não devem ser consideradas um ato de vaidade, mas um referendo de qualificações profissionais. Se for citar alguém, peça permissão e documente as respostas recebidas para evitar dúvidas.

Concentre seus contatos. E verifique-os. Se algum telefone ou endereço de e-mail ou mídia social não é muito usado (ou é filtrado para pastas específicas), evite divulgá-lo para não levar a mensagens não recebidas ou ignoradas.

CUIDADOS

O perfil é profissional. Evite todo tipo de exagero que possa afastar potenciais interessados. Conquistas afetivas e paixões esportivas costumam ser detalhes pessoais demais para serem evidenciados em um primeiro contato.

Informações incompletas. A página pessoal é um atalho para que um contato possa chegar até você. Qualquer informação ou dado que falte pode levar a um beco sem saída e levar à perda de oportunidades.

Primeira impressão. Uma página pessoal é, como um Currículo, só uma apresentação. Ela pode atrair o interesse de eventuais entrevistadores que esperarão uma continuidade no perfil apresentado. Qualquer contradição poderá ser decepcionante.

Seja honesto. A Internet é o lugar perfeito para se checar referências. Se você é coautor de um projeto ou faz parte de uma equipe, deixe essas informações bem claras para não ter que se justificar mais tarde.

Evite exageros. Cuidado com generalizações, adjetivos e elogios. Alguém que fala muito de si passa uma imagem de insegurança, arrogância ou carência.

Más interpretações. Não se arrisque em fotografias ou afirmações polêmicas só para parecer irreverente ou criativo. Cuidado para não elaborar páginas herméticas ou estranhas, que possam ser mal-interpretadas. Qualquer informação é bem-vinda, desde que seja relevante e coerente com o perfil apresentado.

Serviço: AboutMe

Ferramenta que permite a seus usuários a criação de uma página de apresentação pessoal, com texto de apresentação e uma foto. É bastante válida para quem não tem site ou blog próprio ou está presente em várias comunidades, tanto pessoais como profissionais. O serviço agrega em uma única página informações de apresentação e links para as comunidades que o usuário considere relevante publicar. A página pode ser rapidamente customizada com fotografias e textos compostos em famílias tipográficas diferenciadas, o que dá uma boa liberdade estética e personalização para seus usuários sem exigir conhecimentos técnicos. O serviço fornece estatísticas de visitação ao seu perfil, mostrando se foi consultado por novos contatos, quanto tempo eles passaram em média por lá, de onde vieram e em que links clicaram. Cada link é aberto em uma janela de conteúdo na própria página, fazendo com o que o visitante consulte as informações que deseja sem sair dela. A atmosfera é mais profissional, o que estimula apresentações formais.

[WWW.ABOUT.ME]

Flavors.me — como o AboutMe, essa ferramenta permite a criação instantânea de páginas pessoais sem a necessidade de conhecimentos técnicos. Seu enfoque é mais social. Além dos dados pessoais e de contato, seus usuários podem listar na página links que considerem interessantes. Na versão paga do serviço é possível escolher mais opções de layout, conectar a página a um endereço próprio, receber estatísticas em tempo real, inserir formulários de contato e outros conteúdos além de sua apresentação. Tem menos opções de configuração que o AboutMe, mas algumas funcionalidades que facilitam a localização de suas páginas por mecanismos de busca. [www.flavors.me]

Meadiciona — serviço brasileiro que centraliza os contatos sociais de seus usuários. A página é menos customizável que a dos serviços acima, mas dá acesso a um número maior de comunidades digitais e tem um bom mecanismo de busca para encontrar usuários brasileiros cadastrados. Ele se propõe a ser um diretório com a descrição de cada membro e links para facilitar o acesso, notificando seus contatos quando os dados sofrerem alterações. Para garantir a privacidade é possível criar níveis de acesso, selecionando quais contatos são visíveis. Por ser mantida por publicidade, ela mostra banners em páginas pessoais. [www.meadiciona.com.br]

Zerply — rede social profissional gratuita que cria versões de curriculum vitae com layout arrojado, destacando as informações de contatos e links relevantes. As informações biográficas podem ser importadas do Linkedin ou do Facebook, editadas e associadas a dados de contato, portfólios e sites de interesse. O Zerply conecta usuários de acordo com as qualificações descritas em seus perfis, ajudando no networking. É possível associar áreas de qualificação e palavras-chave ao perfil, facilitando o recrutamento e a divulgação profissional em outras redes. Como no Linkedin, perfis podem ser endossados. Os dados de contato podem ser agregados a agendas. [www.zerply.com]

BUSINESS CASES, FERRAMENTAS ADICIONAIS E SUGESTÕES DE USO

Para quem, além da presença em redes profissionais, também precisa criar um bom currículo, serviços como o **Innovative Resume** disponibilizam modelos visualmente interessantes, acompanhados de um formulário que guia seus usuários para a criação de uma apresentação profissional. [www.innovativeresume.com]

Profilactic é outro agregador de conteúdo gerado em mídias sociais. Ele agrega cerca de duzentas redes diferentes em uma só página, que também pode listar repositórios de livros, música e vídeo. O perfil resultante pode ajustar a importância de cada rede, compartilhar links e seguir outros perfis. [www.profilactic.com]

Muitos currículos, mesmo belos e qualificados, tendem a ser impessoais. O **Hello There** procura diferenciar seus usuários ao permitir a criação de páginas web específicas, que podem até incluir vídeos, para cada oportunidade e empregador, o que permite a criação de uma mensagem bem pessoal. [www.sayhellothere.com]

| ferramenta | serviço | gratuito | preço variável | até US$100/ano | US$100~500 | US$600~2000 | US$2000+ | simples | mediana | difícil | para experts |

SITUAÇÃO:
Empreendedorismo, carreira e iniciativa.

PROPOSTA:
Privacidade, sigilo e subversão.

Todos com a mão na massa

À medida que aumentam os serviços oferecidos na rede e a conectividade dos dispositivos, cada vez um número maior de documentos é trocado entre membros de uma equipe, o que leva a um novo tipo de desorganização: o excesso de versões de documentos armazenados em cópias diversas ou compartilhados por e-mail. Conforme a quantidade de pessoas e o tempo de duração dos projetos, sérios conflitos de versões podem ocorrer, levando a problemas de sigilo e desatualização da informação. Para minimizar este problema, ferramentas de trabalho em equipe criam estruturas compatíveis com sistemas de **Intercâmbio remoto de documentos**, que armazenam conteúdo em pastas de compartilhamento coletivo ou em links de fácil acesso. Com eles é mais fácil enviar ou compartilhar documentos publicamente, mantendo a versão mais atualizada sempre no mesmo local, de onde pode ser removida ou modificada se houver a necessidade de maior sigilo. Esses sistemas facilitam o intercâmbio de conteúdo sem dar a terceiros o acesso a documentos privados que estejam em um servidor, ou mesmo aos computadores e sistemas internos da empresa, garantindo maior agilidade, mobilidade e segurança à equipe.

RECOMENDAÇÕES

Trabalho em curso. Disponibilize para compartilhamento as versões mais recentes dos documentos em que esteja trabalhando, mesmo que não tenha a intenção de compartilhá-los. Nunca se sabe quando se precisará de um deles longe do computador.

Mantenha a casa limpa. Apague documentos que não estiverem em uso. Evite usar a ferramenta como instrumento de backup para ter sempre um bom espaço disponível.

Substitua pen drives. E outras formas de armazenamento, principalmente para documentos importantes ou sigilosos que podem ser esquecidos.

Histórico de versões. Oferecidos por algumas ferramentas, são muito úteis para evitar que documentos compartilhados por muitas pessoas sejam apagados ou alterados acidentalmente.

Guarde versões finalizadas. A cópia online deve ser a versão de trabalho imediato. Assim que terminado o trabalho nela, faça cópias de segurança (backups) em máquinas confiáveis. Por mais que a rede tenda a ser segura, nem sempre se está em um lugar com acesso seguro a ela.

Mantenha uma cópia de segurança offline. Crie o hábito de fazer, no final de cada dia ou semana, uma cópia da versão mais atualizada em um computador fora da rede. Ela não precisa estar gravada em um formato compatível ou acessível por qualquer plataforma; sua função é preservar o trabalho feito até então caso a rede esteja inacessível.

CUIDADOS

Conexão. Cuidado com os documentos críticos, principalmente se forem de tamanho considerável. Às vezes se está em um ambiente de conexão precária ou inexistente e isso pode prejudicar o fluxo de trabalho.

Direitos autorais. O conteúdo disposto online é de sua responsabilidade. Documentos com direitos reservados podem levar à suspensão ou bloqueio da conta, e, com ele, perde-se o acesso a qualquer outro documento que esteja nela.

Pastas de compartilhamento. Tome cuidado especial com as pastas que torna públicas. Material sigiloso pode ficar à disposição pública por ter sido colocado por engano na mesma pasta das fotos de família ou releases de imprensa.

Troque de senhas. Crie o hábito de mudar periodicamente sua senha de acesso, principalmente se usar a pasta com muita frequência para o trabalho cotidiano.

Equipe. Pastas compartilhadas devem ser constantemente alteradas ou removidas, para que não fiquem disponíveis a membros que saiam da equipe ou da empresa.

Compartilhamento. Cuidado ao fazer o download de documentos para não removê-los por engano da área de compartilhamento ou apagar uma versão mais nova ao substituí-la por uma mais antiga com o mesmo nome. Colocar a data de publicação ou alteração de um documento em seu título pode ser uma boa prática para protegê-los.

Ferramenta: Dropbox

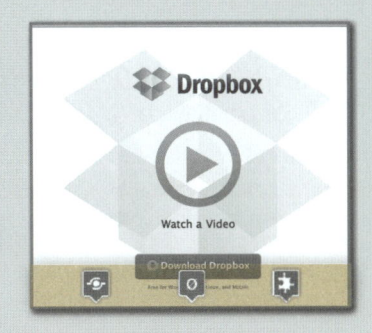

Ferramenta para armazenar documentos na rede e integrá-los a outros computadores e dispositivos móveis, deixando-os disponíveis e eliminando a necessidade de pen drives quando se estiver em ambientes de boa conexão. O serviço oferece 2 GB de espaço de armazenamento gratuito – que pode ser expandido até 100 GB em versões pagas. Os documentos armazenados podem ser privados ou compartilhados e modificados como pastas comuns na área de trabalho de um computador. Cada alteração é sincronizada com todas as plataformas ao se conectar à Internet. Para evitar alterações indesejadas, um histórico de cada documento é armazenado, sendo possível revertê-lo para versões anteriores. Cada documento ou pasta tem um link próprio, que pode ser compartilhado e acessado mesmo por quem não esteja cadastrado no serviço. Vários aplicativos e serviços web são compatíveis com o Dropbox e permitem o armazenamento e a consulta direta de seus documentos em suas pastas. [www.dropbox.com]

Yousendit – a maioria dos serviços de e-mail e firewalls impede a transferência de documentos de tamanhos superiores a 10 MB, pois eles podem congestionar a rede. O Yousendit permite que se transfiram documentos até o tamanho limite de 2 GB para seus servidores, que enviam um link de armazenamento temporário para que possam ser baixados mais tarde. Versões pagas do serviço oferecem mais espaço de armazenamento e áreas para envio e compartilhamento de documentos. Não é necessário se registrar no serviço para enviar documentos destinados a três downloads ou menos. Compatível com aplicativos populares como Outlook e Photoshop. [https://www.yousendit.com]

FileFactory – serviço de compartilhamento para documentos grandes ou compartilhados por muitas pessoas. Os servidores permitem que se adicione documentos de 2 GB a cada upload e armazenam até 2 TB por usuário, que podem ser baixados um número ilimitado de vezes e compartilhados via e-mail ou mídias sociais. O aplicativo para a administração do serviço pode ser baixado para computadores e laptops ou acessado diretamente do Facebook. Usuários de serviços premium têm prioridade de download quando os servidores estiverem ocupados e podem retomar transferências que tenham sido interrompidas por falta de conexão. [www.filefactory.com]

Box – serviço compatível com diversas soluções corporativas, como Salesforce, SAP e Netsuíte. Como os outros, ele sincroniza pastas e documentos de seus usuários com cópias na rede, permitindo o envio de documentos de porte para várias plataformas e smartphones. Uma vez no sistema, é possível ver uma prévia de diversos formatos de documentos sem precisar baixá-los e procurar textos específicos dentro dos arquivos armazenados. Cada usuário ou departamento pode ter acesso a diferentes partes do serviço, protegidas ou não com senhas. Um painel de controle permite a administração detalhada do armazenamento e transferências. [http://box.net]

BUSINESS CASES, FERRAMENTAS ADICIONAIS E SUGESTÕES DE USO

O compartilhamento de documentos sigilosos e estratégicos em tempo real fez com que a agência de propaganda **Saatchi&Saatchi** usasse os serviços de armazenamento da Box como uma forma de extranet para facilitar a comunicação e transação com seus clientes e fornecedores. [http://bit.ly/nuvem-pastas-1]

A **Fundação Grammy** usa pastas compartilhadas como área de recebimento de trabalhos submetidos a seus concursos e competições culturais. Dessa forma todo o conteúdo recebido fica em um só lugar de acesso fácil aos membros do júri, auditores e imprensa, facilitando sua divulgação posterior. [http://bit.ly/nuvem-pastas-2]

Pesquisadores do **Hunter College** de Nova York usam serviços de compartilhamento de documentos para compilar dados de suas pesquisas de campo distribuídas pelo país. Assim, conseguem agilidade nos resultados coletados por colaboradores de níveis variados de expertise, usando diversas plataformas. [http://bit.ly/nuvem-pastas-3]

ferramenta | serviço | gratuito | preço variável | até US$100/ano | US$100~500 | US$600~2000 | US$2000+ | simples | mediana | difícil | para experts

Colégio interno, período integral
Educação continuada

Já houve tempo em que educação tinha um fim, normalmente na universidade ou em uma eventual pós-graduação, e que se podia passar décadas sem uma atualização técnica. Hoje sabe-se bem que qualquer período não investido em aprimoramento dos conhecimentos é considerado desperdiçado. Em tempos digitais, a escola precisa estar sempre aberta, e o programa de curso deve ser estruturado conforme os interesses e demandas de cada um.

A falta de talentos disponíveis é uma queixa constante – e crescente – ao redor do mundo. Em toda parte é comum ouvir queixas a respeito do baixo nível do mercado, da falta de opções de contratação e da constante evasão de talentos para a concorrência ou para sonhos de empreendedorismo.

Boa parte da carência profissional, no entanto, é provocada por empresas "entregar o que imaginaram empresas que acreditam serem capazes de atraí-los (ou adquiri-los no mercado, como se fossem mercadorias) mas não se esforçam para cultivá-los e mantê-los. Muitos se fascinam com a figura mítica de líderes visionários como Steve Jobs e sua Apple e Richard Branson e sua Virgin, com a habilidade de infiltração da WikiLeaks de Julien Assange ou com a popularidade da Amazon de Jeff Bezos e seu Kindle, mas poucos se preocupam em desvendar a estratégia de pesquisa e engenharia que torna suas iniciativas tão eficientes em entregar o que imaginaram.

Em todas as áreas, é preciso saber muito, cada vez mais. O encadeamento de informações proporcionado pela rede demanda decisões cada vez mais complexas e não há tempo nem paciência para se aprofundar e pesquisar sobre todos os assuntos necessários.

Todas as profissões são interessantes. Fascinantes, até. Ou banais. Tudo depende do ponto de vista com que são encaradas. Valorizá-las é muito mais uma questão de cultura empresarial do que do próprio mérito da área de conhecimento. Documentários de canais de TV como o Discovery Channel mostram que muitas vezes só o que falta é informação e atenção dedicada.

Por mais que haja muito conteúdo disponível no mundo digital, boa parte dele ainda é de valor discutível, desatualizado ou de fonte pouco confiável. Como se pode usar a rede para se produzir e consumir conteúdo de qualidade? Quais são as aplicações e especializações que devem ficar a cargo da empresa, já que são parte de sua propriedade intelectual e, cada vez mais, considerados ativos insubstituíveis? Não é uma pergunta de fácil resposta.

Algumas ferramentas tecnológicas podem facilitar esse processo, ajudando no treinamento e divulgação de conteúdo e estimulando a participação de todos na criação de um conteúdo construtivo. Blogs e microblogs, por exemplo, podem conter programas de treinamento, bibliografias, exemplos e tarefas, abrir espaço nos comentários para que qualquer um publique suas dúvidas e criar um ambiente de aprendizado aberto e contínuo. Grupos de discussão podem estimular a troca de ideias e realização de brainstorms coletivas.

Até mesmo quem não tem acesso ou disposição para aprender a utilizar novas ferramentas pode usar as redes conhecidas para gerar conteúdo de qualidade. Sem muito esforço ou configuração o Twitter pode ser usado para esclarecer dúvidas ou coordenar equipes. Grupos privados em redes sociais como o Facebook respondem melhor e mais rápido às mensagens do que seus equivalentes por e-mail – e são mais fáceis de configurar. É preciso rever a forma como é ensinado, avaliado e cobrado o conteúdo exigido de cada profissional. Qualquer usuário da rede sabe bem que, quando o desafio é fascinante e socialmente reconhecido, os professores são reverenciados e os certificados, quase acessórios.

Este capítulo tratará de ferramentas para desenvolvimento de sistemas de ensino a distância, fóruns de suporte e arenas de debate. Também mostrará repositórios de conteúdo aberto em que é possível aprender, reciclar conhecimentos e expandir horizontes. Outras ferramentas tratarão da gestão do conhecimento, montagem de salas de aula remotas, criação de podcasts e de conteúdo multimídia. Outras ainda mostrarão como é possível retirar conteúdos de qualidade em redes aparentemente informais como o Twitter e compartilhá-lo livremente, para o progresso de todos.

Solução	Ferramentas	Página
Material didático	**Moodle,** *eFront, Ilias, Engrade*	48
Compilação social	**Paper.li,** *PostPost, Linkedin Today, NewsMap*	50
Cursos online	**PBWorks,** *CollaborizeClassroom, Grou.ps, Edmodo*	52
Fóruns de suporte	**IP. Board,** *PHPbb, BuddyPress e BbPress, Vanilla*	54
Podcasts educativos	**SoundCloud,** *Looplabs, Myna, Soundation Studio*	56
Ensino compartilhado	**OCW e MITW,** *FORA.TV e TED, iTunesU, GoogleModerator*	58
Gestão de conhecimento	**Drupal,** *Joomla!, Plone, Liferay*	60
Screencasts	**Phoenix e Raven,** *Zamzar, Screencast-o-matic, Qwiki*	62
Debates	**Disqus,** *IntenseDebate, SocialCast, BoltWire*	64
Direitos de reprodução	**CreativeCommons,** *Software livre, SaaS, CopyScape*	66

SITUAÇÃO:
Educação continuada.

PROPOSTA:
Redes sociais, grupos e comunidades.

Sistemas de ensino

Um dos maiores problemas de qualquer **material didático** é sua desatualização. Por isso o uso de tecnologias digitais conectadas em sala de aula é tão importante. Mais importante do que qualquer tecnologia ou dispositivo é garantir que a base de conteúdo quase infinita da Internet esteja a serviço do questionamento e curiosidade estimuladas em sala de aula. A escola construtivista de ensino, base de boa parte das propostas contemporâneas de educação, segue a mesma filosofia. O potencial educativo das ferramentas de mídias sociais ainda é muito pouco utilizado. Blogs, por exemplo, são maleáveis, atualizáveis e seu conteúdo pode ser facilmente encontrado por mecanismos de busca. Em sistemas de treinamento empresarial e referência, eles poupam tempo e recursos (salas, professores) ao direcionar as tarefas mecânicas de transmissão de informação e avaliação para a Internet, usando melhor o tempo e as habilidades dos professores para estimular discussões, resolver problemas e organizar debates em sala de aula. Ao se encarregar das tarefas repetitivas e mecânicas, essas ferramentas não substituem o professor, mas valorizam o encontro ao vivo e suas características verdadeiramente interativas.

RECOMENDAÇÕES

Clareza. A aula mediada por computadores não costuma ser acompanhada por um professor, por isso é mais limitada, pouco superior a aulas via TV ou fascículos. Para compensar essa limitação, é importante que seu conteúdo seja o mais claro possível.

Seja dinâmico. Cursos dinâmicos, construídos coletivamente pelos alunos e coordenados por professores, podem ser modificados ao longo de sua trajetória, se adaptando melhor às necessidades da classe.

Resumos executivos. Sumarize os principais tópicos dispostos para facilitar a fixação de conhecimentos. Disponibilize resumos executivos e versões impressas do material exposto nas aulas digitais. Ajude seus alunos a materializarem o conhecimento virtual que receberam para referência posterior.

Multimídia e interatividade. Utilize os recursos oferecidos por qualquer computador: diagramas animados, vídeo, áudio. Mas os utilize com parcimônia, para não confundir o aluno.

Suporte. Crie canais de contato para eliminação de dúvidas técnicas ou didáticas. Esse canal pode ser usado também para avaliação da mecânica do curso e ajudar a preparar novas versões.

Links e conteúdos adicionais. O conteúdo disponível na Internet é praticamente infinito. Não busque abrangê-lo todo, nem mesmo em uma área técnica específica. Estabeleça uma linha de corte e limite-se a ela. Abra canais para que seus alunos possam expandir o conteúdo adquirido se o quiserem.

CUIDADOS

Professor. Da mesma forma que um livro não substitui um curso, ferramentas digitais não têm a capacidade de substituir bons tutores. Para que sua relação seja produtiva é importante estruturar o curso para tirar o melhor da inteligência do professor e da conectividade e velocidade da rede.

Modularização. Monte o curso em módulos, combináveis conforme necessidades específicas. É uma forma ágil de usar a flexibilidade da tecnologia e ferramentas para permitir que cada aluno monte um curso adaptado às suas necessidades de trabalho e carreira.

Pré-requisitos. Faça provas de seleção para garantir o máximo aproveitamento e redirecionar seus alunos para os cursos devidos. Isso garante maior satisfação entre os membros de uma turma e seu professor, já que podem progredir todos juntos.

Necessidades especiais. Elas são de todos os tipos, e envolvem de características multimídia a limitações de processamento de computadores, monitores e conexão. Não limite seu curso a plataformas ou sistemas operacionais específicos.

Certificação. Proteja o valor de sua certificação. Avaliações presenciais podem ser uma boa opção para evitar falsificações e garantir a validade de certificados de cursos realizados online, especialmente se o conteúdo ensinado for estratégico ou significar oportunidades de trabalho.

Ciberburocracia. Evite processos complicados demais.

Ferramenta: Moodle

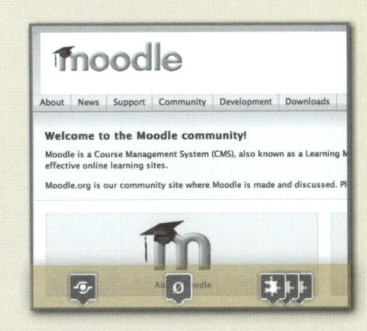

Sistema de gestão do aprendizado (LMS, em inglês) poderoso, versátil e escalável para a criação de plataformas de ensino a distância. Sua administração requer algum conhecimento técnico, mas depois de instalado é bastante modular e de fácil uso, adaptação e extensão de funcionalidades, tanto por alunos como por professores. Com ele é possível dividir o conteúdo em cursos e disciplinas e definir áreas e níveis de compartilhamento. Seus membros têm perfis pessoais, que centralizam e armazenam o conteúdo produzido. Cursos podem ser administrados por mais de um professor, e conteúdos podem ser compartilhados entre diferentes disciplinas, turmas e áreas de especialidade, proporcionando bom intercâmbio. Cada professor pode gerar conteúdos e glossários para reutilização posterior, total ou parcial. Alunos podem trocar mensagens, receber notificações, abrir fóruns e discutir dúvidas, em ambientes seguros e monitorados. Seu sistema de avaliação gera notas e aprovação automáticas e pode ser completamente modificado conforme a necessidade.

[HTTP://MOODLE.ORG]

eFront – plataforma de ensino à distância bastante modular e robusta, voltada para escolas e empresas. Além das ferramentas comuns aos sistemas de aprendizado ela permite a gestão de projetos, fornece métricas de acesso e uso detalhadas e funcionalidades específicas, como a gestão de cargos e competências, de grande utilidade para departamentos de RH. Empresas podem usar o eFront para organizar videoconferências, traduzir conteúdos (usando Google Translate, que é melhor do que nada mas está longe de ser perfeito), analisar o histórico de treinamentos e atribuir cursos a determinados cargos automaticamente.

[www.efrontlearning.net]

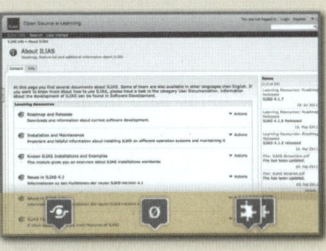

Ilias – outro sistema de gestão do aprendizado bastante robusto e gratuito. Cada usuário tem sua área de trabalho pessoal, em que centraliza tarefas e recursos como notícias, mensagens pessoais, anotações de aulas, links e informações de fontes externas. Administradores podem gerir diferentes conteúdos e determinar níveis de acesso de cada perfil e documento. Professores têm acesso a dados de presença em sala e progresso de cada aluno. Com o Ilias é simples criar provas, wikis, pesquisas, podcasts, fóruns e grupos, abertos ou restritos, além de integrar imagens, sons, mapas e conteúdo multimídia a suas páginas para complementar suas aulas.

[www.ilias.de]

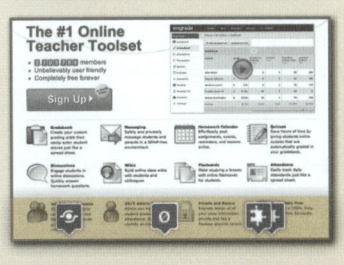

Engrade – ferramenta administrativa gratuita para facilitar o trabalho de professores, sem a necessidade de instalar um sistema completo. Hospedada pelo próprio serviço, é fácil de configurar e usar. Ela ajuda a administrar várias classes simultaneamente, criar provas e testes online, controlar presença, consultar notas e informações relacionadas às aulas, sincronizar calendários e calcular médias de aprovação com diferentes pesos. Também permite a criação de livros-texto editáveis pelos alunos e monta ambientes para troca de mensagens, livres de distrações e spam. É a única ferramenta desta página que não tem versão em Português.

[www.engrade.com]

BUSINESS CASES, FERRAMENTAS ADICIONAIS E SUGESTÕES DE USO

O colégio **Dante Alighieri** usa o Moodle para criar uma rede de acesso restrito a seus alunos, professores, funcionários e convidados. Seu principal objetivo é dar suporte online para seus alunos, complementando as aulas realizadas e criando um ambiente privado para a troca de ideias. [http://moodle.colegiodante.com.br]

A **Universidade Federal de São Carlos** usa a plataforma Moodle para o apoio do seu sistema de ensino a distância, capacitação e treinamento de servidores técnicos e integração de disciplinas entre suas diversas unidades, escolas e cursos. A plataforma também é utilizada para divulgação e calendários. [http://moodle.ufscar.br]

A **Fujitsu Austrália** realizou mais de 10.000 cursos utilizando a plataforma eFront, em várias áreas de especialização. Como a ferramenta é modular e fácil de implementar, os usuários puderam se concentrar no conteúdo, integrando-o a outras ferramentas de gestão e sistemas corporativos. [http://bit.ly/nuvem-didatico]

| ferramenta | serviço | gratuito | preço variável | até US$100/ano | US$100~600 | US$600~2000 | US$2000+ | simples | mediana | difícil | para experts |

SITUAÇÃO:
Educação continuada.

PROPOSTA:
Redes sociais, grupos e comunidades.

Leitura dinâmica

Muito se fala nas publicações dos usuários de redes sociais como o Twitter, Yammer, Facebook e Linkedin como manifestações pessoais de desabafo, mídia de impulso e mensagens rápidas. Mas nem tudo que é publicado nessas redes é destinado para o consumo imediato. O compartilhamento de links é uma prática cada vez mais comum entre formadores de opinião em diversos níveis e mesmo usuários comuns. Como é praticamente impossível – e bem pouco recomendável – clicar em todos os links disponibilizados, fica difícil acompanhar ou se informar melhor a respeito de todos os conteúdos que atraiam o interesse. Isso faz com que um conteúdo de grande qualidade seja perdido em meio à corrente diária de atualizações, a maioria irrelevantes. Serviços de **compilações sociais** agregam a informação compartilhada em diversas redes e comunidades e as disponibilizam em páginas de fácil acesso e consulta. Se bem configurados, eles podem funcionar como bons filtros de conteúdo, transformando usuários que contribuam com material de qualidade em identificadores de tendências e curadores de opinião. A maior parte dos serviços é gratuita, e pode ser bem útil para acompanhar áreas de conhecimento, indústria ou profissionais cuja opinião seja interessante ou respeitada.

RECOMENDAÇÕES

Compile poucas fontes. Por mais que sua seleção seja criteriosa, o excesso de fontes pode tirá-lo do foco. Por mais que a informação disponível seja abundante, o tempo para lê-la é precioso. Não o desperdice filtrando textos para uma possível (mas pouco provável) leitura posterior.

Limite assuntos para manter o foco. Se, mesmo com a seleção de fontes e temas ainda sobrar muito conteúdo para analisar, refine sua pesquisa ao limitar os assuntos e hashtags (#) buscados para não ser sobrecarregado de informação pessoal ou não relacionada ao tema de pesquisa.

Busque formadores de opinião. Pessoas ou veículos podem ter acesso a dados ou referências de qualidade, já filtrados por sua escolha de fontes de referência e links a compartilhar.

Armazene referências. Evite coletar material de referência em smartphones, pois pode ser difícil comentar, armazenar ou registrar conclusões tomadas a partir do material.

Compartilhe descobertas. Divida links e conteúdos que tenha descoberto através de suas compilações e pesquisas. Isso tende a aumentar a popularidade de seu perfil.

Linha editorial. Empresas que quiserem visibilidade nos agregadores de conteúdo alheios devem garantir que suas publicações tratem de um mesmo tema, buscando fontes e links que falem com um tipo bem específico de leitor, mesmo que ele não seja explícito. Isso ajuda a aumentar a relevância das opiniões.

CUIDADOS

Selecione fontes. Para que seu material tenha relevância é importante que suas fontes sejam selecionadas e que pertençam a uma mesma área de atuação e interesse. Caso contrário o conteúdo só terá valor como interesse geral.

Leia antes de divulgar. Cuidado com o tipo de informação que está prestes a (re)publicar com seu nome, pois isso pode passar a impressão de que você endossa o conteúdo.

Compreenda estados de espírito. Cuidado para não se deixar levar por ironias, primeiras impressões, propagandas ocultas ou links de conteúdo ou origem suspeita.

Faça sua pesquisa quando estiver online. Boa parte das atualizações de alta qualidade em mídias sociais faz referência a links para conteúdos complementares. Esteja apto a consultá-los e marcá-los para referências futuras.

Selecione a rede de distribuição. Não mande sua compilação para todas as pessoas que o seguem. Selecione um grupo e direcione o conteúdo para ele. Se a seleção for relevante, ela poderá gerar uma boa redistribuição.

Armazene boas referências. Às vezes é muito difícil reencontrar um material de qualidade. Tome o cuidado de armazenar o que gere interesse para referência posterior.

Excesso de conteúdo. Há cada vez mais conteúdo de qualidade na rede. Qual é realmente fundamental para sua pesquisa?

Ferramenta: Paper.li

Permite a criação de um "jornal digital" a partir de buscas no Twitter ou nas publicações públicas no Facebook. As pesquisas podem envolver termos específicos, pessoas, temas, listas de usuários ou atualizações de blogs e serviços noticiosos. A ferramenta aglutina textos, busca imagens e links e os classifica por temas (como tecnologia, artes etc.) e formato (foto, texto, vídeo), resumindo boa parte do conteúdo em uma área de fácil consulta. É ideal para quem quer saber o que há de mais relevante publicado nas últimas 24 horas entre os perfis seguidos mas não quer perder o foco nem tem paciência para acompanhar o Twitter. Os jornais podem resumir as informações mais importantes do dia ou compilar material relevante sobre assuntos pesquisados para referência posterior. Cada usuário pode criar até dez periódicos, atualizados diariamente. A ferramenta permite a pesquisa nas publicações feitas por outros, o que pode ser uma boa fonte de informação selecionada. É possível marcar páginas para consulta posterior e até "assiná-las", sendo notificado quando forem atualizados.

[WWW.PAPER.LI]

PostPost — serviço de busca de conteúdo no Twitter, que procura atualizações relevantes entre os perfis seguidos por um ou mais usuários. Os resultados são classificados de acordo com o tipo de documento compartilhado: links, fotos ou vídeos, podendo filtrar as respostas por usuário. É possível, por exemplo, ter acesso aos links publicados por um só perfil. Ideal para quem segue muitos perfis ou personalidades muito ativas. Seu mecanismo de busca identifica informações que já foram selecionadas e compartilhadas por outros usuários de redes sociais, o que aumenta sua relevância. Os argumentos de busca podem ser armazenados para consulta ou referência posterior. [http://postpo.st]

Linkedin Today — compilação diária de assuntos e links mais compartilhados, personalizados de acordo com as preferências das conexões de cada usuário e de seus colegas profissionais na rede. Sua principal vantagem com relação a outros compiladores é a qualidade da seleção, já que o sistema identifica e busca automaticamente o que usuários de perfil profissional semelhante e da mesma área de atuação resolveram compartilhar. É possível buscar assuntos a respeito de áreas específicas, mesmo que não haja profissionais dela em sua rede. A ferramenta é integrada à plataforma do Linkedin, e permite guardar, recomendar e compartilhar os artigos facilmente. [www.linkedin.com/today]

NewsMap — como há vida fora da Internet, é importante destacar uma ferramenta que compila as notícias diárias para fácil visualização. O NewsMap coleta as informações reunidas pelo Google Notícias ao redor do mundo e as apresenta de forma gráfica, com os temas identificados por cor. A intensidade do tom indica há quanto tempo saiu a notícia e seu tamanho é relativo à quantidade de referências e citações. É possível selecionar apenas alguns temas, ver as notícias de diversos países e comparar como um fato está sendo abordado pela mídia de dois países. Basta clicar no tópico para se ter acesso à notícia, que aparece em uma camada sobre o mapa. [http://newsmap.jp]

BUSINESS CASES, FERRAMENTAS ADICIONAIS E SUGESTÕES DE USO

Twournal compila todas as publicações de um perfil em uma espécie de "diário", que pode ser customizado com fotografias e impresso sob demanda ou enviado na forma de um e-book em formato PDF para seu autor. É necessário ter acesso à senha de administração da conta, para garantir a privacidade. [www.twournal.com]

MentionMapp cria um "mapa de menções", interligando usuários selecionados às pessoas e aos temas (hashtags) mencionados por eles em suas últimas publicações. É uma forma interessante de se explorar visualmente a dinâmica das conexões entre perfis e sua sobreposição de temas abordados. [www.mentionmapp.com]

Flipboard e AOL Editions são revistas dinâmicas feitas para iPad. O Flipboard [www.flipboard.com] reúne atualizações de contatos de redes sociais e notícias de feeds RSS em um documento com texto e interpretações de alguns links. A Editions cria edições diárias com base em preferências de temas e veículos. [www.editions.com]

ferramenta | serviço | gratuito | preço variável | até US$100/ano | US$100~500 | US$600~2000 | US$2000+ | simples | mediana | difícil | para experts

SITUAÇÃO:
Educação continuada.

PROPOSTA:
Redes sociais, grupos e comunidades.

A lousa eletrônica

O aprendizado mediado por tecnologias, também chamado de e-learning, não é necessariamente oposto às tradicionais salas de aula. Existem soluções intermediárias, chamadas tecnicamente de *Blended Learning*, que criam **salas de aula virtuais** para que determinadas discussões, compartilhamentos de documentos e debates sejam expandidos para além do ambiente do curso. Essas comunidades tendem a ser bem mais produtivas e focadas do que grupos genéricos em redes sociais e, conforme sua aplicação, até melhores do que muitos fóruns técnicos. Isso porque reúnem profissionais com nível técnico, background e interesses similares, propiciando uma discussão relevante para todos. O ambiente misto complementa a sala de aula e estimula os alunos a levar discussões iniciadas online para que sejam debatidas ao vivo, aumentando o interesse e retenção de informações. O resultado dessas discussões e fóruns pode ser compilado e se transformar em material didático complementar. Se bem recebidas dentro do ambiente da empresa, essas discussões podem ir além dos treinamentos, sendo implementadas em consultorias, workshops, brainstorms e outras aplicações de construção colaborativa.

RECOMENDAÇÕES

Crie grupos de discussão. Mostre que a informação apresentada em aulas e no material didático não é absoluta nem tem pretensões de ser definitiva. Analise a concorrência e indústrias inspiradoras e estimule a criação de versões alternativas e complementares, confronte-as e complemente-as sempre que possível.

Ative a rede com eventos. Estimule a participação dos alunos criando eventos para que eles mostrem conhecimento acumulado e estimulem a participação dos outros. Crie desafios e competições construtivas, divulgue produtores de conhecimento e valorize sua atuação.

Habilite professores. Há em muitas pessoas a vontade de colaborar com conteúdo, embora poucos saibam como fazê-lo. Ensine professores a ensinar, ajudando voluntários a preparar apresentações e estruturar programas.

Estimule a geração de conhecimento. Fomente grupos de estudos e crie áreas de debate para que os membros de sua comunidade possam compartilhar o que sabem com outros interessados. Eles costumam gerar resultados positivos.

Compartilhamento. Crie material didático de fácil impressão, distribuição e acesso online. Sua distribuição pode atrair o interesse de novos alunos.

Amplie a avaliação. Leve em conta a participação e outras métricas para compor uma avaliação mais verdadeira do desempenho do aluno, professor e curso.

CUIDADOS

Acesso. Limite o acesso a conteúdos restritos, sejam estratégicos, técnicos ou ligados a conhecimentos específicos da comunidade, a não ser que seja interesse da empresa colocar o debate em domínio público.

Cobrança e provas. Ambientes digitais precisam redobrar o empenho com o esforço e adequação de seus alunos. Se a cobrança por resultados não for firme, é bem possível que os fóruns sejam subutilizados com o compartilhamento de fórmulas e resultados prontos, o que diminui a efetividade do curso.

Grupos. Selecione grupos de alunos de acordo com seu conhecimento, experiência e área de atuação, pois isso tende a tornar as discussões mais coesas, integradas com o contexto da empresa e realistas em seu escopo.

Selecione professores. Garanta o comprometimento e valide o conhecimento de quem contribui com o debate. Procure valores que vão além dos requisitos técnicos. Profissionais que inspiram e estimulam controvérsias podem ser bem-vindos.

Moderação. Evite práticas duvidosas nos debates em grupo. Garanta o valor da comunidade e do ensino gerado nela ao limitar a participação de usuários e atitudes de má-fé.

Atualização e duração do curso. Promova revisões periódicas para garantir que o conteúdo esteja atualizado e relevante. Por mais que o debate seja fascinante, selecione um momento para encerrá-lo e publicar os resultados obtidos.

Ferramenta: PBWorks

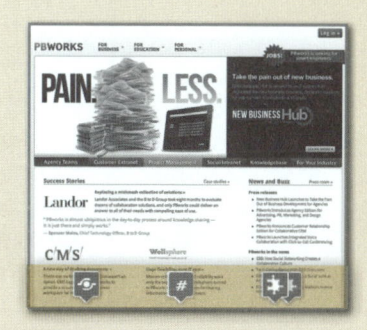

Usada para a criação de redes de colaboração e produção de conteúdo colaborativo. Cada usuário tem sua própria página de perfil, que pode ser editada e configurada para facilitar a identificação de talentos, capacitações e interesses. Com ela é possível criar documentos e administrar projetos rapidamente. Todas as informações ligadas a documentos e projetos ficam conectadas ao perfil do usuário, em uma área de compartilhamento e discussão. As informações são acessíveis a partir de um painel de controle único, que pode mensurar e relatar quais os documentos acessados por cada participante. Usado por muitas universidades e centros de pesquisa, sua especialidade é a construção de bases de dado de conteúdo e interação, em que sugestões e anotações de cada membro são armazenadas, discutidas e compartilhadas. Sua operação, bastante intuitiva, não demanda conhecimento técnico e pode ser usada para ativar a conversação em intranets. A segurança do serviço é robusta e oferece acesso diferenciado conforme o usuário e a área de atuação.   [WWW.PBWORKS.COM]

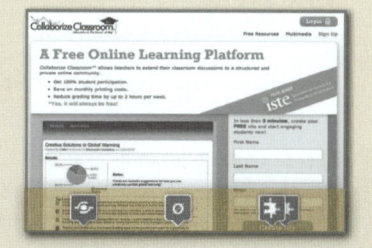

Collaborize Classroom – ferramenta gratuita de treinamento com recursos de debate, ideal para cursos rápidos e plantões de dúvidas. Usuários podem colaborar com conteúdo ou criar seus próprios tópicos de discussão, perguntas, sugestões e enquetes, eliminando possíveis erros de percepção em treinamentos. As discussões ficam registradas para fácil análise de feedback e brainstorm posterior. O sistema também pode ser utilizado para a criação de enquetes, perguntas de múltipla escolha e pesquisas diversas. Os dados de participação e interação de cada usuário e tema ficam registrados para análise de seu desempenho.   [www.collaborizeclassroom.com]

Grou.ps – serviço de gestão de equipes, equivalente aos grupos do Facebook para a criação de redes particulares, que podem ser de acesso público ou privado. Permite o compartilhamento ilimitado de documentos, links, fotos e vídeos. O conteúdo de suas páginas pode incluir mapas, discussões em grupo, blogs, wikis e fóruns. Usuários podem criar perfis e trocar mensagens privadas. O Grou.ps é bastante usado para a criação de grupos de entusiastas, ensino à distância, aprendizado complementar e reunião de grupos de interesse. Seus professores e administradores podem acompanhar a atividade recente de cada membro na plataforma.   [www.grou.ps]

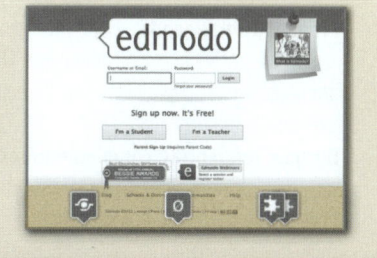

Edmodo – ferramenta de administração de grupos, ideal para complementar aulas e ambientes de treinamento. Oferece menos recursos do que o Grou.ps, mas é gratuito. Sua interface e operação também são similares às do Facebook, porém com a vantagem de usar uma rede segura, de acesso restrito e livre de distrações. Com ele é possível criar bibliotecas de referência coletiva com arquivos e links, organizadas por pastas. A busca interna permite encontrar informações relativas a pesquisas, alunos e professores. Administradores podem criar grupos para a distribuição de tarefas, envio de notificações e enquetes.   [www.edmodo.com]

BUSINESS CASES, FERRAMENTAS ADICIONAIS E SUGESTÕES DE USO

A consultoria **Deloitte Digital** usa a wiki da PBworks para criar conteúdo colaborativo entre membros remotos. A transparência do formato acelera a produção, diminui a redundância e reduz a necessidade de edições dos documentos finais, permitindo a concentração na produção de conteúdo. [www.pbworks.com/deloitte-digital]

Share What I Know (**ShareWik**) é uma rede de conteúdo médico criada em Grou.ps e dedicada a ajudar seus membros a compreender e administrar efeitos de enfermidades crônicas. Vídeos, podcasts, colunas e blogs baseados em pesquisas médicas sólidas fundamentam uma abordagem pessoal e narrativa. [www.sharewik.com]

Learnboost integra o conteúdo de aulas e plano de estudos ao Facebook, facilitando a criação e administração de aulas e sua supervisão por professores e pais em um ambiente seguro. É voltado para o ensino secundário, mas pode ser adaptado para a educação a distância e integrado aos Google Apps. [www.learnboost.com]

| ferramenta | serviço | gratuito | preço variável | até US$100/ano | US$100~600 | US$600~2000 | US$2000+ | simples | mediana | difícil | para experts |

SITUAÇÃO:
Educação continuada.

PROPOSTA:
Redes sociais, grupos e comunidades.

Inteligência coletiva

Grupos de discussão e colaboração estão entre os serviços mais antigos e respeitáveis da Internet, nascidos antes até da própria web e considerados fonte de informações relevantes até hoje. Seguindo a mesma estrutura, **fóruns de suporte** costumam propiciar uma discussão bastante focada e eficiente. No início eles eram usados principalmente por profissionais de áreas ligadas às tecnologias de informação e indústria de informática em geral, para eliminar dúvidas quanto a equipamentos ou linhas de código. A popularização da informação os tornou necessários para todos que precisam de informação específica ou mais aprofundada. Seu funcionamento, extremamente intuitivo, se baseia na publicação de perguntas para a comunidade, que se encarrega de respondê-las. A atividade e qualidade das respostas garantem a cada membro a aprovação e o reconhecimento do grupo. Fóruns podem ser de grande utilidade para áreas técnicas ou específicas de empresas, à medida que forem usados para eliminar dúvidas e coletar sugestões. Ao manter a comunidade de usuários ativa, seus administradores podem criar um grupo de referência que pode identificar profissionais e ideias para que a empresa se antecipe às necessidades do mercado.

RECOMENDAÇÕES

Aborde temas relevantes. Fóruns só funcionam se tiverem a contribuição de uma parte significativa da comunidade. Uma forma de garanti-la é levar para a rede assuntos que são discutidos pelos corredores. Isso ajuda a reduzir rumores, minimizar conflitos, poupar esforços de divulgação e tranquilizar a equipe.

Crie áreas restritas. Nem todos os tópicos são públicos. Para facilitar a discussão de assuntos estratégicos ou polêmicos, crie restrições de acesso. Nem tudo discutido ali precisa ser sigiloso, mas a sensação de "portas fechadas" aumenta a segurança, contribuindo para a troca espontânea de ideias entre o grupo.

Proponha uma agenda. Estabeleça a arena na qual a discussão acontecerá. Isso evita que se desvie do tópico a abordar e pode promover excelentes resultados.

Busque referências complementares. Muitos membros do fórum podem estar ocupados demais para fundamentar suas opiniões. Mas isso não os impede de recomendar, sem esforço, conteúdos para referências adicionais.

FAQ. Uma página com uma lista de perguntas mais frequentes pode ajudar a organização do sistema de regras do fórum, bem como orientar os novos membros quanto ao escopo da iniciativa.

Divulgue seu conhecimento. Contribua para o fórum e seja reconhecido por sua habilidade e conhecimento na área. Esse pode ser um bom canal de marketing pessoal, desde que não utilizado em exagero.

CUIDADOS

Verifique a existência de um tópico antes de abri-lo. Verifique se o assunto já está sendo discutido antes de abrir um novo tópico de discussão. Isso evita repetições e confusões.

Mantenha o foco. Qualquer assunto que não for diretamente relacionado, ou que seja percebido como tal, poderá ser considerado ruído e prejudicará a eficiência do fórum. Procure se manter no assunto discutido. Se necessário abra tópicos extras.

Respeite a autoria. Cuidado com a divulgação do conteúdo lido em um fórum. Sempre que possível procure seus autores e cite a fonte, para estimular a colaboração.

Verifique, monitore e responda. Quanto mais você colaborar, mais será reconhecido e mais fácil será obter ajuda direta quando precisar de informações específicas.

Mal-entendidos. Expresse suas opiniões com clareza e tome o cuidado de ler com atenção o que foi escrito. Caso tenha dúvidas, procure interpretar possíveis significados. Parte do tempo desperdiçado em fóruns está em desfazer mal-entendidos.

Estabeleça regras e exceções. Crie áreas de discussão geral para que temas importantes, mas não diretamente ligados ao foco do fórum, sejam discutidos.

Nomeie administradores. Sem organização, um fórum pode sair do controle. Defina papéis, poderes e responsabilidades de moderação e deixe as regras claras para todos os membros.

Ferramenta: IP Board

Uma das ferramentas mais poderosas para criar fóruns de discussão online. O painel de controle é bem abrangente e versátil, e pode criar comunidades completamente diferentes entre si. Caso sejam necessárias alterações específicas, desenvolvedores podem agregar novas capacidades ao fórum. Entre elas estão blogs, galerias de imagens, ambientes para a troca de mensagens e bibliotecas de documentos para downloads. Para os usuários, a utilização é bem simples: cada membro tem um perfil e, conforme sua participação, ganha reputação dentro da comunidade. A plataforma é completamente customizável, se integra a serviços de mídias sociais como Twitter e Facebook, e permite a sincronia de atualizações de perfis. Cada tópico pode ser moderado e identificado para acompanhamento, mandando notificações à medida que for atualizado. Usuários podem trocar mensagens entre si, criar filtros de conteúdo e listas de contatos para mensagens diretas. A ferramenta é indicada para comunidades de grande porte. [www.invisionpower.com/products/board]

PHPbb – principal ferramenta gratuita para a criação de fóruns de discussão, e a mais utilizada em todo o mundo, com milhões de usuários. É um pacote poderoso e multifuncional, que pode ser usado para a criação de comunidades de vários tamanhos, escaláveis. Sua instalação e customização precisam ser feitas em um servidor próprio, e demandam conhecimento técnico. Várias funcionalidades desenvolvidas por terceiros podem ser agregadas a ele, como a troca de mensagens entre os usuários, controle de spam e acessos restritos. O painel de gerenciamento pode delegar partes da administração a usuários e integrá-lo a outras ferramentas de publicação. [www.phpbb.com]

BuddyPress e BbPress – ferramentas gratuitas e de código aberto, com funcionalidades específicas para o gerenciamento de fóruns, grupos e perfis. O BbPress é um aplicativo independente, que deve ser instalado no servidor da empresa. Já o BuddyPress é uma extensão da plataforma Wordpress, que deve ser instalado em sites e blogs que utilizem essa plataforma para habilitar fóruns em suas páginas. Há várias extensões para ampliar suas funcionalidades, bastante fáceis de instalar e configurar, mas que podem gerar conflitos entre si. A total customização das ferramentas depende de conhecimento técnico. [www.buddypress.org] e [www.bbpress.org]

Vanilla – ferramenta para a gestão de fóruns, hospedada remotamente ou instalada no servidor. Administradores cadastrados registram seu grupo de debates no sistema e recebem uma linha de código para inserir na página em que pretendem ativá-lo, em um processo tão simples e compatível quanto o de inserir vídeos do YouTube ou outros conteúdos armazenados externamente. A ferramenta é integrada a redes sociais como Facebook e Twitter, o que facilita a identificação e inscrição de novos membros. Compatível com outros formatos de fórum, seus dados podem ser facilmente importados ou exportados. É acessível por smartphones. [www.vanillaforums.com]

BUSINESS CASES, FERRAMENTAS ADICIONAIS E SUGESTÕES DE USO

Activision, um dos maiores fabricantes de títulos de videogames (responsável por Guitar Hero e Call of Duty, entre outros), usa o PHPbb para gerir as diferentes comunidades online de seus vários jogos, cada uma com diversos níveis de complexidade e nível de conhecimento de seus usuários. [http://forums.activision.com]

A banda **Pearl Jam** administra em seu fórum cerca de 3,5 milhões de publicações e comentários feitos por fãs, músicos e simpatizantes em geral. O fórum discute álbuns, músicas, shows, tours, membros da banda e seus ideais. Os mais envolvidos podem participar de um fã-clube e loja integrados. [http://forums.pearljam.com]

O maior exemplo da capacidade e robustez do BbPress é o fórum da comunidade de desenvolvedores e usuários da plataforma **Wordpress**, com mais de meio milhão de publicações feitas por mais de 100.000 usuários em vários temas e grupos, e mesmo assim bastante rápida e estável. [http://pt.forums.wordpress.org]

ferramenta | serviço | gratuito | preço variável | até US$100/ano | US$100~500 | US$600~2000 | US$2000+ | simples | mediana | difícil | para experts

SITUAÇÃO:
Educação continuada.

PROPOSTA:
Mobilidade, geolocalização e identificação.

Carreira em trânsito

Podcasts educativos podem ser bastante práticos para se usar parte do tempo desperdiçado no trânsito a caminho do trabalho como um ambiente de aprendizado de novas técnicas, conceitos e tópicos. Podcasts são conjuntos de documentos de áudio que podem ser acessados via browser ou enviados para usuários que "assinem" seu conteúdo, recebendo automaticamente cada novo episódio assim que se conectar a rede. Há quem os utilize para tocar música, ensinar línguas ou conduzir painéis e entrevistas em geral. O conteúdo deles, no entanto, pode ser mais abrangente: é possível desenvolver programas para transmitir especificações técnicas, coberturas de seminários e eventos, notícias, atas de reuniões e até demonstrações de produtos. Por sua versatilidade de formato, podcasts podem ser ouvidos em um número cada vez maior de telefones celulares, CDs e tocadores de MP3. Há escolas que os adotam até como canal de ensino à distância. Por enquanto há poucos cursos em português, apesar de serem fáceis de produzir. Cursos e certificações via podcasts mantêm a equipe atualizada e poupam recursos por não precisarem de salas de aula, otimizando o tempo na empresa e estimulando atividades fora dela.

RECOMENDAÇÕES

Faixas de curta duração. Organize o conteúdo em segmentos de 2 a 5 minutos. Por mais que se passe muito tempo no trânsito, a atenção nem sempre é total. Por isso é importante permitir que uma faixa seja repetida facilmente, caso não tenha recebido a devida atenção.

Treinamentos em diversos níveis. Não pense exclusivamente em iPods e iPhones. Podcasts são compatíveis com diversos aparelhos e podem facilmente ser usados para treinamentos de alto nível para executivos como cursos de línguas, normas ou procedimentos, acessíveis a todos.

Tempo de comutação. Nos grandes centros urbanos todos perdem muito tempo no trânsito, estejam em carros particulares ou no transporte público. Em cidades menores, o tempo é perdido na estrada, a caminho de um trabalho que pode estar na cidade vizinha. Podcasts no celular ou no rádio do carro (via bluetooth, pen drive ou CD) podem ajudar a facilitar treinamentos, descobrindo novos tempos úteis.

Treinamentos curtos. O trânsito é só um dos vários momentos ociosos que podem ser aproveitados para treinamentos curtos e efetivos. Academias de ginástica, almoços e aviões são outros ambientes que podem ser usados para pequenos treinamentos.

Portabilidade. Permita que um mesmo conteúdo seja ouvido continuamente através de diversos aparelhos. Disponibilizá-lo online, com opções para download em diferentes formatos, é uma boa opção.

CUIDADOS

Não há lugar para papéis, canetas ou diagramas. A informação precisa ser formatada para consumo em movimento. Diagramas ou recursos visuais que sejam absolutamente necessários devem ser reunidos em um website complementar.

Pauta, assunto e tom de voz. Documentos em áudio ocupam banda, espaço de armazenamento e, principalmente, tempo. Por isso precisam ser concisos, evitando rodeios. Quanto menos tempo durarem, maior a probabilidade de serem ouvidos.

Sem anotações. Repita partes do conteúdo que considerar fundamentais, já que esse formato tende a ser consumido em movimento, no trânsito ou em atividades de lazer, ambientes em que é praticamente impossível parar para buscar caneta e papel.

Referências múltiplas ou cruzadas. Não há como voltar páginas ou comparar textos em áudio sem que isso implique um grande esforço. Evite sempre que possível qualquer referência anterior. Repita-a em uma faixa à parte, para consulta opcional.

Mantenha a atenção. Cuidado com raciocínios complexos que comprometam a atenção. Lembre-se que o ouvinte não estará focado e que pode facilmente perder a linha de raciocínio. Não demande concentração, pois o ambiente jogará contra você.

Mantenha-se atualizado e tenha uma boa oferta de temas. Muito cuidado com a desatualização ou com poucos temas que façam com que o usuário perca seu interesse pelo curso. Se criar um hábito é difícil, reatá-lo é ainda mais complicado.

Ferramenta: SoundCloud

Serviço de compartilhamento de documentos em áudio. Seus usuários podem contribuir com conteúdo em diferentes extensões, pois eles são automaticamente convertidos. A rede social criada permite que cada ouvinte conecte seu comentário a um momento específico. Para facilitar a identificação de momentos específicos, os sons são apresentados em formas de onda (waveforms). Apesar de ser usado principalmente por músicos, pode ser muito bem aproveitado para a transmissão de atas de reunião, apresentações, esclarecimentos, aulas e discursos em geral, permitindo à comunidade que se manifeste e identifique dúvidas. Os documentos em áudio podem ser públicos, organizados em grupos e comunidades ou de acesso restrito a convidados. Como se faz com vídeos, é possível anexá-los a outros serviços e páginas de internet. Existem aplicativos para gravar, reproduzir e comentar conteúdos em plataformas móveis e smartphones, ampliando o alcance do serviço para a colaboração móvel. [WWW.SOUNDCLOUD.COM]

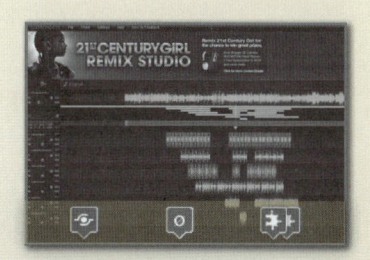

Looplabs – aplicativo web para editar e mixar músicas online, cuja tecnologia é utilizada por marcas tão diversas quanto ESPN e Microsoft para criar experiências interativas com seus usuários. Sua plataforma online é gratuita, funciona a partir de browsers com extensão Adobe Flash e permite a gravação ou upload de arquivo de áudio, criação e remix de trilhas com até 32 canais para instrumentos independentes nos formatos WAV ou MP3. Com o Looplabs é possível compor e aplicar diversos efeitos sonoros a músicas e trilhas colaborativamente. Ele pode ser usado para fazer ringtones, trilhas ou músicas inteiras, e integrá-las a perfis de mídias sociais. [www.looplabs.com]

Myna – editor de áudio online robusto, gratuito e fácil de usar, que funciona direto no navegador. Com ele é possível agregar, sem conhecimento específico, diversos efeitos, loops e fades a uma faixa. Os efeitos não interferem no som original, que pode editar até dez faixas simultâneas. É possível importar sons, gravar direto no browser ou usar clipes que o aplicativo disponibiliza (para uso não comercial) e dar à edição um tom mais profissional. O resultado final pode ser compartilhado online ou baixado. Sua documentação é extensa e bastante acessível. Sua maior restrição está na duração das faixas, que não podem exceder seis minutos. [www.aviary.com/tools/audio-editor]

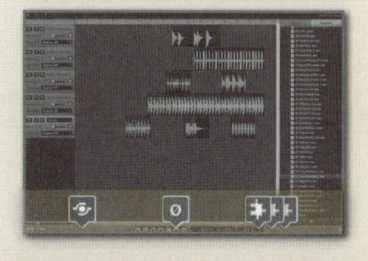

Soundation Studio – sequenciador para a criação de música a partir de browsers. Os usuários podem combinar uma série de instrumentos virtuais, efeitos e sons disponíveis em uma biblioteca para criar ou incrementar trilhas e utilizá-las em mídias sociais ou websites. Os componentes e efeitos não podem ser redistribuídos, mas qualquer conteúdo criado a partir deles é de livre comercialização. O Soundation pode editar trilhas no formato WAV e comercializa, em uma loja online, efeitos sonoros específicos, como Hip-Hop ou videogames dos anos 80, a baixos preços. Sons e efeitos comprados são integrados automaticamente à biblioteca de uso. [www.soundation.com]

BUSINESS CASES, FERRAMENTAS ADICIONAIS E SUGESTÕES DE USO

Tutor.com é uma combinação de rede social e aplicativo que acessa uma rede de professores para monitorá-lo em sessões individuais que podem ser feitas via web ou smartphone. É uma ideia que pode ser adaptada por escolas e empresas brasileiras para reforçar o aprendizado técnico com monitores. [www.tutor.com]

Ether é uma ideia interessante para realização de consultoria com especialistas pelo telefone. Usuários ganham um número virtual que é redirecionado a seu telefone verdadeiro, determinam sua taxa por hora ou chamada, horários disponíveis e anunciam seus serviços, sendo remunerados mensalmente. [www.ether.com]

Bacardi usou Looplabs por vários anos para realizar concursos de DJ com um mixer online de altíssima qualidade para incentivar a participação de usuários na criação e compartilhamento de músicas online. O programa não está mais no ar, mas as tecnologias para reproduzi-lo são cada vez mais populares e acessíveis.

SITUAÇÃO:
Educação continuada.

PROPOSTA:
Nomadismo e compartilhamento.

As melhores escolas do mundo

Graças à Internet – e, principalmente, à banda larga e compartilhamento de vídeos – hoje todos podem frequentar, pelo menos como ouvinte, as aulas de universidades do porte de Harvard, Stanford, Berkeley e MIT. Ou melhor, trazer essas escolas para dentro de seus notebooks. Estruturas de **ensino compartilhado** levam uma parte cada vez maior das principais universidades para uma plateia de milhões de pessoas espalhadas pelo mundo. As iniciativas ainda são bastante irregulares: enquanto algumas escolas fazem o possível para digitalizar a parte mais relevante de seu acervo, outras ainda não perceberam o valor que isso pode dar a elas e seu corpo docente e ainda restringem o acesso às suas aulas sob os mais diversos pretextos. Mesmo assim há bastante conteúdo, parte dele até independente. Quem fala inglês e tem paciência para garimpar os repositórios poderá encontrar muita coisa boa, embora a maioria ainda não esteja na forma de cursos, mas de palestras. Uma estrutura de conteúdo bem definida pode expandir horizontes e poupar a visita a muitos congressos, até porque boa parte do networking já foi transferida para as redes sociais.

RECOMENDAÇÕES

Escolha o curso cuidadosamente. O problema hoje é se perder pelo excesso. Tenha um tema claro em mente quando começar sua pesquisa, como se estivesse escolhendo uma escola física, com preço alto. Você sempre poderá consultar conteúdos de interesse mais tarde.

Crie uma rotina. Faça um programa de aulas e estabeleça o horário e local em que elas ocorrerão para que isso se torne um hábito e não seja interrompido. Assim é fácil manter a disciplina.

Forme uma turma. Aulas compartilhadas tendem a ser mais frequentadas por criarem um ambiente de discussão posterior, o que ajuda a diminuir dúvidas e fixar o aprendizado.

Avalie-se. Terminado o curso, procure resumi-lo ou determinar o que foi aprendido. Esse processo de compilação costuma gerar um material de excelente qualidade, já que registra as ideias armazenadas enquanto ainda estão recentes. Quanto mais cedo for feito, mais eficiente será.

Crie seu próprio curso. Há uma grande deficiência de profissionais qualificados, em diversas áreas. Ajude a diminuir esse déficit ao compartilhar o que sabe.

Distribua seu conhecimento. Toda empresa tem acesso a conteúdos de interesse geral que não são necessariamente estratégicos. Treinamentos, pesquisas e estudos podem ser banais ou desatualizados para alguns executivos, mas podem ter grande valor se redistribuídos para outros na forma de cursos ou conteúdo online.

CUIDADOS

Relevância. Comece com um só curso, que tenha aplicações diretas em seu cotidiano profissional, para que a rotina de frequentá-lo se incorpore a seu cotidiano.

Avalie as aulas. Nem todos os professores são bons ou adequados para seu estilo de aprendizado. Em aulas online existe o privilégio de examinar o conteúdo e didática antes de começar.

Avalie sua motivação. E os motivos que o levaram a fazer o curso. O que você pretende fazer com o conhecimento adquirido? Se as perguntas estiverem bem respondidas, é provável que os resultado sejam mensuráveis. E bons.

Aplique o conhecimento. O material aprendido tende a ser mais bem fixado quando aplicado. Procure formas para que seus alunos exercitem o que aprenderam.

Planeje a educação continuada. Determine os próximos passos a partir do curso selecionado. Pouco importa a área, pessoal ou profissional; o conhecimento só será assimilado se for resultado de um processo contínuo e persistente.

Busque fontes adicionais. Procure conhecer os autores, pesquise conteúdos desenvolvidos ou valorizados na área. Monte sua própria rede de conteúdo e referência.

Material de apoio. Crie pequenos módulos de suporte para cobrir eventuais deficiências que possam comprometer o curso, como noções básicas de inglês para negócios e contabilidade.

Serviço: MIT World e Open Courseware

Open Courseware é um projeto mantido pelo Instituto de Tecnologia de Massachusetts (MIT), que disponibiliza gratuitamente há mais de uma década dois mil programas de várias de suas faculdades. Alguns cursos estão completos, com vídeos de aulas, anotações e provas, enquanto outros só são apresentados. O material é abrangente e de alta qualidade, com disciplinas completas. [HTTP://OCW.MIT.EDU]

Outro produto de educação aberta do instituto é o **MIT World**, que publica palestras e conferências proferidas por docentes e convidados. Sua proposta é discutir ideias e projetos, analisando tendências e propondo inovações. A cada ano, seus curadores selecionam 120 vídeos dentre os vários eventos acadêmicos ocorridos nas escolas e os agregam a sua coleção permanente. Como são voltadas a uma audiência maior, essas apresentações têm uma linguagem mais acessível, e versam sobre os temas mais recentes de áreas tão diversas quanto arte e engenharia. O conteúdo dos dois websites está em inglês, sem legendas. [HTTP://MITWORLD.MIT.EDU]

FORA.TV e TED – repositório de apresentações e discussões de alto nível, o **FORA.TV** é um portal que apresenta discussões aprofundadas sobre diversos assuntos, que vão de negócios a cultura e tecnologia. O conteúdo é disponibilizado em podcasts, vídeos, cursos e transmissões de eventos. Entre suas opções pagas há a possibilidade de assistir ao vivo a eventos por preços bastante acessíveis, permitindo o download dos vídeos em até 60 dias depois de sua realização. [www.fora.tv] Outra opção para apresentações e tendências é o **TED**, ONG que organiza eventos para a divulgação de novas ideias. O acesso é gratuito e os vídeos têm legendas em várias línguas. [www.ted.com]

iTunesU – dentro da loja online da Apple, cujo acesso se dá pelo aplicativo iTunes, está uma pérola: o iTunesU. Compatível com Windows, Macintosh e plataformas móveis da Apple, ele disponibiliza gratuitamente aulas filmadas nas principais universidades de língua inglesa do mundo. Também é possível encontrar várias conferências dos serviços acima (com exceção do TED, acessível via podcasts ou aplicativo próprio). Os cursos, atualizados todos os semestres, são disponibilizados semanalmente à medida que acontecem as aulas. Todo material está em inglês, infelizmente sem legendas. Não há universidades brasileiras cadastradas. [www.apple.com/education/itunes-u/]

Google Moderator – administrar perguntas em uma conferência não é fácil. Quando o tema é interessante ou polêmico, nunca há tempo para atender a todas as solicitações, nem garantia de que as intervenções recebidas são as melhores. Esta plataforma de discussão coletiva pode ser utilizada para administrar a interação da plateia e estimular a participação de todos. Questões são publicadas como tópicos, visíveis e sujeitos à avaliação de todos, subindo ou descendo de posição na lista de perguntas de acordo com sua aprovação. O administrador da ferramenta pode restringir o tipo de conteúdo e remover comentários que considere inadequados. [www.google.com/moderator]

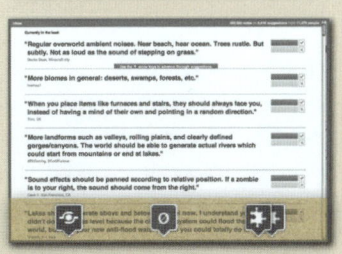

BUSINESS CASES, FERRAMENTAS ADICIONAIS E SUGESTÕES DE USO

CitizenTube usa YouTube e Google Moderator para conduzir anúncios presidenciais pela rede e moderar perguntas enviadas pela audiência de forma interativa e dinâmica. No último programa, 11.000 perguntas receberam quase 700.000 votos. As mais populares foram encaminhadas para resposta. [www.citizentube.com]

Por (ainda) ser de baixa qualidade, a tradução automática pode causar problemas de interpretação e compreensão. Mesmo assim há maus profissionais que vendem como suas as traduções de máquinas. Serviços como o **Machine translation detector** ajudam a desmascarar atitudes de má-fé. [www.translatordetector.com]

Kno é um repositório de livros técnicos e guias de estudo em diversas áreas, que empresta títulos por tempo limitado e os vende a preços acessíveis. É possível lê-los via web, em iPads e através de um aplicativo Facebook. Seu principal foco é o ensino secundário, mas nada impede sua adaptação ou uso em áreas técnicas. [www.kno.com]

| ferramenta | serviço | gratuito | preço variável | até US$100/ano | US$100~600 | US$600~600 | US$2000+ | simples | mediana | difícil | para experts |

SITUAÇÃO:
Educação continuada.

PROPOSTA:
Colaboração, jogos e meritocracia.

Caos controlado

São muitos os documentos trocados a cada dia, o que gera um volume de dados que pode escapar ao controle. Sistemas de **gestão do conhecimento** podem ajudar a controlar a situação e tornar o fluxo de informação administrável, mas para isso é preciso definir claramente o que pretendem com o sistema, qual vai ser a estrutura de documentos e processos e como eles se integrarão com o dia a dia da empresa, caso contrário ele poderá se tornar um elemento a mais para complicar e burocratizar o processo. Estruturas com indicadores claros de performance e modelos de colaboração bem definidos podem se integrar de forma transparente ao ambiente de trabalho, contribuindo com as funcionalidades necessárias para expandi-lo. Há ferramentas extremamente versáteis e robustas para administrar sistemas de vários tamanhos. Com elas é possível estabelecer áreas de compartilhamento, atualizações e notificações para projetos e documentos que precisem de revisão periódica. Assim é possível mobilizar equipes rapidamente e de forma segura em torno de cada projeto, mantendo sua documentação sempre disponível. Por mais ambicioso que seja o projeto, ele precisa começar pequeno para que suas funcionalidades sejam testadas e bem configuradas, evitando surpresas posteriores.

RECOMENDAÇÕES

Identifique necessidades. Para estruturar um projeto duradouro é preciso saber quais são as principais demandas dos usuários – e como harmonizá-las com as necessidades da empresa. A administração de conhecimento e competências deve contribuir para que a relação entre os dois lados seja construtiva.

Estabeleça prioridades. Em todas as áreas, de desenvolvimento e publicação. Certas tarefas podem ser fundamentais, mas demoradas para desenvolver, por isso precisam ser identificadas e iniciadas o quanto antes. Outras, mesmo fáceis de implementar, podem não ser tão essenciais. Organizá-las por prioridades e dependências é um importante primeiro passo.

Planeje. Não se esqueça de fazer um planejamento estratégico detalhado, considerando as principais variáveis envolvidas. Por mais que este processo tome tempo, ele deverá aumentar a eficiência e poupar recursos a médio prazo. Disponibilize recursos para o planejamento para garantir que não falte tempo ou profissionais para realizá-lo.

Conquiste adeptos. A administração de conhecimento é um processo em rede, e precisa contar com um razoável grau de envolvimento de seus principais membros.

Crie redes de conhecimento. Estruture e fomente a criação de grupos e comunidades para trocas de informações dentro da empresa, independente da estrutura técnica. Reforce os vínculos entre as pessoas além da rede digital. O contato humano tende a tornar as relações mais duradouras.

CUIDADOS

O projeto é de longo prazo. Uma rede de conhecimento costuma demandar muito esforço a princípio e demorar para mostrar resultados. É normal surgirem cobranças ou desistências quando os esforços não se mostram frutíferos. Planeje ganhos em curto prazo para facilitar o desenvolvimento da rede.

Volume de trabalho. Conforme o tipo de empresa e estado de seus documentos, a gestão do conhecimento pode ser uma tarefa bastante complexa e trabalhosa. Examine bem o conteúdo a organizar antes de iniciar o processo ou estabelecer prazos.

Interesses pessoais. Não se esqueça de evidenciar o que cada pessoa, em cada função de cada departamento, ganhará com o processo – horas de trabalho repetitivo eliminado, maior segurança nas decisões, reconhecimento etc. É mais fácil gerar o bem comum se ele atender adequadamente ao bem individual.

Falta de envolvimento. Evite o modelo de bibliotecas frias, distantes e formais. É melhor imaginar a rede como um especialista prestativo, com uma grande base de conhecimento à disposição.

Permissões. Garanta que todos os envolvidos no compartilhamento e construção coletiva de conhecimento tenham permissões de acesso às bases de dados envolvidas, sem burocracias que o retardem ou bloqueiem.

Tecnologias isoladas. Tecnologias evoluem, é preciso ter a liberdade de migração para poder atualizar o conteúdo.

Ferramenta: Drupal

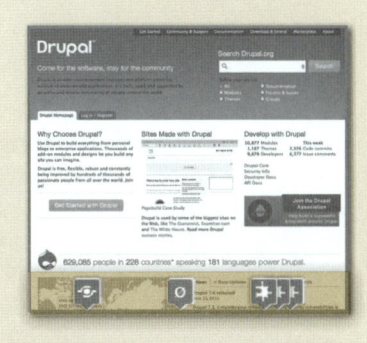

Ferramenta de administração e publicação extremamente robusta e customizável. É usada por centenas de milhares de websites de todos os tamanhos pelo mundo, de blogs pessoais a sistemas de colaboração e gestão do conhecimento de grandes corporações e governos, incluindo a Casa Branca dos EUA e a prefeitura de Londres. Permite a criação de blogs, fóruns, lojas, redes sociais, galerias, podcasts, repositórios e websites dentro de um mesmo sistema, cada um com o seu próprio layout e funcionalidades específicas, graças a mais de 7.000 extensões gratuitas. Seu painel de controle é bastante intuitivo e funcional, e dá a seus administradores uma visão abrangente do conteúdo e uso de funcionalidades como estatísticas de acesso e registro, administração de permissões de usuários e gestão de comentários, em diversos níveis de permissão. Para criar novas páginas usa-se um formulário com funcionalidades parecidas com as dos aplicativos editores de texto. Algumas extensões e customizações demandam maior conhecimento técnico. [WWW.DRUPAL.ORG]

Joomla! – sistema de administração de conteúdo bastante versátil e amigável para websites e intranets, com painel de administração bastante intuitivo e um sistema interno de suporte ao usuário. Como o Drupal, é uma ferramenta gratuita e de código aberto, o que permite a desenvolvedores que adaptem ou até criem funcionalidades se não encontrarem nenhuma extensão que satisfaça suas necessidades. A instalação e curva de aprendizado são mais simples do que as do Drupal, porém o sistema é menos flexível. Nada que impeça a administração de grandes comunidades de usuários com pouco esforço a um custo relativamente baixo. [www.joomla.org]

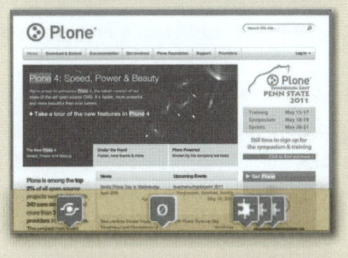

Plone – administrador de conteúdo de instalação e administração mais simples que os dois acima, não demandando grandes investimentos em pessoal ou treinamento. O sistema já vem configurado com algumas funcionalidades básicas, para facilitar sua operação. A administração de conteúdo pode ser feita diretamente nas páginas, sem que seja necessário acessar formulários. Seus administradores podem estabelecer filtros de conteúdos, restringindo o acesso a determinadas áreas. É uma boa ferramenta para conteúdos de complexidade mediana, que demandem algum processo, controle e fluxo de trabalho. [www.plone.org]

Liferay – empresas de grande porte devem considerar essa ferramenta de código aberto entre suas opções para criar intranets e extranets. Apesar de ser o menos popular dos serviços desta página, entre seus clientes estão grandes corporações de áreas diversas como Allianz, Movistar e Lufthansa. Sua versão Enterprise inclui pacotes de serviços de suporte para minimizar riscos de segurança e se integrar com os aplicativos existentes na infraestrutura. Segundo seu fabricante, o Liferay é mais simples de usar do que outras soluções conhecidas e mais flexível do que o SharePoint, já que também é compatível com ambientes não Microsoft. [www.liferay.com]

BUSINESS CASES, FERRAMENTAS ADICIONAIS E SUGESTÕES DE USO

data.gov.uk é um bom exemplo do uso de ferramentas de publicação para a transparência na forma de compartilhamento de dados públicos. Ela usa Drupal para disponibilizar dados públicos do governo do Reino Unido para ajudar a compreensão de algumas de suas políticas e decisões pela população [www.data.gov.uk]

A **Universidade de São Paulo** usa o Joomla para gerir o seu site principal, que traz notícias a respeito das atividades de ensino de graduação e pós-graduação, pesquisa e extensão realizadas por seus docentes e alunos. O portal também dá acesso às bibliotecas, hospitais, museus, cursos e eventos da Universidade. [http://www4.usp.br]

Ministério da Defesa francês usa Liferay em seu portal de notícias, infraestrutura e colaboração. Escolhido por ter segurança reforçada, autenticações e certificações diversas, além de uma comunidade técnica bastante específica e sigilosa, com sistemas de mensagens, fóruns e bibliotecas de referência. [www.ixarm.com]

| ferramenta | serviço | gratuito | preço variável | até US$100/ano | US$100~600 | US$600~2000 | US$2000+ | simples | mediana | difícil | para experts |

SITUAÇÃO:
Educação continuada.

PROPOSTA:
Design, usabilidade e acessibilidade.

Os meios e as mensagens

Screencasts são formas diferentes de transmissão de vídeo online. Normalmente são compostos de gravações de interações em telas de computador, acompanhadas de uma trilha de áudio para evidenciar o que está sendo feito. Muito usados em tutoriais e manuais de operação de aplicativos, eles podem ser expandidos para a transmissão de diversos tipos de conteúdo. O termo é uma derivação de screenshot, a foto de tela. Por mais que os equipamentos e software para produzir e gravar vídeos sejam cada vez mais acessíveis, a falta de um bom roteiro torna a experiência de consumir a maioria deles uma verdadeira tortura. Dessa forma conteúdos importantes, elucidativos ou interessantes acabam sendo massacrados por apresentações ruins. Screencasts podem ser formatados para servir como material de divulgação ou complemento para soluções de treinamento, atualizações de produtos e serviços, detalhamento de técnicas avançadas para referência em casos específicos e outras formas de educação técnica e profissionalizante. Versões em áudio podem ser desenvolvidas para consumo via celulares e smartphones. Uma boa forma de planejá-los é pensar nos famosos programas de culinária na TV, que demonstram passo a passo operações detalhadas, lembradas quando repetidas.

RECOMENDAÇÕES

Integre elementos. Até mesmo a aula mais emocionante pode se tornar tediosa se for restrita a um indivíduo falando para uma câmera. O aprendizado fica mais fácil e interessante se forem explorados conteúdos interligados e descontínuos. Quanto mais diversificado, amplo e interativo for o material, melhor sua aceitação.

Explore conteúdos. Lance mão de recursos em diversas mídias para exemplificar melhor as ideias. Textos, tabelas, gráficos, infográficos, imagens, vídeos, som – cada um desses recursos tem uma finalidade e é percebido de forma diferente.

Mostre a tela. Dê exercícios e mostre os resultados que determinadas ações deveriam gerar. Isso facilita o aprendizado ao agregar um componente prático ao conteúdo.

Use a Internet. Canais digitais têm duas vantagens: seu custo de produção e distribuição é relativamente baixo e podem agregar às páginas uma enorme oferta de conteúdo livre e disponível na rede. Lance mão desses recursos para criar referências complementares o mais diversificadas e ricas possível.

Proponha questões. Boa parte dos grandes documentários mostra mais questões do que afirmações, estimulando o aprendizado contínuo e a amplificação do conhecimento.

Amplie o escopo. O uso de recursos complementares ajuda a evidenciar conceitos ou processos complexos ao mostrar algumas de suas características de difícil descrição em texto simples.

CUIDADOS

Tempo. É um patrimônio cada vez mais limitado hoje em dia. Evite prolongar sua exposição além do necessário para não causar um eventual desinteresse. Fragmente conteúdos em segmentos de diferentes tamanhos, estabeleça tarefas a serem complementadas e divulgue links para consulta. Isso tende a tornar a experiência do usuário mais intensa e rica enquanto ocupa pequenas fatias de seu tempo livre.

Complexidade. Defina o público e conteúdo a ser ensinado, já que o professor não estará presente para ajustá-lo ao nível dos alunos. Longas introduções ou conteúdos simples demais podem entediar especialistas, da mesma forma que explicações muito técnicas, rápidas ou resumidas podem desmotivar iniciantes. O ideal é reafirmar o conhecido à medida que o novo é ensinado.

Lentidão e limitações de banda. Vídeo e áudio costumam gerar documentos de grande tamanho, o que pode dificultar sua transmissão, tornando-a lenta ou sobrecarregando a rede, o que pode interromper a transmissão ou comprometer sua qualidade.

Incompatibilidade. Se o material for transmitido pela rede, garanta sua compatibilidade com a maioria das plataformas de PC, smartphone e tablets. Cuidado para que o formato escolhido para a divulgação não seja de difícil modificação, expansão ou atualização posterior.

Direitos. Preste atenção nos direitos de propriedade se for usar qualquer material encontrado na rede. E sempre dê créditos para ajudar seus alunos a buscarem referências complementares.

Ferramenta: Phoenix e Raven

Partes da suíte de aplicativos online Aviary, esses dois editores de imagens gratuitos dão conta de boa parte das funções básicas de seus equivalentes profissionais, como o Photoshop e o Illustrator da Adobe. O **Phoenix** é um editor de fotografias com funcionalidades avançadas de manipulação, como o ajuste cromático e de exposição, composição em camadas, aplicação de filtros e efeitos, uso de máscaras e seleção precisa de trechos da imagem. Para ilustrações, logotipos e artes a traço, o **Raven** é mais indicado. Ele é uma ferramenta para a criação de artes a traço e desenho vetorial, com grande controle sobre linhas, curvas e objetos. Há várias opções para ajustar a espessura, cor e estilos de preenchimentos. É possível fazer ajustes finos em áreas precisas da imagem, agrupar formas e trabalhar em camadas. Em ambos os programas, os membros do serviço podem ver as imagens geradas por outros e editá-las, baixar o resultado final ou publicá-lo diretamente no Facebook ou em repositórios públicos como o Flickr ou Picasa. [WWW.AVIARY.COM/TOOLS]

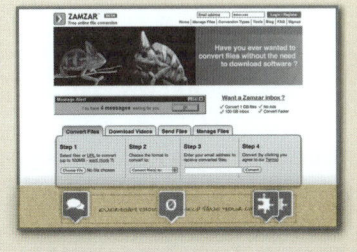

Zamzar – problemas de compatibilidade são comuns quando se administra conteúdo em diversos formatos. Essa ferramenta gratuita online converte documentos de até 100 MB para outros formatos (1 GB em planos pagos). Vários tipos de arquivos são aceitos: documentos Office e seus equivalentes em outras plataformas, imagens, vídeos, e-books e até conteúdo comprimido, em formatos como .rar e .zip. A ferramenta também pode ser usada para baixar vídeos de sites como o YouTube, bastando indicar seu endereço. O link para o download do documento convertido é enviado por e-mail, e fica disponível por 24 horas. [www.zamzar.com]

Screencast-o-matic – aplicativo online que gera vídeos com o conteúdo disponibilizado e interações na tela. Ideal para gravar tutoriais, screencasts, detalhar operações ou registrar comentários em documentos. Sua operação é simples: o usuário só precisa escolher a parte da tela que pretende registrar, mesmo que ela não ocorra no browser. A ferramenta capta o áudio do computador e o vídeo final pode ser armazenado em sites como o YouTube. A versão gratuita limita o tempo de gravação e aplica marca d'água sobre os vídeos. A versão paga não tem essas limitações e permite o uso offline, com ferramentas simplificadas de edição. [www.screencast-o-matic.com]

Qwiki – como há uma grande quantidade de conteúdo multimídia na Internet, este serviço busca transformar uma consulta a um tema em uma experiência mais rica e interativa. Para isso, procura informações relacionadas a um determinado tópico e as apresenta dinamicamente. O texto é lido por um sintetizador de voz, linhas de tempo são representadas por gráficos dinâmicos e todo o conteúdo é ilustrado por fotos e vídeos públicos, que vão ganhando destaque à medida que o texto avança. A parte mais significativa de sua base de dados está ligada à Wikipedia, imagens e mapas são retirados de outras fontes como Google e Fotopedia. [www.qwiki.com]

BUSINESS CASES, FERRAMENTAS ADICIONAIS E SUGESTÕES DE USO

OpenStudy é uma rede social de aprendizado em que membros fazem perguntas, ajudam uns aos outros e se conectam com quem estuda os mesmos temas, independentemente de escola ou país. É uma ideia interessante para aplicação em grupos de estudo em empresas ou entre profissionais de uma área. [www.openstudy.com]

Lectureshare permite aos instrutores a publicação de anotações que complementem seus cursos para serem compartilhadas com seus alunos. Por ele é possível compartilhar documentos, fazer avisos e divulgar links, organizando um grupo de trabalho fácil de operar e manter. [www.lectureshare.com]

Learnvest é uma amostra de como redes sociais ficam cada vez mais específicas. Ela é voltada para mulheres investidoras, promovendo educação financeira, ferramentas e suporte para o planejamento de orçamentos e tomada de decisões. É fácil imaginar bons desdobramentos para outros públicos. [www.learnvest.com]

ferramenta | serviço | gratuito | preço variável | até US$100/ano | US$100~500 | US$600~2000 | US$2000+ | simples | mediana | difícil | para experts

SITUAÇÃO:
Educação continuada.

PROPOSTA:
Narrativas transmídia e geração de valor.

Arenas e valores

O aumento da quantidade de informação disponível na rede tornou as arenas de **debates** cada vez mais usadas por grupos multidisciplinares, em empresas de diversos tamanhos. Essas ferramentas normalmente são utilizadas na área de comentários de páginas web, para estimular o debate sobre o conteúdo entre seus leitores. Elas podem ser usadas para registrar e organizar interações em bases de dados de fácil acesso, para classificação e referência em consultas posteriores. Conforme o nível das contribuições é possível compilá-las e reestruturar as próprias páginas de conteúdo. Como em fóruns de debates, é possível estabelecer diálogos entre o texto inicial e seus leitores. Cada contribuição pode ser comentada ou citada por outros usuários e moderada pelo administrador da página. É possível aglutinar mensagens em tópicos e subtópicos, abertos a um número ilimitado de participantes. Esse tipo de ferramenta permite interligar comentários feitos por um mesmo usuário em várias páginas, promovendo seu conhecimento e estimulando a participação de outros. Outra característica importante dessas ferramentas de debate é reduzir consideravelmente a quantidade de spam, já que todos os colaboradores precisam ser registrados e identificados.

RECOMENDAÇÕES

Todos os temas são válidos. Evite vetar conteúdos relevantes, por mais tolos que pareçam. Muitas vezes as dúvidas simples não são perguntadas por medo do ridículo e isso gera mal-entendidos que podem causar problemas posteriores.

Estimule a participação. Para que sistemas como este funcionem, a participação do grupo é fundamental. Garanta que algumas horas de trabalho sejam investidas no projeto para eliminar possíveis restrições.

Estimule a criação de tópicos. Boas ideias muitas vezes podem ser desperdiçadas simplesmente pela falta de um canal para dar-lhes vazão.

Crie editores. Promova usuários interessados e ativos na comunidade para o nível de moderadores. Isso garante a maior flexibilidade e atualização de conteúdo.

Reputação e votação. Estimule a contribuição de conteúdos de alto nível para garantir um debate de qualidade e a participação de especialistas.

Desative a ferramenta quando esta não for mais relevante. Discussões só são válidas quando acompanhadas por profissionais da empresa e viabilizadas na forma de processos ou projetos. Elas devem ser encerradas adequadamente com um registro das principais contribuições. Se ficarem abertas poderão ser mal utilizadas e poderão dar a impressão que os canais de contato com a empresa não são importantes.

CUIDADOS

Pense nos usuários. Faça uma estrutura de perguntas e respostas e classifique os temas pelos nomes com que são conhecidos, mesmo que seja um acrônimo. O objetivo dessa base de dados é ser uma referência funcional, não instrumento formal ou ferramenta de marketing e relações públicas.

Tenha paciência. Arenas de debates levam tempo para construir uma imagem de ambiente sério e produtivo para debates. Estimule a comunidade a participar contribuindo com um conteúdo inicial de qualidade e convidando especialistas para contribuir e participar.

Valide as informações. A área de comentários faz parte do conteúdo de uma página. Garanta a procedência de links e contribuições para não levar a culpa por comentários de qualidade duvidosa. Apague links irrelevantes e torne claro aos leitores que a publicação de fontes adicionais depende de verificação.

Atualize-se. Informações e contextos mudam muito rápido e às vezes uma técnica ou dado ultrapassado pode aumentar a confusão na tentativa de elucidá-la.

Evite controvérsias. Pelo menos nas principais áreas de discussão. Crie arenas paralelas para novas discussões, propostas e temas que sejam relevantes e complementares.

Crie fluxos de trabalho. Boas iniciativas podem morrer por falta de um processo consistente para mantê-las, o que leva a seu abandono em nome de outras prioridades.

Ferramenta: Disqus

Ferramenta para administração de comentários em blogs, que atribui a eles recursos de redes sociais. Os comentários são importados para a base de dados do Disqus, que consegue assim reunir as diversas contribuições de seus usuários a diferentes sites em um único lugar. Cada membro tem uma página que resume suas contribuições em blogs diversos e o notifica sempre que alguém responder a elas, permitindo que o debate continue por sites em smartphones ou e-mail. Os comentários podem incluir fotos e vídeos, integrados a repositórios como Flickr e YouTube. O perfil pode aparecer em uma janela junto com a contribuição, para que se saiba quem está falando, qual sua relevância, atividade e o tipo de comentário que normalmente faz. É possível acompanhar os comentários em redes como Twitter e Facebook, impedir o uso de determinadas palavras e até bloquear usuários. Versões pagas do Disqus permitem a análise de métricas, relatórios de moderação e até a hospedagem em servidores dedicados, se o volume das contribuições for muito grande. [www.disqus.com]

IntenseDebate – rede social de comentários similar ao Disqus, sua principal característica é um sistema de reputação e votação, que agrupa comentários e respostas, promove as contribuições mais populares para o alto da lista e permite a exclusão das que tenham muitos votos negativos. Cada usuário cadastrado tem sua página de perfil individual, em que se pode ver as discussões de que participou. A ferramenta é altamente customizável e pode ser integrada a vários sistemas de administração de conteúdo, como Drupal e Wordpress. Ela também se integra facilmente ao Twitter e Facebook, permitindo que se divulguem os comentários feitos. [www.intensedebate.com]

SocialCast – plataforma de cooperação para intranets, que permite o compartilhamento seguro e de acesso restrito a informações, bases de dados e comentários. Disponibiliza individuais com estatísticas de colaboração, usuários mais ativos e principais ações realizadas na rede interna. Pode ser integrada com serviços de comunicação internos e smartphones, diminuindo a necessidade de reuniões, apresentações e trocas de e-mails. Versões premium permitem maior customização e extensão do serviço, análise de métricas e fluxo de atividades de seus usuários, diferentes níveis de acesso, compatibilidade com o SharePoint e plataformas móveis. [www.socialcast.com]

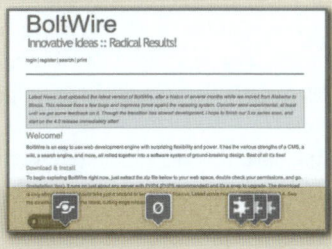

BoltWire – sistema gratuito de administração de conteúdo, ágil e robusto. Uma vez instalado, é bem flexível, embora demande conhecimento técnico em sua configuração inicial. Seus usuários podem facilmente criar e alterar páginas, habilitar funcionalidades diversas e até mudar o layout de suas áreas. Administradores podem monitorar usuários, grupos, acessos e permissões, criar novas funções e alterar configurações do servidor direto do painel de controle. É possível, com uma só plataforma, administrar simultaneamente diversos sites com funcionalidades específicas, mesmo que sejam tão diferentes entre si como fóruns de discussão e lojas online. [www.boltwire.com]

BUSINESS CASES, FERRAMENTAS ADICIONAIS E SUGESTÕES DE USO

Diversos **veículos noticiosos**, como CNN, Fox News, TIME, Al Jazeera e ESPN e canais de opinião como Mother Jones, The Atlantic e The Washington Examiner usam o ambiente de discussão de alto nível estimulado por redes como o Disqus para pautar, elucidar e detalhar notícias, aumentando a conexão com seus leitores.

Blogs de **gadgets e novas tecnologias**, como Engadget, Inside BlackBerry, Mashable, Scobleizer, TechCrunch, VentureBeat e Wired Gadgetlab, mensuram a popularidade de seus conteúdos através das redes de discussão. Buscam dessa forma se manter na vanguarda, evitando que sejam herméticos ou conhecidos demais.

O Disqus, líder de mercado, é usado por mais de 70% dos websites que terceirizam **ferramentas de comentários**, mas deve perder terreno à medida que essas ferramentas se tornam mais populares. Sua estrutura minimiza o uso de spam e, ao tornar público o histórico de quem deixa cada comentário, ajuda a construir e manter reputações.

| ferramenta | serviço | gratuito | preço variável | até US$100/ano | US$100~600 | US$600~2000 | US$2000+ | simples | mediana | difícil | para experts |

SITUAÇÃO:
Educação continuada.

PROPOSTA:
Privacidade, sigilo e subversão.

O seu, o meu, o de todos

A Internet é um enorme ambiente de inovação e troca de ideias. Por mais que o acesso a boa parte de seu conteúdo seja gratuito, isso não significa que ele seja de domínio público. O debate a respeito dos **direitos de reprodução** na rede é um dos mais ativos e questionadores, e propõe enfoques alternativos para os sistemas de copyright para tornar as ideias originais mais acessíveis. Na Internet, a maior propriedade intelectual a ser defendida é o software, esteja na forma de sistemas operacionais, aplicativos, ferramentas ou serviços. Boa parte dele é disponibilizada em regime de licenças, que funcionam de forma parecida com aluguel, permitindo a seus usuários o acesso e ele de forma restrita. Entre as restrições mais comuns estão o veto à redistribuição, propriedade e comercialização. Seu código-fonte é normalmente inacessível e fechado a modificações, e o usuário não pode compartilhá-lo ou adaptá-lo às suas necessidades. Não é de se espantar que o software proprietário, apesar de ainda ser maioria, venha sendo desafiado por outros tipos de licença mais maleável. Novas empresas podem se aproveitar desse modelo para divulgar seus produtos e, ao estimular o compartilhamento, receber apoio e divulgação e ser conhecido por pessoas a que não teriam acesso.

RECOMENDAÇÕES

Compartilhe. Disponibilize seus documentos. São poucos os materiais sigilosos a ponto de não poderem ser abertos para acesso público. Com a popularização do conteúdo via Internet, a probabilidade de se criar um modelo de negócios com informação restrita ou privilegiada não é das maiores. Compartilhar, por sua vez, pode levar a grandes ganhos se forem consideradas as futuras oportunidades profissionais derivadas.

Complemente. A ideia de uma grande arena de conhecimento não é a consulta simples, mas seu uso coletivo para que pessoas diferentes possam partir da mesma base de conhecimento e amplificá-lo com novas contribuições, conexões, teorias e aplicações criativas, não pensadas por quem publicou o conteúdo original. Essa troca livre de ideias a partir de conteúdos originais era o objetivo das primeiras bibliotecas, cada vez mais atual.

Estimule. Incentive seus colegas e usuários a compartilharem o conhecimento que têm. A atitude ajuda a reduzir o estresse da busca por conteúdo de qualidade e facilita o acesso a redes de suporte em caso de dúvidas posteriores.

Divulgue. Use sua rede para divulgar gratuitamente parte do que você é capaz de fazer. Pense no dinheiro que ganham em shows os músicos que tiveram seus CDs pirateados.

Enriqueça seu conteúdo. Use o material disponibilizado livre de direitos na rede para complementar suas apresentações, vídeos, podcasts e textos com recursos cujo custo seria proibitivo se adquirido comercialmente ou ilegal se pirateado.

CUIDADOS

Citação *vs.* cópia. Qualquer citação precisa ser clara, se acomodar aos limites propostos por seu produtor de conteúdo.

Determine claramente seus direitos. Isso poupa conflitos posteriores. Se você não se opõe à distribuição do material que produziu, mas quer que ele se mantenha como foi originalmente produzido, defina isso claramente.

Consulte os direitos dos outros. Muitos problemas judiciais acontecem por má interpretação dos limites de compartilhamento estabelecidos pelas várias partes envolvidas. Tenha certeza dos limites estipulados a respeito do que é colocado na rede antes de iniciar a distribuição. Às vezes uma música pode ser de domínio público, mas sua letra não.

Pirataria. Compartilhamento não é sinônimo de pirataria. Alguns direitos vencem com o tempo, outros permanecem. Cuidado para não popularizar uma prática daninha simplesmente porque reproduziu algo que tinha sido pirateado a princípio.

Open Source. Aplicativos de código aberto não são necessariamente gratuitos ou de livre reprodução. Conheça os limites de distribuição antes de projetar qualquer solução com um aplicativo.

Atribuição. De qualquer forma, sempre atribua o crédito ao autor, de preferência com um link direto à fonte. Sempre que possível, consulte a fonte diretamente e consiga uma autorização por escrito. Não é uma prática tão difícil, evita problemas e pode gerar parcerias inusitadas.

Serviço: CreativeCommons

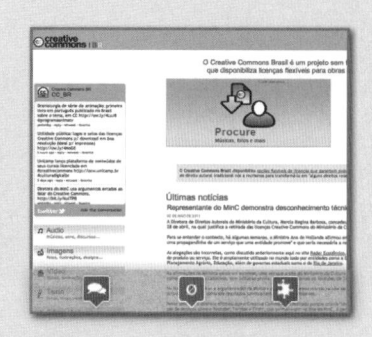

Projeto sem fins lucrativos que visa regular a questão de direitos autorais em uma época de acesso fácil ao conteúdo. Sua proposta é simplificar as restrições de direitos de reprodução, dando aos autores um sistema mais flexível de opções com relação às condições de uso e reprodução de suas obras intelectuais, sejam elas digitais ou não. O conhecido "todos os direitos reservados" é substituído por "alguns direitos reservados", permitindo assim vários graus de liberdade entre a total restrição e a liberação completa. É possível permitir ou não qualquer alteração ao conteúdo compartilhado, obrigar ou não a indicação do autor e permitir ou não qualquer uso comercial derivado. Cada tipo de licença tem um selo próprio e identificado, de acordo com as especificações de comum acordo entre as partes. Da Wikipédia à Casa Branca dos EUA, várias empresas e organizações com grande número de usuários compartilham documentos de fontes diversas de acordo com os variados níveis de compartilhamentos estabelecidos pelo sistema.   [WWW.CREATIVECOMMONS.ORG]

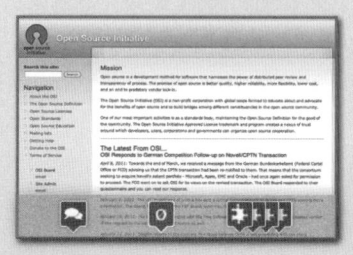

Software livre (open source) – segundo a GNU General Public License, maior licença de distribuição desse tipo de aplicativo na Internet, suas principais determinações são a liberdade para executar o programa para qualquer fim, o acesso livre a seu código de programação e a permissão para aperfeiçoá-lo e redistribuí-lo, desde que o código continue visível. Ao contrário do software proprietário, sua maior conquista é o compartilhamento do código, pois isso permite a desenvolvedores sua adaptação às necessidades de cada área, evolução com descobertas tecnológicas e sobrevivência mesmo que seu criador desista de mantê-lo, já que pode ser continuado por outros.   [www.gnu.org/licenses]

Software como serviço – é o tipo de serviço a que normalmente se refere quando se diz que algo está armazenado ou é administrado na "nuvem". O aplicativo não é distribuído, mas hospedado em um servidor, que cuida de sua manutenção e atualização e disponibiliza a interface a seus clientes pela Internet, em sessões controladas por senhas e pagas por período. Sua operação costuma ser feita por browsers ou aplicativos que se conectam à rede para atualizar seus dados (Rich Internet Applications, ou RIAs). Várias empresas de hospedagem oferecem serviços do gênero, uma das mais populares por sua versatilidade e estabilidade é a Amazon.com.   [http://aws.amazon.com/ec2/]

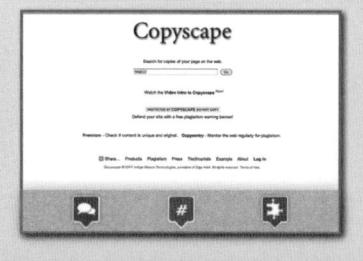

Copyscape – mecanismo de busca para quem precisa de maior controle sobre a pirataria e plágio de sua propriedade intelectual. Ele pesquisa se partes do site informado aparecem em mais de uma ocorrência na Internet e mostra, em sua página de resultados, quais são os trechos copiados em outros sites, facilitando a identificação de citações curtas e cópias integrais. Bastante útil para quem compra conteúdo, pois pode verificar se o texto adquirido é de fato original. O serviço oferece a possibilidade de comparar dois textos, identificar duplicações dentro de um mesmo site e monitorar automaticamente o surgimento de cópias na rede.   [http://copyscape.com]

BUSINESS CASES, FERRAMENTAS ADICIONAIS E SUGESTÕES DE USO

A rede de notícias **Al Jazeera** tem um grande repositório de conteúdo disponibilizado sob a licença de Atribuição do CreativeCommons. Seus diretores acreditam que a flexibilidade da licença pode levar sua cobertura a um público ainda maior ao permitir sua fácil reutilização, remix e compartilhamento. [http://bit.ly/nuvem-cc-AlJazeera]

Até empresas do porte da **Ericsson** usam os serviços de hospedagem Web da Amazon (AWS) para garantir a rápida implementação e escalabilidade de suas novas instalações, já que as muitas iniciativas de software como serviço precisam, com o tempo, de estruturas igualmente flexíveis.   [http: bit.ly/nuvem-ec2-Ericsson]

Arduino, a mais popular iniciativa de hardware de código aberto, disponibiliza circuitos e protótipos baseados em muitos dos princípios Open Source. Os desenhos originais são disponibilizados e podem ser refeitos para uso comercial desde que a estrutura original permaneça inalterada.   [www.arduino.cc]

Maratona de revezamento
Formação de equipes e gestão de projetos

À medida que as redes se tornam mais rápidas, móveis, versáteis e seguras, os profissionais passam a se organizar em equipes mais distribuídas, principalmente em empresas de serviços. Dois motivos contribuem para essa pulverização: o alto custo de se manter todos os profissionais em um único endereço e a maior facilidade de se encontrar talentos em vários mercados.

A administração de equipes terceirizadas ou remotas, no entanto, não é tão simples. À medida que o tempo passa, profissionais vão sendo substituídos e as necessidades locais acabam se sobrepondo às demandas do resto da rede. Para piorar a situação, muitas tarefas são de longo prazo, ou não têm começo ou final claramente determinado. Administrar uma equipe nessas condições se torna uma tarefa difícil como liderar uma equipe de revezamento em uma maratona.

A analogia pode parecer exagerada, mas não é. Os dois processos demandam muito planejamento, pesquisa, preparação e, principalmente, ritmo, que precisa ser validado pela equipe, para que consiga ser mantido com uma eventual mudança de cenário, independente da capacidade de cada membro da equipe.

Outro ponto em comum com a maratona é o treino. Não se pode esperar que uma equipe inteiramente formada por freelancers ou terceiros resolva imediatamente as necessidades de pessoal e integração de uma empresa. Nem os melhores profissionais, sob a mais competente liderança do mundo, seriam capazes de fazê-lo sem um tempo para se conhecer, dividir tarefas e adequar seus ritmos de trabalho às demandas de comunicação, feedback, pré-requisitos e tempo necessários.

A melhor forma de terceirizar até mesmo as tarefas mais simples é fazê-lo aos poucos, em etapas, de preferência com uma estrutura de suporte caso algum imprevisto aconteça. Só o tempo e a experiência podem dar às equipes a maturidade e confiança necessárias para funcionarem automaticamente.

É nesse ponto que as ferramentas digitais podem ser de grande ajuda. Ferramentas de gestão de projetos podem, por exemplo, informar o estágio em que se encontram diversas tarefas, facilitando o aprendizado de novos membros que entrem na equipe, bem como gerar material de referência de relatórios para supervisão, acompanhamento e demonstrativos de resultados.

Com o auxílio desses sistemas fica mais fácil classificar profissionais e contextos por departamento ou serviço oferecido e se informar a respeito de cada projeto, sem que para isso seja necessário procurar os executivos responsáveis – que, além de ocupados e provavelmente indisponíveis, nem sempre estão a par de todos os detalhes.

Muitas empresas se apressam em limitar o uso de mídias sociais, sem levar em conta que essas ferramentas de compartilhamento podem funcionar como grandes incrementos de produtividade. Se na vida pessoal eles servem para mostrar o que estão fazendo os amigos de uma pessoa, o que está acontecendo em seus ambientes, quais são suas ideias e onde estão, no ambiente profissional seus grupos privados podem fazer o mesmo, dando a cada membro acesso instantâneo ao que está acontecendo nas áreas de que participa ou por que se interessa.

Mídias sociais, se bem empregadas, podem ser ótimas ferramentas de produtividade. Elas podem identificar talentos, gerenciar projetos, debater tópicos, trocar ideias com clientes e departamentos, compartilhar arquivos, documentos, imagens, listas de tarefas a realizar e seu prazo, controlar o tempo empenhado em cada tarefa e realizar reuniões remotas amplificando o potencial de cada membro.

Este capítulo tratará de ferramentas e práticas para contactar, administrar e manter equipes em projetos remotos de forma a utilizar o melhor possível de seus recursos. Como sua aplicação é bem diversa, ele tratará de temas tão amplos quanto ferramentas para gerenciamento de projetos; wikis de colaboração; portais de administração de viagens; software para planejamento em grupo e elaboração de apresentações coletivas; sistemas de registro de processos e de pagamento remoto.

Solução	Ferramentas	Página
Atualizações de status	**Huddle,** Clarizen, GlassCubes, KnowledgeTree	70
Rádio-peão	**Yammer,** Ididwork, SalesForce Chatter, Present.ly	72
Gerenciamento de projetos	**BaseCamp,** Gantter, WizeHive, Producteev	74
Wikis de colaboração	**MediaWiki,** TikiWiki CMS Groupware, Wikispaces, WikiMatrix.org	76
Administração de viagens	**TripIt,** TimeOff manager, Kayak, TripAdvisor	78
Planejamento	**Google Docs,** ZoHo Docs, Office Web Apps, LiveDocuments	80
Colaboração interna	**Sazneo,** Do, Smartsheet, Foswiki	82
Apresentações coletivas	**Sliderocket,** Empressr, LibreOffice Impress, Knoodle	84
Registro de processos	**XWiki,** Teamlab, DokuWiki, ScrewTurnWiki	86
Pagamentos	**Paypal,** Pagamento Digital, MOIP e PagSeguro, Peela	88

SITUAÇÃO:
Formação de equipes e gestão de projetos.

PROPOSTA:
Blogs, curadoria, expressão e independência.

Como anda aquele projeto?

O acompanhamento do estado de diferentes projetos em uma empresa é uma das tarefas mais difíceis de se realizar adequadamente. Ainda mais quando os profissionais envolvidos estão em diferentes localizações. A troca de informações e **atualizações de status** no ambiente precisa ser centralizada para que não seja perdida na troca incessante de versões por e-mails e downloads diversos. Algumas ferramentas de gerenciamento remoto disponibilizam áreas de compartilhamento e armazenamento de documentos, colocando-os disponíveis para todos. As mais sofisticadas oferecem o controle de versões, para garantir o acesso a documentos alterados ou eliminados acidentalmente. Por mais que sejam bastante úteis, o principal objetivo dessas ferramentas é o contato e o compartilhamento de conteúdo, não permitindo sua edição colaborativa. São como versões privadas de painéis e grupos de redes sociais, cujos usuários podem contribuir com atualizações, discutir assuntos privadamente, elaborar documentos simplificados e formar grupos de compartilhamento de ideias, documentos e imagens, sendo notificados a cada publicação, alteração ou comunicado feito para o grupo.

RECOMENDAÇÕES

Imagine-se ausente. Uma boa forma de avaliar a eficiência de um sistema é imaginar o que aconteceria se um dos membros se ausentasse e fosse substituído por um profissional equivalente, mas sem conhecimento prévio. Ele se adaptaria rapidamente? Quais seriam as maiores dificuldades de aprendizado e operação?

Reporte e mapeie. Use ferramentas que permitam a cada membro reportar em que ponto está ou que tarefa acabou de cumprir. O ideal é permitir aos administradores o acesso a um mapa rápido e aproximado de como anda a operação a qualquer instante, sem que isso implique aumento na carga de tarefas de cada membro.

Incremente e evolua. Use ferramentas de colaboração e discussão para aprender com cada projeto, compartilhar descobertas e buscar novas formas de evoluir com toda a equipe, em vários aspectos. Quanto mais aberto à inovação for o projeto, mais ele facilitará o processo de tomada de decisão.

Debata. Crie espaços para que os principais membros da equipe possam eliminar dúvidas, discutir visões e alternativas e, acima de tudo, se informar sobre o projeto de forma completa e consistente. A troca de ideias, se bem conduzida, se transforma em uma brainstorm de onde podem surgir sugestões que poupem tempo e recursos e amplifiquem o raio de ação do projeto.

Atribua responsabilidades. É importante ter a quem recorrer em caso de dúvidas ou emergências. Todas as etapas devem ter uma clara descrição e atribuição de responsabilidades.

CUIDADOS

Supercompartilhamento. Não compartilhe mais dados do que o necessário com a sua equipe, mas mantenha qualquer informação complementar acessível. O excesso de informação causa confusão com relação aos objetivos do projeto.

Defina claramente funções e tarefas. Quem é administrador da tarefa? O que isso significa? Quais são os direitos e deveres de cada membro, em cada nível? Há clientes na rede? A que tipo de informação eles terão acesso? Por mais que boa parte dessas definições pareça óbvia a princípio, em situações críticas suas fronteiras podem facilmente ser motivo para tensão caso não estejam claramente documentadas.

Analise os processos. De nada adianta acompanhar seus processos em cada detalhe se nenhuma ação for tomada a partir desse acompanhamento. Analise, sempre que possível, cada informação coletada e procure imaginar formas de facilitar a execução de cada tarefa.

Organize. Mantenha os documentos e entregas em estruturas de fácil acesso para que qualquer administrador possa responder sobre o andamento de processos e entregas, mesmo que não esteja diretamente relacionado a elas.

Integre-se a sistemas preexistentes. Sua ferramenta será mais eficiente se estiver integrada a processos já conhecidos e largamente utilizados por seus executivos. Caso contrário será considerada apenas mais uma tarefa a realizar, que dificilmente será recebida amigavelmente.

Ferramenta: Huddle

Ferramenta amigável e segura para o gerenciamento de projetos de empresas de pequeno e médio porte. Ela cria um ambiente multiusuário para a troca de informações, tarefas e calendários entre profissionais da empresa e usuários convidados, (freelancers, consultores e clientes), reunidos conforme a situação. Participantes podem compartilhar documentos, editá-los e acompanhar as alterações feitas a eles. Seu Media Viewer permite a visualização de vídeos direto da área de compartilhamento, sem que seja preciso baixá-los. O Huddle cria espaços para contato telefônico direto e videoconferência e pode ser acessado diretamente de aplicativos da suíte Office. As comunicações são centralizadas em uma área aberta a comentários, notificações diversas e ferramentas de brainstorm. À medida que o projeto avança, novas tarefas podem ser determinadas para cada usuário, filtradas por seu status e prazo. Conforme a necessidade, a interface pode ter as funcionalidades de um portal ou fórum. Administradores podem determinar permissões variadas de acesso. [WWW.HUDDLE.COM]

Clarizen – permite a fácil criação e acompanhamento de projetos múltiplos e simultâneos, com tarefas e interdependências adicionadas por qualquer usuário, que também pode agregar notas e comentários à medida que os realiza. É possível hierarquizar projetos e acompanhar seu progresso através de relatórios detalhados e notificações automatizadas. O Clarizen ajuda a controlar orçamentos, fazer roadmaps, levantar indicadores, preparar análises de riscos, orçamentos, timesheets e validá-los. É possível criar níveis diferenciados de acesso e notificação para usuários externos. É altamente customizável e integrado a diversos aplicativos, online ou não. [www.clarizen.com]

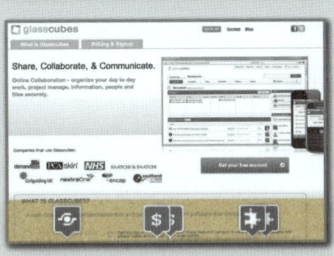

GlassCubes – Ferramenta simplificada para gerenciamento de projetos e compartilhamento de documentos, com um mecanismo de busca que permite identificar trechos em diversas versões de documentos. É possível compartilhar contatos, acompanhar e-mails e consultar relatórios. Cada usuário tem sua área privativa de trabalho, com acesso a notificações, fóruns de discussão e outras funcionalidades de uso comum. Administradores podem criar áreas de trabalho coletivo e acesso seguro para contatos externos. Toda a interface pode ser acessada diretamente de smartphones, através da versão móvel do site. Uma versão simplificada pode ser acessada gratuitamente. [www.glasscubes.com]

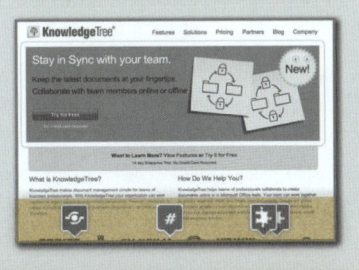

KnowledgeTree – ferramenta para a administração de documentos online. Permite a sincronização, de forma simples e direta, de vários arquivos, em diversos formatos, por múltiplos usuários. Esse processo elimina as trocas desnecessárias de e-mails com versões em diferentes níveis de atualização. O administrador do grupo tem acesso ao ciclo de vida de cada documento, identificando rapidamente como foi criado, editado, acessado e aprovado. Cada usuário pode determinar que pastas pretende sincronizar, direto de aplicativos da suíte Office. A informação é armazenada em servidores seguros e pode ser acessada por smartphones. [www.knowledgetree.com]

BUSINESS CASES, FERRAMENTAS ADICIONAIS E SUGESTÕES DE USO

A **Kia Motors** usa o Huddle para manter a consistência de projetos sob sua marca ao redor do mundo. Através da ferramenta, informações da central são facilmente disseminadas para as divisões locais, facilitando a tomada de decisões e emissão de comunicados coerentes em relação ao contexto global. [http://bit.ly/nuvem-kia]

McLane, uma das maiores empresas de abastecimento e logística dos EUA, usa Glasscubes para organizar e diminuir a confusão causada pelo excesso de documentos que circulava por e-mail entre suas operações e reforçar a colaboração e coordenação entre um grande número de pessoas e departamentos. [http://bit.ly/nuvem-McLane]

A agência de publicidade online **AKQA**, uma das mais criativas do mundo, usa Huddle para gerir projetos entre seus 900 funcionários em escritórios em sete países, facilitando a realização de brainstorms e habilitando o trabalho colaborativo na criação de campanhas e participação de concorrências internacionais. [http://bit.ly/nuvem-AKQA]

SITUAÇÃO:
Formação de equipes e *gestão de projetos*.

PROPOSTA:
Micromídia, Twitter e impulso.

Radar corporativo

O Twitter pode ser uma ferramenta profissional poderosa para o desenvolvimento da carreira, fornecendo dicas, links e informações relevantes. Também pode ser usado para se encontrar profissionais para vagas e novas oportunidades de trabalho. Existem, aliás, diversas aplicações profissionais para ele. Só não deve — nunca — ser usado como canal pessoal se também for usado como ferramenta de trabalho. Nesses casos é recomendável abrir duas contas. Sob um bom planejamento, o uso do Twitter no ambiente de trabalho não é nocivo. Pelo contrário, ele pode canalizar a comunicação por impulso para identificar tendências, incorreções ou insatisfações tópicas, mensurar rumores e a popularidade de determinadas medidas – o famoso **rádio-peão** – e até servir como instrumento de brainstorming contínuo. Seu uso pode ser de grande validade para pequenos comunicados e notificações gerais. Mas essa estratégia só terá valor se executada sob um bom planejamento. Por ser uma ferramenta social aberta e com poucas regras de conduta, o Twitter sem estratégia pode proporcionar uma grande perda de tempo e foco, além de possíveis riscos de indiscrições diversas. Por mais que seja uma pessoa a escrever, o perfil é de um cargo. Deve, portanto, se comportar adequadamente.

RECOMENDAÇÕES

Use como ferramenta profissional. Compartilhe links, informações, pesquisas e notícias de interesse profissional. Reserve suas opiniões particulares e comentários pessoais para redes e grupos informais.

Listas e grupos. Um recurso pouco comentado do Twitter mas muito importante é a organização de perfis e contatos em listas. Isso facilita a seleção de informações e sua divulgação.

Poste regularmente. Em redes de micromídia, cada participante é uma fonte de informação. Ele só tenderá a ser levado em consideração se postar conteúdo de qualidade frequentemente.

Acompanhe os colegas envolvidos com o projeto. Uma vez decidida a ferramenta, comunicações por ela serão tão oficiais quanto se fossem realizadas por e-mail ou por um sistema de memorandos interno da empresa. Quem não segue a equipe pode ficar de fora de comunicações importantes.

Maior eficiência. Sistemas de notificação instantânea eliminam memorandos e e-mails, reduzem a necessidade de reuniões, aumentam a comunicação entre diversas áreas, conectam fornecedores e colaboradores externos e ajudam a identificar áreas de potencial conflito.

Tópicos (hashtags). Organize os tópicos mais relevantes dos comunicados usando caracteres especiais para identificar suas áreas de interesse e atuação, pois isso facilita a busca por outros profissionais.

CUIDADOS

Cuidado com quem segue você. As informações mostradas em um sistema de mensagens diretas de uma empresa tem uma natureza diferente das mídias sociais, e devem ser restritas à rede de relacionamentos profissionais.

Nem tudo deve ser publicado. Quanto mais relevante e inovador for o conteúdo contribuído para a rede, maior a importância e reconhecimento que o profissional responsável pelo perfil terá entre seus colegas.

Seja relevante. O Twitter corporativo não é uma rede pessoal, nem mesmo para a conversa de corredor ou refeitórios. Por isso evite publicar materiais que, por mais que interessem a seus colegas, não tenham aplicação profissional.

Ferramenta auxiliar de administração. Os comunicadores não devem ser o principal instrumento de troca de informações e mensagens entre os membros de uma equipe profissional — e de maneira nenhuma a única.

Respostas e ansiedade. Nem todos estão conectados o tempo todo, por isso uma notícia, resposta ou comentário pode passar despercebida. Se for essencial, republique. Caso contrário, espere. Evite sobrecarregar a rede dos outros com mensagens repetidas.

Comentários e conversas. Lembre-se que quanto maior o número de seguidores, maior a repercussão de sua mensagem. Por isso restrinja a publicação de comentários, julgamentos ou mensagens privadas que não sejam de interesse público.

Serviço: Yammer

Rede gratuita para a criação de microblogs (como o Twitter) e envio de mensagens instantâneas privativas, voltada para a colaboração profissional interna. O acesso a redes de compartilhamento é restrito a usuários que tenham e-mails em um mesmo domínio corporativo, pois isso garante que tenham contato oficial com a empresa. Cada membro tem uma página com seu perfil, com dados de qualificação e área de atuação. É possível formar grupos visíveis para toda a rede ou que tenham acesso restrito. Neles se pode enviar mensagens privadas e compartilhar documentos, atribuindo palavras-chave a eles. Cada conversa é armazenada em servidores seguros e pode ser encontrada através de um mecanismo de busca. Os perfis e mensagens são propriedade da empresa que contrata o Yammer, que pode nomear administradores para organizar a comunicação e os usuários, remover perfis ou conteúdo inapropriado. É possível criar áreas restritas para a administração de projetos, que reúnam os documentos relacionados e mensagens trocadas a seu respeito. [WWW.YAMMER.COM]

IDidWork – Serviço gratuito de atualizações sociais entre redes de trabalho que permite aos gestores acompanhar o trabalho de cada membro de sua equipe, contribuindo com feedback e orientações complementares. O responsável pela área tem acesso a relatórios de desempenho de cada funcionário, podendo compará-lo com períodos anteriores e colegas de áreas semelhantes. Este processo auxilia executivos que trabalhem com diversos grupos ou em áreas multidisciplinares a registrar conquistas que poderiam ser esquecidas com o tempo, se atualizar a respeito do trabalho de seus colegas e saber se suas metas estão alinhadas com as da equipe e com o que se espera dele. [www.ididwork.com]

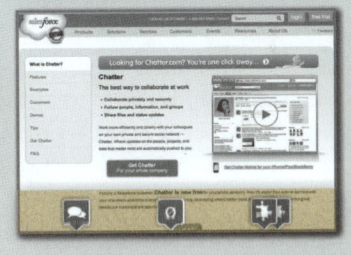

Chatter – rede gratuita, de acesso restrito similar ao Yammer, restrito a profissionais cujo e-mail esteja em um mesmo domínio (o que normalmente indica que pertencem à mesma empresa). A página de cada usuário contém o fluxo de suas atividades e dos integrantes de sua rede, que separados por diferentes filtros. O Chatter também disponibiliza listas das tarefas e tópicos mais abordados, com recomendações de fontes de informação e perfis a seguir, e permite a criação de grupos e compartilhamento de documentos restrito a eles e notificação de mensagens, mesmo quando se está fora da rede. Seus administradores tem acesso a relatórios de métricas de uso. [www.chatter.com]

Present.ly – ferramenta para facilitar a comunicação interna de empresas e grupos de trabalho, que pode ser instalada em um servidor interno ou hospedada remotamente. As mensagens podem ser públicas, restritas a grupos ou diretas. Se desejado, é possível integrá-las ao Twitter. Sua configuração é bem flexível, embora para isso seja necessário algum conhecimento técnico. Ela permite o compartilhamento de documentos em vários formatos – inclusive vídeo e áudio – e a criação de grupos específicos para a realização de tarefas e administração de projetos. Compatível com as principais plataformas de smartphones. [www.presently.com]

BUSINESS CASES, FERRAMENTAS ADICIONAIS E SUGESTÕES DE USO

LG Electronics usa Yammer para facilitar a comunicação entre seus 113 escritórios e melhorar a eficiência de seus negócios. A ferramenta ajuda a identificar competências e facilita o acesso à informação. Seus usuários regulares estimam que seu uso gera economia de até três horas de trabalho por semana. [http://bit.ly/nuvem-im-LG]

O **Banco Santander** dos EUA usa o Chatter para aumentar a colaboração entre seus profissionais, permitindo o compartilhamento de documentos, apresentações e atualizações via plataformas móveis. O sistema também informa seus usuários de mudanças e atualizações em serviços utilizados. [http://bit.ly/nuvem-im-Santander]

O Governo de **Flandres**, região autônoma da Bélgica, usa o Yammer para integrar seus cerca de 40.000 funcionários a sua divisão de comunicações para transmitir informações de forma rápida, acessível e interativa, que permite um feedback mais efetivo do que e-mail ou reuniões de comitês. [http://bit.ly/nuvem-im-flandres]

| ferramenta | serviço | gratuito | preço variável | até US$100/ano | US$100~500 | US$600~2000 | US$2000+ | simples | mediana | difícil | para experts |

SITUAÇÃO:
Formação de equipes e gestão de projetos.

PROPOSTA:
Redes sociais, grupos e comunidades.

Administração coletiva

À medida que os produtos e serviços online se tornam cada vez mais sofisticados, duradouros e extensos, é necessário aplicar maiores recursos em sua execução e envolver um grande número de profissionais provenientes de diversas áreas. Aplicativos para **gerenciamento de projetos** são essenciais para que todos os envolvidos, em diversos níveis conciliem suas demandas e obrigações para equilibrar o planejamento, organização, troca de informações, segurança e administração de recursos. As redes digitais criam um ambiente ao mesmo tempo acessível e complexo, cujos objetivos são cada vez mais amplos e os mercados, segmentados. Boa parte das ferramentas disponíveis busca criar uma área de trabalho coletiva que agrupe os principais documentos, calendários, prazos, dependências e listas de tarefas, servindo como ponto de referência para todos os envolvidos desde o início do projeto. Conforme o projeto desenvolvido, sua complexidade e a quantidade de profissionais, freelancers e fornecedores envolvidos, mais sofisticada precisará ser a ferramenta. Alguns projetos são simples e curtos, sem maiores demandas. Outros são tão grandes e abrangentes que sua gestão depende de diversas ferramentas e profissionais especialistas.

RECOMENDAÇÕES

Descentralize. Use as funcionalidades de conexão e sincronia oferecidas pelos aplicativos para delegar tarefas e atribuir responsabilidades. Isso facilita a execução de projetos e diminui tensões entre membros da equipe, fornecedores e freelancers.

Integre ferramentas. Boa parte das ferramentas tem bases de dados abertas, que podem ser integradas a outros serviços. Agendas, agregadores de notícias e envios de notificações serão mais bem utilizados se integrados aos aplicativos já usados.

Automatize tarefas. Deixe as ferramentas cuidarem de operações burocráticas, repetitivas e entediantes que consumam tempo e energia. É fácil tornar o estabelecimento e cobrança de prazos, agendamento de tarefas, reuniões e confirmações automático.

Crie fóruns. A abertura para o debate de cada aspecto do processo pode parecer caótico a princípio, mas com o tempo o volume de discussões cai e, como seu registro é documentado, deixa cada processo debatido bastante claro em todos os seus aspectos, evitando dúvidas ou mal-entendidos posteriores.

Analise tendências. Discutir cenários, sem a responsabilidade de sua aplicação imediata costuma ser uma boa forma de atrair o apoio de especialistas não diretamente envolvidos e se preparar para eventuais imprevistos.

Biblioteca de referências. Compartilhe links e material de consulta em áreas comuns, para facilitar o acesso a dados restritos ou novos conhecimentos.

CUIDADOS

Ferramentas demais. Como existem muitos aplicativos especializados, cada um ideal para uma tarefa específica, é tentador usá-los todos. Porém nem sempre eles são inteiramente compatíveis e o excesso de ferramentas e serviços leva a uma curva de aprendizado sem fim, tornando os processos mais complexos e dispendiosos — e não necessariamente mais eficientes.

Funcionalidades demais. Muitos sistemas pecam pelo excesso, colocando capacidades e controles demais à disposição de seus gestores, que, paralisados pelo excesso de opções, acabam deixando-os de lado.

Burocratização. A excessiva automatização de processos e implementação de ferramentas pode levar a um excesso de formulários, comprovantes, códigos e protocolos, engessando o andamento das atividades. Simplifique sempre que possível.

Aprenda com seus processos. Uma das maiores vantagens dos sistemas digitais de gestão é sua capacidade de armazenar conteúdos de forma reutilizável. Sempre que possível, crie modelos de procedimentos que possam ser reutilizados em tarefas semelhantes no futuro, o que resulta em maior segurança, confiança, economia de tempo e recursos.

Auditoria. Verifique e atualize processos regularmente. Uma pequena manutenção pode poupar horas de recuperação. Aproveite épocas de calmaria para rever pequenas inconsistências e combinar partes de processos para que não precisem ser refeitos mais tarde.

Ferramenta: BaseCamp

Ferramenta robusta de gerenciamento de projetos, focada na comunicação entre membros da equipe. Para resolver a desorganização resultante da troca generalizada de e-mails, ela cria uma área centralizada para mensagens e documentos relacionados, e permite a seus administradores o controle detalhado de acesso a eles. Sua estrutura amigável facilita a colaboração e ajuda a eliminar dúvidas com relação às tarefas, disponibilizando um sistema de mensagens para que grupos de trabalho entrem em contato direto. Bastante usada em startups e empresas de inovação do Vale do Silício, o BaseCamp é bastante flexível. Entre suas funcionalidades estão a definição de marcos (milestones), listas de tarefas com prazos e responsabilidades, registro do tempo empenhado e notificações via e-mail. Projetos realizados podem ser gravados como modelos para reutilização posterior. É compatível com Outlook e Google Calendar e tem suporte para diversas línguas, inclusive português. [WWW.BASECAMPHQ.COM]

Gantter – ferramenta online gratuita para administração de prazos e dependências de projetos, que cria gráficos de Gantt. Seu funcionamento é parecido (e compatível) com o Microsoft Project, seus documentos podem ser editados em ambas as plataformas e compartilhados via Google Docs, o que permite a edição coletiva por usuários convidados, mesmo que não estejam na rede da empresa. É possível criar um projeto novo, importar documentos do Microsoft Project ou partir de um dos vários modelos disponibilizados pela ferramenta, adaptando-o para as necessidades específicas. Está disponível em português. [http://gantter.com]

WizeHive – ferramenta de gestão de projetos que agrupa os recursos em áreas de trabalho, mostradas em abas. O conteúdo de cada área e documentos de apoio podem ser organizados em páginas de perfil, com dados de contato e descrições de cargo. As atividades de cada membro são registradas automaticamente, o que ajuda a ter rapidamente uma visão geral do estado de cada projeto. Tarefas e prioridades podem ser agrupadas por diversos critérios. O conteúdo editado pelo sistema é automaticamente armazenado e pode-se facilmente reverter alterações. Algumas extensões, gratuitas ou pagas, agregam funcionalidades ao serviço. [www.wizehive.com]

Producteev – ferramenta simples e prática para quem usa a caixa de entrada de e-mail como lista de tarefas a realizar. Com ela, obrigações podem ser adicionadas diretamente ao website e enviadas por e-mail, sistemas de mensagem instantânea ou aplicativos para smartphones. Uma vez encaminhadas, as mensagens ficam registradas na forma de checklists, com etiquetas, prazos, notas e documentos anexados. É possível encaminhar cada tarefa diretamente para os responsáveis por sua execução e integrá-la a calendários, que notificam seus participantes mesmo quando offline. Administradores recebem relatórios de atividades por membro da equipe. [www.producteev.com]

BUSINESS CASES, FERRAMENTAS ADICIONAIS E SUGESTÕES DE USO

SideJobTrack é uma ferramenta gratuita que ajuda a administrar e acompanhar atividades tocadas simultaneamente ao trabalho cotidiano. Ele permite o armazenamento de informações a respeito de serviços e materiais usados e um sistema simplificado de gestão do projeto paralelo. [www.sidejobtrack.com]

MinuteBox utiliza mídias sociais para comercializar expertise. A rede conecta usuários a experts para aconselhamento rápido e barato. Para os especialistas, é uma forma simples e rápida de monetizar seu conhecimento em pequenas unidades de tempo, seja qual for a rede social que utilize. [www.minutebox.com]

Solo é uma ferramenta completa de gerenciamento de projetos para autônomos e freelancers. Com ela é possível acompanhar prazos, tarefas diárias, horas trabalhadas e rendimentos. Relatórios e gráficos mostram a divisão do tempo disponível, estado, recursos e contatos para cada projeto. [www.thrivesolo.com]

ferramenta | serviço | gratuito | preço variável | até US$100/ano | US$100~500 | US$600~2000 | US$2000+ | simples | mediana | difícil | para experts

SITUAÇÃO:
Formação de equipes e gestão de projetos.

PROPOSTA:
Fóruns, wikis, reputação e empowerment.

Dinâmica de grupos

Quando se fala em Wikis, todos pensam na Wikipédia. É natural, ela é o exemplo mais bem-sucedido e popular dessa tecnologia que permite a criação de um banco de dados de verbetes (páginas) que podem ser editadas por toda a comunidade. O que poucos sabem é que wiki é um tipo de ferramenta de administração de conteúdo, usado por diversos sites e ferramentas para criar grandes bases de dados colaborativas. As páginas de uma **wiki de colaboração** podem, como as de um Blog, receber comentários e hospedar debates. A Wikipédia é um bom exemplo de como páginas Wiki são práticas para a administração de conhecimento (Knowledge management) em uma empresa, permitindo a seus usuários a criação de páginas a respeito de departamentos, pessoas, processos, produtos ou serviços. Uma wiki permite a criação e edição de inúmeras páginas interligadas e complementares, usadas colaborativamente por múltiplos usuários. Existem diversas aplicações possíveis para wikis, incluindo websites de conteúdo colaborativo, intranets corporativas, sistemas de aprendizado e de gestão do conhecimento. Seus administradores podem limitar o acesso e a edição de certas páginas e acompanhar edições feitas na base de dados, criando áreas específicas de compartilhamento.

RECOMENDAÇÕES

Explique seu propósito. Sites colaborativos só funcionam com a participação da comunidade envolvida. A melhor forma de estimulá-la é tornando claro para que propósito o conteúdo será utilizado – e como todos têm a ganhar com ele.

Customize. Existem vários modelos de layout prontos e gratuitos, que podem ser usados para que sua Wiki tenha personalidade própria e se distancie da "cara de Wikipédia". Isso pode torná-la mais interessante e menos formal, estimulando a colaboração.

Estimule a colaboração. Coloque textos curtos e estimule seus usuários a completá-los. Escreva títulos sem textos, proponha perguntas. Crie uma relação de tópicos que aos poucos é transformada em páginas. Mas tenha editores para ajustar e amplificar o texto, não deixe esse trabalho nas mãos dos usuários.

Explique e defina jargões. Procure ser o mais claro e direto possível para garantir a compreensão de mensagens, evitando mal-entendidos.

Parta de um conteúdo original e de interesse. Páginas de discussão ficam mais fáceis de preencher quando se relacionam a tópicos que interessem à sua comunidade

Aborde assuntos delicados. A consulta a esse tipo de rede costuma ser privada, por isso é o ambiente ideal para abordar assuntos que causem constrangimento ou que seriam evitados em um contato direto. O sigilo do ambiente de consulta online é perfeito para o desenvolvimento de assuntos de difícil divulgação.

CUIDADOS

Seja impessoal e atemporal. Um material de referência não deve ser pessoal como um blog ou informal como uma rede social, se pretende refletir a seriedade do conteúdo. Tome cuidado para que as informações relatadas não fiquem rapidamente datadas ou percam sua validade informativa.

Facilite a edição. O maior problema de wikis é que sua linguagem de edição não é conhecida – não que seja difícil, mas tem alguns truques para criar novas páginas, links e colocar imagens. Crie tutoriais para ajudar seus usuários e tenha recursos ou voluntários disponíveis para assumirem a tarefa se os usuários não tiverem tempo ou disposição para tal.

Evite o excesso de complexidade. Por mais que este seja um material de referência, é importante que o conteúdo seja acessível por um grande número de leitores, por isso seus assuntos precisam ser claros e pertinentes. Pelo mesmo motivo se deve evitar sua banalização com conteúdos burocráticos ou formalidades de pouco uso pelos profissionais.

Verifique fontes de conteúdo. Tudo que estiver escrito em uma página de um website corporativo pode ser tomado por opinião da empresa. Para evitar problemas, modere as páginas de usuários iniciantes e confira as fontes de informação sempre que possível.

Combata o plágio. Para evitar problemas de direitos ou textos complexos ou grandes demais, estabeleça regras e punições e monitore o conteúdo.

Ferramenta: MediaWiki

Ferramenta mais popular para a criação de conteúdo colaborativo no estilo Wiki, em que membros cadastrados podem contribuir, editar e comentar páginas. Usado originalmente para a criação da Wikipédia, seu projeto de código aberto foi expandido e hoje é usado em outros websites. A ferramenta é gratuita, porém sua instalação, hospedagem e segurança dependem de conhecimento técnico e são responsabilidade de seus gestores. O sistema é flexível e permite a definição de páginas pessoais e determinação de tipos específicos de interface conforme seu usuário. Como na Wikipédia, as alterações são ao mesmo tempo fáceis de fazer e monitoradas, com diferentes níveis de permissão. Páginas especiais identificam o conteúdo recentemente editado, imagens agregadas ao sistema, lista de usuários, métricas de acesso e visitação, conteúdos mais populares, páginas isoladas (sem links direcionando a elas) e outras informações da base de dados. Uma grande comunidade de desenvolvedores ajuda a criar aplicativos que funcionam como extensões do projeto. [WWW.MEDIAWIKI.ORG]

Tiki Wiki CMS Groupware – ferramenta de administração de conteúdo bastante robusta, gratuita e de código aberto. Pode ser usada para a criação de websites, portais, fóruns, newsletters, blogs, intranets, extranets e, naturalmente, wikis. Boa parte de suas funcionalidades já vêm pré-instaladas, mas podem ser facilmente configuradas ou desativadas. Com ela é possível conduzir pesquisas, organizar calendários, estruturar sistemas de mensagens instantâneas e páginas com elementos gráficos pouco comuns a wikis, como tabelas dinâmicas e mapas interativos. Todos os aplicativos da Tiki Wiki são integrados, o que facilita suas atualizações e eventuais expansões. [http://bit.ly/nuvem-Tiki]

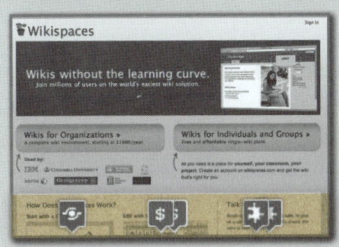

Wikispaces – ferramenta simples e acessível para a criação de wikis, que conta com um editor de texto com opções de formatação, inclusão de imagens, documentos, vídeos e links. A base de dados é armazenada remotamente, mas pode ser baixada para backup por seus administradores a qualquer instante, em formato wiki ou HTML. Permite a criação de espaços públicos e privados e guarda um registro visual das alterações feitas em cada página. Seu conteúdo pode ser integrado a blogs, redes sociais e outras fontes de conteúdo e atualizado dinamicamente, notificando usuários cadastrados e estimulando sua participação. [www.wikispaces.com]

WikiMatrix.org – existem diversas opções de serviços web com funcionalidades wiki, públicos e privados, voltados para diferentes tipos de organizações e funções. Quem está em dúvida entre duas ou mais ferramentas pode utilizar este serviço gratuito de comparação entre plataformas wiki. Ele analisa variáveis que vão de dados técnicos à experiência do usuário, e os dispõe em tabelas comparativas. O Choice Wizard, sua ferramenta de escolha, faz cinco perguntas sobre a natureza do serviço, localização, interface e suporte necessários. Com base nas respostas ele mostra as opções que melhor atendem aos requisitos dentre os mais de 130 serviços cadastrados. [www.wikimatrix.org]

BUSINESS CASES, FERRAMENTAS ADICIONAIS E SUGESTÕES DE USO

O **Centro de Congressos de Quebec** usa Tiki Wiki em seu portal para permitir que a atualização de suas páginas com a programação de eventos seja feita diretamente pelo organizador, o que facilita o acesso a informações de contatos e eventuais mudanças em programas de forma imediata e acessível. [http://convention.qc.ca/]

A **Novell** tem bons exemplos de MediaWiki aplicada a públicos internos e externos: o portal wiki.novell.com compartilha informações com clientes, fornecedores e parceiros comerciais, gerando uma base única de conhecimento. A ferramenta também é utilizada em iniciativas independentes, patrocinadas pela empresa – openSUSE.org, que promove o uso de Linux, é um bom exemplo. Internamente, seus profissionais a utilizam para a colaboração e repositório de conhecimento. Grupos de usuários internacionais criaram a rede www.nuinet.com para compartilhar conhecimentos. Funcionou tão bem que foi absorvida pela empresa.

SITUAÇÃO:
Formação de equipes e gestão de projetos.

PROPOSTA:
Mobilidade, geolocalização e identificação.

Equipes nômades

Por mais que a banda larga e sistemas de tele e videoconferência tenham se popularizado, as viagens profissionais continuam cada vez mais comuns e tendem a crescer. O registro de despesas e tempos empenhados nelas costuma ser um peso para a empresa, para quem organiza os recursos e, principalmente, para o profissional que precisa ser adequadamente reembolsado, o que faz com que parte do foco da viagem seja desviado para processos burocráticos. Ferramentas e serviços de **administração de viagens** ajudam a garantir um controle maior sobre os períodos de ausência, locais visitados e recursos empenhados, contando inclusive com dados estatísticos para definir com maior precisão quais são os tempos e valores médios. Assim é mais fácil acessar imediatamente diferentes opções de serviços, permitindo um maior controle e cardápio de opções. Por mais que as informações possam ser buscadas livremente em pesquisas pela rede, essas ferramentas garantem que os dados encontrados estejam atualizados e disponíveis para o período desejado, sendo especialmente úteis quando há cancelamentos ou reagendamentos súbitos, quando é preciso conciliar a agenda de grupos em diversos locais ou quando tudo isso acontece ao mesmo tempo.

RECOMENDAÇÕES

Seja um assistente. Viagens são ambientes de descontrole. É fácil esquecer de determinados documentos, datas, nomes, endereços, hotéis, contatos e informações específicas. Ajude seus usuários a não dependerem da memória.

Contexto. Crie orientações relacionadas ao contexto da viagem, relevância, cargos e pessoas. Prepare guias para uso em restaurantes, aeroportos, hotéis ou reuniões. Neles, concentre-se no necessário. Elimine qualquer informação irrelevante.

Checklists. São uma forma eficiente para lembrar seus usuários de documentos, equipamentos, insumos, propostas, documentos pessoais e outras informações que, de tão familiares, acabam sendo esquecidos. Faça listas para ajudar seus usuários até a arrumarem suas malas para necessidades específicas.

Faça guias locais. Dados de clima, transporte e costumes locais podem ser facilmente compilados e organizados para tornar a experiência de viagem mais serena e confortável.

Surpreenda seus contatos. Há informações em abundância nas redes sociais sobre hábitos, preferências, dados familiares e datas importantes de seus clientes, que podem ser listados para tornar o contato mais próximo e caloroso.

Integração e conexão. Integre-se a outros sistemas de uso cotidiano, como e-mail, agregadores de notícias e lembretes via celular. Procure ter sempre uma ampla perspectiva e pense no que poderia ser feito para ajudá-lo além do suporte profissional.

CUIDADOS

Adapte-se. Evite criar um sistema único, independente do objetivo, destino ou duração de cada viagem. Procure customizar a informação de forma a se antecipar às necessidades dos que a utilizarão.

Crie alternativas para consulta. Por mais que a Internet esteja em todos os principais ambientes de negócios, nem sempre está acessível de um celular ou notebook em um país estrangeiro. Facilite a vida de seus usuários dando a eles a opção de receber os conteúdos mais importantes por e-mail ou imprimi-los para criar guias rápidos de bolso.

Dê acesso de emergência. Disponibilize telefones e endereços de contato para ativar em caso de imprevistos. Uma pessoa do outro lado da linha pode facilitar muitas tarefas, além de ser um grande tranquilizador.

Ajude seu usuário. Procure compreender seus motivos e interesses na viagem e torne o conteúdo digital uma referência prática, complementar, que pode ser bastante útil. Não faça dela mais uma burocracia a preencher.

Pergunte o mínimo necessário. Proteja informações sigilosas com uma senha, mas leve em conta que quem a consulta não costuma estar em uma mesa de trabalho, mas em trânsito.

Resolva problemas. Evite serviços que travem se determinados dados não forem fornecidos. Lembre-se que certas variações e limitações de segurança atrapalham mais do que protegem.

Serviço: TripIt

Ferramenta de administração de viagens, que procura organizar as principais informações a seu respeito — como mapas, horários, localização e reservas — em uma só página, acessível por smartphones. O TripIt funciona como um assistente digital: é necessário apenas encaminhar para ele o e-mail de confirmação de reserva de voo, hotel ou aluguel de automóvel. O sistema consulta as empresas conveniadas (várias cadeias de hotéis, locadoras e sites de viagens) e elabora rapidamente um itinerário, com mapas e sugestões. É possível agendar restaurantes e diversas opções de entretenimento diretamente a partir do serviço. A ferramenta é especialmente útil para organizar e coordenar viagens de equipes inteiras, alterando dinamicamente o roteiro caso ocorram imprevistos e seja necessária qualquer modificação. Qualquer atraso ou cancelamento é imediatamente informado a seus usuários, junto com opções de reservas próximas que estejam disponíveis. Os itinerários e mudanças são automaticamente compartilhados com os contatos em seu destino. [WWW.TRIPIT.COM]

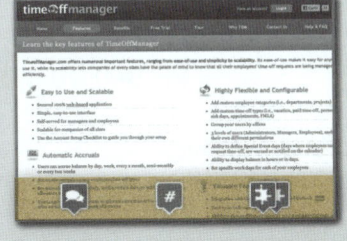

TimeOff manager — ferramenta para contabilizar e administrar ausências programadas de funcionários, sincronizada com o Outlook e outras ferramentas de agendamento. Os pedidos de férias e dias livres são submetidos, aprovados ou cancelados direto do browser, e geram automaticamente notificações por e-mail para os envolvidos. Todas as interações são registradas, o que pode identificar quem queira tirar mais tempo livre do que tenha disponível ou quem recuse solicitações contínuas. A ferramenta permite a inclusão de diferentes regimes de trabalho e disponibiliza dados para facilitar a mensuração do impacto de cada ausência. [www.timeoffmanager.com]

Kayak — mecanismo de busca de opções de voos, hotéis e locadoras, que procura os resultados em bases de dados de companhias aéreas, hotéis e serviços de reservas de viagens, com filtros para que o usuário selecione as opções mais convenientes. É possível determinar faixas de horários ou dias para a reserva, permitindo a busca das melhores opções entre valores, escalas, durações, programas de milhagem e horários de chegada e partida para um ou mais destinos. Selecionada a opção, a ferramenta encaminha o usuário direto para a página de reserva da empresa ou site de viagens para que a transação seja efetuada. A ferramenta é gratuita e não cobra comissões. [www.kayak.com]

TripAdvisor — Não há indicação mais confiável a respeito de um lugar do que a feita por pessoas comuns, não ligadas a empresas ou à imprensa especializada. O TripAdvisor é uma espécie de rede social em que os usuários compartilham opiniões e avaliam hotéis, restaurantes, bares e locais de interesse. Além de dar acesso a críticas diretas (que precisam ser levadas em conta conforme o perfil de quem as deixou e de seu conteúdo). O serviço cria rankings e disponibiliza guias com as principais dicas de destinos populares, enviados por e-mail. Seus fóruns são muito úteis para a busca de informações ou eliminação de dúvidas específicas. [www.tripadvisor.com]

BUSINESS CASES, FERRAMENTAS ADICIONAIS E SUGESTÕES DE USO

Hertz e **Google Streetview** fizeram uma parceria para manter o sistema de mapas atualizado através da frota de meio milhão de carros da locadora. Voluntários recebem veículos adaptados com câmeras compactas que fotografam locais, enviam resultados ao Google e recebem descontos na tarifa. [http://vimeo.com/29384928]

MapBox é uma ferramenta de mapeamento de código aberto que permite a criação de mapas de localização e trajetórias para compartilhamento online ou offline. Ele utiliza a base cartográfica do Mapnik, a mesma usada por OpenStreetMap e pode ser acessado por Google Maps e outros serviços. [www.mapbox.com]

Touristeye cria recomendações personalizadas a respeito de destinos, hotéis e informações turísticas. A ferramenta ajuda a planejar itinerários diários com a informação necessária para a viagem, com recomendações baseadas em preferências pessoais, disponíveis offline para facilitar seu acesso. [www.touristeye.com]

SITUAÇÃO:
Formação de equipes e gestão de projetos.

PROPOSTA:
Nomadismo e compartilhamento.

Revisões revisadas

Um grande problema na elaboração de **documentos coletivos** está na gravação e envio de múltiplas versões por e-mail, o que limita sua eficiência e sigilo. Ferramentas e serviços de edição de textos, planilhas e apresentações online facilitam a visualização e acesso a documentos editados por um grande número de usuários simultâneos. Por estar na nuvem, a maioria ainda depende da velocidade de conexão, não tem versão offline e limita as opções de formatação para que seja compatível com um grande número de equipamentos e sistemas operacionais. Serviços como Zoho e LiveDocuments oferecem um grande número de funcionalidades, embora não tenham o equilíbrio entre velocidade, compatibilidade, conveniência e recursos oferecidos pelo Google Docs. Algumas das principais vantagens de sistemas online são pouco aparentes. Não é preciso, por exemplo, salvar qualquer documento. À medida que as modificações são feitas, sua gravação é automática — e tem um número ilimitado de versões armazenadas caso seja preciso desfazer uma série de modificações ou até editar conteúdos desenvolvidos há algum tempo. São boas opções para editar conteúdos colaborativamente, embora ainda sejam menos versáteis que os aplicativos da suíte Office em sua versão offline.

RECOMENDAÇÕES

Envolva a equipe. A melhor forma de evitar que a documentação de um projeto se torne um fardo é fazer com que cada responsável assuma uma parte de seu registro, determine prazos e seja cobrado por eles. Pequenas tarefas podem se transformar em um enorme trabalho se forem acumuladas e tiverem de ser realizadas no final do projeto.

Relatórios e notificações. Divulgue o conteúdo realizado pelo grupo. Isso ajuda a valorizar a equipe e a atrair maior atenção para o projeto e sua importância.

Crie estratégias de divulgação, compartilhamento e colaboração. E as reaplique nos próximos projetos. Criar uma metodologia dá muito trabalho em seu primeiro uso, mas assim que for assimilada cria uma estrutura confortável para todos os envolvidos.

Compartilhe aprendizados. Compile as principais descobertas feitas na elaboração do documento coletivo e as disponibilize para o grupo de forma a criar uma fácil referência futura, mesmo para quem não teve nenhum tipo de envolvimento.

Reforce vínculos. Multiplique os resultados do esforço dispendido mantendo um canal de comunicação aberto para que qualquer interessado em desdobramentos ou documentos relacionados possa entrar em contato. Essa atitude costuma render fortes conexões profissionais.

Crie cópias offline. Aproveite a nuvem mas não seja vítima de suas limitações se precisar de recursos especiais.

CUIDADOS

Atualize o conteúdo. Mantenha a documentação atualizada ou dê canais de referência para novos documentos que o complementam. A documentação é a voz oficial do projeto. Se ela disser que ele está desatualizado fica difícil afirmar o contrário.

Selecione colaboradores. Seja seletivo e distribua as tarefas. Projetos eficientes costumam ter responsáveis. Algo que pertença a todos não é da responsabilidade de ninguém.

Tamanho do grupo de edição. Grupos compostos por muitos usuários costumam ser pouco efetivos porque é difícil atribuir responsabilidades e cobranças a seus membros. É melhor criar documentos coletivos abertos a poucos membros e atribuir claramente a tarefa de cada um, mesmo que para isso seja necessário criar vários documentos diferentes.

Integre. Estimule a contribuição frequente de seus membros para manter os documentos relevantes e interessantes. Muitos documentos ficam abandonados, incompletos, em repositórios.

Formatação. Não se esqueça que muitos usuários acessarão e contribuirão com o documento através de plataformas móveis, que tendem a ter limitações de formato e compatibilidade ainda maiores. Só use estilos especiais e imagens grandes se forem estritamente necessários.

Feche projetos. Se um projeto acabou, escreva claramente que ele está encerrado. A Internet é um cemitério de boas ideias que, depois de terminadas, são abandonadas sem clara denotação.

Ferramenta: Google Docs

Serviço de edição e compartilhamento de documentos, tabelas e apresentações online e gratuito, compatível com outros aplicativos web. Permite o acesso e edição remota por vários usuários simultâneos, que podem visualizar e debater as alterações feitas por outros em tempo real. Os documentos abertos são automaticamente gravados em várias versões, para evitar a perda de dados e reverter alterações acidentais. Apesar dessas vantagens, ele não é flexível o suficiente para ser encarado como substituto para aplicativos Office em grandes projetos ou documentos complexos. É mais sensato pensar nele como uma extensão que permita o compartilhamento com outras plataformas e a edição coletiva simultânea. Os documentos perdem parte da formatação original na conversão, têm funcionalidades limitadas disponíveis e não podem ocupar um espaço de armazenamento maior do que 1 GB (2 MB de limite para cada imagem). Sua versão para smartphones permite o acesso e edição de textos e tabelas, mas não permite apresentações ou documentos em formato PDF. [HTTPS://DOCS.GOOGLE.COM]

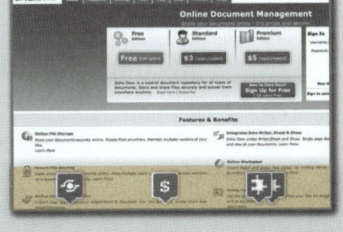

ZoHo Docs – serviço de compartilhamento e edição de textos, tabelas e apresentações online, similar ao Google Docs. Os documentos podem ser armazenados em pastas, classificados por palavras-chave, categoria e nível de compartilhamento. Permite o armazenamento de documentos em vários formatos, inclusive vídeos e sons, com até 1 GB de tamanho. O compartilhamento de conteúdo é feito através de um endereço seguro de e-mail, ideal para uso em computadores pessoais ou compartilhados. É compatível com Google Docs e SharePoint e pode compartilhar vários documentos com um número ilimitado de pessoas. [https://docs.zoho.com]

Office web Apps – a versão online da suíte de aplicativos mais utilizada no planeta é gratuita e permite a criação e edição de documentos Word, Excel, PowerPoint e OneNote (aplicativo para anotações diversas, similar ao Evernote). Comparada com as anteriores, seus recursos são bastante limitados, a ponto de parecer uma "versão light" do Office, com várias limitações de funcionalidades e desempenho. Em smartphones as restrições são ainda maiores, a ponto de não permitir a criação de documentos em outro formato além do OneNote. É indicada para compartilhar ou editar pequenos documentos online, preservando seu formato original. [http://bit.ly/nuvem-officeWeb]

LiveDocuments – suíte de aplicativos online de acesso gratuito, bastante robusta. Ela se propõe a reunir as funcionalidades dos aplicativos Office com a capacidade de compartilhamento do Google Docs. Usuários podem criar documentos ou importá-los de suas máquinas, comentá-los e editá-los em qualquer computador, com velocidade e precisão acima da média. O sistema pode, por exemplo, alertar seus usuários cada vez que uma célula de uma tabela for alterada. O resultado final é compatível com os formatos Office, PDF ou OpenOffice. Há uma versão do aplicativo para smartphones, com funcionalidades limitadas. [www.live-documents.com]

BUSINESS CASES, FERRAMENTAS ADICIONAIS E SUGESTÕES DE USO

National Geographic usa Google Apps para compartilhar documentos entre suas publicações e colaboradores ao redor do mundo, normalmente em áreas sem acesso a tecnologias avançadas. Back-ups garantem a integridade de um conteúdo que muitas vezes não podem ser recuperados. [http://bit.ly/nuvem-NatGeo]

Motorola mobile, mesmo antes de ser adquirida pelo Google, já usava suas soluções para administração de e-mails, calendários, comunicação instantânea, armazenamento, criação e compartilhamento de documentos entre seus profissionais para aumentar sua colaboração e eficiência. [http://bit.ly/nuvem-Motorola]

ZoHo para Google Apps integra os aplicativos ZoHo à infraestrutura da suíte Google para que seus usuários não precisem mudar de plataforma se a empresa transferir sua infraestrutura. Isso cria um clima de competição sadia entre os dois aplicativos e dá mais opções para seus usuários. [www.zoho.com/google-apps]

| ferramenta | serviço | gratuito | preço variável | até US$100/ano | US$100~500 | US$600~2000 | US$2000+ | simples | mediana | difícil | para experts |

SITUAÇÃO:
Formação de equipes e gestão de projetos.

PROPOSTA:
Colaboração, jogos e meritocracia.

Todos por um

Sistemas robustos e sofisticados podem atender a diversas demandas, por mais difíceis que sejam de instalar, configurar e adaptar. Às vezes tudo o que se precisa é uma ferramenta simples para facilitar a **colaboração interna** entre os diversos membros de uma equipe ou projeto. Algo tão espartano quanto um grupo do Google ou mural do Facebook pode ser muito útil para compartilhar agendas, documentos e apresentações, estabelecer dependências e cuidar de listas de tarefas coletivas. Através deles é possível debater determinados temas e tópicos sem precisar recorrer às dispersivas salas de reunião nem ter que recorrer a uma rede qualquer ou a um fórum estruturado. É possível até usá-los para fazer pequenas reuniões coletivas com clientes ou fornecedores sem a necessidade de deslocamento, o que gera maior eficiência e otimização de tempo. Ao contrário do que acontece nas reuniões e apresentações que não são registradas e na gigantesca quantidade de e-mails redigida todos os dias, o conteúdo gerado por essas pequenas redes não é desperdiçado. Assim que terminar o projeto ele pode ser convertido para as bases de dados em operação na empresa, sendo transformado em uma biblioteca de documentos para referência posterior.

RECOMENDAÇÕES

Crie mini intranets ou extranets. Construa versões simplificadas das redes de relacionamento da empresa, customizadas para as necessidades imediatas. Depois do projeto, se possível integre-as aos sistemas da empresa. Isso facilita a criação de bases de dados ágeis e desburocratizadas quando se necessita realizar funções bastante específicas.

Auxilie na construção. Crie modelos e formulários que guiem os participantes na estruturação de seus perfis, determinação de objetivos, recursos disponíveis, contatos e validação de tarefas.

Customize e personalize sua área de trabalho. Interfaces diferentes na tela do computador transmitem a impressão de uma mudança de ambiente, o que ajuda a prender o foco à ação. Se possível tenha um endereço web específico para a rede e o personalize com cor, nome e ícones únicos.

Mensure o engajamento. Monitore, sempre que possível, a atividade da rede. Horários de pico, páginas mais visitadas e sequências de telas frequentes são dados importantes para a medição de performance. Quando bem aproveitados podem ampliar a interface e reforçar o engajamento de seus membros.

Colabore. Use, sempre que possível, as redes para colaboração entre profissionais de dentro e de fora da empresa, criando uma rede de confiança e interdependência extremamente útil.

Remuneração. Premie contribuições com reconhecimento e estímulo social, não necessariamente financeiro, valorizando-as.

CUIDADOS

Administre o tempo. Um dos recursos que se esgotam mais rapidamente na administração de equipes é o prazo de entrega final. Coordene dependências e redistribua tarefas para garantir que boas iniciativas não sejam ignoradas por falta de tempo ou profissionais para realizá-las.

Competição e limites. Esteja atento para eventuais conflitos ou dúvidas que possam surgir quanto ao escopo do grupo de trabalho e das atribuições de cada um. Sempre que possível, evite comparações para evitar incômodos.

Estabeleça desafios realistas. Por mais talentosa que seja uma equipe, ela não é invencível, infalível ou onipotente. Tenha em mente as metas ideal e mínima e saiba qual é mais viável.

Tempo pessoal. Ajuste as características da rede para que não invada tempos ou espaços pessoais de seus membros. Respeite as prioridades individuais quanto à relação entre trabalho e vida pessoal e busque otimizar o tempo útil.

Defina hierarquia e autoridades. Deixe clara a linha de comando dentro da rede, mas ative-a apenas quando for absolutamente necessário.

Determine que áreas serão fechadas. Crie permissões e níveis de acesso para que a rede preserve informações sigilosas ao mesmo tempo que estimula a colaboração de todos. Crie áreas de acesso fechadas para convites restritos, e lembre-se de verificá-las frequentemente.

Ferramenta: Sazneo

Ferramenta que cria um ambiente seguro de colaboração e debates online em tempo real. Indicada para a organização de grupos de colaboração com necessidade de contatos simultâneos e níveis de privacidade, acessados de diversas plataformas. A ferramenta armazena as mensagens trocadas e as organiza em canais, permitindo que sejam marcadas para follow-up, o que facilita a retomada de assuntos e a atualização de membros da equipe. Usuários convidados podem compartilhar documentos em diversos formatos, participar de debates e reuniões públicas ou privativas. A administração de usuários e níveis de privacidade é bastante intuitiva, e permite que trocas de mensagens fiquem inacessíveis para determinados membros do grupo. Um aplicativo notifica seus usuários quando são solicitados por outros membros, mesmo que não estejam conectados à rede. Todas as comunicações podem ser armazenadas para referência posterior. O uso do Sazneo é gratuito para um número limitado de canais. [WWW.SAZNEO.COM]

Do – ferramenta online de colaboração baseada na estrutura de redes sociais, indicada para a criação e administração de pequenos projetos e eventos. Membros podem criar tarefas, compartilhar documentos e acompanhar o andamento de colegas em time sheets públicos. O serviço tem vários modelos de projetos predefinidos, o que ajuda a delimitar escopos e determinar tarefas. Sua versão de acesso gratuito tem todas as funcionalidades da versão paga, mas limita o compartilhamento de mensagens e documentos a 5 MB. O Do é compatível com aplicativos Google, o que facilita a marcação de datas e compartilhamento de documentos . [www.do.com]

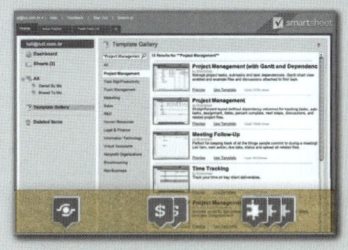

Smartsheet – ferramenta versátil de administração e colaboração, que permite o compartilhamento de documentos, planejamento e gestão de projetos. Sua operação é bastante flexível e inteiramente baseada em tabelas. Para facilitar a estruturação de projetos, o Smartsheet oferece modelos prontos para serem utilizados e organizados em categorias conforme a necessidade. Suas tabelas possibilitam a criação rápida de formulários de pesquisa, notificações, tarefas, gráficos de Gantt e relatórios diversos. Seus documentos podem ser importados de originais nos formatos Microsoft Project e Excel e integrados aos aplicativos Google e Salesforce. [www.smartsheet.com]

Foswiki – ferramenta wiki de colaboração para ambientes corporativos, estruturada para criar um sistema seguro de compartilhamento de documentos e gestão de conhecimento, de acesso público ou restrito. Administradores têm acesso a cerca de 400 aplicativos gratuitos para expandir e customizar diferentes partes da wiki conforme sua necessidade, podendo até modificar partes de seu código aberto. Usuários podem facilmente criar macros e outras formas de automação sem precisar de conhecimentos técnicos. A Foswiki é gratuita, precisa ser instalada no servidor da empresa e pode ser configurada para operar em português. [www.foswiki.org]

BUSINESS CASES, FERRAMENTAS ADICIONAIS E SUGESTÕES DE USO

O fabricante de roteadores **D-Link** usa Smartsheet em seus processos por vários motivos: fácil integração com sistemas de grande porte, flexibilidade e simplicidade para uso com diferentes perfis de profissionais. A ferramenta permite a rápida estruturação de projetos colaborativos elaborados e multiusuário. [http://bit.ly/nuvem-colab-1]

Venture Capital Partners trocou seu antigo sistema de newsletters e listas de e-mails que usava para se comunicar com seus clientes pelas funcionalidades do Sazneo para estimular a realização de debates coletivos em tempo real e aumentar a eficácia das discussões em grupo. [http://bit.ly/nuvem-colab-2]

Inventure Management, consultoria para aproximar clientes estrangeiros do mercado brasileiro, ajudando-os a estabelecer suas subsidiárias por aqui, em especial nos mercados marítimo e de prospecção de petróleo; usa Smartsheet para administrar a burocracia de processos desse porte. [http://bit.ly/nuvem-colab-3]

SITUAÇÃO:
Formação de equipes e gestão de projetos.

PROPOSTA:
Design, usabilidade e acessibilidade.

Todos odeiam slideware

Muitas reuniões desperdiçam boas oportunidades de resolução de problemas por transformarem o que poderia ser uma boa arena de debates em um ambiente de monólogo, comandado por um profissional empenhado em ler uma sequência interminável de telas cheias de textos em tamanhos minúsculos, animações e efeitos visuais de qualidade duvidosa. Boas apresentações costumam funcionar como mensagens diretas, desenvolvidas sob encomenda para seus públicos. Como o tempo e a atenção são cada vez mais raros, é preciso tornar as apresentações o mais eficientes e objetivas possível. Para reunir o conteúdo produzido por diversos profissionais localizados remotamente existem ferramentas de **apresentações coletivas** que facilitam a comunicação entre os membros da equipe na elaboração da apresentação. Vale lembrar que, para se conseguir bons resultados, só as ferramentas não são suficientes. É preciso estudar o assunto, tom e engajamento do público, buscar conexão e pontos de contato, identificar os elementos de maior interesse e, acima de tudo, fazer com que a ferramenta se adapte às necessidades do apresentador, nunca o contrário.

RECOMENDAÇÕES

Tenha objetivo claro e conheça sua plateia. Audiências distintas precisam de discursos diferentes, que podem mudar completamente o formato, tom, layout e roteiro da apresentação.

Fundamente seus argumentos. Reforce afirmações com dados sempre que possível. Citações ajudam a garantir confiabilidade ao discurso, mas não o sustentam.

Estabeleça um roteiro. Estruture a apresentação como quem conta uma história. Garanta a sequência lógica das telas, tome cuidado especial com segmentos criados por vários autores.

Fechamento. Defina quais são os próximos passos a seguir. Garanta que sejam realistas, claros e factíveis. Apresente-os claramente, se possível acompanhados de um cronograma.

Dosagem de expectativas. Deixe claro o que será abordado na apresentação. A sinopse não precisa ser explícita nem detalhada, mas deve dar uma ideia geral dos temas abordados e de sua profundidade.

Tom. Cuidado com piadinhas, trocadilhos ou atitudes para "quebrar o gelo". Não recorra a elas a não ser que conheça muito bem o seu público. Pequenas frases usadas para descontrair o ambiente podem provocar o efeito contrário.

Conexão. Celulares e smartphones estão onipresentes. Como é impossível livrar-se deles, pode-se usá-los para transferir material complementar, recolher perguntas ou estimular a participação.

CUIDADOS

Objetivo e agenda. Tenha-os claramente definidos e apresente-os na abertura da apresentação. Evite surpresas, pois isso pode trazer conflitos entre apresentador e plateia.

Promessas. Cuidado ao definir as metas da apresentação. Não prometa demais, para não causar frustração com relação ao conteúdo transmitido.

Perguntas inesperadas. Prepare-se para abordar ou redirecionar os tópicos mais desagradáveis. Seja advogado do diabo. É melhor estar preparado para cenários negativos que não surjam do que ser surpreendido por eles.

Reações adversas. Nem todas apresentações são bem recebidas pela plateia, muitas vezes por motivos completamente alheios a ela. O clima da empresa, horário ou eventuais preconceitos com relação ao tema costumam provocar desinteresse. Esteja preparado para motivar o público logo no início, pois isso facilitará a transmissão de conteúdo.

Ambiente. Procure conhecer a iluminação e condições de realização da apresentação. Evite depender de conexão ou formatos específicos de mídia que podem não estar disponíveis no computador em que a apresentação será realizada. Busque formas de minimizar a influência de fatores externos que comprometam a atenção da plateia, como ruídos, temperaturas e cheiros.

Mídia demais. Evite o excesso de vídeos e fotos. Se alguns deles estimulam a plateia, seu excesso pode ser irritante ou dispersivo.

Ferramenta: Sliderocket

Permite a criação de apresentações com sofisticados recursos visuais de layout, animação e transição entre telas, que podem ser criadas diretamente no aplicativo, customizadas a partir de modelos prontos ou importadas de documentos nos formatos Powerpoint ou Google Docs. O Sliderocket permite a criação coletiva e habilita um sistema de mensagens instantâneas para a eliminação de dúvidas em apresentações compartilhadas. Imagens podem ser retiradas dos computadores de seus usuários ou de repositórios como o Flickr ou YouTube. É possível importar dados dinâmicos para a inclusão de conteúdo em tempo real em seus slides, a partir de atualizações do Twitter, websites e fontes de informação online. O acesso a cada documento pode ser restrito a grupos de usuários. Suas apresentações mantêm a formatação original, independente da plataforma em que forem acessadas. Os documentos são armazenados em uma área personalizada, podem ser baixados em formato PowerPoint e PDF e acessados a partir de smartphones. [WWW.SLIDEROCKET.COM]

Empressr – ferramenta online para a criação de apresentações multimídia. É mais limitada do que o Sliderocket, mas seu acesso é gratuito e dá conta dos recursos essenciais. As apresentações podem ser criadas a partir de documentos PowerPoint, editadas ou comentadas por usuários convidados e convertidas para diversos formatos, incluindo vídeos. O Empressr permite a criação de gráficos de diversos tipos e níveis de detalhamento, importação de fotos e vídeos de repositórios e compartilhamento da apresentação finalizada via blogs e mídias sociais. É compatível com smartphones, embora com recursos e funcionalidades limitadas. [www.empressr.com]

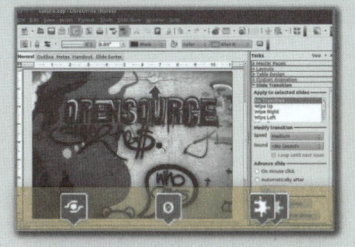

LibreOffice Impress – parte da suíte de aplicativos gratuita e de código aberto LibreOffice, compatível com apresentações simples ou não tem muita experiência no manuseio de aplicativos para a criação de apresentações gerenciais. Com ele é possível importar imagens e vídeos de repositórios, a partir de um mecanismo de busca de mídia disponibilizado dentro da ferramenta para usuários cadastrados. A apresentação pode ser integrada a websites e blogs ou baixada no formato PowerPoint. O documento é gravado automaticamente e fica disponível na rede. É compatível com smartphones, mas incapaz de gerar diagramas e gráficos a partir deles. [www.280slides.com]

Knoodle – Ferramenta de criação e compartilhamento de apresentações multimídia. Com ela é possível criar slidecasts, agregando a elas recursos de voz, música e vídeo e os sincronizando com o andamento das telas. As apresentações podem ser feitas online ou a partir de um aplicativo instalável. Com o Knoodle é possível desenvolver uma ferramenta simplificada de e-learning, com pesquisas e testes. Há recursos para estimular a interação, como a atribuição de anotações, troca de mensagens e pausas programadas para reforçar conceitos. Administradores recebem um relatório de atividades por usuário e podem configurar as funcionalidades disponíveis para cada usuário. [www.knoodle.com]

BUSINESS CASES, FERRAMENTAS ADICIONAIS E SUGESTÕES DE USO

Profissionais de vendas e publicidade da **Discovery Communications** fazem apresentações em SlideRocket para torná-las mais envolventes para possíveis clientes. Suas telas incluem vídeos e fotos em alta definição para mostrar a experiência gerada pelos canais da empresa, entre eles o Discovery Channel. [http://bit.ly/nuvem-slideRocket]

Google presentations, parte da suíte Google Docs, é outra forma de criar apresentações para edição coletiva, mesmo tendo limitações de formato e tipografia. É possível converter documentos nos formatos .ppt e .pps, apresentá-los remotamente e disponibilizá-los para consulta posterior. [http://bit.ly/nuvem-GooglePres]

CardFlick é um aplicativo simples para smartphones que ajuda a resolver um problema comum: seus cartões de visitas acabarem depois de uma apresentação. Compatível com iPhone e Android, ele oferece alguns layouts prontos, pode adaptá-los para os dados de seus usuários e enviá-los por e-mail. [www.cardflick.co]

SITUAÇÃO:
Formação de equipes e gestão de projetos.

PROPOSTA:
Narrativas transmídia e geração de valor.

Engrenagens dinâmicas

A definição de processos e metodologias não costuma ser uma tarefa simples em uma empresa. Como não existe solução universal, sua implementação pode ser difícil. Se a área é nova ou nunca teve um planejamento consistente na empresa, o processo acaba sendo reinventado a cada nova tarefa. Se já existem, são provavelmente frutos de práticas consolidadas ou do trabalho intelectual de uma pessoa ou departamento. Mesmo que sejam excelentes soluções, eles podem rapidamente se transformar em leis pétreas, cheias de dogmas e resistentes à transformação. Como modificá-los demanda muito trabalho e uma boa argumentação, muitos continuam como estão, mesmo que realizem ações claramente ultrapassadas. Ao obedecê-los cegamente a empresa corre o risco de se tornar cada vez mais burocrática e lerda. A criação de documentos colaborativos para o **registro de processos** e métodos pode ajudar a transformar metodologias em arenas dinâmicas, enriquecidas a cada nova contribuição, impedindo que a empresa se desatualize e integrando novas tecnologias e soluções aos processos já existentes. Para clientes, novos funcionários, consumidores e stakeholders em geral pode se transformar em uma boa aplicação da visão da empresa.

RECOMENDAÇÕES

Inovação sustentada. Inovação é um processo contínuo. Se a empresa ou departamento não tiver a cultura de questionar seus processos e propor novas ideias o tempo todo, será difícil implementá-la. Uma ferramenta de registro de processos pode servir como uma excelente arena dinâmica.

Transparência. Material de referência em formato wiki pode ser facilmente contestado ou debatido pela comunidade de usuários, o que cria um clima de maior transparência e colaboração.

Compilação. O registro unificado de processos ajuda a compilar uma parte significativa do know-how de uma empresa em um ambiente centralizado, de fácil referência, ajudando a sistematizar informações que estejam pulverizadas, sem estrutura.

Colaboração. O conhecimento de cada especialista fica disponível para todos e pode ser facilmente debatido ou complementado.

Otimize e-mails e consultas. Sistemas de registro facilitam o acesso a dados e podem reduzir o fluxo de e-mails redundantes ou repetitivos para responder às mesmas dúvidas.

Mantenha atualizado. Processos não mudam o tempo todo. Cultive o hábito de mantê-los atualizados periodicamente ou sempre que houver mudanças importantes. Assim o registro se torna uma obra de referência estratégica.

Organização da informação e busca. Facilite o acesso rápido e eficiente através de mecanismos de busca.

CUIDADOS

Conflitos com políticas preestabelecidas. Consulte políticas e procedimentos antes de elaborar sua metodologia. Procure eliminar conflitos ou áreas nebulosas antes de determinar os registros.

Metodologias e sigilo. Muitas empresas consideram seus processos como parte de sua propriedade intelectual. Se esse for o seu caso, garanta a privacidade de documentos através de senhas e restrições.

Duplicatas. Antes de registrar um novo processo, verifique se não há nenhum outro que cubra o mesmo escopo e que possa ser expandido. Assim se evitam duplicatas e eventuais confusões na consulta.

Rigidez ou flexibilidade excessiva. Estabeleça guias de formatação e conteúdo para uniformizar a qualidade da publicação sem deixá-la presa a uma estrutura formal desnecessária.

Contradições e correções. Garanta a clareza de conteúdo evitando o surgimento de verbetes que possam levar a dúvidas. Se há versões alternativas para diferentes processos, elas devem estar claramente definidas — se possível até em seu título — ou redirecionadas para páginas de discussão.

Inflexibilidade. Todos cometem erros. Uma das maiores vantagens de um serviço wiki é permitir que seus usuários corrijam proativamente os erros e incorreções de seus colegas, o que reforça vínculos e gera um conteúdo de maior qualidade.

Ferramenta: XWiki

Ferramenta de administração de conteúdo que permite a criação de blogs, wikis, páginas e áreas de compartilhamento. Seus usuários podem contribuir com documentos nos formatos texto, PDF ou HTML. O conteúdo agregado às páginas é agrupado em áreas de fácil acesso para seus usuários, que podem configurá-las de acordo com suas necessidades. O XWiki precisa ser instalado no servidor da empresa, o que demanda conhecimento técnico, mas garante maior controle dos dados. Os sites criados por ele podem ser integrados a outras bases de dados, funcionando como extensões de conteúdo – o que pode ser útil para criar glossários ou sistemas de ajuda dinâmicos e editáveis dentro de outras ferramentas. Também é possível usá-lo para criar pequenos aplicativos (enquetes, agendas de reuniões) que transportem dados entre sistemas. Seus administradores podem criar e administrar grupos e permissões de acesso e acompanhar a popularidade de cada conteúdo. Como todos os sistemas presentes nesta página, ele pode ser configurado para a operação em português. [WWW.XWIKI.ORG]

Teamlab – ferramenta gratuita para a criação de portais colaborativos e trabalho em equipe. Apresenta diversas funcionalidades de gestão de projetos, como a criação de tarefas, grupos, responsabilidades, indicadores e deadlines, todos acompanhados de alertas. É uma ferramenta bastante versátil para a documentação de processos, pois permite a criação de blogs, wikis, fóruns, enquetes, wikis e habilita a troca de mensagens instantâneas e notificações. Documentos podem ser criados, editados, importados de outros ambientes de colaboração (como GoogleDocs ou ZoHo) e armazenados direto na plataforma. Gera relatórios detalhados de atividade. [www.teamlab.com]

DokuWiki – ferramenta gratuita de documentação voltada para pequenas empresas e equipes. Todos os dados são armazenados em arquivos de texto, não sendo necessário instalar ou configurar bases de dados. Sua operação é bastante amigável, pode ser expandida com aplicativos gratuitos e facilmente exportada para formatos compatíveis se for necessário migrá-la para sistemas de grande porte. O DokuWiki informa as mudanças recentes, armazena versões ilimitadas de cada página e permite o bloqueio de sua edição. Seus administradores podem controlar o acesso a áreas de conteúdo. Há diversos layouts disponíveis, todos customizáveis. [www.dokuwiki.org]

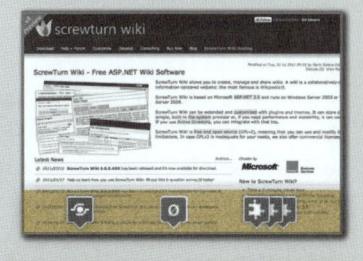

ScrewTurnWiki – wiki para rodar em servidores Windows, é oferecida em versões comercial e gratuita, ambas de fácil configuração e uso. As páginas podem ser editadas e categorizadas rapidamente, com imagens formatadas por um editor. Visitantes podem deixar comentários a respeito do conteúdo, que são agrupados por tema como em fóruns. O administrador determina que tipos e formatos de documentos podem ser incorporados à Wiki e é notificado cada vez que uma página sofre modificações. Extensões podem ampliar suas capacidades, permitido a geração automática de páginas a partir de bases de dados, sua formatação e administração de documentos. [www.screwturn.eu]

BUSINESS CASES, FERRAMENTAS ADICIONAIS E SUGESTÕES DE USO

Air France e **KLM** escolheram XWiki por sua flexibilidade, pois precisavam criar um website com cerca de 30 colaboradores, que também tivesse notícias atualizadas, uma seção de respostas a dúvidas mais frequentes e um catálogo de ferramentas de TI. A intranet da Air France tem mais de 50 wikis, três delas para compartilhamento de informações estratégicas e conteúdo técnico com a KLM. Metade de suas wikis é dedicada ao desenvolvimento de projetos colaborativos (envolvendo de 5 a 200 pessoas) e a outra metade publica conteúdo. Seus usuários são divididos em categorias por nível de acesso e permissão. [http://bit.ly/nuvem-processos]

Usuários de produtos de sucesso, como séries de TV e games, costumam criar ambientes para a troca de dicas e ideias quando não estão satisfeitos com as informações fornecidas pela marca. A **MafiaWars Wiki** é um exemplo desse conteúdo, que, como um fã-clube, pode dar ótimos insights. [http://bit.ly/nuvem-MafiaWiki]

---

ferramenta | serviço | gratuito | preço variável | até US$100/ano | US$100~500 | US$600~2000 | US$2000+ | simples | mediana | difícil | para experts

SITUAÇÃO:
Formação de equipes e gestão de projetos.

PROPOSTA:
Privacidade, sigilo e subversão.

Transações entre parceiros

Um projeto com equipes remotas só será viável se houver formas confiáveis para realizar transações e **pagamentos** de cada fornecedor. Por mais que as grandes redes de cartões de crédito estejam disponíveis em boa parte do mundo, todos têm um pouco de receio ao dar seu número de cartão para fornecedores desconhecidos, ainda mais se estiverem em cidades distantes ou em outros países, e tenham seu site escrito em línguas estrangeiras. Serviços financeiros intermediários auxiliam o processo, ocultando os dados da transação e a realizando de forma segura com o site remoto. Dessa forma, inúmeras empresas de pequeno e médio porte pelo mundo podem oferecer seus serviços a clientes de igual porte ao redor do mundo. Alguns serviços permitem até o envio de créditos e ordens de pagamento para terceiros. Conectados a cartões de crédito ou contas bancárias, esses serviços são extremamente convenientes para ambas as partes: se o comprador tem a comodidade de realizar pagamentos em um clique, o fornecedor se aproveita dessa característica para minimizar o risco de fraudes, tarifas, demoras e processos burocráticos que normalmente acompanham as transferências internacionais de fundos.

RECOMENDAÇÕES

Conheça cada serviço, planos oferecidos, tipos de conta e remuneração. São várias as empresas que oferecem serviços de intermediação financeira por meios digitais, cada uma com diferentes planos de serviços e comissões. Analise as ofertas e escolha a que for mais conveniente para o volume que pretende comerciar e seu ticket médio. Esteja preparado para mudar de categoria ou de fornecedor se o volume de negócios mudar.

Oriente seu público. Todas as novas tecnologias e formas de interação devem dedicar parte de seu tempo em elaborar um website de esclarecimento, detalhando o processo e mostrando cada um de seus responsáveis. Dessa forma tornam claro que determinadas tarefas estão além de seu alcance.

Guarde os registros de todas as transações. Assegure-se contra fraudes ou problemas de logística documentando cada passo da transação até seu recebimento pelo cliente. Abra um canal de feedback para avaliar a satisfação e evitar problemas.

Mobilidade. Procure usar um sistema de pagamento que seja compatível com plataformas móveis, pois isso garante o acesso a clientes em um maior número de contextos.

Verifique a reputação de clientes. No mundo digital tudo é muito limpo e asséptico. Isso não significa que todas as empresas sejam iguais. Verifique a reputação antes de realizar transações para evitar surpresas desagradáveis.

Confirme endereços. Evita problemas de entrega e atrasos.

CUIDADOS

Taxas, impostos e tributos. Avalie com cuidado todas as taxas e tributos que possam incidir sobre cada transação de que participa, principalmente se as transações envolverem um grande número de clientes. Enormes prejuízos podem surgir de taxas ou tributos mal calculados.

Remessas internacionais. Alguns países (o Brasil entre eles) podem ter restrições, impostos ou taxas adicionais quanto à remessa de pagamentos. Hoje que é facílimo realizar transações internacionais, tome cuidados com eventuais tarifas que podem modificar os resultados de transações a ponto de inviabilizá-las.

Spam e fraude. Cuidado com e-mails recebidos, pois os serviços de transações financeiras são um de seus alvos prediletos. Evite clicá-los sem confirmação.

Conheça a ferramenta usada por seu público. Cada nova ferramenta é sempre vista com desconfiança por seus possíveis clientes, que não costumam ter tempo, paciência ou informação suficiente para avaliar sua qualidade. De nada adianta ter um sistema de administração de altíssima qualidade se ele for desconhecido ou incompatível com as tecnologias usadas por seus parceiros comerciais.

Qualidade do fornecedor. Ferramentas de transações financeiras costumam ser bastante seguras, mas não têm como garantir a idoneidade do vendedor ou comprador além do ambiente da transação. Verifique a reputação para evitar problemas com produtos de baixa qualidade, contrabando ou fraudes na entrega.

Ferramenta: Paypal

Principal serviço de transações financeiras online para e-commerce do mundo, usado por mais de 80 milhões de contas em 190 mercados. Seu uso é gratuito para quem o utiliza como forma de pagamento, mas vendedores ou fornecedores de serviços que a utilizem para receber transações financeiras precisam pagar uma comissão sobre cada recebimento. Sua popularidade vem do fato de ser fácil de configurar e, acima de tudo, mais seguro do que muitos bancos. Como é fácil implementá-lo em empresas de qualquer porte, ele permite a novos negócios ou que não tenham tradição ou estrutura de administração o acesso ao mercado mundial. Seus consumidores têm a confiança de que os dados registrados no sistema estarão seguros mesmo em transações com desconhecidos. É possível usá-lo como um banco, convertendo 24 moedas pelo câmbio do dia. As taxas e limitações impostas ao PayPal no Brasil (não permite a transferência de fundos entre pessoas físicas e demanda o uso de cartões de crédito internacional) não diminuem sua enorme popularidade. [www.paypal.com.br]

Pagamento Digital – serviço de pagamento online brasileiro, similar ao Paypal, parte do grupo Buscapé. Pode ser usado por pessoas físicas e jurídicas para comercializar itens, permite o parcelamento de faturas e a customização de planos de pagamento. A intermediação com bancos e operadoras de cartão de crédito é feita pelo sistema, liberando o vendedor de trâmites burocráticos. A transmissão de dados é feita através de protocolos de transferência seguros. O Pagamento Digital emite um selo de reputação de fornecedor, resultado de avaliações recebidas em negociações, que serve como garantia de idoneidade e aval de confiabilidade. [www.pagamentodigital.com.br]

MOIP e PagSeguro – dois serviços de pagamento online brasileiros. O MOIP é ligado ao portal iG, o PagSeguro ao UOL. Ambos geram boletos bancários, aceitam transferências de vários bancos e permitem o pagamento parcelado em compras no cartão de crédito. Por estarem ligados a portais, têm grande capilaridade, acesso a muitos usuários, integração com as principais plataformas de e-commerce, cartões de crédito, bancos e sistemas de pagamento via telefone celular do país. Suas taxas e prazo de reembolso aos vendedores não são as melhores, mas são mais vantajosas do que as de muitas financeiras e cartões de crédito. [www.moip.com.br] e [www.pagseguro.uol.com.br]

Peela – empresa nova, com uma proposta original: ser um cartão pré-pago para uso na internet e no mundo físico. Sua operação é parecida com a dos celulares pré-pagos, e consiste na compra de créditos para serem usados em portais de e-commerce. Considerado o tamanho do mercado de pré-pagos no país – movimento mais de US$40 bilhões em transações, só perde para os EUA e a União Europeia no segmento -, o receio de muitos em usar o cartão de crédito em transações online e a quantidade de pessoas ainda sem acesso a cartões de crédito, tem um grande potencial. Também pode ser distribuído como benefício funcional ou promoção de vendas. [www.peela.com.br]

BUSINESS CASES, FERRAMENTAS ADICIONAIS E SUGESTÕES DE USO

Square é uma invenção que parece ficção científica: um pequeno aparelho, ligado à saída de áudio de um iPhone ou smartphone Android, o transforma em terminal para a realização de pagamentos via cartão de crédito. O sistema ainda não está disponível no Brasil, mas já é realidade em vários países. [www.squareup.com]

Mais próximos do cotidiano, websites para geração de **Boletos Bancários** permitem a criação gratuita de códigos de barras e formulários de cobrança de acordo com as normas da FEBRABAN, para diversas transações, incluindo lojas online, cobrança de mensalidades e emissão de segunda via. [www.boletobancario.com]

Google Checkout é a solução do Google para pagamento de transações, bem usado em soluções de e-commerce. As comissões são similares ao PayPal, mas a demora na implementação no Brasil fez com que não fosse tão popular por aqui. É uma opção para transações internacionais. [https://www.checkout.google.com]

Horas extra
Fluxo de trabalho e administração de tempo

Muitos põem a culpa do estresse contemporâneo nas novas tecnologias, que deveriam reduzir o volume de trabalho mas parecem, em muitos casos, ter provocado o efeito contrário. Arrisco-me a sugerir que a culpa não é das tecnologias, mas da percepção que se tem delas. Não há dúvidas de que o executivo contemporâneo é muito mais produtivo que seu equivalente há algumas décadas. O problema é que as demandas em torno dele também aumentaram, e falta a muitos profissionais maior racionalidade em sua administração de prioridades. Não é de se estranhar: a maioria deles simplesmente não foi educada para isso.

Não adianta desejar mais horas em um dia ou em uma jornada de trabalho. O dia não se tornará mais longo e dedicar mais de um terço dele para qualquer atividade contínua não é uma prática socialmente ou fisicamente saudável. O melhor a fazer em um ambiente de demandas e qualificações crescentes é aumentar a eficiência do trabalho.

É comum ouvir, em diversos ambientes, que nunca se trabalhou tanto. Nunca, entretanto, trabalhou-se tão mal. As interrupções constantes, o conflito de prioridades e o número cada vez maior de tarefas simultâneas fragmentam a atenção e tornam grandes jornadas de trabalho improdutivas, em que várias atividades são iniciadas e praticamente nenhuma chega a ser completada.

Algumas empresas, na busca por resolver esse problema, chegam a tomar decisões radicais e cortam de uma vez todo e qualquer acesso às mídias sociais. É uma solução controversa, que pode até funcionar em ambientes de completo caos e descontrole, mas que não pode ser mantida por muito tempo, principalmente se levarmos em conta que hoje praticamente qualquer celular com acesso a um pacote de dados pode usar aplicativos que o conectem às redes.

A restrição pura e simples não funciona. Se tratados como crianças indisciplinadas, muitos funcionários reagirão como tal e procurarão formas de burlar o sistema, gastando ainda mais tempo nessa tarefa dispersiva. Tampouco adianta a liberação total e irrestrita, pois a maturidade e consciência com relação à intensidade, horário e tempo de uso não é automática.

Alguns podem usar pouco as redes, outros podem ser hábeis em tocar múltiplas tarefas simultâneas e trabalhar com várias janelas abertas como se ouvissem música, enquanto outros podem se distrair completamente com o conteúdo externo. Quantos reagirão a uma política de restrições ou permissões fixas, e de que forma o farão são variáveis que só se consegue descobrir na prática, o que é um procedimento arriscado e pode ser bastante improdutivo.

Uma forma possível é estimular o bom-senso e tratar as conversas na rede como se fossem papos de corredor ou escapadelas para um cigarro ou café: ajudam a relaxar, diminuem o estresse e desbloqueiam possíveis ideias. São extremamente bem-vindas, se usadas com moderação.

As empresas, afinal, sempre foram redes sociais. Os aplicativos e serviços apresentados neste capítulo levarão essa característica em consideração para incentivar e ajudar a desenvolver um trabalho em equipe construtivo e maleável. Novas plataformas permitem a seus usuários a customização de suas áreas de trabalho e criação de suas próprias ferramentas, dando a eles grande maleabilidade e reduzindo boa parte da burocracia imposta por restrições tecnológicas.

Até há pouco tempo, as pessoas e documentos armazenados eram a fonte primária de conhecimento quando se buscava por suporte, aprendizado e desenvolvimento pessoal. As novas ferramentas colaborativas devolvem aos profissionais o controle sobre seu ambiente de trabalho, ajudando-os a organizar equipes e fluxos de trabalho e criando estruturas de publicação e administração de conteúdo versáteis e abrangentes.

Apesar do título deste capítulo falar apenas de intranets, redes internas, restritas a usuários de uma mesma empresa, é impossível falar delas sem também tratar de extranets, as redes fechadas que conectam os executivos de uma empresa a seus principais stakeholders, sejam clientes, fornecedores, freelancers ou parceiros, já que é inviável (além de praticamente impossível) estruturar uma empresa isolada do ambiente que a circunda. Por isso muitas das ferramentas abordadas tratarão indiscriminadamente de ferramentas para a construção e administração de todo tipo de rede que use os recursos da Internet mas que seja de acesso restrito, voltada para a administração de equipes ou condução de negócios.

Vale relembrar, no entanto, que as funcionalidades só terão um real valor se forem acompanhadas de um planejamento dedicado e extenso, que avalie o impacto de cada ferramenta nos processos da empresa e em suas relações com o ambiente externo. Caso contrário as novas funcionalidades podem atrapalhar mais do que ajudar, aumentando a curva de aprendizado e a carga de trabalho de seus executivos, além de contribuírem para a distração, dispersão e consequente frustração.

Solução	Ferramentas	Página
Blogs internos	**Wordpress,** *Alfresco, TextPattern, CMSMatrix.org*	92
Miniblogs	**Tumblr,** *Soup, Webdoc, Temas para CMS*	94
Aplicativos	**Google Apps,** *Podio, ZoHo Creator, AppExchange e Force.com*	96
Acompanhamento de processos	**Office365,** *Google Sites, ZoHoWiki, MODxRevolution*	98
Escritório móvel	**QuickOffice,** *Jolicloud, AmoebaOS, Documents2Go*	100
Salas de reunião	**TokBox,** *Imeet, Infinite Conferencing, Vyew*	102
Geolocalização social	**Apontador API,** *FourSquare API, GoogleMaps API, SimpleGEO*	104
Brainstorms	**Lucidchart,** *Gliffy, Product Planner, Creately*	106
Registros coletivos	**MindTouch TCS,** *ActiveCollab, BitWeaver, Confluence*	108
Privacidade	**TOR,** *DuckDuckGo, Splunk, KeePass*	110

SITUAÇÃO:
Intranets, fluxo de trabalho e administração de tempo.

PROPOSTA:
Blogs, curadoria, expressão e independência.

A voz interna

Blogs internos podem ser um tipo de publicação digital bem diferente daquele que se conhece na rede. Como são voltados para um público específico, com interesses e motivações bem mais próximas, seu conteúdo pode ser bastante restrito, trazendo notícias do segmento, conquistas da empresa, informações sobre seus funcionários, dicas de serviços nas redondezas. Profissionais de nível estratégico podem contribuir com seu conteúdo, comentando notícias atuais sob o ponto de vista do contexto empresarial e até novas contratações ou aquisições. Dessa forma o blog consegue reunir, em uma só publicação, diversas informações de interesse para os públicos variados da empresa, dispostos em publicações ou páginas, marcados com palavras-chave, organizados em categorias e, principalmente, aberto para comentários. Tudo isso sem a necessidade de se realizar qualquer investimento de porte. A montagem de um blog chega a custar menos do que a impressão de uma só edição de um jornal interno, e consegue aglutinar nela muito mais informação do que a que é normalmente distribuída via newsletters. O ideal é começar pequeno, sem grandes ambições, e ir crescendo e ampliando sua gama de temas e serviços à medida que ganhar popularidade entre seus usuários.

RECOMENDAÇÕES

Atraia colaboradores. Procure formadores de opinião dentro da empresa e busque deles suas dicas e contribuições, mesmo que não sejam diretamente ligadas a atividades profissionais. Como colunistas de jornais, seus textos podem atrair leitores ao blog e se interessar mais por aspectos que nunca chamaram sua atenção.

Procure histórias e heróis. Identifique o maior número de assuntos sobre os quais vale a pena escrever antes de começar. Mesmo que nem todos os temas sejam desenvolvidos, é bom ter uma reserva de pauta para épocas de muito trabalho ou agenda difícil.

Inicie o blog offline. Anote em um caderno os temas que pretende abordar e comente-os, pedindo sugestões. Mesmo que os textos não sejam desenvolvidos por inteiro, fica mais fácil ter uma ideia do esforço envolvido na produção frequente de conteúdo.

Seja autêntico. Por mais que o blog seja a voz de uma empresa, é importante que seus leitores vejam os autores dos textos como indivíduos racionais. Isso facilitará o diálogo e a contribuição.

Notícias relevantes. O blog pode ser uma fonte de informação importante sobre políticas e procedimentos internos, lançamentos, tutoriais, recomendações, acordos e convênios.

Políticas globais ou setoriais. A mídia costuma ser genérica demais para abordar o efeito direto da conjuntura mundial em seu segmento ou mercado específico. O blog pode explorar essa lacuna para contextualizar seus profissionais quanto ao efeito de guerras, crises e tarifas.

CUIDADOS

Procure aprovação da gerência. Um blog é visto por seus leitores como a voz oficial de uma empresa. Por isso é fundamental que seus administradores tenham aprovação oficial para começá-lo. No início é natural que a abertura provoque desconfiança e ressalvas. Não faça grandes propostas nem sugira temas polêmicos antes de ter uma audiência e credibilidade estabelecida.

Consulte os departamentos de Marketing e Jurídico. A empresa é vista do lado de fora como uma entidade única. Esses departamentos podem ajudá-lo a listar os tópicos que suas campanhas procuram evidenciar, bem como aqueles que podem criar problemas se tornados públicos. Lembre-se que o maior objetivo do blog é aumentar os vínculos da equipe.

Escute tanto quanto fala. Ou mais. O blog pode ser uma excelente oportunidade para se estabelecer um canal de comunicação com os funcionários de uma empresa, principalmente se der abertura para sua opiniões.

Comentários. Responda sempre, pouco importa o conteúdo. É melhor encarar críticas abertamente do que ouvi-las pelas costas.

Visão interna. O blog não deve ser cúmplice nem revelar estratégias ou segredos de mercado, mas ser um ponto de vista interno com relação ao que acontece à sua volta, ajudando seus funcionários a compreender e compartilhar a visão, missão e valores da empresa. Ele não precisa tratar de informações sigilosas, mas deve abordar o ponto de vista único de quem convive no ambiente de trabalho.

Ferramenta: WordPress

Um dos sistemas de publicação de conteúdo mais popular do mundo. Gratuito, versátil e de fácil operação, é usado para criar e administrar mais de 50 milhões de websites no mundo, de blogs pessoais a publicadores de corporações como CNN e Sony. Existem milhares de modelos de temas para layout de suas páginas e publicações, a maioria gratuita e customizável. As variáveis do sistema (conteúdo, comentários, links, layout e extensões) são administradas a partir de um painel de controle simples e abrangente, que também fornece dados estatísticos de visitação para análise de tráfego. Existem milhares de extensões disponíveis para amplificar suas funcionalidades, como filtros de spam, fóruns, e-commerce, calendários, galerias de fotos e vídeos, entre muitos outros. De fato, as opções de extensão são tantas que é recomendável experimentá-las extensivamente para que não sejam instaladas em excesso, o que pode tornar o serviço lento ou incompatível com algumas plataformas. Para hospedar gratuitamente um blog, [WWW.WORDPRESS.COM]. Para baixar, instalar, configurar e expandir a ferramenta acesse [WWW.WORDPRESS.ORG].

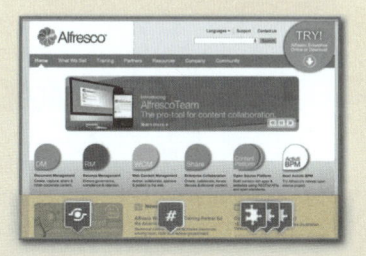

Alfresco Enterprise – ferramenta de administração de conteúdo colaborativo para empresas, uma boa alternativa de código aberto para redes de conteúdo como o Sharepoint, com o mesmo estilo de organização. Ajuda a administrar registros, processos e documentos, convertendo automaticamente documentos Office e permitindo seu compartilhamento. O Alfresco cria um ambiente distribuído de colaboração, que permite o acesso e edição por equipes remotas. Sua área de compartilhamento funciona como disco virtual, sincronizado com a rede quando estiver conectado. Seus administradores podem atribuir funcionalidades e níveis de permissão conforme o usuário. [www.alfresco.com]

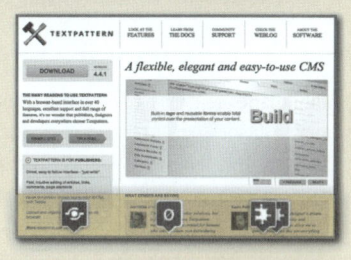

TextPattern – sistema de gestão de conteúdo gratuito e de código aberto para quem tem muitas informações a divulgar. Sua operação é um pouco mais complexa do que a de outros sistemas, mas a agilidade da ferramenta compensa. O TextPattern importa facilmente o conteúdo de outras plataformas de blog, e seu administrador pode determinar em que área ou categoria colocar os novos dados. Cada seção do site pode ser pública ou de acesso restrito e ter seu layout próprio, o que pode ser muito bem-vindo para separar textos curtos e análises em profundidade de galerias de fotos, sons ou vídeos. Oferece várias extensões, mas sua configuração é um pouco trabalhosa. [www.textpattern.com]

CMSMatrix.org – existem múltiplas opções de serviços de gestão de conteúdo online, gratuitos ou pagos, públicos e privados, com funcionalidades específicas, o que dificulta a escolha por um deles, por mais que a maioria de suas bases de dados sejam compatíveis. Para facilitar a escolha, este serviço compara gratuitamente dois ou mais sistemas, levando em consideração quesitos técnicos em diferentes áreas, e apresenta seus resultados em tabelas comparativas classificadas por nome, popularidade, solicitações de comparação e atualização de seus sistemas. Usuários cadastrados podem avaliar, comentar ou discutir questões específicas em seus fóruns. [www.cmsmatrix.org]

BUSINESS CASES, FERRAMENTAS ADICIONAIS E SUGESTÕES DE USO

A **Ford Motors** desenvolve alguns blogs para canalizar a expressão dos proprietários de seus veículos e sua paixão pela marca. Cada blog tem um conteúdo específico. Alguns são voltados para determinados modelos e públicos, outros tratam de categorias gerais, e outros são escritos por fãs. [www.thefordstory.com/ford-on-blogs]

Jobs@Intel é um bom exemplo de blog utilizado com funções de RH. Para atrair e reter talentos, ele disponibiliza testemunhais e informações detalhadas sobre carreiras e benefícios oferecidos para seus profissionais, aglutinando-os em um portal convidativo e frequentemente atualizado. [www.intel.com/jobs]

Merck Serono usa Alfresco Enterprise para distribuir conteúdo para seus usuários, permitindo o compartilhamento de documentos sob os padrões de segurança e sigilos demandados pela indústria farmacêutica. A base de dados acumula mais de 300 GB de conteúdo em mais de 450 mil documentos. [http://bit.ly/nuvem-BlogInterno]

SITUAÇÃO:
Intranets, fluxo de trabalho e administração de tempo.

PROPOSTA:
Micromídia, Twitter e impulso.

Conversas de corredor

À medida que os blogs ganharam importância e se tornaram veículos de comunicação com maior influência, e que o Twitter se encarregou das atualizações diárias, surgiu um nicho para aquelas informações grandes demais para caber em 140 caracteres e pequenas demais para demandar longas análises. Os **miniblogs**, cujo serviço mais popular é o Tumblr, são populares para a publicação de fotografias, vídeos ou citações seguidas de um breve comentário. Miniblogs têm várias vantagens com relação aos outros meios: por não demandarem textos grandes, sua informação não precisa ser "arrumada" em uma sequência de argumentos que acaba se desatualizando. Sua edição é rápida, traz vários elementos visuais e pode mostrar informações mais descartáveis, mas que não sejam menos interessantes ou importantes. Podem ter múltiplos autores que postem conteúdo direto de outras páginas web, à medida que navegam por elas ou serem atualizados automaticamente a partir de redes de compartilhamento como o Instagram. Como nas redes sociais, é possível "seguir" outros autores, "curtir" suas atualizações e citar partes de seus conteúdos em vários formatos – incluindo vídeo ou áudio – diretamente de sua página no microblog.

RECOMENDAÇÕES

Temas. Microblogs costumam se destacar de blogs e outras mídias sociais pela qualidade gráfica de suas páginas. Designers têm um bom controle sobre as variáveis a customizar e as principais ferramentas (Tumblr, Posterous, Soup) disponibilizam temas de alta qualidade gratuitamente.

Mobilidade. Ferramentas e extensões variadas permitem aos usuários de miniblogs o compartilhamento de conteúdo a partir de diversas plataformas, o que torna o smartphone um grande aliado para a produção de conteúdos envolventes inéditos, como fotos, vídeos e sons publicados ao vivo direto de eventos, palestras ou apresentações de produtos.

Conexão. O compartilhamento é um dos principais destaques desse formato. O autor de um miniblog costuma ter mais "amigos" do que "leitores". Por mais que se possa acompanhar cada nova publicação, os conteúdos de maior sucesso costumam funcionar como redes de conteúdo, em que veículos de temática similar citam os conteúdos de seus colegas.

Seja rápido. O canal pode até ser usado para reflexões profundas, mas estas devem ficar a cargo de seus leitores, da mesma forma que acontece com aforismos, links e fotos no Twitter. A velocidade de publicação e um comentário espirituoso contam mais do que uma longa explanação. O ambiente, lembre-se, é de troca.

Multimídia comentada. Nada impede que um conteúdo compartilhado venha acompanhado de um pequeno texto, principalmente se trouxer detalhes da origem do conteúdo.

CUIDADOS

Informalidade. Como é curto e direto, é natural que boa parte do conteúdo seja informal. Mas tome cuidado para não exagerar em termos técnicos, jargões, gírias ou expressões que soem herméticas, esnobes, excessivamente técnicas ou ridículas.

Textos longos. Não são recomendados, blogs existem para este fim. O ideal aqui é engajar em uma conversação, postando um conteúdo inicial que provoque ou atraia o interesse e desenvolvendo, através dos comentários, uma relação mais interativa, pessoal e próxima.

Empilhamento de conteúdo. Existem serviços especiais para o armazenamento e comentários a respeito de links de referência, que podem armazenar longas listas e bibliografias. Procure, sempre que possível, associar conteúdos a ideias ou comentá-los para agregar valor e estimular o diálogo.

Procure ter uma só voz. O começo de um microblog pode ser genérico, mas à medida que ele se desenvolve é recomendável focar seu interesse em um tema principal e um ponto de vista que o acompanhe. Assim se estabelece uma voz editorial que atrai seus leitores por sua personalidade marcante. Evite elogiar indiscriminadamente ou se esquivar de confrontos. Este é o lugar de manifestar uma posição, nem que ela seja sobre um tema técnico e genérico, como software livre ou computação em nuvem.

Off-topic, leve ou pesado demais. O ambiente é público e seus comentários serão ouvidos. Seja relevante e inspirador e não faltará uma boa companhia para conversar.

Serviço: Tumblr

Plataforma simples e poderosa para a criação de mini e microblogs, compatível com diversos formatos de conteúdo, como áudio, vídeo, imagens, textos e links. O serviço é centralizado, por isso é necessário criar uma conta para utilizá-lo, mas pode ser completamente customizado e direcionado para um domínio próprio. O Tumblr permite ao usuário "seguir" outros usuários, marcar páginas que considerem interessantes para consulta posterior e até republicar conteúdos de outros. Seu administrador pode acumular publicações prontas em uma fila de espera para publicação em data e horário determinados. É possível definir quantas atualizações deverão ser feitas por dia e em qual horário ocorrerão. É indicado para blogs curtos, que divulguem mensagens mais completas, ricas e centralizadas do que o Twitter, façam compilações de referências encontradas na rede ou para a divulgação de projetos mais informais que não demandem a estrutura de um blog ou wiki. Seu menu simplificado de opções mantém o formato simples, rápido e acessível por diversas plataformas.

[WWW.TUMBLR.COM]

Soup – ferramenta similar ao Tumblr, o Soup também permite a criação de grupos e redes de interesses, filtradas por assuntos ou áreas. A publicação pode ser extremamente simples: sempre que algo de interessante é encontrado na rede, um clique em um botão especial importa o conteúdo direto para o miniblog. A ferramenta também permite a fácil importação e sincronização com agregadores e repositórios como Digg, Flickr, Delicious, YouTube, StumbleUpon e Twitter, com atualização automática. É possível modificar a interface com facilidade e aplicar as mudanças imediatamente, sem precisar de conhecimento técnico. Novos conteúdos podem ser criados até por e-mail. [www.soup.io]

Webdoc – ferramenta de agregação de conteúdo web de operação extremamente fácil. Para criar páginas só é preciso se cadastrar no serviço, selecionar o link com a fonte de conteúdo e publicá-la, selecionando se deseja compartilhar a página gerada automaticamente via Twitter ou Facebook cada vez que for atualizada. Ela permite a criação de colagens (mashups) de recursos provenientes de vários sites, que pode ser comentada por seus leitores usando os mesmos recursos. O resultado é uma grande produção coletiva que pode ser usada para criar brainstorms, atividades de integração e transmitir a repercussão de eventos. [www.webdoc.com]

Temas para CMS – para quem tem um blog ou website e não pretende abandoná-lo ou trocá-lo por mais uma mídia social, redirecionando sua audiência, pode customizar o layout das páginas para o formato de miniblog. Existem diversos temas (conjuntos de páginas de layout pré-configurado) que adaptam ferramentas populares de publicação, como Wordpress, Drupal e outros sistemas de administração de conteúdo (CMS) para o formato de microblog. Vale lembrar que uma alteração tende a modificar todas as páginas, e pode causar problemas de formatação em conteúdos previamente publicados. A revista Smashing dá uma boa introdução ao tema em [http://bit.ly/SM-Tumblr]

BUSINESS CASES, FERRAMENTAS ADICIONAIS E SUGESTÕES DE USO

Time Magazine usa o Tumblr para contar alguns bastidores e complementos a respeito das histórias de capa de cada edição. A revista busca, dessa forma, estabelecer um contato mais próximo com seus leitores fiéis, dando a eles um pouco mais de informação a respeito de seu veículo predileto. [http://www.timemagazine.tumblr.com/]

"A Smarter Planet" é o microblog da **IBM** centrado em discussões sobre as soluções da empresa para o desenvolvimento de sistemas inteligentes nas áreas de saúde, energia, urbanismo e alimentação. Ele apresenta os conteúdos de forma simplificada e procura destacar iniciativas similares pelo mundo. [www.smarterplanet.tumblr.com]

Travel Channel, o canal de TV a cabo que trata de viagens e estilo de vida, usa o Tumblr para publicar fotografias e textos que remetam a cenas inspiradoras, exóticas ou divertidas ocorridas em locais distantes, condizentes com a experiência provocada por seus programas. [www.travelchannel.tumblr.com]

ferramenta	serviço	gratuito	preço variável	até US$100/ano	US$100~600	US$600~2000	US$2000+	simples	mediana	difícil	para experts

SITUAÇÃO:
Intranets, fluxo de trabalho e administração de tempo.

PROPOSTA:
Redes sociais, grupos e comunidades.

Caixas de ferramentas

As bases de dados das mídias sociais estão cada vez mais conectadas, e seus processos, cada vez mais modulares e abertos. Isso desperta em seus usuários o desejo de customizá-los além do estabelecido por seus fabricantes. Algumas plataformas permitem a pessoas comuns, que não tenham conhecimento algum em áreas de desenvolvimento e programação, a possibilidade de criarem, por conta própria, uma série de **aplicativos sob medida** para suas necessidades de negócios. Essas plataformas habilitam diferentes módulos, com parâmetros bem definidos e padronizados de demandas e entregas, e permitem a seus usuários que customizem seus dados e formatos livremente, criando suas próprias ferramentas de trabalho e compartilhando-as com os membros de sua equipe. O processo é bastante intuitivo, a maior parte dos aplicativos pode ser feita arrastando componentes e interligando-os a outros módulos, como se faz um diagrama de blocos. Para inspirar seus usuários e facilitar o desenvolvimento de ferramentas, algumas dessas plataformas têm suas próprias lojas de aplicativos, em que disponibilizam alguns exemplos do que pode ser feito, a maioria de acesso gratuito, totalmente customizável e funcional.

RECOMENDAÇÕES

Crie seu aplicativo coletivamente. Boas ideias podem surgir da colaboração entre diversos membros de uma equipe, cada um evidenciando suas necessidades e demandas e redesenhando o fluxo de informação para que torne suas tarefas mais eficientes

Pense em processos. Aplicativos costumam ser o resultado prático de ideias e criam novos processos em torno de si, mesmo que não tenham tal intenção. O processo criativo para o desenvolvimento de um aplicativo é mais importante do que o próprio produto final, pois leva a um questionamento das atividades.

Central vs. periférico. Concentre-se no mínimo possível de tarefas que seu aplicativo deverá realizar e busque executá-las da forma mais rápida, precisa e completa possível. Só depois de ter o módulo central do aplicativo muito bem desenvolvido que se deve pensar em extensões variadas.

Adapte ou customize. Inspire-se em lojas de aplicativos e procure "desmontar" os produtos de que mais goste: como eles funcionam? De que tipo de dado necessitam? É possível dividi-lo em módulos? Desenhe um diagrama de blocos completo, detalhando suas operações e interação com o usuário. Esse exercício facilitará o desenvolvimento de seus aplicativos.

Crie extensões. Procure simplificar, expandir ou conectar processos. Isso costuma ser uma boa forma de examinar suas falhas ou limitações, abrindo o caminho para o desenvolvimento de aplicativos ou processos que as complementem, contornem ou até as reformulem por completo.

CUIDADOS

Aplicativos não substituem profissionais de TI. Por mais que sejam fáceis de criar, rápidos, poderosos e eficientes, os aplicativos desenvolvidos por estas plataformas têm seu foco na facilidade de uso, não na resiliência, estabilidade ou compatibilidade. Qualquer aplicativo que seja público, ganhe escala, dependa de banda ou de armazenamento precisa ser estruturado por profissionais de conhecimento específico para que tenha um bom desempenho.

Menos é mais. Use as funcionalidades disponíveis com parcimônia. De nada adianta criar aplicativos complexos e difíceis de usar, cheios de funcionalidades inúteis somente porque é possível usá-las. Ferramentas especializadas costumam realizar, bem e rapidamente, uma só função.

Não reinvente a roda. Crie aplicativos para amplificar a capacidade de seus usuários. De nada adianta criar versões empobrecidas de aplicativos estabelecidos e de uso conhecido.

Tire seus dados da caixa-preta. Contribua com o processo liberando o acesso a algumas tabelas de dados específicos (que não sejam sigilosos) para a criação de aplicativos contextuais que os amplifiquem e conectem a outras informações.

Confusão. Não misture informações e requisitos demais. Crie aplicativos específicos e lembre-se de documentá-los ao terminar.

O barato sai caro. Conecte aplicativos para expandir suas capacidades, não para substituir produtos consolidados.

Ferramenta: Aplicativos Google

Conjunto de ferramentas digitais para empresas que usam a infraestrutura e conectividade dos serviços Google para compartilhar documentos e formar grupos de trabalho. Entre elas estão sistemas privados de e-mail (que usam a plataforma GMail), agenda, editores de textos, planilhas e apresentações (acessando Google Docs), grupos de discussão e compartilhamento, armazenamento de sites e vídeos, blogs, busca customizada e wikis. O Google Apps Marketplace é um portal que disponibiliza a instalação e integração a contas Google de vários aplicativos web conhecidos, muitos gratuitos (e citados neste livro). O administrador da rede pode definir quais usuários terão acesso a quais aplicativos, e sua ativação é automática. Um produto útil e pouco comentado é o Cloud Connect, extensão para Word, Excel e PowerPoint que habilita seus documentos para edição e colaboração remota diretamente dos aplicativos, sem precisar acessar sites ou e-mail. O sistema grava automaticamente várias versões e contacta usuários quando houver conflitos. [WWW.GOOGLE.COM/ENTERPRISE/MARKETPLACE]

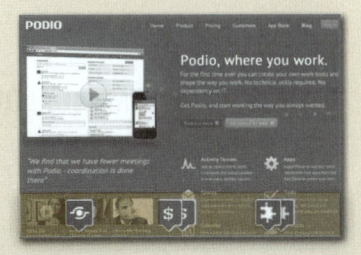

Podio – ferramenta que permite a qualquer usuário, independente de conhecimento técnico, criar seus próprios aplicativos e compartilhá-los com sua rede, customizando espaços e ferramentas de trabalho em vários projetos simultâneos. O sistema é modular e intuitivo. Para criar funcionalidades basta arrastá-las para uma área de trabalho e ajustar sua função, que a ativação é imediata. Usuários podem customizar aplicativos baixados de uma biblioteca de modelos ou criar novas ferramentas com funcionalidades específicas para suas necessidades. Todos os aplicativos, criados ou customizados, são compatíveis com smartphones. [www.podio.com]

ZoHo Creator – como o Podio, é uma ferramenta para a criação de aplicativos, igualmente fácil de operar, e que pode ser integrada aos Aplicativos Google. Para criar um aplicativo basta selecionar módulos, configurar suas funcionalidades e permissões de acesso. Pode-se importar planilhas Excel e bases de dados Access ou partir de modelos de sua extensa biblioteca colaborativa, com soluções para CRM, suporte, help desk, gestão de projetos, administração de despesas, contatos e funcionários, entre outras. Os aplicativos são geridos pelo serviço, o que resulta em soluções rápidas, seguras e escaláveis. Todas podem ser acessadas por smartphones. [www.zoho.com/creator]

AppExchange e Force.com – ambientes de distribuição de aplicativos para a suíte Salesforce. O AppExchange disponibiliza mais de mil aplicativos desenvolvidos por terceiros, ajuda a montar soluções personalizadas, lista contatos de parceiros de consultoria e classifica aplicativos por preço, versão compatível do Salesforce, indústria, área de negócios e idioma. [http://appexchange.salesforce.com]. O Force.com é o que se chama de PaaS, ou plataforma como serviço. Ele permite a desenvolvedores externos que criem extensões desenvolvidas em linguagem proprietária que se integrem ao módulo central do Salesforce e sejam hospedados em sua estrutura principal. [www.force.com]

BUSINESS CASES, FERRAMENTAS ADICIONAIS E SUGESTÕES DE USO

O **RunMyProcess** facilita o trabalho de gestores e profissionais de TI ao criar e organizar fluxos de trabalho reunindo dados provenientes de várias ferramentas e as integrando em uma interface. Ele pode ser usado para automatizar ou ampliar processos, adaptando-os a novas ferramentas e demandas. [www.runmyprocess.com]

Swebapps e **MyAppBuilder** são ferramentas que permitem a qualquer usuário a criação de aplicativos para iPhones e smartphones Android. Seus aplicativos, como os gerados por Zoho e Podio, não são robustos, mas funcionam muito bem para a realização de tarefas simples. [www.swebapps.com] e [www.myappbuilder.com]

If This Then That permite a criação de aplicativos sociais simples para qualquer usuário, gratuitamente. O sistema consulta diferentes APIs e realiza ações quando certas condições são estabelecidas, permitindo a geração de atualizações e notificações automáticas em outras redes, complementando-as. [www.ifttt.com]

SITUAÇÃO:
Intranets, fluxo de trabalho e administração de tempo.

PROPOSTA:
Fóruns, wikis, reputação e empowerment.

Gestão interativa

O **acompanhamento de processos** dentro de empresas deveria ser função de sua intranet. Poucos usuários de redes corporativas internas, no entanto, as utilizam para realizar funções estratégicas. Isso acontece por diversos motivos. Para começar, muitas delas são invisíveis. Por terem conteúdos desatualizados ou pouco relevantes, não costumam ser muito visitadas e chegam até a ser desconhecidas. Outro de seus problemas é a falta de foco. Para tentarem atender a todas as demandas da empresa, muitas chegam a habilitar diversos serviços, pouco integrados, disponíveis para todas as áreas. Na falta de um planejamento mais bem conectado com os objetivos de negócios da empresa, são poucas as que realizam funções acima do nível burocrático. Há quem se queixe de suas intranets por serem estáticas, evoluindo muito pouco ao longo dos anos. Em um ambiente de mídias sociais, não faltam queixas de sua impessoalidade, restringindo a customização e a transparência de conteúdo. Por último, várias redes internas são mudas, promovendo pouca comunicação entre os departamentos, seus executivos e a administração. Redes de colaboração podem ajudar a Intranet a compartilhar experiências, gerenciar projetos e construir conhecimento.

RECOMENDAÇÕES

Crie páginas de status para clientes e projetos, dados e contatos. Configure telas, gráficos e relatórios para ter acesso às informações que mais precisa em mãos para quando surgirem reuniões, telefonemas ou contatos imprevistos.

Configure sua experiência. Modifique as funcionalidades de sua área pessoal na intranet para ter acesso direto aos itens de que mais precisa na rede. Faça o mesmo na extranet para seus clientes terem uma experiência integrada e consistente.

Seja seu próprio administrador. Amplie sua manipulação e controle de diversas bases de dados organicamente. Configure saídas de dados desburocratizados caso precise de novos enfoques. Determine diferentes permissões de acesso às páginas de conteúdo que criar.

Brainstorm. O formato aberto permite o questionamento e abertura a sugestões de inteligência de negócios e marketing.

Experimente. Estruture e modifique sites internos, com funcionalidades diversas, prepare interfaces para trabalhar com fornecedores externos ou com equipes remotas. Integre o maior número de produtos, serviços, processos, recursos e equipamentos. Mesmo que o produto final não saia, o exercício garantirá uma melhor compreensão de todo o processo.

Identifique talentos. Em sistemas do tipo wiki, as contribuições de cada usuário são bem aparentes, sejam em páginas de conteúdo, áreas de debates ou repositórios de documentos.

CUIDADOS

Foco. Já existem muitas distrações na rede, o que faz com que a atenção dos usuários seja cada vez mais limitada. Crie áreas de trabalho para ajudar o foco nas tarefas, evite conteúdos que possam distrair o usuário.

Comece pequeno. Crie áreas de trabalho para um grupo, departamento ou evento interno, para testar suas funcionalidades.

Transições. Conte com o apoio de administradores de rede durante a implementação da intranet e sua expansão para a extranet, para evitar conflitos, instabilidades ou eventos que coloquem em risco o relacionamento que se tem com clientes e stakeholders.

Dados pessoais. Ao combinar recursos e ferramentas de contato com o resto do conteúdo evite publicar os dados de contatos de seus executivos, para evitar transtornos ou constrangimentos.

Consulte experts. Procure, sempre que possível, contar com a visão e opinião de especialistas antes de implementar novas soluções ou modificar ferramentas de trabalho.

Confiança e networking. Muitos profissionais de boa lábia e competência duvidosa capricham na definição de perfis e são capazes de fazer uma boa figura em reuniões e entrevistas, embora sejam péssimos na hora de entregar as tarefas solicitadas.

Conexão. Cada executivo é um ponto de conexão entre a empresa e o mercado. Sua opinião sincera pode ser muito mais valiosa do que qualquer campanha de imagem de marca.

Ferramenta: Office365

A iniciativa da Microsoft na nuvem não é tão abrangente quanto a de seus competidores na área, como ZoHo e Google, mas leva a vantagem de contar com a gigantesca base de usuários de suas plataformas Office, Exchange, Lync e SharePoint. Seus aplicativos ainda são versões limitadas, porém o simples compartilhamento de recursos e edição coletiva já é uma grande ajuda. Seus usuários podem contar com a infraestrutura de suporte da Microsoft, acessar contas de e-mail com espaço de armazenamento de até 25 GB, participar de reuniões virtuais, compartilhar e editar documentos, anotações, tarefas e calendários. A plataforma é segura, com mecanismos de proteção contra vírus e spam. O pacote para autônomos e pequenas empresas cobra uma pequena taxa por usuário mensal, o que pode ser uma solução acessível para uma montagem inicial, embora o custo tenda a subir com o aumento de usuários e funcionalidades. Usuários podem acessá-la a partir de smartphones e plataformas não Windows. [WWW.OFFICE365.COM]

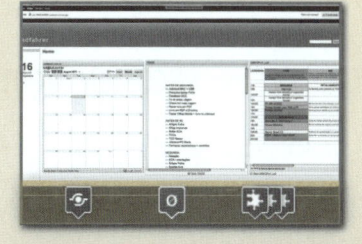

Google Sites — ferramenta simples, rápida e versátil, com recursos de edição típicos de wiks. Cada website criado é automaticamente hospedado em um ambiente seguro e modular, que permite a criação e customização de áreas de trabalho com vários níveis de acesso. Usuários podem criar, alterar, comentar, mover ou excluir conteúdo e receber notificações quando certas áreas forem modificadas. A integração com aplicativos Google permite que documentos sejam incorporados a páginas e alterados dinamicamente, o que gera um ponto centralizado de acesso, consulta e edição. Cada versão alterada de uma página é gravada, para evitar a perda de conteúdo. [http://sites.google.com]

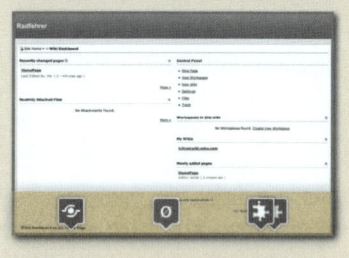

Zoho Wiki — ferramenta de registro de processos com recursos wiki, que também permite a criação de áreas de trabalho individuais. Nelas o usuário pode organizar aplicativos e funcionalidades que deseje utilizar dentre as soluções da suíte Zoho (ferramentas para CRM, recrutamento, gestão de projetos, organização de reuniões, compartilhamento de documentos, criação de aplicativos e várias outras) e incorporá-las a produtos das suítes Google, Office e Sharepoint. Suas páginas permitem a edição coletiva, monitoramento de páginas e controle de versões. [http://wiki.zoho.com]

MODx Revolution — sistema de gestão de conteúdo de código aberto. É uma ferramenta segura, maleável e escalável, que pode ser usada para o desenvolvimento de websites específicos, com seções completamente customizadas. O sistema é bastante ágil e rápido, desenhado para ser utilizado em websites de qualquer tamanho e permitir uma rápida expansão. É fácil criar novos temas e páginas visualizadas de forma diferente conforme seu contexto. Isso permite a criação de websites específicos para projetos, clientes ou fornecedores, com permissões de acesso e funcionalidades customizadas. As extensões podem ser instaladas diretamente de seu painel de administração. [www.modx.com]

BUSINESS CASES, FERRAMENTAS ADICIONAIS E SUGESTÕES DE USO

Patagonia, confecção de equipamentos para viagens de aventura usa Office365 para integrar seus 1.500 funcionários ao redor do mundo em uma solução unificada para realizar comunicações e decisões em tempo real e reduzir despesas com TI ao mesmo tempo que torna sua estrutura técnica mais estável. [http://bit.ly/MS-Patagonia]

Konica Minolta Business Solutions usa Google Apps como fornecedor de serviços de colaboração, e-mail e segurança da informação. Dessa forma libera seus profissionais de TI das tarefas burocráticas cotidianas e os estimula a buscar novas soluções de comunicação, integração e tecnologia. [http://bit.ly/nuvem-Google-Minolta]

A marca de alta costura **Roberto Cavalli** usa Google Sites para consolidar sua comunicação entre representantes pelo mundo. O serviço facilita o compartilhamento de vídeos, fotos e apresentações, além de centralizar o material para a imprensa e divulgação em um repositório colaborativo. [http://bit.ly/nuvem-Google-Cavalli]

| ferramenta | serviço | gratuito | preço variável | até US$100/ano | US$100~500 | US$600~2000 | US$2000+ | simples | mediana | difícil | para experts |

SITUAÇÃO:
Intranets, fluxo de trabalho e administração de tempo.

PROPOSTA:
Mobilidade, geolocalização e identificação.

Escritório de bolso

Hoje é cada vez mais comum o uso de aplicativos instalados em smartphones como assistentes pessoais, planejadores e portadores de documentos essenciais, a tal ponto que um dia de trabalho sem acesso a eles é um grande transtorno. A comunicação, realizada por voz, texto, e-mail e mídias sociais, se tornou apenas mais uma das funções realizadas por esses aparelhos que, aos poucos, convergem com os computadores para formar sistemas integrados, essenciais para um **escritório móvel**, que muda conforme seu contexto e localização, mantendo seus usuários constantemente conectados. À medida que as tecnologias de conexão evoluem, os documentos guardados em um disco rígido soam aos poucos tão arcaicos quanto a espera ao lado de um computador por um e-mail (ou de um telefone por uma ligação). Sistemas operacionais apoiados na nuvem, também chamados de WebOS, permitem que se acesse uma série de documentos e aplicativos web a partir de qualquer equipamento, sem que haja a necessidade de compartilhar dados pessoais ou senhas coma máquina utilizada. Esse processo garante o backup e a sincronização automática entre todas as plataformas conectadas, tornando os dados completamente independentes do equipamento em que foram criados ou modificados.

RECOMENDAÇÕES

Maior mobilidade. O acesso a documentos em plataformas móveis permite que modificações feitas em trânsito ou por diversos colaboradores sejam integradas, mantendo-os atualizados.

Diminuir distrações. Escritórios móveis têm a vantagem de remover seus usuários de seu contexto habitual, onde seriam facilmente interrompidos por colegas ou distrações cotidianas.

Produtividade. O acesso por plataformas móveis e a reunião de diversos serviços em um único portal permite o monitoramento de documentos e utilização de diversos aplicativos simultaneamente, o que facilita a organização e aumenta a eficiência.

Substitua aplicativos subutilizados. Muitos usam o Photoshop para alterar o tamanho de imagens ou o Word para escrever pequenos textos. Como estes, muitos aplicativos robustos ocupam espaço no disco rígido e capacidade de processamento de suas máquinas para fazer operações simples, que poderiam ser facilmente realizadas por aplicativos específicos.

Somente o necessário. Crie o hábito de tirar serviços, equipes e grupos de compartilhamento de suas plataformas móveis quando estes não forem mais relevantes. Assim será mais fácil encontrar os documentos desejados, ter livre um bom espaço para armazenamento e acesso fácil aos links mais relevantes.

Inspiração. Aproveite o ambiente móvel para se inspirar e buscar novas ideias e integrá-las ao conteúdo desenvolvido.

CUIDADOS

Equilíbrio entre vida pessoal e profissional. Usuários de escritórios móveis precisam de maior disciplina para não deixar a vida profissional interferir nos momentos de lazer. Um fim de semana de total desconexão pode gerar ideias muito melhores na segunda-feira do que um trabalho extenuante e contínuo.

Novas distrações. Ambientes externos podem trazer distrações de diferentes naturezas: músicas, barulhos, calor, vento, falta de mesa, energia elétrica ou rede. Previna-se escolhendo bem o ambiente em que pretende trabalhar. Se for muito sensível a sons no ambiente, considere ir a bibliotecas ou comprar um fone de ouvido antirruído.

Senhas de administração. Cuidado redobrado ao usar senhas de rede ou acesso à máquina em ambientes públicos, em que não se pode verificar a segurança da rede oferecida. Evite trabalhar com dados sigilosos em ambientes sem privacidade.

Excesso de confiança. Nem sempre a rede está disponível, nem sempre o equipamento a usar é compatível e muitos efeitos de formatação podem ser perdidos. Leve uma cópia de segurança em um pen drive para evitar problemas.

Grave em formato aberto. Esteja atento a versões e compatibilidades. Documentos que precisam ser visualizados, comentados ou editados por várias pessoas precisam ser gravados em formatos genéricos (como. RTF, .JPG, .AVI e .MP3) para garantir sua utilização por outros aplicativos, plataformas e sistemas operacionais se a rede estiver fora do ar.

Ferramenta: QuickOffice

Aplicativo para a criação, transporte, compartilhamento e edição de textos, planilhas e apresentações da suíte Microsoft Office em smartphones e plataformas móveis. É integrado a diversos serviços de compartilhamento de documentos, CRM e gestão de projetos, como Huddle, SugarSync, MobileMe, Dropbox, Google Docs e Box.net. Isso permite um intercâmbio dinâmico entre diversas equipes de trabalho remotas e servidores. Os documentos podem ser transmitidos por cabo, e-mail ou rede sem fio para vários dispositivos simultaneamente, o que agiliza sua sincronização e atualização dos envolvidos. Como há uma grande variedade de equipamentos móveis disponíveis no mercado hoje em dia, cada um com suas particularidades, os aplicativos residentes deste fabricante buscam tirar o melhor possível de cada plataforma para facilitar e acelerar a edição de documentos simultâneos, por isso algumas funcionalidades presentes em certos dispositivos podem ser substituídas em outros. [WWW.QUICKOFFICE.COM]

Jolicloud – ferramenta gratuita para reunir e organizar serviços online a partir de qualquer computador. Ela cria uma área de trabalho virtual, com ícones que se conectam diretamente a serviços e ferramentas na Internet, já na configuração desejada, e também permite a administração, visualização e edição de documentos do Google Docs, bem como seu compartilhamento via DropBox. A ferramenta funciona como sistema operacional, que pode ser acessada de qualquer computador ou rodada a partir de pen drives. Com ela é possível configurar e ter acesso a uma área de trabalho pessoal ou profissional a partir de qualquer equipamento conectado. [www.jolicloud.com]

AmoebaOS – como o Jolicloud, é um sistema operacional online, de acesso gratuito, que administra documentos e aplicativos direto de qualquer browser. A ferramenta demora um pouco para carregar, mas é bastante robusta e flexível, podendo ser facilmente customizada para usos ou processos que tenham necessidades ou aplicações específicas. O AmoebaOS vem com mais de 30 aplicativos pré-instalados, que dão conta das funções de trabalho e conexão cotidianas, mas que podem ser facilmente substituídos por ferramentas web. Como sua interface é similar à do sistema operacional Apple Macintosh, usuários dessa plataforma terão maior facilidade em operá-la. [www.amoebaos.org]

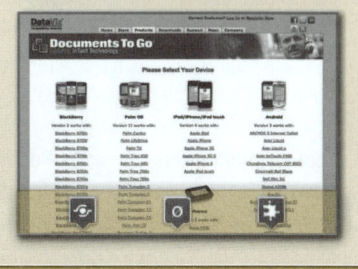

Documents2Go – aplicativo para smartphones voltado para a visualização, compartilhamento e edição simplificada de documentos nos formatos Microsoft Office e PDF via smartphones. Conforme o dispositivo, outras funcionalidades podem ser agregadas, como sua integração com aplicativos locais. É uma ferramenta bastante rápida e conveniente para quando se precisa fazer alterações de última hora em documentos enviados por e-mail ou baixados de servidores. Entre as várias soluções disponíveis, esta é uma das mais tradicionais e estáveis. Compatível com um grande número de smartphones e demais dispositivos móveis. [www.dataviz.com/products/documentstogo]

BUSINESS CASES, FERRAMENTAS ADICIONAIS E SUGESTÕES DE USO

Greplin é um mecanismo de buscas de contatos e conteúdo em interações sociais. Usuários cadastrados podem pesquisar em seus contatos, e-mails enviados e recebidos, mensagens, pessoas e eventos ou atualizações no Twitter, Facebook e Linkedin. Bom para encontrar informações em trânsito. [www.greplin.com]

FieldAgent é um aplicativo para iPhone que realiza pesquisas e distribui pequenas tarefas para seus usuários, remunerando-os conforme sua complexidade. Através dele empresas conseguem executar rapidamente funções repetitivas a baixo preço, terceirizando-o na forma de um jogo social. [www.fieldagent.net]

Skanz é um projeto de rede social que aglutina os contatos de seus membros e os reproduz em um QR code para sua rápida identificação por outros smartphones. É possível determinar quais redes e informações compartilhar, em uma página simples e segura que também compartilha fotos, vídeos e músicas. [www.skanz.com]

SITUAÇÃO:
Intranets, fluxo de trabalho e administração de tempo.

PROPOSTA:
Nomadismo e compartilhamento.

Reuniões virtuais

A conexão remota possibilita a criação de **salas virtuais de reunião** e com elas aumenta a eficiência das empresas e simplifica uma série de processos ao minimizar a necessidade de reuniões presenciais e visitas ao cliente. Seu uso torna o trabalho em equipes remotas e o home office realidades cada vez mais comuns. O aumento das ferramentas de compartilhamento permite uma melhor eficiência e administração do tempo, já que parte dele não é desperdiçado no trânsito ou em reuniões de pouca relevância. A tecnologia também permite a criação de um ambiente de apresentações simultâneas e debates realizados por indivíduos em diversas localidades, o que até há pouco tempo era exclusividade da TV. O ambiente da reunião, no entanto, é apenas a interface para serviços muito mais sofisticados, como a mensuração do nível de atividade de cada membro de uma conferência, sua transmissão pública e registro de ata para consulta posterior, tornando-as excelentes recursos de gestão e negociação. O maior risco de sua popularidade é a migração de velhos hábitos e vícios para os novos canais, como por exemplo a realização de reuniões excessivas, inúteis, longas demais ou inconclusivas, dessa vez por videoconferência.

RECOMENDAÇÕES

Apresentações, demonstrações e coletivas de imprensa. Podem ser transmitidas por vídeos online (webcasts), o que permite seu acesso por profissionais que estejam em outras localidades, cidades ou países, seu armazenamento para consulta posterior e sua distribuição a partir de estúdios especializados ou do próprio escritório, a baixo custo.

Agenda. Evite reuniões de rotina ou sem conteúdo predeterminado. Transfira atividades de acompanhamento e registro para outras ferramentas e use a atenção que o canal de vídeo demanda para contatos diretos e relevantes.

Entrevistas e apresentações. É possível realizar contatos e conduzir entrevistas a partir de locais genéricos, o que evita interrupções no trabalho e exposição de conteúdos privativos.

Aprendizado remoto. Use o canal de videoconferência para entrevistar alunos e avaliar seu desempenho. Aulas podem ser gravadas previamente e seu conteúdo complementar enviado por canais de compartilhamento.

Reduza viagens. Boa parte do investimento em tempo e recursos usado em viagens comerciais pode ser mais bem empregado na preparação de material de divulgação e interação remoto.

Pontapé inicial. Aberturas de projetos podem reunir os membros da equipe para que se apresentem remotamente. Reuniões subsequentes podem agregar equipes menores, centralizadas em tarefas específicas, o que acelera a tomada de decisão.

CUIDADOS

Use o vídeo apenas quando for necessário. Por mais que a conexão seja rápida, nem sempre ela é estável, seu preço pode variar conforme a localidade ou o dispositivo. Vídeo, além de consumir banda, demanda atenção e interrompe o trabalho de seus participantes. Outros canais, por não demandarem atenção ou resposta imediata, podem ser mais adequados.

Apresente os participantes. É recomendável compartilhar informações profissionais a respeito de cada participante antes da reunião começar, já que essa prática pode ajudar todos os membros a ter uma boa compreensão do nível de conhecimento técnico e poder de decisão de cada interlocutor.

Ambiente de trabalho. Organize o espaço para que as reuniões transcorram em um local razoavelmente silencioso e com o menor número de elementos visuais possível. Além de distraírem a atenção, fundos com texturas, movimento ou muitas cores podem ser de difícil interpretação e transmissão pelo sistema, o que demanda mais processamento do que o necessário e compromete a qualidade da transmissão.

Documente a reunião. Aproveite que o material online pode ser registrado para listar todas as demandas e encaminhá-las aos participantes via e-mail. Isso facilita a cobrança de tarefas posteriores e ajuda a esclarecer dúvidas quanto ao escopo demandado.

Registre eventos para seu compartilhamento. Muitos conteúdos podem ser reciclados mais tarde na forma de apresentações, cursos, material de divulgação e treinamento.

Ferramenta: TokBox

Cria espaços para videoconferências com a participação simultânea de até 10 usuários, a partir de qualquer página de um website ou blog. A ferramenta é gratuita, sua instalação é simples, imediata e não demanda conhecimento técnico. Com ela é possível saber quantas pessoas estão visitando a página simultaneamente e iniciar conversas com uma plateia ilimitada em um clique. Para assistir à conversa, basta acessar o site. Administradores podem desconectar usuários inconvenientes e administrar a fila de espera. O TokBox pode ser usado para hospedar painéis simples, conduzir entrevistas públicas, eliminar dúvidas diretas, moderar discussões ou temas polêmicos entre pequenos grupos frente a audiências (como acontece em mesas redondas), fazer comunicados, apresentar notícias e conduzir reuniões com equipes remotas. O TokBox identifica automaticamente a webcam e microfone dos participantes e pede autorização para ativá-los. Suas videochamadas são simples, não compartilham documentos nem dão acesso a áreas de trabalho. [WWW.TOKBOX.COM]

Imeet – serviço de videoconferência em que o organizador da reunião paga um valor mensal para a disponibilização de áreas com capacidade para até 15 pessoas. As imagens de cada integrante são mostradas em pequenos cubos, que crescem quando ele assume a palavra. O Imeet pode ser integrado a redes sociais como o Facebook, Linkedin e Flickr. Cada participante pode fazer uma pequena apresentação em sua página/cubo, o que facilita sua identificação e acesso discreto a informações de contato. É possível compartilhar e-mails, imagens e mensagens instantâneas, de forma pública ou privada. O ambiente da videoconferência pode ser customizado. [www.imeet.com]

Infinite Conferencing – ferramenta robusta, indicada para videoconferências de grande porte, que sofram restrições de segurança ou demandem rápida escalabilidade, já que pode reunir até mil participantes simultâneos. Com ele é possível criar salas de reunião online de diversos tipos, com várias funcionalidades customizáveis. Usos possíveis são conferências de vendas, coletivas de imprensa, demonstrações de produtos e reuniões com equipes remotas cujo uso de vídeo seja essencial. Habilita um comunicador instantâneo e permite o compartilhamento de documentos via links diretos. Funciona em diferentes plataformas e browsers, incluindo smartphones. [www.infiniteconferencing.com]

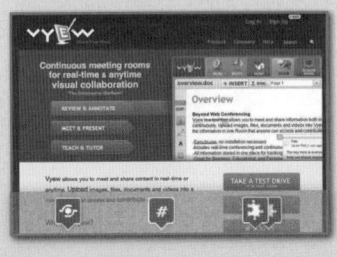

Vyew – ferramenta de colaboração e reuniões remotas que disponibiliza áreas de videoconferência e trabalho em grupo. Reuniões por vídeo ou áudio acontecem no mesmo ambiente em que os membros da equipe trocam mensagens, compartilham e comentam documentos, vídeos e imagens. Cada participante pode transmitir ao vivo o conteúdo de sua área de trabalho e compartilhar o controle de seu computador com seus colegas. Todo o processo é baseado em browsers, sem a necessidade de instalação de aplicativos. As reuniões são limitadas ao máximo de seis participantes. Todos os documentos relacionados a elas podem ser armazenados e editados posteriormente. [www.vyew.com]

BUSINESS CASES, FERRAMENTAS ADICIONAIS E SUGESTÕES DE USO

Fuze Meeting oferece um serviço remoto de videoconferência em alta definição, para mais de dez participantes, que conecta plataformas diversas e smartphones sem instalar infraestrutura técnica. As flutuações da rede deixam o serviço um pouco instável, mas já é uma boa amostra do futuro da área. [www.fuzemeeting.com]

O **Meetin.gs** organiza reuniões simples entre profissionais de diferentes empresas. O registro é feito direto da conta do Facebook e autenticado por e-mail. A ferramenta integra calendários do Outlook e Google e cria uma área de colaboração para compartilhamento de notas e materiais complementares. [www.meetin.gs]

O **Doodle** concilia agendas. Usado para marcar compromissos pessoais e profissionais por mais de 8 milhões de pessoas por mês, ele permite a sugestão de datas e horários para que cada participante possa informar sua disponibilidade. Não é necessário estar cadastrado no sistema para usá-lo. [www.doodle.com]

| ferramenta | serviço | gratuito | preço variável | até US$100/ano | US$100~500 | US$600~2000 | US$2000+ | simples | mediana | difícil | para experts |

SITUAÇÃO:
Intranets, fluxo de trabalho e administração de tempo.

PROPOSTA:
Colaboração, jogos e meritocracia.

Aonde você está?

O aumento de popularidade dos smartphones faz com que redes sociais evoluam para comunidades que agregam dados de **geolocalização social** aos perfis e atualizações de seus usuários. Dessa forma é possível saber onde seus contatos estão. Os dados gerados por essas ferramentas pode criar ferramentas eficientes de acompanhamento e análise de rotas de forças de vendas, calcular a logística de entregas ou até mensurar os hábitos do público consumidor nas redondezas de um estabelecimento comercial para diversificar suas ofertas. Aplicações mais genéricas para o ambiente de trabalho podem usar ferramentas de geolocalização para aumentar a produtividade de equipes (conectando profissionais para pedir equipamentos ou suprimentos a colegas que estejam no escritório), disponibilidade (se um especialista está na empresa pode ser mais fácil falar diretamente com ele do que escrever um e-mail) e oportunidades nas redondezas (ao informar clientes ou fornecedores próximos). Por motivos como estes, cada vez mais empresas têm conectado seus aplicativos e acessado bases de dados de geolocalização. Isso é feito através de APIs (acrônimo para interface de programação do aplicativo, em inglês), que são funções criadas para que desenvolvedores tirem proveito de alguns dados, desde que autorizado por seus usuários.

RECOMENDAÇÕES

Tenha um ponto de partida. Sempre monte qualquer produto de interação social a partir de bases de dados populadas. Começar do zero é difícil e toma tempo. Isso sem contar que ambientes vazios sempre dão a impressão de abandonados e poucos dedicam esforço a eles.

Planeje e coordene eventos. Os dados de localização podem ser muito válidos para a mensuração da popularidade e administração de recursos para eventos à medida que ocorrem. Eles podem ajudar a prevenir crises de abastecimento ou logística.

Faça colagens. Misture os resultados de uma API com os de outros sites. Concatene resultados de busca com mapas e informações de GPS, notifique, integre. Crie relevância.

Mantenha os dados acessíveis. É um dos pilares do software de código aberto. A funcionalidade da qual a API depende tem que estar disponível para qualquer pessoa que queira usá-la. Pode-se cobrar por serviços agregados, mas o acesso às informações liberadas pelas ferramentas deve ser gratuito.

Agregue valor. Use seu aplicativo ou serviço para amplificar a experiência do usuário, evite fazer cópias de um site original com um layout diferente.

Inteligência. Use os dados coletados para gerar informações valiosas a respeito da dinâmica interna de sua empresa e consumidores, o que ajuda a otimizar recursos e criar produtos e serviços baseados na dinâmica social dos locais e pessoas.

CUIDADOS

Privacidade. É uma das maiores preocupações quando o tema é geolocalização. Tome cuidados para que seu aplicativo respeite o espaço pessoal de cada usuário. Uma forma simples de fazê-lo é limitar seu escopo para determinados locais ou horários ou estabelecer zonas de privacidade que limitem sua operação.

Segurança. Tome cuidado para que seu aplicativo não sirva de porta de acesso para invasões. Limite o acesso aos dados fundamentais e evite áreas de registro misto, como agenda, contatos ou álbuns de fotos.

Cartão de ponto. Usuários de seu aplicativo precisam vê-lo como apoio, não vigília. Algumas informações genéricas, como o horário de chegada na empresa ou local do almoço, podem ser mal interpretadas sem agregar valor.

Simplifique o trabalho. Evite que seu usuário faça tarefas repetidas, registrando, sempre que possível, locais, fotos e horários em seu nome. Assim ele só intervém quando for necessário.

Dê crédito. O site/aplicativo que se utilize de uma API sempre deve revelar a fonte dos dados e dar links para ela, como se faz nos vídeos do YouTube e apresentações do Slideshare.

Remunere seu usuário. Os dados que ele fornece são valiosos e dificilmente seriam conseguidos por outros canais. Por isso vale a pena estimulá-lo para que o utilize com frequência, usando promoções e premiações, mesmo que virtuais, conforme o valor de sua contribuição.

Ferramenta: Apontador API

A base de dados do principal serviço de geolocalização brasileiro permite o acesso livre a mapas, pontos de referência, fotos de locais e rotas. Esses dados podem ser incluídos a páginas, sites e aplicativos para plataformas móveis desenvolvidos por terceiros, transmitindo informações dinâmicas e permitindo a seus usuários que interajam com uma base de dados grande e confiável e agreguem novas camadas de conteúdo a elas. É possível, por exemplo, criar aplicativos que permitam ao usuário registrar o trânsito em determinadas horas, contribuir com rotas alternativas, consultar sugestões de caminhos conforme uma necessidade específica (rotas alternativas que incluam postos de gasolina, evitem áreas baixas, escapem de escolas no horário de saída ou que sejam mais fáceis para se percorrer de bicicleta, entre outras opções) e integrar os resultados encontrados a mídias sociais, como blogs, Facebook e Twitter. As informações geradas por esses aplicativos podem contribuir para enriquecer a base de dados, em um círculo virtuoso benéfico para todos. [HTTP://API.APONTADOR.COM.BR/PT]

FourSquare API – o componente social deste serviço de geolocalização gera conteúdos interessantes para ações promocionais e ampliação da inteligência de mercado. É possível combinar informações geográficas a dicas e opiniões pessoais de cada usuário sobre os locais frequentados e suas redondezas. Usuários que autorizem o acesso a seus dados pessoais passam a compartilhar a frequência e intensidade de uso do aplicativo, locais mais visitados, horários de uso, número de amigos e seguidores, credenciais (badges) e recomendações feitas. Com isso é possível ter rápido acesso ao nível de influência de determinados usuários em locais e horários. [https://developer.foursquare.com]

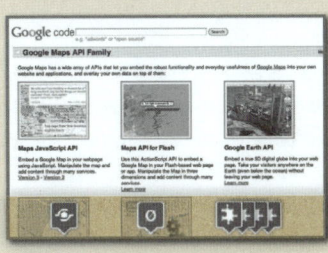

GoogleMaps API – é a base de dados abertos de geolocalização mais acessada do mundo, presente em mais de 350.000 websites. Com ela é possível inserir e customizar mapas, endereços e trajetórias. Os usuários de cada mapa, em cada site, podem marcar e compartilhar locais, rotas e endereços. A localização pode ser feita sem equipamentos de GPS, o Google pode estimá-la a partir de dados de triangulação de redes Wi-Fi e de antenas de transmissão de telefonia móvel. Sua utilização é gratuita, desde que o serviço que a utilize não cobre pelo acesso aos dados que fornece. Serviços fechados podem comprar uma versão comercial, chamada Premier. [http://code.google.com/apis/maps]

SimpleGEO – suíte de três APIs de geolocalização: *SG Storage*, banco de dados com informações relacionadas a localização; *SG Context*, que permite a coleta de dados relacionados ao contexto (o que existe em uma certa coordenada, qual é sua densidade populacional, acidentes geográficos e condições meteorológicas, por exemplo); e *SG Places*, que coleta dados relacionados a uma série de locais dentro de um determinado raio, como o nome de estabelecimentos e áreas de atuação. Recentemente a ferramenta disponibilizou 20 milhões de registros para domínio público, facilitando a construção de novos aplicativos por desenvolvedores independentes. [www.simplegeo.com]

BUSINESS CASES, FERRAMENTAS ADICIONAIS E SUGESTÕES DE USO

OpenStreetMap é uma wiki gráfica, construída sobre um mapa. As informações de suas localidades e ruas podem, como na Wikipédia, ser atualizadas por qualquer usuário, que também pode agregar a ela dados gerados automaticamente por dispositivos com GPS. O Bing Maps usa seus dados. [www.openstreetmap.org]

4SQ AppGallery mostra aplicativos para Web e smartphones que geram novas experiências a partr da API do Foursquare. Há extensões para browsers, websites, jogos, visualizações da posição de contatos e serviços de pessoais e profissionais, desenvolvidos para várias plataformas. [www.foursquare.com/apps]

GetaTaxi é um serviço disponível em várias cidades austríacas para localizar táxis a partir de smartphones. Com base na geolocalização do aparelho, o aplicativo solicita o serviço dos motoristas de táxi que estiverem mais próximos. Assim que um motorista disponível é localizado o usuário é notificado. [www.get-a-taxi.at]

ferramenta | serviço | gratuito | preço variável | até US$100/ano | US$100~500 | US$600~2000 | US$2000+ | simples | mediana | difícil | para experts

SITUAÇÃO:
Intranets, fluxo de trabalho e administração de tempo.

PROPOSTA:
Design, usabilidade e acessibilidade.

Diagramas e abordagens

As recentes pesquisas em cognição mostram que há diferentes formas de pensar e processar a informação. Nenhuma delas é melhor do que as outras, são apenas usadas para finalidades diferentes. A educação tradicional se concentra no aprendizado linear, passo a passo, em que conceitos simples são analisados em uma evolução progressiva até formar estruturas complexas. Por mais que seja importante, essa forma de pensar não é a única, e pode chegar a becos sem saída. A percepção espacial, baseada no reconhecimento de padrões, é um sistema que integra todo o conhecimento de uma só vez em **diagramas** e gráficos, em que os conceitos são interconectados. Ela envolve a síntese, quase intuitiva, de sistemas complexos e seu processamento simultâneo — muitas vezes deixando de lado pontos fundamentais em nome do objetivo final. Esse tipo de raciocínio indutivo usa a imaginação para combinar fatos preexistentes em formas inusitadas, gerando ideias criativas. Influenciado pela visualização de estruturas e percepção espacial, ele pode ser um complemento rico para a descoberta de falhas e sugestão de alternativas. Diagramas lançam mão desse recurso e podem ser utilizados para a descrição de processos, estruturação de wireframes, brainstorms e fluxogramas diversos.

RECOMENDAÇÕES

Combine e expanda ideias. Use o diagrama ou alguns de seus conceitos como ponto de partida. Vá além de simplesmente conectá-los, procure novas fontes e ligações.

Tenha objetivos claros. É muito fácil "travar" ou dispersar. Uma agenda clara ajuda a ampliar a perspectiva ou retomá-la. Mas não a coloque no diagrama para não limitar as ideias. Tenha-a acessível, mas só a empregue caso seja necessário.

Comece. Inicie seu diagrama o quanto antes. À medida que ele é desenvolvido e compartilhado, seu conteúdo melhora sensivelmente. Não espere por boas ideias para começar, elas surgirão naturalmente como efeito do processo.

Anotações visuais. Diagramas não são ilustrações, e sua maior vantagem é a reorganização fácil dos elementos. Coloque o máximo de ideias possível, mesmo que não tenham ligações aparentes. À medida que o diagrama vai se desenvolvendo, a relevância de algumas (e de suas derivadas) se tornará aparente.

Faça sessões prévias e posteriores. Realize o maior número possível de sessões. Quanto mais familiarizado o grupo estiver com a estrutura, melhores ideias surgirão.

Crie uma prática contínua. A técnica tende a se desenvolver com tempo e experiência.

Busque padrões. Contextualize suas ideias e busque tópicos reincidentes ou relacionáveis. Procure conexões inusitadas.

CUIDADOS

Desconexão. O diagrama será inútil se não estiver conectado a processos de trabalho existentes. Por melhor que seja buscar inspiração nas mais diversas áreas, procure sempre contextualizá-las e imaginá-las no cotidiano para verificar se sua reaplicação em outro contexto é relevante.

Ritmos e estilos. Cada pessoa tem sua forma própria de aprender. Enquanto alguns são mais visuais, outros tendem a ser mais processuais. Há quem pense falando ou precise manipular modelos para compreendê-los. Procure identificar as particularidades de cada um e estimule seus pontos fortes. O constrangimento gerado pela inadequação pode eliminar boas ideias.

Não passe a limpo. A confusão é produtiva para o processo criativo, pois novos padrões e descobertas podem ser identificados no meio do excesso de informação. A velocidade é essencial para identificar boas ideias antes de serem censuradas pelo "bom-senso". Tópicos soltos e desarrumados estimulam a vontade de organizá-los, o que pode gerar boas ideias. Diagramas impecáveis são assertivos e reprimem a tendência a contribuir.

Pergunte. Estimule o detalhamento e explicação, questione até os tópicos que pareçam mais óbvios. Sua descrição pode gerar novos insights e ideias, estimulando a colaboração entre quem poderia ser intimidado por jargões ou tópicos que conheça pouco.

Rotule. Utilize palavras-chave e categorias para ajudar a identificar posteriormente eventuais elementos que podem perder seu sentido à medida que a discussão esfria.

Ferramenta: Lucidchart

Ferramenta de colaboração online para desenhar gráficos e diagramas esquemáticos. Todas as operações são realizadas a partir do browser, não demanda a instalação de aplicativos para criar, editar ou marcar áreas de interesse em diagramas. Sua operação é bastante simples. O Lucidchart pode ser usado para a coleta rápida de feedback e sugestões entre profissionais de diversas áreas e empresas, divisão de tarefas e brainstorms. Sua biblioteca de referência traz alguns exemplos simplificados de esquemas, fluxogramas, mapas mentais, organogramas e diagramas de rede, e pode importar imagens e documentos Microsoft Visio para marcação e edição colaborativa. Cada diagrama tem suas características próprias de armazenamento e privacidade, podendo ser retomado para referência ou edição à medida que o projeto avança. A operação da ferramenta é bastante simples, similar a aplicativos de planejamento esquemático. O diagrama pronto pode ser baixado em PDF ou incorporado a páginas web, sendo atualizado automaticamente. [WWW.LUCIDCHART.COM]

Gliffy – bastante similar ao LucidChart, é uma ferramenta online para a construção de diagramas de diversos tipos, e uma alternativa bastante viável para muitos aplicativos gráficos comerciais. Seu componente colaborativo permite que debates a respeito de novas ideias, processos e organizações sejam feitos sobre diagramas, o que ajuda a concretizar propostas. Em sua biblioteca de referências há exemplos sofisticados de fluxogramas, diagramas Venn, plantas de arquitetura, organogramas e outros mapas esquemáticos para uso e customização. Apresenta boas funcionalidades para o controle do layout, embora não seja compatível com smartphones e plataformas móveis. [www.gliffy.com]

Product Planner – rede social de fluxos de trabalho, em que se pode descobrir, criar e compartilhar diagramas de processos para vários projetos, como o desenvolvimento de aplicativos, atendimento ao consumidor e serviços web. Gratuita e fácil de usar, é uma boa ferramenta para estruturar projetos, criar manuais de operação, orientar freelancers ou debater com uma equipe remota as variáveis em torno de um novo projeto, dando a todos uma visão global. Cada etapa do diagrama pode conter uma imagem, que é ampliada durante a navegação. Os diagramas podem ser incorporados a páginas web ou disponibilizados em um link de acesso público ou restrito. [http://productplanner.com]

Creately – aplicativo online para a criação colaborativa de mapas mentais, fluxogramas, wireframes e diagramas variados. Disponibiliza uma galeria abrangente de objetos e modelos disponíveis que podem ser facilmente adaptados. Sua interface fácil e prática pode ser acessada e editada de um aplicativo instalado no computador ou de um endereço online. Permite a criação de diagramas simultâneos, armazenando versões para comparação e permitindo que determinadas partes sejam marcadas para debate. Os documentos criados por ele podem ser de dimensões variadas, e podem ser compartilhados via e-mail ou mídias sociais. [www.creately.com]

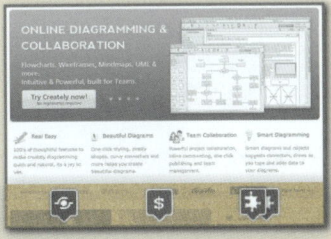

BUSINESS CASES, FERRAMENTAS ADICIONAIS E SUGESTÕES DE USO

LovelyCharts – ferramenta amigável e robusta para a construção de diagramas online, capaz de editar ilustrações feitas em outros aplicativos. Sua versão offline é compatível com Macintosh, Windows e Unix, pode gerar diagramas a partir de documentos de texto e aplicar diversos efeitos gráficos a eles. [www.lovelycharts.com]

Project // Draw é uma iniciativa online gratuita da AutoDesk, popular fabricante de aplicativos CAD e de modelagem 3D. Ela permite o desenho de diagramas, wireframes e esquemas diversos. Sua biblioteca de ilustrações facilita a criação de diagramas complexos. É possível usá-la offline. [http://draw.labs.autodesk.com]

Chatle.net é um serviço gratuito e simplificado para a geração de diagramas práticos, sem a necessidade de familiarização com ferramentas do gênero. Os diagramas podem ser criados rapidamente a partir de qualquer browser compatível com Java. A falta de recursos e bibliotecas se justifica pela facilidade de uso. [www.chartle.net]

| ferramenta | serviço | gratuito | preço variável | até US$100/ano | US$100~600 | US$600~2000 | US$2000+ | simples | mediana | difícil | para experts |

SITUAÇÃO:
Intranets, fluxo de trabalho e administração de tempo.

PROPOSTA:
Narrativas transmídia e geração de valor.

Múltiplas histórias

A colaboração entre membros de uma equipe fica muito mais efetiva quando seus membros são estimulados a elaborarem **registros coletivos** de seus processos e áreas de atuação. Como o documento final leva a assinatura de todos, mas pode identificar claramente as contribuições individuais, o trabalho em grupo tende a ser mais eficiente. Administradores de conteúdo online que reúnam as capacidades de uma wiki com as funcionalidades de editores de textos e aplicativos de mídias sociais vêm aos poucos substituindo os aplicativos genéricos de administração de Intranets, pelo menos na área de criação de documentos de referência. Com eles é possível determinar especificações, demandas e dependências, criar descritivos técnicos, manuais de treinamento e aplicação, rever documentos e marcar eventuais mudanças. Seus documentos podem ser comentados, ter acesso restrito, reutilizados e referenciados, além de convertidos para diversos formatos. Conforme o tipo de sistema a ativar, ele pode cuidar apenas do registro de documentos e práticas a compartilhar, deixando o restante das funções administrativas da rede para as estruturas e sistemas já utilizadas, integrando-se a elas.

RECOMENDAÇÕES

Orientada a negócios. A elaboração de registros coletivos só será eficiente se acompanhada de uma estratégia consistente que atenda às necessidades da empresa e possa ser demandada de seus executivos responsáveis. Se for considerada um recurso estratégico e ferramenta de administração, provavelmente ganhará maior prioridade e será incluída em um número maior de áreas e processos, gerando um círculo virtuoso de consulta e construção de conhecimento.

Comunicação em duas vias. É fundamental que cada membro veja a base de dados de referência como um local em que pode encontrar informações atualizadas, contextualizadas e de alta qualidade, pois isso os estimulará a contribuir. Evite disponibilizar o documento "completo", estimule a colaboração com perguntas, listas a completar e links.

Administre mudanças. O acesso à informação qualificada é extremamente transformador. Algumas mudanças acontecem rapidamente, como o questionamento a processos que não fazem sentido, enquanto outras podem ser notadas apenas a longo prazo. De qualquer forma, esteja preparado para interpretá-las e incorporá-las ao sistema quando chegarem.

Exponha e desenvolva práticas. Evidencie e torne públicos alguns bons materiais desenvolvidos colaborativamente para chamar a atenção de outros funcionários e estimulá-los a contribuir. Dê continuidade a essa exposição em blogs ou notificações periódicas. O interesse pelo projeto pode ser um primeiro passo para a formação de uma comunidade de apoio e contribuição.

CUIDADOS

Não se apoie em tecnologias. Elas não funcionam sozinhas. Não acredite que a simples instalação de um aplicativo gerará uma base de conteúdo automaticamente. O mais provável é que qualquer nova tecnologia seja ignorada até que consiga reunir profissionais de qualidade, incorporar estruturas previamente existentes e se integre a eles.

Relacionamentos e negociações. Em seu estágio inicial, todos os processos costumam ser frágeis e incapazes de crescer sem alianças internas. Concentre seu foco em ações que produzam resultados visíveis, mesmo que não sejam estratégicos, para ganhar o apoio necessário para desenvolver iniciativas de longo alcance e prazo.

Tomada de decisão. Um dos principais indicadores do sucesso de registros colaborativos é sua utilização como auxiliar no processo decisório. Registros de inteligência, resumos técnicos, resenhas, avaliações e análises podem ser essenciais para que a base de dados forneça inteligência única, pois assim será vista como um ativo essencial, não como um bem acessório.

Administre expectativas. Por mais inspirador que seja criar um conteúdo de referência essencial, esse tipo de base costuma levar muito tempo para atingir o volume de conteúdo necessário a ponto de representar esse papel. Muitos abandonam a iniciativa ao verem suas expectativas frustradas. Fontes de grande sucesso costumam se restringir a departamentos, áreas de conhecimento, processos e grupos específicos. Quanto menor o universo, mais fácil será se destacar nele.

Ferramenta: MindTouch TCS

Ferramenta robusta de administração de conteúdo colaborativo, usada para a gestão do conhecimento e criação de bibliotecas de referência. Com ela é possível documentar produtos e processos, estruturar fontes de informação para consumidores, fazer registros coletivos de eventos, projetos e treinamentos. Seu banco de dados é administrado e mantido pelo fornecedor, o que permite uma fácil instalação e configuração e um rápido escalonamento de recursos, se necessário. A base de dados pode ser transferida para administração interna, se desejado. O MindTouch TCS tem a estrutura de uma wiki, o que torna qualquer página facilmente editável por diversos usuários simultaneamente, com diferentes níveis de acesso e permissões. Ele também permite criar e organizar fluxos de trabalho, moderar conteúdos, acessar métricas de acesso e frequência para análise de necessidades, se conectar a perfis de redes como Facebook, Twitter, Linkedin e Google, organizar documentos automaticamente e se conectar facilmente com plataformas Windows.

[WWW.MINDTOUCH.COM]

ActiveCollab – serviço mais robusto, dedicado para servidores de intranets, em que funciona substituindo o browser e, por estar instalado na empresa sob o firewall, permite o controle integral sobre os dados trafegados, com número ilimitado de usuários. Permite o compartilhamento de documentos e controle de suas versões para identificar mudanças e registra quanto tempo é gasto em determinadas tarefas online. Com ele é possível criar redes externas para contato sigiloso com clientes (extranets) e customizar o espaço, notificações e funcionalidades permitidas. É também usada como ferramenta de gestão de projetos.

[www.activecollab.com]

Bitweaver – ferramenta robusta, modular, rápida e customizável, cuja instalação e administração demanda algum conhecimento técnico. É disponibilizada com um pacote básico de funcionalidades, para evitar a sobrecarga com módulos que não sejam iniciais. Conforme a necessidade, novas extensões podem ser instaladas, expandindo suas funções para a criação de blogs, fóruns, podcasts, áreas de contribuição e compartilhamento, calendários, galerias de imagens, planilhas, comunicadores instantâneos, serviços de geolocalização, controle de fluxo de trabalho e métricas de acesso e utilização. Todos os módulos podem ser customizados.

[www.bitweaver.org]

Confluence – serviço de gestão e compartilhamento de conteúdo colaborativo, usado por mais de 10.000 empresas em mais de 100 países, entre elas gigantes como IBM, SAP e Bloomberg. Pode ser instalado no servidor da empresa ou funcionar remotamente. Sua operação é bastante intuitiva: para criar ou compartilhar documentos, basta arrastá-los para sua área de trabalho, o que torna a transição entre as redes interna e externa completamente transparente. Usuários podem acompanhar perfis de profissionais ou grupos, sendo notificados a cada alteração de conteúdo. O Confluence é compatível com Sharepoint e Google Docs.

[www.atlassian.com/software/confluence]

BUSINESS CASES, FERRAMENTAS ADICIONAIS E SUGESTÕES DE USO

TOPSAN, acrônimo de "The Open Protein Structure Annotation Network" é um repositório de acesso público desenvolvido em MindTouch para coletar, distribuir e compartilhar informações entre a comunidade científica e o público geral a respeito de estruturas tridimensionais de proteínas. [www.topsan.org]

Who runs GOV é um projeto comunitário criada pelo Washington Post. Composto por página no Facebook para criar um perfil dos líderes do governo dos EUA nos três poderes, estrategistas políticos, oficiais militares, lobistas, consultores e candidatos. A base coletiva estimula o debate e aumenta a transparência. [www.whorunsgov.com]

A consultoria **Booz Allen Hamilton** integra o MindTouch ao SharePoint para criar uma intranet robusta, customizável e escalável para suas cerca de 100.000 páginas, disponibilizando a seus usuários uma interface amigável, no estilo MS Word, para a criação e edição de conteúdo.
[http://bit.ly/nuvem-BoozAllenHamilton]

| ferramenta | serviço | gratuito | preço variável | até US$100/ano | US$100~600 | US$600~2000 | US$2000+ | simples | mediana | difícil | para experts |

SITUAÇÃO:
Intranets, fluxo de trabalho e administração de tempo.

PROPOSTA:
Privacidade, sigilo e subversão.

Foro íntimo

Para aumentar a eficiência e a conveniência dos resultados de pesquisas em uma Internet cada vez mais repleta de conteúdo, muitos websites coletam dados pessoais e de navegação de seus usuários, o que levanta sérias questões de seus limites quanto à **privacidade** de seus usuários. Para preservá-la há sistemas que usam da mesma estrutura usada pela coleta de dados para desorientar "farejadores" e garantir o direito ao anonimato e intimidade. Empresas podem se beneficiar de serviços de anonimato de diversas formas. A principal delas é evitar o vazamento de informações sigilosas para a imprensa ou concorrência, impedindo que seus computadores sejam identificados por analistas de inteligência de mercado ou fornecedores e mantendo suas estratégias confidenciais. Em um mercado extremamente rápido e competitivo como o de informação, um vazamento desses pode ser catastrófico. O anonimato também pode ser útil para ambientes internos de colaboração, pois garante a privacidade de cada colaborador. Os algoritmos de análise hoje em fornecem informações muito mais sofisticadas do que pode sugerir uma mera lista de preferências e interesses: ela pode revelar posições políticas, interesses comerciais e até informações de "buscas seguras" por tempo indeterminado.

RECOMENDAÇÕES

Configure corretamente. Boa parte dos sistemas de proteção à privacidade demanda uma configuração cuidadosa para que os aplicativos que acessam a rede levem sua existência em consideração. A simples instalação não tem como resolver magicamente o problema de privacidade.

Proxies. Qualquer roteador ou aplicativo que concentra, protege ou desvia a conexão precisa ser analisado e reconfigurado frequentemente, renovando suas senhas de acesso para evitar que sejam descobertas ou compartilhadas por engano.

Proteja computadores públicos. Nunca se sabe em que link seus usuários clicarão e que tipo de documento trarão em seus pen drives. Tome conta de sua rede para que ela não se torne um ambiente de risco por trás de uma aparente familiaridade.

Limpe cookies. Boa parte dos serviços online, de sites de notícias a sistemas de e-commerce registra pequenos marcadores nos computadores de seus usuários, chamados de cookies. Crie o hábito de abrir a página de preferências de seu browser e apagar regularmente todos os cookies desconhecidos ou que não forem facilmente identificáveis. Em máquinas compartilhadas, faça isso ao final de cada sessão.

Colete os dados necessários. Se seu website ou serviço precisar instalar cookies ou coletar dados de visitação, evite usar cookies variados ou coletar informações demais. Um serviço de segurança de redes pode bloquear o acesso a sites que pareçam abusivos, mesmo que não tenham essa intenção.

CUIDADOS

Aplicativos. O acesso à rede é feito por um grande número de aplicativos, estejam em páginas web, serviços online com clientes instalados no computador ou em programas que utilizam a rede para verificar atualizações. Esses aplicativos podem transportar dados pessoais sem serem afetados pelo bloqueio do browser.

Smartphones. Casos recentes na mídia evidenciam a fragilidade dos aparelhos celulares com tráfego de dados. Por serem móveis, multifuncionais e terem várias portas de acesso (Wi-Fi, Bluetooth, USB e rede de telefonia), eles podem ser uma porta de saída de dados. Configure seu aparelho e só se conecte a redes e equipamentos que confie. Considere o uso de antivírus.

Plug-ins são pequenos aplicativos que tornam o browser compatível com diversos formatos, mas podem ser manipulados para revelar o endereço Internet e outros dados a respeito da máquina visitante. Java, Flash, ActiveX, RealPlayer, Quicktime, PDF e vários outros têm essa fragilidade em comum. Configure um browser espartano para acessar serviços financeiros ou dados estratégicos.

Extensões como os plug-ins, pequenos programinhas que tornam o browser mais dinâmico, enviando e-mails, registrando conteúdos a partir de páginas visitadas e realizando diversas tarefas. Eles também podem despistar sistemas de desvio e transmitir informações sobre seus usuários e hábitos de navegação.

Torrent e sites de download. Por não terem limitações éticas, repositórios de conteúdo ilegal ou compartilhado estão entre os mais perigosos para enganar firewalls e invadir PCs.

Ferramenta: TOR

Sistema de encriptação gratuito e colaborativo, que preserva a privacidade e o anonimato de seus usuários na Internet ao impedir que os sites acessados por eles registrem informações a seu respeito. Para garantir o sigilo, o sistema leva em conta um fato pouco conhecido: o endereço de envio e de destino de uma mensagem não são visíveis a cada passo do caminho (nos pontos intermediários, ambos chegam a ser invisíveis). A rede TOR desvia a conexão para vários servidores especiais antes de chegar ao destino. Isso dificulta o rastreamento, sem aumentar visivelmente o tempo de conexão. Ele demanda conhecimento técnico para ser corretamente instalado e configurado para administrar o acesso à Internet dos aplicativos e browsers em cada máquina, mas é bastante útil para a pesquisa e compartilhamento de informações sigilosas. Com ele, as visitas a websites e mensagens instantâneas se tornam anônimas, inacessíveis a sistemas de vigília. Nos recentes protestos usando mídias digitais, sistemas como ele foram usados para proteger a identidade dos manifestantes. [WWW.TORPROJECT.ORG]

DuckDuckGo — mecanismo de busca que, ao contrário dos serviços mais populares do gênero, não envia dados de identificação do servidor nem o argumento de pesquisa para o site consultado. Dessa forma se garante a preservação de razoável sigilo na pesquisa. Quando se clica em um link em seu site, a conexão é automaticamente redirecionada, fazendo com que a identificação do usuário se perca no processo. Os sites ainda saberão que foram visitados pela sua máquina, mas não saberão qual argumento de busca a levou até lá. Isso é muito prático para evitar propaganda indesejada quando se pesquisam termos genéricos, como "melhor banco" ou "inovação". [http://duckduckgo.com]

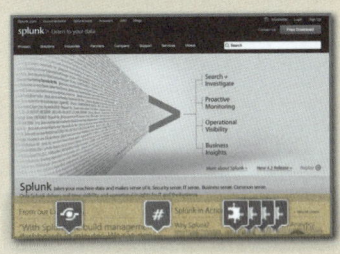

Splunk — aplicativo de monitoramento que permite a administradores acompanhar o que está acontecendo em cada máquina ligada a eles, dentro ou fora de firewalls. Ele coleta informações de diversas fontes na rede a que o computador se conecta, as aglutina e disponibiliza em um painel de controle com gráficos comparativos. Permite a instalação de módulos de extensão para aplicações específicas. O Splunk é normalmente usado para melhorar a performance de sistemas e incrementar o fluxo de dados. Compatível com os principais sistemas operacionais, sua interface pode ser acessada a partir de qualquer máquina conectada à rede, via browser. [www.splunk.com]

KeePass — bom sistema de administração de senhas, gratuito, de código aberto e disponível para diferentes plataformas, de pen drives a smartphones. O aplicativo armazena nomes de usuários, senhas, endereços web e notas associadas ao login. Com ele é possível agrupar dados privativos, gerar senhas automáticas, registrar anotações sigilosas e permitir o registro em sistemas sem que seu usuário tenha acesso a dados de login. É interessante quando se precisa compartilhar temporariamente o acesso a determinados serviços. Pode ser integrado ao DropBox para acesso online e imprimir uma lista de senhas armazenadas para cópia de segurança. [www.keepass.info]

BUSINESS CASES, FERRAMENTAS ADICIONAIS E SUGESTÕES DE USO

Disconnect.me é uma extensão para browsers Chrome, Firefox e Safari que bloqueia o rastreio online feito pelos principais websites e mecanismos de buscas. Dessa forma protegem a privacidade de seus usuários em suas pesquisas, impedindo que as bases de dados, através de associações compostas, possam identificá-lo. [www.disconnect.me]

Organizações humanitárias, como o Human Rights Watch e a Anistia Internacional, recomendam o uso de sistemas como o Tor para contornar a vigilância e censura ao acesso à rede em países ditatoriais ou fechados, como a China, e estabelecer conexões seguras e sigilosas para a navegação e trânsito de informações. [http://bit.ly/Tor-China]

A Voz da América, canal do US International Broadcasting Bureau, apoia o desenvolvimento da rede Tor para dar acesso à rede para usuários em países sem Imprensa livre. O Tor despista a vigília de firewalls nacionais e permite a consulta a perspectivas globais a respeito de democracia, política econômica e religião. [www.bbg.gov]

| ferramenta | gratuito | preço variável | até US$100/ano | US$100~600 | US$600~2000 | US$2000+ | simples | mediana | difícil | para experts |

Decisões imediatas de longo prazo
Estratégia e inteligência competitiva

A natureza do trabalho mudou. Em todas as áreas, as tarefas se tornam colaborativas, especializadas, complexas e mensuráveis. Para realizá-las há cada vez mais opções a considerar na enorme produção disponibilizada na rede. A tomada de decisões está cada vez mais difícil, a ponto de causar paralisia pelo excesso.

É fácil de entender o porquê: cada nova solução traz embutida em si o custo do tempo necessário para estudá-la e implementá-la. Como todos sempre têm outras prioridades, as decisões vão sendo adiadas até que se tornem inevitáveis. Quando esse momento finalmente chega, não há informação suficiente para uma decisão consciente, e o resultado é que muitos acabam optando por uma marca, um tamanho de empresa ou uma tradição, mesmo que a solução ofertada seja arcaica ou inadequada.

Para escapar dessa armadilha é preciso disciplina para análise de opções e, principalmente, um prazo limite para encerrar a pesquisa e optar pela melhor ferramenta encontrada em seu final, mesmo que não seja perfeita. Ela nunca será. O importante é que seja compatível com sistemas já existentes e possa exportar seu conteúdo para as plataformas que a sucederão, já que as soluções são cada vez menos definitivas.

A compreensão das limitações de cada sistema faz com que sejam encarados como peças complementares, não como soluções definitivas. Não se espera mais pelo produto perfeito, mas busca-se a funcionalidade que melhor aborde parte do problema e que, agregada a outras, possa gerar a melhor solução possível, sempre maleável.

O critério de escolha por ferramentas de estratégia e inteligência competitiva deve ser detalhado, mas não pode ser excessivo, caso contrário gerará mais dúvidas do que certezas. Para facilitar a tarefa, várias ferramentas comerciais habilitam períodos de testes com equipes e funcionalidades limitadas. Assim é possível estudá-la dentro do contexto da empresa e compartilhar a decisão com outros profissionais de áreas atingidas por ela. Cada um pode considerar os objetivos, vantagens, riscos e alternativas oferecidos por cada opção apresentada e testada, e assim estabelecer uma boa lista de motivos a favor ou contrários à sua implementação.

Este capítulo sugerirá ideias, ferramentas e serviços digitais para compilar informações cada vez mais acessíveis e auxiliar a tomada de decisões. Muitas delas podem ser expandidas, configuradas para necessidades especiais e implementadas com excelentes resultados, desde que integradas ao fluxo de informação que já exista. Consulte especialistas e, se possível, analise usos similares em empresas do mesmo segmento que a sua para verificar sua adequação.

Escolhida a ferramenta, não olhe para trás: implemente-a com cuidado, sem compará-la com as outras ferramentas possíveis até que seja testada por um bom período. Só tenha um plano B caso ela se mostre verdadeiramente inadequada. É extenuante trocar de ferramentas o tempo todo, sem contar que acaba levando à desmotivação e perda de tempo.

As opções são muitas. Combinadas às ferramentas já conhecidas e utilizadas, podem trazer muitas dúvidas. É natural. Use-as de forma construtiva, compare ferramentas e contextos, imagine soluções e propostas. Só não deixe que elas confundam ou paralisem a equipe.

Acima de tudo não espere acertar logo na primeira tentativa. Algumas soluções podem contestar processos estabelecidos e testados extensivamente, outras podem tornar algumas relações importantes bem mais complexas. Se forem parte de um planejamento consistente, os problemas serão, em sua maioria, temporários. E prontamente esquecidos assim que os novos processos se estabilizarem.

O que não se pode mais fazer é ficar imóvel pelo medo dos conflitos causados pela mudança.

Solução	Ferramentas	Página
Painéis de controle	*QlikView,* Geckoboard, Klipfolio, RoamBI	114
Benchmarking	*SocialBakers,* Twitalyzer, Likester, TwitterCounter	116
Sumários executivos	*Scribd,* GetAbstract, BizSum, Google Acadêmico	118
Análise visual	*MicroStrategy,* Tableau, Spotfire, Bime	120
Pesquisas customizadas	*Pandaform,* Wufoo, SurveyMonkey, GoogleForms	122
Análise de métricas	*Google Analytics,* ChartBeat, KissMetrics, Digital Analytix	124
Grupos de trabalho	*Grupos do Linkedin,* Grupos do Google, Socialengine, Grupos do Facebook	126
Visualização de dados	*ManyEyes,* Protovis e D3, Axiis, Flare	128
Startups e incubação	*Kickstarter, Catarse,* Conceptfeedback, StartupNation e SEBRAE, PlanHQ	130
Redes distribuídas	*Bit Torrent,* Usenet, SourceForge, GitHub	132

SITUAÇÃO:
Estratégia e inteligência competitiva.

PROPOSTA:
Blogs, curadoria, expressão e independência.

Céu de brigadeiro

O conjunto de dados e métricas disponibilizados pelos sistemas digitais é cada vez maior, o que permite um maior controle sobre as operações e definição de estratégias. Mas a informação em excesso pode ter o efeito contrário do desejado e paralisar seus usuários por causa do excesso de opções. Hoje não é preciso estar em uma grande empresa ou controlar uma operação complexa para que os resultados de análise se acumulem a ponto de se tornarem inadministráveis. **Painéis de controle** minimizam esse problema, mas não eliminam a necessidade de selecionar adequadamente os dados que se pretende mensurar. Seu funcionamento é modular: eles agregam os dados fornecidos por diversos sistemas de inteligência para identificar, extrair e analisar os dados de negócios, agrupando-os conforme as necessidades de seus usuários. Com eles é mais fácil fazer pesquisas, análises, comparações e seleções de públicos conforme sua atividade ou hábitos de consumo. Estabelecidos os principais indicadores de desempenho (KPIs), esses painéis podem ajudar a criar relatórios de atividade da concorrência, prever tendências de mercado e acompanhar o andamento de campanhas promocionais, apoiando a tomada de decisões.

RECOMENDAÇÕES

Notificações e alarmes visuais. A melhor forma de interpretar um conjunto de informações é apresentá-las em painéis cujo tamanho da célula está diretamente relacionado a sua importância. Se possível, faça os dados trocarem de cor ou piscarem quando atingirem valores críticos. O cockpit de um avião e a tela de um paciente de UTI mostram a importância de alertas visuais para os pontos mais importantes, permitindo a análise mais detalhada em janelas próximas.

Procure correlações. A identificação de variáveis simultâneas ajuda a reconhecer padrões e tendências e acelera decisões.

Estabeleça indicadores de desempenho (KPIs). Os Key Performance Indicators devem ser poucos e intimamente ligados à sua estratégia. Alguns deles são as transações realizadas, taxa de retorno, produtos mais comercializados, eficiência de recursos, além de uma série de dados administrativos e estratégicos da empresa e seu mercado.

Segmente. Selecione as variáveis que pareçam ser mais relevantes e analise seus indicadores de desempenho combinados até identificar dependências e correlações significativas.

Revisões. Dificilmente um painel fica pronto em sua primeira montagem, especialmente se for adaptado de um modelo padrão. Revise sua seleção e composição de elementos até ser capaz de saber a posição e importância de cada elemento sem precisar olhar para eles. Permita aos membros de sua equipe a customização de seus painéis.

CUIDADOS

Dados demais. Evite criar painéis excessivamente complexos, com um grande número de variáveis ou sem uma clara hierarquia de sua importância, pois isso dificulta sua interpretação.

Tempo. A principal função de um painel de controle é mostrar um retrato preciso da situação no presente momento, comparando-a com os objetivos determinados. Só use séries históricas se tiverem importância para decisões rápidas.

Decisões por impulso. O imediatismo proporcionado pelos resultados pode levar a atitudes por reflexo, que nem sempre são as mais adequadas. Estabeleça uma rotina de tomada de decisões para casos críticos e procure discutir com sua equipe decisões aparentemente controversas.

Cores. São uma forma muito importante de comunicação instintiva. Vermelho, amarelo e verde têm significados específicos, que devem ser respeitados. Como são cores mais luminosas e visíveis, devem ser usadas para chamar a atenção por pouco tempo, mudando de tom assim que uma decisão for tomada para não distrair ou irritar seu usuário. A maior parte dos painéis tem fundo preto ou branco, o que é bom para evidenciar os dados, mas pode ser muito cansativo para trabalho contínuo. Nesse caso deve-se optar por fundos neutros que deixem as células com menor contraste, evidenciando-o só quando for preciso chamar a atenção.

Percepção. Faça testes de usabilidade de seu painel, nem que sejam informais ou realizados por sistemas automáticos. Seus dados são importantes demais para serem ignorados.

Ferramenta: Geckoboard

Painel de controle modular e customizável, que atualiza instantaneamente e continuamente os indicadores de performance e fontes de informação que seu usuário considerar relevante. Com ele é possível ter uma visão global do andamento de diferentes operações e negócios simultaneamente, para facilitar a identificação de padrões, mudanças repentinas e atualizações. O painel pode acessar e-mail, fontes de notícias (feeds RSS) e diversas ferramentas de análise de performance, como Google Analytics, Twitter, FourSquare, Basecamp, Magento, Zendesk, Google Apps, MailChimp, UserVoice e GetSatisfaction. O Geckoboard é de fácil configuração e administração, e pode ser acessado por qualquer equipamento autorizado, incluindo smartphones. Com ele é possível criar acessos a dados específicos e apresentar áreas de visualização atualizadas continuamente para clientes e consumidores. Se os indicadores estiverem em bases de dados específicas, pouco compatíveis, medidores de dados genéricos podem acessá-los. [WWW.GECKOBOARD.COM]

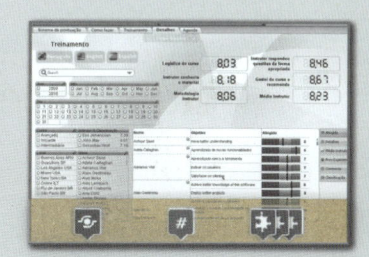

Qlikview — similar ao geckoboard, mas o acesso aos dados é feito por um aplicativo instalado, compatível com plataformas Windows e iPad. Os gráficos podem ser modificados facilmente, de acordo com critérios estabelecidos pelo usuário, e podem aglutinar diversos serviços online, aplicativos de gestão de dados como SAP e outras bases. A busca é instantânea e sugere opções de acordo com os dados disponíveis. Caso haja dúvidas com relação a alguma métrica, basta clicar no resultado para saber mais detalhes. Todos os outros campos se reorganizam rapidamente para que se saiba quais valores são relacionados e criar, a partir deles, novas visualizações. [www.qlikview.com]

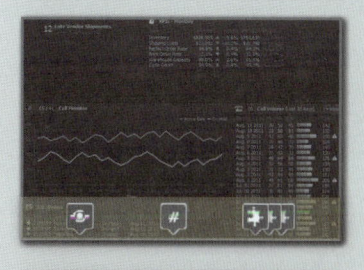

Klipfolio — como o QlikView, é um aplicativo Windows que dá acesso a várias bases de dados, internas e online, criando visualizações modulares. Administradores podem criar painéis de visualização por departamento, definir que módulos estarão disponíveis por usuário e criar notificações automáticas. A ferramenta pode ser facilmente adaptada para criar vários tipos de painéis de controle, de operações de call centers e centros de informação para equipes de vendas ao acesso rápido a dados críticos que poderiam passar despercebidos para relatórios estratégicos. Sua biblioteca de referência vem com centenas de modelos pré-configurados. [www.klipfolio.com]

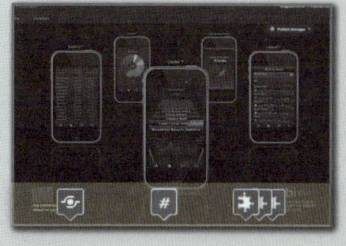

RoamBI — ferramenta de visualização que converte automaticamente documentos e planilhas em aplicativos de fácil visualização para apresentação nas plataformas de smartphones BlackBerry e iPhone/iPad. Ele pode coletar dados de tabelas residentes no computador e fontes online e converter relatórios de bases de dados IBM, SAP, Oracle e Microsoft em relatórios interativos e abrangentes de análise. Ao contrário da maioria dos aplicativos para a visualização de tabelas em smartphones, não é necessário percorrer as colunas para se encontrar os dados desejados. A ferramenta de administração permite determinar o número de colunas e sua ordem de visualização. [www.roambi.com]

BUSINESS CASES, FERRAMENTAS ADICIONAIS E SUGESTÕES DE USO

Sopas Campbell's usam QlikView para análise de vendas, cadeia de suprimentos e processos operacionais, modelando cenários de risco hipotético e avaliando suas implicações. A ferramenta ajudou a melhorar as previsões de inventário e tornou sua cadeia mais maleável a mudanças cotidianas. [http://bit.ly/nuvem-Campbells]

O fabricante de equipamentos gráficos de grande porte **Heidelberg** usa QlikView com mais de 75 aplicativos para aumentar a capacidade estratégica de sistemas SAP nas áreas de análise de vendas, controle de finanças e infraestrutura técnica, gerando um sistema descentralizado de tomada de decisões. [http://bit.ly/nuvem-Heidelberg]

A **Lufthansa** usa KlipFolio para conectar seu Help Desk a 35.000 colaboradores, classificados por função, localização, senioridade e outros critérios, permitindo a notificação precisa de membros estratégicos do staff em caso de situações críticas e os interligando aos canais necessários para a busca de soluções. [http://bit.ly/nuvem-Lufthansa]

| ferramenta | serviço | gratuito | preço variável | até US$100/ano | US$100~500 | US$600~2000 | US$2000+ | simples | mediana | difícil | para experts |

SITUAÇÃO:
Estratégia e inteligência competitiva.

PROPOSTA:
Micromídia, Twitter e impulso.

Tamanho é relativo

As mídias sociais permitem a todos os seus usuários o mesmo canal de expressão, o que também atribui a muitos uma transparência acima do desejado. Os dados abertos das redes sociais permitem que se monitore cuidadosamente a concorrência para fazer **benchmarking** e identificar boas práticas e ações de sucesso. Para isso é preciso definir um bom objetivo (dificilmente se é líder em tudo, é preciso priorizar), decidir qual é o conjunto de variáveis a comparar e o tipo de rede a analisar. Só assim será possível entender claramente o que se quer dizer quando se busca "estar à frente da concorrência", tomar as atitudes necessárias para tal e medir o desempenho da ação com precisão. É possível verificar as palavras-chave usadas por concorrentes em suas campanhas de publicidade digital, práticas de otimização de seus websites para mecanismos de buscas, identificação de tendências ou demandas do mercado, análise da percepção que o consumidor tem do segmento, da empresa e de seus concorrentes, identificar as principais falhas ou necessidades em produtos da categoria, queixas e dúvidas mais frequentes e assim por diante. Com a pergunta certa em mãos, medir a resposta fica muito mais fácil.

RECOMENDAÇÕES

Defina parâmetros. Qualquer análise eficiente da concorrência precisa ser feito sob os mesmos pontos de referência. Fatores macroeconômicos e dados de sazonalidade ajudam a balizar a movimentação. Tenha parâmetros bem definidos para compreender até que ponto o crescimento da sua empresa é causado por mérito próprio ou efeito do mercado.

Conheça absolutos. Dados de crescimento e de movimentação da base de consumidores fazem muito mais sentido quando levados em consideração seu valor absoluto. Algumas empresas têm pequenas taxas de crescimento por já serem bem grandes e estarem em um mercado razoavelmente consolidado, outras podem ter uma grande perda percentual em uma base pequena.

Entenda sua posição no ranking. Em mercados pequenos, novos demais ou em crise, um pequeno crescimento pode significar uma enorme conquista. Conhecer a posição da empresa com relação à concorrência ajuda a conciliar expectativas com a realidade de mercado.

Identifique áreas que demandam melhorias. O estudo de variáveis detalhadas pode identificar o motivo do sucesso de outras empresas e áreas que, com uma pequena melhoria, podem obter grandes resultados.

Ações de longo prazo. Não adianta fazer mensurações tópicas, pois são muitas as variáveis que interferem na opinião de consumidores. É mais fácil e eficiente analisá-las ao longo do tempo para perceber as que são influenciadas por ações da marca.

CUIDADOS

Não há valores absolutos. Qualquer medição de concorrência precisa levar em conta que os valores só são grandes ou pequenos na comparação com o tamanho do mercado, expectativas de desempenho e, principalmente, tamanho e crescimento da concorrência. Análises comparativas nunca podem perder de vista seus pontos de referência.

Escolha o que medir. Não é possível estar presente em todas as batalhas, quanto mais vencê-las. Quanto mais precisa for a definição das variáveis a considerar, melhores tendem a ser as estratégias de mensuração e as recomendações de ação decorrentes da pesquisa.

Entenda as redes. E suas particularidades. Cada rede costuma representar um ambiente particular. Algumas são mais específicas, outras podem ser usadas em diversas condições. É preciso determinar o que se pretende monitorar, em que ambiente, com que público.

Dados são frios. E podem ser interpretados das mais variadas formas. Para evitar erros de leitura e respostas inadequada, complemente seus dados sempre que possível com uma análise qualitativa da atividade da empresa e de concorrência e indicações de atividades que podem alterar a métrica.

Conheça suas armas. Entenda bem como cada ferramenta mensura cada métrica em cada rede. Quanto melhor elas forem conhecidas, mais fácil escolher a técnica mais adequada para identificar variações e propor resultados.

Ferramenta: SocialBakers

A área de administração do Facebook mostra alguns dados estatísticos sobre a página de sua marca ou empresa, mas eles não são tão completos quanto as geradas por esta ferramenta de benchmarking, através da qual é possível comparar os resultados obtidos por suas ações com os obtidos pela concorrência. Pode-se, por exemplo, descobrir quais são as páginas que geram a maior repercussão, interações e feedback; monitorar as mesmas métricas para páginas fora do alcance de seu perfil; identificar os principais influenciadores e formadores de opinião; gerar relatórios detalhados e customizados para clientes e stakeholders; monitorar determinadas visualizações e compará-las em busca de novas estratégias; e medir tempos de resposta de uma empresa com relação às solicitações de seus consumidores. Entre os insights proporcionados por suas medições estão o melhor dia e hora para postar uma página, o nível de engajamento de acordo com o momento e o perfil dos principais influenciadores. Recentemente a empresa lançou um serviço similar para dados do Twitter. [WWW.SOCIALBAKERS.COM]

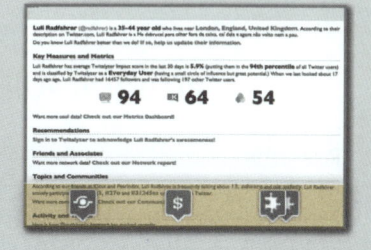

Twitalyzer – painel de controle de dados relativos a mídias sociais. Fornece métricas detalhadas sobre perfis no Twitter. Seu relatório agrega e dá uma visão geral sobre o impacto e influência de um perfil baseado em variáveis como o número de seguidores, número de pessoas que segue, percentual de retweets, número de retweets gerados por outros e índice de resposta do perfil a mensagens de outros. Pode ser conectado ao bit.ly para analisar a quantidade de links divulgados pelo perfil e ao Google Analytics, para ver quantos clicks vieram de um determinado usuário. A ferramenta também compara perfis baseados em sua localização. [www.twitalyzer.com]

Likester – ferramenta de busca de conteúdos marcados com "curti" (like) no Facebook, que destaca os assuntos mais comentados em tempo real. Seu funcionamento é similar ao dos Trending Topics do Twitter: o Likester identifica empresas, celebridades e tópicos e sugere a seus usuários temas e conteúdos para acompanhar. Sua principal característica é a identificação de cadeias de interesse entre assuntos marcados. Seus usuários ficam a par do que seus contatos marcaram, em ordem cronológica e, quando disponível, localizada. Com esses dados torna-se mais fácil se relacionar a temas e fazer parte de assuntos à medida em que ocorrem. [www.likester.com]

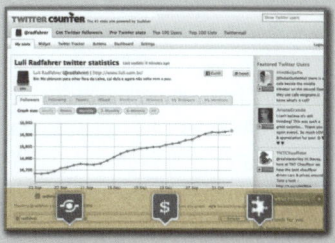

TwitterCounter – ferramenta simples que compara o número de seguidores e atualizações de até trinta contas ao longo de períodos predeterminados, o que ajuda a determinar a eficácia de campanhas online, seu desempenho ao longo de grandes períodos ou em ocasiões especiais e sua relação com o volume de usuários preexistentes. Os dados são atualizados a cada hora e podem ser baixados em uma tabela Excel para sua utilização por outros sistemas de benchmarking. Como o número de seguidores não diz muito, o TwitterCounter criou o "Twitter Tracker", que gera relatórios de popularidade e opinião ("sentiment") a respeito de marcas, websites e tópicos. [www.twittercounter.com]

BUSINESS CASES, FERRAMENTAS ADICIONAIS E SUGESTÕES DE USO

Durante várias semanas o Likester usou as preferências de usuários do Facebook para estimar os resultados do programa **American Idol**, com grande precisão. A pesquisa se baseou no número de pessoas que elogiaram cada candidato espontaneamente e os que "curtiram" sua apresentação. [http://bit.ly/nuvem-Likester-Idol]

As **estimativas do Likester** têm se estabelecido como barômetro de opinião pública, medida informal de popularidade entre determinados públicos. Sua página de listas é usada por muitos como um ranking extraoficial de popularidade. Há listas de atores, músicos, restaurantes, websites etc. [http://bit.ly/Likester-Listas]

Não é preciso ser usuário do Socialbakers, para ver em seu website diversos **rankings** atualizados do uso do Facebook por país, páginas, marcas, tipos de mídia, locais registrados e "curtidos", países com maior faturamento publicitário na rede e aplicativos mais populares. Há também dados em menor profundidade sobre o Twitter e Linkedin.

SITUAÇÃO:
Estratégia e inteligência competitiva.

PROPOSTA:
Redes sociais, grupos e comunidades.

Resumo executivo

Livros de estratégias e negócios podem ser boas fontes de referência para a compreensão de novas tecnologias e sua adequação aos objetivos de empresas. Muitos oferecem uma opinião sóbria e consolidada de executivos com experiência comprovada e visão inovadora de negócios, porém recentemente a quantidade de tecnologias e opções estratégicas vem aumentando em tal grau que a escolha dos títulos a ler se torna cada vez mais difícil. Graças à facilidade de publicação de conteúdo, o número de autores e títulos a respeito de um tópico também vem crescendo. Não há tempo para escolher. Alguns serviços de **sumários executivos** resumem os tópicos fundamentais de livros de estratégia em menos de dez páginas, organizados por tópico, capítulo e evidenciadas em bullets. Dessa forma ajudam seus leitores a ter uma visão geral sobre o tema, sua importância, aplicabilidade, bem como os pré-requisitos e recursos necessários para seu conhecimento e implementação. Essa informação ajuda a compreender a complexidade de novas áreas e ajuda na decisão entre treinar uma equipe interna ou contratar consultores e terceiros para realizar a tarefa, poupando tempo e ganhando eficiência.

RECOMENDAÇÕES

Relevância. Não se deixe levar por um título ou descrição. Muitas editoras transformam suas resenhas em ações de marketing. Procure verificar a reputação do livro em blogs e redes de relacionamento, pois ali a opinião costuma ser mais isenta. Sempre desconfie de expressões milagrosas, como "único", "definitivo" ou "completo". Todo autor escolhe a abrangência e profundidade temática com que pretende desenvolver seu livro e, conforme o ponto de vista, sempre haverá uma obra mais completa.

Contexto. Não se costuma procurar livros de negócio por entretenimento ou para ampliar a cultura geral. Por isso precisam ser encarados pragmaticamente. Que problema resolverão? Para que servem? Sem respostas claras, a leitura raramente será produtiva.

Procure bons livros. Use as ferramentas para identificar os títulos mais citados e de conteúdo mais relevante para leitura. Os resumos e análises são bons atalhos estratégicos mas não substituem um bom livro.

Argumentos. Estruture-se para defender a aplicação de novas ideias e metodologias na empresa. A proposta é prioritária? Pode-se considerá-la estratégica? Quais são os ganhos de imagem, público, mercado e oportunidades que ela pode gerar? Muitas empresas investiram em tecnologias irrelevantes por falta de planejamento estratégico ao fazê-lo.

Implementação. Verifique quais são os recursos disponíveis para a implementação de qualquer nova ideia. Procure estimar o prazo e a participação de fornecedores externos e consultores.

CUIDADOS

Desconfie de polêmicas. Ideias muito diferentes, que questionem boa parte do que é aplicado nas empresas hoje, merecem uma boa verificação na mídia especializada. Várias propostas destrutivas se utilizam de teorias de conspiração para questionar o sistema sem propor nada em troca. A ideia só se transforma em uma estratégia quando pode ser aplicada.

Diversifique. Procure conhecer a nova área, não se fundamente em uma só obra. Busque em livrarias como a Amazon quais são os títulos mais vendidos e recomendados na mesma área de especialidade. Leia as resenhas feitas por leitores, consulte especialistas ou colegas profissionais que atuam na área em questão. Leve o maior número de opiniões possível em consideração antes de implementar um novo processo.

Publicações independentes. Um livro, como um resumo, é uma opinião pessoal. Por mais neutro que tente ser, seu autor sempre terá uma relação pessoal com o conteúdo. Uma das funções mais importantes de uma editora está no trabalho de curadoria que faz de seus autores e na revisão crítica e questionamento de seus textos. Livros editados por seu próprio autor não passam por esse crivo. Por isso é importante examinar suas opiniões com cautela.

Aplicações. As soluções apresentadas em livros de negócios, muitas vezes acompanhadas de cases detalhados, são aplicáveis em sua realidade? Ela já foi tentada alguma vez na empresa ou por alguém da concorrência? Caso seja completamente inédita, verifique. Ela pode ser simplesmente impraticável.

Serviço: Scribd

Repositório de documentos online em que é possível publicar, ler, comentar e classificar diferentes tipos de conteúdo. Sua base de dados é volumosa e abrangente. Conforme o assunto é possível encontrar títulos em diversos níveis de profundidade, incluindo trabalhos acadêmicos, revistas independentes e livros de negócios. O armazenamento é seguro, pode ser de acesso restrito e não limita o tamanho dos documentos. Sua principal função é social, pois dá rápido acesso a conteúdos que, por seu tamanho, seriam de difícil divulgação por e-mail. O serviço é gratuito e compatível com diversos formatos, incluindo textos, arquivos Microsoft Office, OpenOffice, páginas HTML e imagens. Todo conteúdo pode ser disponibilizado em licenças CreativeCommons. Como o YouTube e Slideshare, o Scribd permite a seus usuários que incluam o documento armazenado em páginas web, mantendo a formatação original. É compatível com plataformas móveis, e usado por muitos como armazenamento temporário de material para a leitura em trânsito. [WWW.SCRIBD.COM]

GetAbstract – serviço de venda de resumos de livros de negócios. Cada documento pode ser acessado em páginas web ou baixado em formatos específicos para dispositivos móveis, incluindo audiobooks. Seu material chega a ser usado para a confecção de resenhas de livros por veículos respeitados como The Economist, Fortune, BusinessWeek, Financial Times e Bloomberg TV. É possível comprar resumos individuais, pacotes por conteúdo ou assinaturas com acesso a cerca de 50 novos títulos por mês, além de resumos de best-sellers e recomendações semanais. O serviço alega selecionar os melhores dentre mais de 10.000 livros de negócios analisados por ano. [www.getabstract.com]

BizSum – outro repositório de resumos, nos mesmos moldes do GetAbstract. Este, além das versões resumidas em texto e áudio, também cria uma sinopse do material analisado em 100 palavras e até apresentações em formato PowerPoint que resumem sua ideia central e destacam os principais capítulos. Seu objetivo é facilitar a divulgação de pontos-chave abordados pelos autores em reuniões ou até enviá-los para equipes remotas, cujos profissionais tenham pouco tempo disponível ou hábito de leitura. O conteúdo é compatível com diferentes plataformas móveis e o serviço tem pacotes de produtos e planos de pagamento especiais para empresas. [www.bizsum.com]

Google Acadêmico – mecanismo de busca gratuito que pesquisa em um extenso banco de dados de trabalhos acadêmicos, cujos resultados são normalmente apresentados em formato PDF. Conforme o tema, é possível criar critérios de busca para filtrar tópicos mais específicos. Pode-se pesquisar trabalhos feitos a partir de uma certa data, publicação ou número mínimo de citações. O Google Acadêmico permite a seus usuários que armazenem os resultados de sua pesquisa em uma "biblioteca virtual", área de acesso rápido para referência posterior. A ferramenta ainda não é precisa, mas é uma boa opção para pesquisa em áreas específicas, como a médica ou jurídica. [http://scholar.google.com.br]

BUSINESS CASES, FERRAMENTAS ADICIONAIS E SUGESTÕES DE USO

Codecademy é uma iniciativa que vem se popularizando na rede: websites dedicados a ensinar seus usuários a respeito de conhecimentos específico através de exemplos práticos, realizados em janelas do próprio browser. A sofisticação dos browsers os habilita cada vez mais como plataformas de e-learning. [www.codecademy.com]

Docstoc é um repositório de documentos de referência para pequenas e médias empresas, que também disponibiliza uma plataforma para compartilhamento e venda de títulos em diversas áreas administrativas e técnicas. O serviço disponibiliza APIs e aplicativos para a distribuição do conteúdo via Internet. [www.docstoc.com]

Spreedly é uma plataforma de comercialização de assinaturas de conteúdo online, que se integra ao website e oferece um bom conjunto de funcionalidades para a montagem de pacotes de distribuição, promoções, upgrades e cancelamentos. A ferramenta se encarrega das transações e segurança. [www.spreedly.com]

SITUAÇÃO:
Estratégia e inteligência competitiva.

PROPOSTA:
Fóruns, wikis, reputação e empowerment.

O primeiro a saber das últimas

Painéis de **visualização dinâmica** são ferramentas estratégicas para a tomada de decisão cada vez mais comuns em empresas com atividades mensuráveis (ou seja, em quase todas). Muitos deles podem incluir, além das informações geradas automaticamente por sistemas de administração e inteligência de mercado, comentários e análises feitos por uma equipe, que pode evidenciar dados ou suas correlações. Seu objetivo é muito diferente de um instrumento de vendas, ele deve se concentrar nos dados mais críticos, principalmente se não forem favoráveis. Só assim será possível ter uma visão sóbria do mercado e tomar as atitudes corretas para atingir uma eficiência maior. Painéis podem ser dispostos usando várias tecnologias, contanto que os dados que recolham sejam sólidos. Se bem executados, podem reunir informações de diferentes fontes em sinergia com os objetivos de negócio, ampliando a capacidade de atuação. Como não são capazes de tomar decisões por conta própria, eles só terão valor se forem continuamente monitorados por seus usuários, que devem questioná-los e propor novas fontes sempre que considerarem relevante, mantendo-o pertinente e capaz de gerar respostas rápidas e adequadas, se adaptando a cada novo contexto.

RECOMENDAÇÕES

Selecione. Identifique as informações que são verdadeiramente críticas, mesmo que não mudem frequentemente, e qual é a sua influência na tomada de decisão. Dados que não sejam usados continuamente tendem a ser rapidamente ignorados por seus usuários, mesmo quando mostrem grandezas importantes. Crie alertas baseados em regras e dados condicionais para evitar que isso aconteça.

Consulte referências. Analise modelos de painéis de dados de diferentes áreas antes de montar ou ao revisar o seu. Blogs como o www.informationisbeautiful.net são cada vez mais populares, e trazem exemplos de painéis com diferentes KPIs, métricas, diagramas, gráficos e modos de visualização. Estude-os para escolher as melhores soluções, disposições, número de células, tamanho e disposição dos elementos. Aprenda pelo exemplo.

Facilite a consulta. Torne o conteúdo claro e evidente. Habilite a identificação rápida de diferentes variáveis e seu acesso por plataformas móveis, quando disponível. O painel não é um relatório anual, apresentação gerencial ou livro didático, por isso não deve perder seu tempo com introduções, apresentações ou generalizações. Se for necessário, crie legendas ou campos de comentários, acessíveis quando desejado.

Rótulos. Em ambientes de decisões imediatas, os rótulos, legendas e títulos de gráficos podem se tornar elementos de distração e confusão. Procure ser o mais claro e direto possível.

Links. Inclua links para informações adicionais em cada célula.

CUIDADOS

Fontes. De nada adianta um bom painel se os dados que analisa são genéricos, desatualizados ou manipulados. Garanta a qualidade das referências para torná-lo sempre confiável e preciso.

Modelos. Podem ser um bom ponto de partida, mas devem ser customizados assim que possível. Não existe modelo único de painel de controle que sirva a todos. Reúna sua equipe para uma sessão de brainstorm e valide os painéis propostos com as fontes de dados e clientes. A mensuração é uma tarefa contínua.

Visão restrita. Por mais crítica ou estratégica que seja uma área, cuidado para não se concentrar demais nela e deixar escapar outros fatores que, por não terem sido importantes na montagem do painel, deixaram de ser monitorados. O ambiente digital está em constante transformação, a ponto de tópicos que não chamavam a atenção poderem se tornar centrais em períodos muito curtos.

Tamanho. São tantos os dados e fontes disponíveis que é tentador colocar um grande número deles em um painel de controle. Como o espaço do monitor é limitado, alguns dados acabam pequenos demais para serem visualizados confortavelmente. Escolha corretamente a tipografia e a separação das células para ganhar área útil para dispor adequadamente cada célula.

Confusão. Não sobrecarregue seu painel com informações, gráficos, animações e cores, pois a confusão resultante pode ser tão grande que dificultará cada consulta feita a ele. Mantenha a simplicidade.

Ferramenta: MicroStrategy

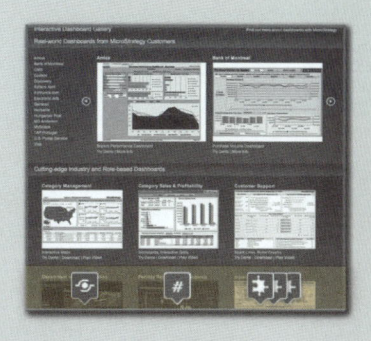

Ferramenta de análise visual de métricas e cenários, que permite a identificação de padrões em dados provenientes de diferentes fontes. Sua operação é bastante simples e escalável, e apresenta diversos relatórios de performance. O sistema de visualização permite a rápida exploração de bases de dados complexas para a extração de informações detalhadas, que podem ser combinadas com outras fontes e analisadas segundo modelos de previsão de cenários. Esse procedimento pode agilizar o fluxo de trabalho, permitindo tomadas de decisão mais seguras em momentos estratégicos. Não é preciso estar online para usar o MicroStrategy: ele trabalha com os dados locais e se atualiza assim que se conectar à Internet ou às bases de dados. Suas ferramentas permitem que usuários sem conhecimento técnico criem visualizações complexas, reunindo dados de fontes como sistemas SAP e serviços web. É possível editá-las em smartphones e exportá-las para tabelas Excel ou relatórios de business intelligence. [WWW.MICROSTRATEGY.COM]

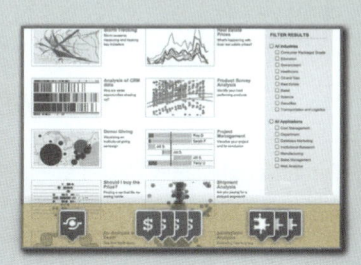

Tableau – painel de controle de análise de performance, disponível como aplicativo local ou serviço web. Sua função é transformar dados brutos em diagramas de fácil visualização, permitindo a criação de telas customizadas e interativas, acionáveis a qualquer momento. Esse processo tende a tornar a análise mais rápida, extensa e compartilhada do que processos tradicionais. O Tableau é bastante robusto, pode agregar e filtrar resultados, ver as mudanças conforme se priorizam determinadas variáveis, combinar múltiplas visualizações, gravar telas ou marcar pontos de interesse para referência futura. Seu painel de resultados pode ser incorporado a páginas web. [www.tableausoftware.com]

Spotfire – ferramenta de administração de dados que permite diferentes formas de armazenamento e visualização. Com ela é possível criar uma biblioteca de referência composta por estatísticas e dados acionáveis, facilitando a recuperação de informações para a tomada de decisões. Essas bibliotecas podem ser rapidamente atualizadas e modificadas conforme eventuais mudanças de cenário. Os dados ficam armazenados em seus servidores, eliminando a necessidade de sobrecarregar a área de TI com a administração de mais um banco de dados. O Spotfire cria gráficos em formatos compatíveis com diferentes séries e escalas. [http://spotfire.tibco.com]

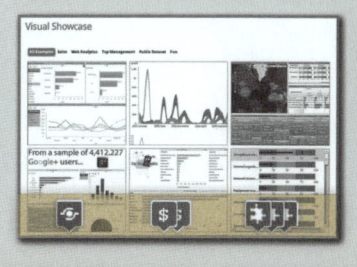

Bime – serviço web que permite o agrupamento dinâmico de dados, sua seleção e comparação. Ele cria visualizações que ajudam a identificar as tendências e padrões ocultos na massa de dados. As visualizações podem ser abertas a comentários, o que facilita o trabalho em equipe. Com o Bime é possível comparar as métricas de serviços web com os dados das bases locais, mensurar o ROI de ações promocionais e compará-lo com o orçamento disponível. Todos os elementos podem ser recombinados para criar novas visualizações. A ferramenta disponibiliza modelos pré-configurados que podem inspirar novas análises. [www.bimeanalytics.com]

BUSINESS CASES, FERRAMENTAS ADICIONAIS E SUGESTÕES DE USO

Herbalife usa a plataforma de Business Intelligence da MicroStrategy para compartilhar informações pertinentes a respeito de seus processos, dando a seus profissionais informações consistentes, consolidadas de suas bases de dados, sem sobrecarregar sua infraestrutura técnica e profissionais de TI. [http://bit.ly/nuvem-Herbalife]

A farmacêutica **Allergan** usa Spotfire para a análise visual e interativa, consolidando grandes bases de dados e simulando cenários para auxiliar o trabalho de pesquisa e interpretação de seus cientistas. Uma biblioteca de mais de 100 experimentos serve de referência para impulsionar novas descobertas. [http://bit.ly/nuvem-Allergan]

Hard Rock Cafe usa MicroStrategy para definir os indicadores de desempenho e eficiência de seus estabelecimentos. A ferramenta disponibiliza informações operacionais estratégicas para a empresa, que a utiliza para aumentar a lucratividade de cada café, conforme as perspectivas e possibilidades de sua região. [http://bit.ly/nuvem-HRC]

SITUAÇÃO:
Estratégia e inteligência competitiva.

PROPOSTA:
Mobilidade, geolocalização e identificação.

Sua opinião é importante para nós

O preenchimento de formulários é provavelmente uma das coisas mais chatas a se fazer online, a ponto de ser um dos principais motivos para o abandono de páginas. No entanto são cada vez mais importantes para que se desenvolva um diálogo em profundidade com os visitantes para buscar atendê-los da forma mais precisa possível. Formulários também são importantes para a realização de **pesquisas customizadas** que ajudam a definir preferências e necessidades e elaborar produtos mais personalizados. Muita gente pensa nessa ferramenta apenas como o local em que se valida um nome de usuário e senha ou que se informa um endereço de correspondência. Existem várias aplicações essenciais que podem ser bem resolvidas por eles, como pesquisas de satisfação, formulários de histórico médico, currículos, descrição de documentos compartilhados em repositórios, convites, pagamentos... São tantos os usos possíveis que é tentador usar formulários sempre que possível, para saber mais sobre seus usuários e formas diferentes de engajá-lo, ainda mais se levada em conta sua capacidade de registrar variáveis para análise de métricas. Mas antes de fazê-lo, releia a primeira frase deste parágrafo.

RECOMENDAÇÕES

Perguntas relevantes. Concentre-se na informação que precisa coletar e torne claro o motivo pelo qual precisa fazê-lo. Quanto maior for o número de perguntas — ou quanto mais irrelevantes elas parecerem (pedir o número do CPF para enviar algo pelo correio, por exemplo) — mais difícil será vê-las preenchidas. Se for importante a coleta de dados, crie formulários em etapas para garantir que o essencial seja transmitido.

Contexto. Sempre que possível explique o porquê da solicitação de cada dado e mostre para quem responde seu formulário a importância de sua contribuição. Se possível, premie os colaboradores com documentos exclusivos ou alguma forma de conteúdo premium, principalmente se o preenchimento do formulário não for obrigatório.

Perguntas diferentes. Aplicações de coleta de dados que busquem tipos incomuns de informação, como pesquisas médicas ou dados de geolocalização, podem ser populares se mostrar resultados lúdicos ou relevantes para seus usuários. Atraia o interesse para seu site apresentando a quem o responder algum índice ou recomendação inusitada.

Métricas. Aproveite o ambiente de interação direta e mensure a resposta de seus visitantes, locais de abandono, estilos de formulários mais preenchidos, pontos de entrada, horário etc.

Colete dados. Facilite a vida de seus visitantes recorrentes disponibilizando formulários semipreenchidos. Faça o mesmo com os dados de localização disponibilizados pelo browser.

CUIDADOS

Perguntas demais. Evite pedir dados que pode conseguir automaticamente ou que sejam desnecessários ou irrelevantes. Não há quem goste de preencher listas intermináveis de perguntas com as mesmas respostas.

Perguntas inconvenientes. Por mais que se diga o contrário, perguntar pode ofender. Ainda mais se a pergunta for de cunho pessoal e a resposta ficar disponível publicamente. Questões de renda e saúde devem ser evitadas sempre que possível.

Falta de opção. Não se aproveite de uma eventual distração de seu usuário. Se sua pesquisa será utilizada comercialmente para um cliente, deixe clara essa intenção e, se possível, o destino final dos dados — e permita a eles que se recusem a responder. Em cadastros, deixe a opção de receber e-mails com ofertas originalmente desabilitada, é melhor ter poucos usuários que a habilitaram intencionalmente do que um grande número a marcar a primeira que receber como spam.

Perguntas repetitivas. Não divida o endereço em vários campos, obrigando seus usuários a redigitarem todas as informações declaradas. Também evite enviar mais de uma pesquisa por mês para seus colaboradores.

Perguntas tendenciosas. Cuidado com o enunciado das perguntas, pois eles podem confundir ou direcionar o usuário.

Dê feedback. Não abandone o usuário depois de coletar os dados. Publique os resultados, remunere sua fonte com informação.

Ferramenta: Pandaform

Ferramenta online para a construção de formulários para websites, que permite a criação de páginas complexas e visualmente sofisticadas de uma forma prática, intuitiva e muitos recursos. Oferece modelos e opções para a entrada de dados e cria links específicos para compartilhar os formulários por e-mail ou redes sociais. Os dados coletados são automaticamente tabulados, gerando gráficos que se integram automaticamente a páginas web ou Facebook. O Pandaform pode ser utilizado para a coleta de dados e realização de pesquisas dinâmicas, ou até para soluções mais sofisticadas, como a criação de canais simplificados de relacionamento com consumidores. Os dados armazenados podem ser reutilizados para uso posterior, o que permite a habilitação de formulários que tenham alguns dados básicos (endereço etc.) já preenchidos pelo usuário. O sistema pode ser integrado ao envio de e-mails e permite a geração de mensagens automáticas de confirmação de recebimento. [WWW.PANDAFORM.COM]

Wufoo – Assim como o Pandaform, é uma ferramenta online para a construção de formulários bem intuitiva, que pode ser utilizada sem a necessidade de conhecimento técnico. Há mais de 80 modelos disponíveis de formulário para rápida escolha e personalização e um sistema que facilita a criação de páginas conforme as necessidades de informação a coletar. A base de dados para receber o conteúdo enviado é criada e armazenada automaticamente, gerando uma tabela de fácil navegação, edição, controle e busca por informações específicas. Relatórios customizados podem ser automatizados pelo sistema, mantendo seus gestores e clientes atualizados. [http://wufoo.com]

SurveyMonkey – maior e mais popular ferramenta para a construção de formulários, ela gera dados estatísticos das respostas em tempo real e permite sua gravação em Excel ou PDF. Um de seus maiores diferenciais é a possibilidade de realização de testes comparativos entre formulários, mudando quantias ou sequências conforme o usuário e mensurando a eficiência de determinadas combinações, aumentando assim a probabilidade de serem preenchidos. A interface pode ser configurada para que se assemelhe à da empresa que a utiliza ou para que se distancie dela, em casos de pesquisas sigilosas ou formulários anônimos de seleção de pessoal. [http://pt.surveymonkey.com]

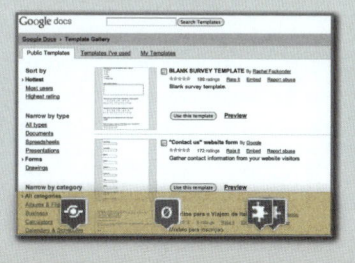

GoogleForms – parte da suíte Google Docs, é uma ferramenta simples e gratuita para a construção de formulários online. A tabulação dos dados é feita diretamente no aplicativo de planilhas, o que permite sua análise fácil e rápida, além da geração imediata de diagramas com os resultados. A ferramenta resolve bem os problemas mais comuns, já que apresenta modelos prontos para rápida adaptação, permite a criação de mensagens automáticas no final do preenchimento, disponibiliza os dados para acesso público ou privado e gera um código para inserir o relatório ou seus resultados em páginas de blogs e websites, atualizando o conteúdo dinamicamente. [http://bit.ly/nuvem-GoogleForms]

BUSINESS CASES, FERRAMENTAS ADICIONAIS E SUGESTÕES DE USO

A subsidiária brasileira do fabricante de tratores **John Deere** usa o SurveyMonkey desde 2007 para realizar pesquisas com sua rede de concessionários. A facilidade na criação e gerenciamento dos resultados levaram ao uso da ferramenta em seus escritórios por toda a América Latina. [www.svy.mk/nuvem-pesq]

Lanbito é uma ferramenta versátil para a criação de formulários a partir de iPhones, iPads ou PCs. O acesso a ela é feito por uma conta Google e os dados recolhidos, armazenados em planilhas do Google Apps. Cada formulário tem um domínio próprio, encurtado para envio para mídias sociais. [www.lanbito.com]

PollEverywhere é uma forma rápida de criar pesquisas de opinião abrangentes usando smartphones. Com ela é possível avaliar a repercussão de eventos, opinar sobre programas de TV, enviar questões para painéis, registrar presenças e responder a pesquisas de mercado anonimamente. [www.polleverywhere.com]

| ferramenta | serviço | gratuito | preço variável | até US$100/ano | US$100~600 | US$600~2000 | US$2000+ | simples | mediana | difícil | para experts |

SITUAÇÃO:
Estratégia e inteligência competitiva.

PROPOSTA:
Nomadismo e compartilhamento.

Quem clicou aonde?

Uma visita a uma página web nada mais é que uma operação de transferência de dados entre máquinas. Muitas vezes essa transação deixa vários tipos de rastros, que vão da análise da atividade do servidor à instalação de códigos no website que são disparados a cada interação do usuário. O registro costuma ser inofensivo para o usuário, mas é bem útil para o administrador. Ele pode identificar a origem e localização geográfica do visitante, taxa de abandono (bounce rate), tempo dispensado no website, preenchimento de formulários, visualizações de vídeos, download de documentos, entre outros. Os dados pessoais de identificação normalmente ficam em sigilo, e só são interpretados em grupo, como base estatística. A **análise de métricas** é uma prática estratégica de coleta, segmentação e análise da informação registrada. Há ferramentas de diversos tipos (e custos) para diferentes análises. Praticamente todas envolvem a instalação de uma pequena linha de código nas páginas a monitorar — o código que será responsável pelo rastreio das interações. Elas costumam ser usadas para testar a recepção e efetividade de websites, lojas digitais e campanhas de marketing online, já que seus dados podem identificar problemas de acesso ou navegação e dar suporte para a sugestão de melhorias.

RECOMENDAÇÕES

Refine o website. Descubra quais são as páginas mais e menos populares e os links mais clicados nelas, que caminho percorrem os novos usuários e qual o padrão de uso de usuários recorrentes. Com essas informações fica mais fácil redesenhar estruturas impopulares e aumentar a visibilidade de itens cuja visualização seja desejável. Acompanhe a evolução dos acessos conforme as mudanças realizadas, teste e compare os resultados obtidos para encontrar a melhor e mais eficiente combinação de variáveis.

Segmente visitantes. Escolha os tipos de visitas a analisar. Use filtros e combinações de variáveis para compreender melhor o comportamento de seus usuários, identificar tendências de visitação e uso e se antecipar a anseios de seus usuários. Para melhores análises segmente os dados de acesso de acordo com suas métricas mais significativas, como a origem da visita, o tempo empenhado no website, produtos adquiridos e páginas visitadas.

Plataformas, browsers, sistemas operacionais. Algumas funcionalidades só estão disponíveis para determinados browsers e sistemas operacionais. Suas páginas precisam ter versões alternativas caso eles não sejam a absoluta maioria. O tipo de browser e sua configuração também costumam dizer muito a respeito do conhecimento técnico de seu usuário, o que pode determinar até o tipo de informação disposta e a forma de publicá-la.

Comportamentos, não retratos. A principal função das ferramentas de análise é o estudo de tendências de séries de dados. Não se prenda a números isolados porque eles dificilmente têm valor na percepção e operação do website.

CUIDADOS

Excesso de dados. As ferramentas de análise são capazes de identificar um enorme conjunto de variáveis, combinando-as de diversas formas. Essas relações só farão sentido se fizerem parte de uma estratégia que define as métricas e combinações mais relevantes para o contexto.

Instalação e manutenção. A leitura dos dados só será confiável se a instalação do código nas páginas for corretamente configurada e integrada à ferramenta de medição. Caso contrário seus relatórios podem levar a conclusões erradas. Alterações no website e ajustes na análise requerem ajustes de configurações.

Significado das métricas. Dados precisam ser lidos a partir de uma definição consensual pelo que se entende de cada variável e seu efeito no contexto da visita. Caso contrário sua interpretação será inútil. Ou incorreta.

Interpretação errada. Analise os dados friamente, mesmo que eles mostrem o contrário do esperado. Não force a conclusão.

Média do mercado. Costumam ser irrelevantes em campanhas específicas e cheias de variáveis como as realizadas online. É muito difícil que duas empresas tenham o mesmo tipo de campanha, objetivos, produtos, orçamento, veículos e época de publicação. Procure construir suas próprias bases de dados.

Comparações. Não misture dados de origens diferentes. Cada ferramenta possui sua lógica própria de mensuração. Tenha clara cada origem e combine os dados com cautela.

Ferramenta: Google Analytics

Ferramenta gratuita e robusta, praticamente sinônimo de análise de métricas. Sua configuração e utilização demandam conhecimento técnico, embora sejam mais fáceis de operar que outros sistemas profissionais como Webtrends e Omniture. Com ela é possível ter uma boa ideia da visitação e das atividades dos visitantes a um website. É possível filtrar os acessos ao site por origem do visitante, produtos mais vendidos, tempo médio de uso, áreas mais visitadas, pontos de abandono, tipo de equipamento ou aplicativo utilizado. Tabelas dinâmicas permitem a análise em várias dimensões, ajudando a identificar tendências e gargalos. As variáveis podem ser isoladas ou agrupadas em subconjuntos e apresentadas em relatórios específicos. Com esses dados em mãos é possível avaliar a eficácia de ações e rever a estrutura de páginas, navegação, periodicidade de publicação, layout, tom e conteúdo de mensagens, bem como a eficácia de campanhas publicitárias. A análise detalhada possibilita a criação de ações promocionais mais bem segmentadas. [WWW.GOOGLE.COM/ANALYTICS]

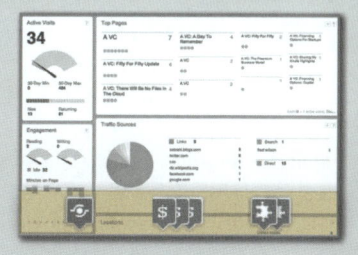

ChartBeat – ferramenta de análise que permite o acompanhamento das atividades realizadas por usuários de um site em tempo real. Com ela é possível acompanhar lançamentos, gerenciar crises e tirar proveito de novas oportunidades rapidamente. Administradores da ferramenta podem ser alertados por seu painel de controle, por um aplicativo para smartphones ou por e-mail sempre que houver picos de audiência, o site estiver lento ou sair do ar. Os indicadores são claros e permitem uma análise mesmo para quem não tem experiência na área. Relatórios detalhados ajudam a identificar conteúdos mais importantes e o nível de engajamento dos visitantes. [www.chartbeat.com]

KissMetrics – sistema de análise que alega rastrear o comportamento de navegação de pessoas específicas – o que é polêmico, já que, por questões de privacidade, algumas ferramentas de mensuração evitam identificar usuários individuais. De qualquer forma, a identificação de comportamentos produz relatórios com novas informações, o que permite a elaboração de estratégias mais complexas. O serviço é de fácil operação e analisa os principais dados disponíveis: taxa e funil de conversão, origem do tráfego e funcionalidades mais utilizadas. Também é usado para medir a eficiência de campanhas de e-mail marketing. [www.kissmetrics.com]

Digital Analytix – ferramenta para a análise detalhada de métricas, que segmenta os dados de acesso a páginas web, vídeos e aplicativos para smartphones de acordo com informações demográficas. É uma solução de grande porte, a um custo elevado, porém permite a realização de testes de performance com variáveis múltiplas, gera dados associados a contextos em tempo real, e integra seus resultados a sistemas de envio de e-mail, marketing, CRM e inteligência de negócios. Seus relatórios podem ser exportados para tabelas Excel ou apresentações PowerPoint, permitindo sua visualização sem acesso ao sistema. [http://bit.ly/nuvem-ComScore]

BUSINESS CASES, FERRAMENTAS ADICIONAIS E SUGESTÕES DE USO

A **American Cancer Society** tem várias iniciativas online para informar o público, financiar a pesquisa e conectar grupos de apoio. O uso de Google Analytics a ajudou a otimizar websites e campanhas online para atrair doações, otimizar soluções de e-commerce e demonstrar sua atuação para patronos. [http://bit.ly/nuvem-GA-ACS]

As marcas administradas pela **Diageo** estão em várias línguas e centenas de websites pelo mundo. Marcas como Guinness, Johnnie Walker, Smirnoff e Baileys falam com públicos tão específicos que sua estratégia de comunicação sempre foi pulverizada. O uso de Google Analytics permite a executivos com verbas, níveis técnicos, mercados e estratégias completamente diferentes o uso de uma só plataforma de análise, fácil de configurar e implementar. Seus relatórios conseguem ser ao mesmo tempo simples para a interpretação imediata e padronizados a ponto de alinhar estratégias e identificar oportunidades globais. [http://bit.ly/nuvem-GA-Diageo]

SITUAÇÃO:
Estratégia e inteligência competitiva.

PROPOSTA:
Colaboração, jogos e meritocracia.

Forças-tarefa

Grupos de trabalho estão entre as formas mais rápidas e práticas de ativar contatos internos ou externos em discussões de vários níveis ou tópicos. Sua estrutura costuma ser bastante versátil e eficiente, cada publicação pode ser consultada na forma de fóruns em páginas web ou recebida via e-mail assim que publicada ou em resumos diários. Com eles é possível acompanhar processos ou repercussões, fazer um rápido follow-up de reuniões ou uma pesquisa de avaliação de qualidade de apresentações e eventos. Os serviços mais populares têm ativação imediata, bastando para isso fornecer a lista de e-mails dos participantes. Como em todo grupo de discussão há uma área limitada para compartilhamento de documentos. Seus moderadores podem controlar as permissões de cada usuário, eliminar mensagens, restringir ou até banir membros. Grupos são ferramentas interessantes para a criação de forças-tarefa instantâneas, ao mesmo tempo conectando e integrando profissionais de diversas áreas e backgrounds e mantendo sua privacidade preservada. Com eles é possível criar sessões rápidas de brainstorm ou abrir um contato de conversação de duração determinada com clientes, fornecedores e usuários, que pode ser encerrado unilateralmente a qualquer instante.

RECOMENDAÇÕES

Finalidade do grupo. Para evitar a interpretação como spam ou mensagem indesejada é preciso defini-la claramente no primeiro contato e descrição na página web, permitindo a quem não esteja interessado o rápido descadastramento do serviço.

Identifique lideranças. Compartilhe a administração do grupo com interessados na discussão e promova-os a administradores. Isso diminuirá a carga burocrática da realização de pequenas tarefas entre todos e abrirá espaço para maior diversidade de opiniões. Só tome o cuidado de promover profissionais conhecidos e de fácil acesso a essa função, evitando possíveis transtornos.

Promova novas discussões. Se a finalidade original do grupo se esgotar e você não quiser perder a oportunidade de agregar profissionais de qualidade, reacenda o interesse dos participantes com novas informações ou tópicos relacionados, estimulando o diálogo. Não é preciso dizer que qualquer ação promocional ou fora do tópico deve ser evitada em quaisquer circunstâncias.

Vá aonde seu público está. E fale a língua que ele fala. Para se dirigir a grandes grupos, o melhor é usar a ferramenta de discussão e interação social com que ele já esteja acostumado. Grupos do Facebook, comunidades do Orkut ou redes de nicho podem ser uma boa opção.

Integre os espaços profissionais. As mensagens de grupos podem transitar livremente entre diferentes áreas sem interferir nelas, o que permite o acesso e contribuição de profissionais que trabalhem em áreas complementares.

CUIDADOS

Feche grupos abandonados. Desative ambientes cuja conversação estiver abandonada ou limitada a poucos membros ativos. Envie uma mensagem de agradecimento a todos os participantes ou até os convide para novas discussões. Só evite mantê-lo aberto quando não for mais relevante para preservar o interesse de seus eventuais usuários.

Estabeleça regras. E as aplique sempre que necessário. Notifique usuários que cometam pequenas indiscrições, entrem em conflitos ou se desviem do assunto do grupo. Assuma sempre que o deslize não foi intencional. Caso haja reincidência, puna-o com o banimento temporário ou exclusão do grupo.

Limite o número de integrantes. Grupos que pretendam desenvolver discussões de alto nível devem ter um número pequeno de usuários, acessíveis por seu administrador usando outros canais se for necessário. Isso garante o sigilo de informações restritas e a realização de discussões com poder de decisão.

Ambiente. O uso de redes sociais públicas ou genéricas como ferramentas profissionais pode se tornar um pesadelo para a área de RH, já que dados pessoais e profissionais se misturam a ponto de ser impossível separá-los, o que pode ser usado como motivo para reclamações e questionamentos diversos, além de dar claro acesso a dados de contato.

Tom da discussão. O ambiente de debate deve ser livre para que cada um expresse livremente suas opiniões, contanto que não ofendam crenças ou características pessoais de seus colegas.

Serviço: Grupos do Linkedin

A rede social mais usada para relacionamentos profissionais tem uma ferramenta para a criação de grupos, que podem ser abertos ou de acesso restrito. Eles podem ser uma boa opção para criar um ambiente de trabalho cooperativo e troca de ideias. Suas funcionalidades são restritas quando comparadas às de outras redes sociais: é possível compartilhar documentos, mas não há murais nem se pode adicionar fotos, vídeos ou música (embora não haja restrições para a publicação de links para serviços públicos de armazenamento, como DropBox, Flickr, YouTube ou SoundCloud). Administradores de grupos podem determinar opções de privacidade, moderação e visibilidade do grupo, isolando-o das atividades gerais do Linkedin e tornando a discussão mais focada. Conteúdo inadequado pode ser eliminado a partir do painel do site ou por e-mail, e, conforme o caso, redirecionado para outro fórum. O Linkedin lista automaticamente os membros mais influentes de cada grupo, o que estimula a participação e o acompanhamento de perfis. [WWW.LINKEDIN.COM/MYGROUPS]

Grupos do Google — ferramenta rápida, integrada aos aplicativos Google que permite a seus usuários trocarem ideias e acessarem documentos Google. É possível criar páginas com o perfil de cada usuário e avaliar suas contribuições, permitindo que o conteúdo mais relevante fique sempre visível. O sistema agrega automaticamente as mensagens que abordem os mesmos temas, facilitando o acompanhamento do debate por profissionais de áreas externas ou que tenham pouco conhecimento do projeto. Cada usuário pode marcar as discussões que mais o interessem para consulta posterior. Os e-mails dos participantes não são revelados, preservando sua identidade.[http://groups.google.com]

SocialEngine — para quem precisa ter absoluto sigilo em suas discussões e não confia nos grandes sistemas, uma opção pode ser criar sua própria rede. Serviços como o SocialEngine permitem a estruturação de redes sociais "white label", customizadas para as empresas que as hospedarem. Cada usuário pode adaptar sua área de trabalho, criar perfis e grupos e determinar suas configurações de privacidade. Eventos e grupos podem ser criados automaticamente e conectados aos perfis de seus membros, o que pode ser uma forma interessante de conectar grupos de trabalho, embora mais simples do que ferramentas de gestão de projetos. [www.socialengine.net]

Grupos do Facebook — se a intenção é reunir pessoas de diversos locais e posições rapidamente, o melhor é ir aonde todos estão e criar um grupo no Facebook. Embora a opção dê acesso a perfis pessoais, o que pode gerar problemas de privacidade, ela pode ser uma forma prática e informal de compartilhar e debater ideias. Grupos podem ser públicos, restritos ou só acessíveis mediante convite, invisíveis para quem não é membro. As atualizações seguem o formato do mural do Facebook, com tópicos levantados por seus membros e espaço para respostas ou comentários. É possível postar vídeos, imagens, links e criar documentos de texto editáveis pelo grupo. [www.facebook.com/groups]

BUSINESS CASES, FERRAMENTAS ADICIONAIS E SUGESTÕES DE USO

Grupos do Linkedin podem servir como boa referência para diversas áreas. Uma busca em seu diretório de grupos mostra aqueles que têm maior número de participantes e sugere outros com temas e membros similares. O melhor sempre é começar por grupos frequentados por contatos de sua rede. [www.linkedin.com/myGroups]

Os **Grupos do Google** podem ser usados para diversas finalidades profissionais, como o compartilhamento de documentos e calendários, geração de listas de distribuição de mensagens, contas de acesso múltiplo, endereços para recebimento de propostas e currículos e relação com clientes externos. [www.groups.google.com]

As **Redes do Facebook** permitem a criação e associação de contas de redes privadas a perfis da rede social, para que não seja necessária a ativação de duas contas. Por mais que essa opção seja prática para reunir grupos internos, ela traz o risco de uma confusão ainda maior entre espaços público e privado.[www.facebook.com]

ferramenta	serviço	gratuito	preço variável	até US$100/ano	US$100~600	US$600~2000	US$2000+	simples	mediana	difícil	para experts

SITUAÇÃO:
Estratégia
e inteligência competitiva.

PROPOSTA:
Design, usabilidade
e acessibilidade.

Informação gráfica

A extrema complexidade das bases de dados conectadas e atualizadas instantaneamente por milhões de interações simultâneas faz com que sua compreensão seja cada vez mais difícil. Para integrar grupos de variáveis em um contexto, analisar sua progressão e compará-los com outras séries igualmente complexas e customizadas, ferramentas de **visualização de dados** são cada vez mais comuns nas empresas. Seus diagramas disponibilizam grandes volumes de informação para discussões, pesquisas e exposições colaborativas, sem necessariamente abrir acesso a suas bases de dados originais. Com boas representações visuais é possível criar sessões de brainstorm com especialistas em áreas variadas a respeito de gargalos em processos de produção, comercialização e logística. Como a informação visual é mais fácil de compreender e mais propícia à identificação de padrões, ela permite a profissionais que não teriam capacidade técnica de analisar grandes séries de dados a fácil identificação de cenários e mapeamento de tendências. A maioria das ferramentas ainda demanda conhecimento técnico para ser utilizada propriamente, mas com o avanço das tecnologias é de se esperar o surgimento de novas interfaces para elas a curto prazo.

RECOMENDAÇÕES

Trabalho em grupo. Compartilhe, sempre que possível, suas visualizações e peça feedback para especialistas em áreas diversas. Muitas vezes não é preciso estar inteirado de particularidades de uma série de dados para se reconhecer nelas padrões de concentração, estrangulamento, sobrecarga ou esgotamento. Use dados de séries históricas para tornar essa análise terceirizada ainda mais complexa, precisa e abrangente.

Gestão e inteligência competitiva. Boas ideias podem estar em qualquer parte. Nada impede que sejam identificadas e propostas por quem está do lado de fora de seu processo de análise e tomada de decisão simplesmente por demandar uma perspectiva arejada, distante do cotidiano da área.

Reconhecimento de padrões. Bons astrônomos, advogados, médicos e investidores procuram identificar, na multiplicidade de informações apresentadas nas situações que pedem seu diagnóstico, quais são verdadeiramente relevantes e, principalmente, como estão interligadas. As ferramentas de análise visual podem se encarregar da administração e cálculo de relações entre variáveis para facilitar a seus usuários a capacidade de identificar recorrências que passariam normalmente despercebidas e, através delas, propor novas ideias e soluções.

Wiki gráfica. Transforme o compartilhamento de dados visuais em uma ferramenta de construção de conteúdo colaborativo, compartilhando análises, visões e descobertas que possam ser identificadas como padrões e utilizadas futuramente como referência para novas análises.

CUIDADOS

Complexidade. Não dificulte o que deve ser simples. Quanto mais caótico o cenário, mais difícil será a identificação de padrões. Em ciências, a solução mais elegante para um problema costuma ser a mais claramente expressa, com o menor número de elementos possível. Siga o mesmo raciocínio para evitar associações irrelevantes ou dependências tão improváveis que dificilmente teriam algum sentido maior do que a mera coincidência.

Referência, não apoio. Procure usar os dados apresentados pelos gráficos como guia, não como diretriz ou obrigação. Como é impossível colocar todas as variáveis do mercado em um único sistema, é natural que visualizações sejam passíveis de interpretação. Balize-se pelas séries históricas para que algum dado diferente demais seja compreensível. Procure ampliar o escopo das variáveis que analisa contribuindo com novos insights para enriquecer a análise, torná-la mais criativa e inspiradora.

Onipotência. O imprevisto está mais para regra do que para exceção. Boa parte das crises pode se iniciar de um acontecimento que, por si só, não teria a menor importância, mas que ao se combinar com vários outros acaba desencadeando efeitos desproporcionais. Não há análise de cenários que proteja contra o aleatório.

Excesso de variáveis. Evite mapear processos abrangentes ou complexos demais. Fragmente processos complexos em grupos de variáveis cuja análise permita identificar sua influência. Faça sobreposições para verificar diferentes formas de composição, interferência e importância relativa.

Ferramenta: ManyEyes

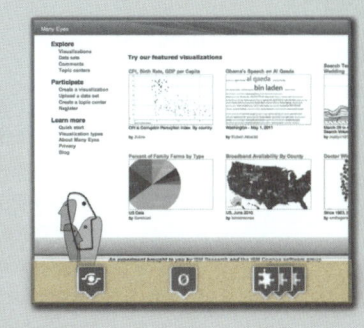

Ferramenta para visualização de dados da divisão de pesquisas da IBM, que agrega recursos de rede social para que especialistas possam criar e discutir diferentes formatos de apresentação de séries e estatísticas. Usuários podem acessar conjuntos de variáveis e acompanhar tópicos de discussão, gráficos e diagramas de seu interesse. O ManyEyes mostra como construir rapidamente visualizações simples e estimula a criação de diagramas sofisticados. Dessa forma é mais fácil estabelecer correlações entre séries de dados que seriam difíceis de visualizar em tabelas simples (comparar variáveis sociais entre dois países, por exemplo) e identificar anomalias que passariam despercebidas. Cada visualização permite a seleção de dados com um clique, evidenciando-os para facilitar discussões e permitindo que a visualização seja incorporada a páginas web. Comentários são associados às visualizações, para que todos possam ver os diagramas na configuração discutida. As tabelas de dados que dão origem aos gráficos estão disponíveis para acesso. [www-958.ibm.com]

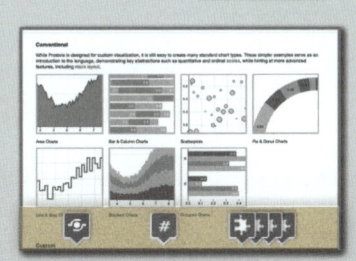

Protovis e D3 – biblioteca de visualização para a linguagem JavaScript desenvolvida pela Universidade Stanford, nos EUA, o projeto Protovis se transformou recentemente em uma nova iniciativa, chamada D3. A filosofia por trás de ambas é a mesma: um sistema de código aberto para representar dados em diagramas dinâmicos, aplicáveis a páginas web. É necessário conhecer código de programação para poder utilizá-la, mas suas visualizações costumam ser mais compatíveis e independentes de plataformas. O D3 é uma evolução do Protovis, mais abrangente e flexível, utilizado para a geração de animações e diagramas interativos. [http://mbostock.github.com/d3/]

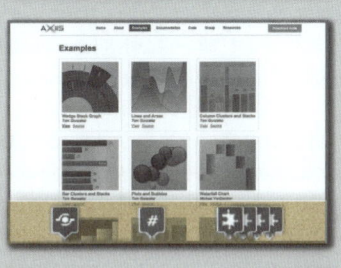

Axiis – biblioteca de algoritmos gratuitos e de código aberto que busca facilitar a construção de gráficos e mapas interativos de informação. Por mais que dependa de conhecimento técnico para poder ser utilizado, sua documentação e curva de aprendizado o tornam razoavelmente acessível. O Axiis tem estrutura modular, o que permite a desenvolvedores a criação de peças sofisticadas de código a partir de módulos razoavelmente simples, combinados conforme as necessidades de visualização. É possível reaproveitar partes de códigos desenvolvidos para outros projetos, bem como customizar alguns dos exemplos apresentados pela ferramenta. [www.axiis.org]

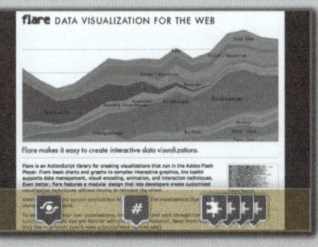

Flare – como o Axiis, é uma biblioteca gratuita de código aberto, desenvolvida pela Universidade Berkeley, nos EUA. Escrita em ActionScript, linguagem específica para o desenvolvimento de aplicativos no formato Adobe Flash, seus gráficos são compatíveis com websites e dispositivos que suportem essa tecnologia. Com o Flare é possível desenvolver desde gráficos simples, como os disponibilizados por aplicativos de planilhas, até diagramas interativos com animações, alimentados diretamente de uma base de dados. Com ele é possível desenvolver uma interface que permita aos usuários indicarem áreas de interesse para destacá-las ou ter acesso a mais detalhes. [http://flare.prefuse.org/]

BUSINESS CASES, FERRAMENTAS ADICIONAIS E SUGESTÕES DE USO

Map of the Market, da revista SmartMoney, mostra o movimento e variações das ações nas bolsas Dow Jones e Nasdaq em um diagrama. Cada empresa é representada por um retângulo proporcional a seu tamanho com relação ao mercado e segmento, cuja cor indica a variação do valor de suas ações. [http://bit.ly/nuvem-mapMarket]

Name Voyager é uma aplicação criativa de visualização dinâmica de base de dados. Ela mostra um gráfico de área com os nomes masculinos e femininos registrados nos EUA. É possível selecionar determinados nomes e, ao clicar em um deles, examinar seu progresso ao longo das décadas. [http://bit.ly/nuvem-NameVoyager]

Há ideias e referências de todos os tipos entre as mais de 100 mil visualizações criadas e disponibilizadas pelo **ManyEyes**, que podem servir de inspiração: dados econômicos, governamentais e sociodemográficos, estatísticas de cinema e esportes e até a incidência de palavras em discursos e publicações. [http://bit.ly/nuvem-visualiza]

SITUAÇÃO:
Estratégia e inteligência competitiva.

PROPOSTA:
Narrativas transmídia e geração de valor.

Feiras de inovação

Novas empresas e iniciativas podem ser boas fontes de inspiração, já que seu modelo de negócio normalmente se baseia em alguma oportunidade nas atividades cotidianas. Redes sociais que estimulem **startups e incubação** podem ser locais interessantes para se buscar ideias criativas aplicadas e até encontrar sugestões que podem ser repropositadas para melhorar algum processo em sua empresa. Há muitas ideias de valor em startups de sucesso, poucas delas estão diretamente ligadas ao eixo central dos serviços oferecidos. Formas de cadastro, uso de APIs, conexão com redes sociais, armazenamento de dados e forma de comunicação são alguns exemplos de tópicos constantemente reformulados. A ideia de inovação aberta segue esse princípio, abrindo suas discussões para participação pública, onde podem, com alguma sorte, encontrar um ponto de vista diferente do desenvolvido dentro da empresa, realizar pesquisas informais da aceitação de determinados parâmetros, funcionalidades e serviços e até receber sugestões interessantes oferecidas descompromissadamente por interessados sem ligação com a empresa ou área. Isso torna as fronteiras entre a equipe de desenvolvimento e o mercado mais permeáveis, permitindo o desenvolvimento ágil de produtos inovadores e populares.

RECOMENDAÇÕES

Conceito. Muitas empresas perdem o foco para se adaptarem ao mercado e terem acesso a mais clientes. Por mais que isso às vezes seja inevitável, é importante ter claramente definidas sua política de preços e condições de trabalho em condições normais, sabendo que não terá como sobreviver fiel a seus princípios se permanecer muito tempo em estado de emergência.

Plano de negócios. Se benfeito, pode ser inspirador e até mais interessante do que a empresa que resulta dele. Bons planos analisam oportunidades, projeções, clientes reais e potenciais, estrutura de processos, estratégia de mercado, consumidores e seus contextos, concorrência real e possível, podendo servir como uma análise diferenciada do mercado. É recomendável fazê-los periodicamente para alinhar os objetivos da empresa com a realidade.

Modelo de faturamento. As perguntas mais desagradáveis (mas, infelizmente, fundamentais) para um negócio dizem respeito a seu modelo financeiro e estratégia de mercado. Uma boa análise da concorrência pode resultar em um plano de desenvolvimento, operações e administração sólido e consistente.

Inovação por combinação. Da mesma forma que restaurantes não precisam cultivar seus próprios vegetais nem criar os animais para abate, boas ideias podem resultar da combinação criativa de procedimentos e estruturas previamente existentes.

Diferencial de marca. Sua história, mensagem e personalidade — e como tudo isso se manifesta no discurso da marca — são muito mais importantes do que eventuais logotipos.

CUIDADOS

Uma empresa é um investimento. Seus clientes e investidores não querem saber se vocês tem belos projetos sociais ou de qualidade de vida ou se admitem os cachorros de funcionários no ambiente de trabalho. Para eles as empresas costumam ser encaradas como alternativas de investimento e, nesses termos, pouco interessará mais do que sua visão única, realidade e perspectivas de mercado e, principalmente, lucratividade e ROI.

Custos. Qual é o custo real do projeto, em despesas, encargos e, principalmente, tempo e oportunidades profissionais? Muitos empreendedores são otimistas com prazos e oportunidades, não se precavendo contra imprevistos, despesas embutidas ou estouros de orçamento. Mesmo quando dão certo é comum ver discrepâncias entre a remuneração esperada e a realidade.

Recursos. Diversos projetos, embora viáveis no papel, encontram dificuldades na hora de levantar recursos, divulgar serviços, ampliar sua base de clientes e consumidores e prover suporte técnico. O excesso de demanda pode causar problemas de entrega em prestadores de serviços e de logística em lojas de produtos.

Objetivos. Perguntas importantes costumam ser ignoradas no início de uma empresa e acabam se tornando motivo de grandes conflitos mais tarde. Questões financeiras dizem respeito ao nível de controle de eventuais investidores, prazos para o retorno sobre o investimento, lucros projetados, reinvestimento e dedicação ao negócio. Questões de estilo de vida abordam o tipo e regime de trabalho, a possibilidade e período de férias e as concessões necessárias até que essas condições sejam possíveis.

Serviço: Kickstarter e Catarse

O Kickstarter é uma rede social de inovação, em que novos projetos são apresentados à comunidade, solicitando microinvestimentos, de quantias que podem ser tão pequenas quanto um dólar. Cada projeto tem uma página de perfil, em que detalha sua estrutura, esclarece dúvidas e estabelece o valor mínimo de investimento total para que seja realizado. Para estimular a colaboração, seus idealizadores podem desenvolver pacotes de retribuição conforme o valor investido, que vão desde agradecimentos especiais até a entrega de produtos especiais ou customizados. Caso o projeto alcance a cota mínima, o serviço cobra uma pequena comissão de seus criadores e repassa os fundos, recebendo deles a garantia de que o produto final e os pacotes serão entregues no prazo. Se o montante investido não alcançar o valor esperado o projeto é cancelado e o dinheiro, devolvido. É uma boa fonte de inspiração em ideias que, de tão novas, ainda nem se formalizaram. Há iniciativas artísticas, editoriais, filmes, aplicativos e equipamentos. No Brasil, uma rede que segue os mesmos princípios é a Catarse. [WWW.KICKSTARTER.COM] e [HTTP://CATARSE.ME/PT].

Conceptfeedback – rede social de conceitos, em que ideias que não se transformaram em projetos podem ser apresentadas e discutidas por designers, desenvolvedores, investidores e empresários. Estes podem identificar falhas, recomendar áreas a desenvolver e riscos a evitar. Não há restrição para conceitos, que podem ser tão variados quanto logotipos, protótipos, campanhas, estratégias ou processos. O perfil de cada membro lista sua atividade, contribuições e conceitos enviados. Para usar o serviço gratuitamente é necessário comentar cinco outros projetos, o que é uma forma interessante de estimular a colaboração. As discussões são em inglês. [www.conceptfeedback.com]

Startupnation e SEBRAE – o Startupnation é uma rede social gratuita, desenvolvida por empreendedores americanos para ajudar novos negócios a se desenvolver. Ela disponibiliza cursos, dá recomendações básicas e tutoriais para desenvolver um empreendimento. A natureza dos empreendimentos online faz com que muitos serviços sejam semelhantes mesmo que a realidade do país seja diferente. No Brasil, o SEBRAE tem um portal com informações ricas para abrir e estruturar empresas, com diversas planilhas, recomendações, planos de negócios e informações detalhadas. Seria perfeito se oferecesse serviços colaborativos online. [www.startupnation.com] e [www.sebrae.com.br]

Plano de negócios – existem diversos aplicativos para ajudar empreendedores e visionários a estruturarem seus empreendimentos. Serviços como o *PlanHQ* disponibilizam planos de negócios online. Seus usuários definem metas, reúnem equipes, atribuem responsabilidades e datas, estabelecem objetivos financeiros para diferentes áreas e determinam uma estratégia para atingir objetivos de curto e longo prazo [www.planhq.com]. No Brasil, o SEBRAE tem um curso muito bom, o *EMPRETEC*, e seu portal dá acesso a blogs como o *Beco com Saída* que ajuda pequenos e médios empresários a resolver problemas de estratégia. [www.sebrae.com.br]e [www.becocomsaida.blog.br]

BUSINESS CASES, FERRAMENTAS ADICIONAIS E SUGESTÕES DE USO

Bplans é uma iniciativa gratuita da Palo Alto Software, fabricante de aplicativos de criação e gestão de planos de negócios. O website fornece uma grande quantidade de ferramentas e materiais de referência para construir, administrar e amplificar negócios, com vários exemplos de iniciativas em diversas áreas.[www.bplans.com]

PickyDomains.com é um serviço criativo para novas empresas, que cria slogans e busca nomes de domínio disponíveis para comercialização. Seus usuários só pagam pelos slogans e domínios pelos quais se interessarem, a um custo bem razoável: 50 dólares por domínio, 75 por slogan. [www.pickydomains.com]

Um dos modelos de faturamento mais populares em redes sociais é a comercialização dos dados de seus usuários. Uma honrosa exceção é o **Diaspora**, desenvolvido por ex-integrantes do Facebook, que garante a privacidade de seus usuários e não se apropria do conteúdo compartilhado para fins comerciais. [www.joindiaspora.com]

| ferramenta | serviço | gratuito | preço variável | até US$100/ano | US$100~500 | US$600~2000 | US$2000+ | simples | mediana | difícil | para experts |

SITUAÇÃO:
Estratégia e inteligência competitiva.

PROPOSTA:
Privacidade, sigilo e subversão.

Redes alternativas

A WorldWide Web, interface gráfica da Internet, não é a única rede mundial de computadores, nem a mais rápida. Como ela, há várias outras **redes distribuídas** interconectando computadores ao redor do mundo e transportando dados em alta velocidade entre seus servidores. Uma delas é a Internet2, associação de diversas empresas de infraestrutura e instituições de ensino pelo mundo para compartilhar pesquisas acadêmicas e promover serviços de ensino à distância em banda larga e alta velocidade. Outras, como a Usenet, têm um passado glorioso e um cotidiano bem menos nobre. Poucas têm, no entanto, uma atividade tão intensa quanto o protocolo de compartilhamento BitTorrent, usado para movimentar grandes volumes de dados em documentos de tamanho acima da média dos trocados por e-mail e baixados de repositórios públicos. Seu tráfego de dados é descomunal, representando, conforme a localização geográfica, quase metade de tudo que transita pela Internet, distribuindo documentos entre um número de usuários ativos maior do que grandes redes como YouTube ou Facebook, às vezes até que a soma dos dois. Por mais que seja usada para pirataria, sua infraestrutura permite a realização de belos projetos coletivos.

RECOMENDAÇÕES

Distribuição. O custo e a velocidade da transferência de dados nessas redes pode ser muito mais baixo do que os normalmente utilizados pela Internet. Algumas delas podem ser acessadas por browsers, outras demandam a instalação de aplicativos simples de download rápido. Empresas que tenham um grande volume de vídeos a compartilhar, mas que não tenham a intenção de investir em aluguel ou na montagem de servidores dedicados, podem disponibilizar a maior parte de seu conteúdo na Usenet. Se tiverem uma base razoavelmente ampla de usuários fiéis e dispostos a compartilharem sua banda, podem usar redes de compartilhamento P2P. Algumas rádios e músicos usam esses protocolos para transmitir eventos e lançar conteúdo.

Redes híbridas. Outra solução interessante é combinar protocolos, iniciando o contato via Web e dando continuidade a ele via redes distribuídas. É o que fazem serviços como o Skype, MSN, Twitter e Facebook para dar conta do volume gigantesco de tráfego demandado por seus usuários.

Experimente. Existem diversas formas de configuração de redes descentralizadas, em que cada computador conectado realiza as funções simultâneas de servidor e de cliente até que o documento termine de ser transferido. Dessa forma é possível otimizar a banda de cada usuário de forma dinâmica, o que permite a transferência de documentos de grande porte entre computadores conectados, chegando ao ponto de abrir mão de um servidor central. Ela pode ser muito útil para o compartilhamento de documentos em locais cuja rede seja cara, lenta, instável ou vigiada por motivos políticos.

CUIDADOS

Descrição. Deixe claras suas intenções e uso de protocolo e tome cuidado especial com firewalls. Não permita que uma iniciativa bem-intencionada seja confundida com a prática de pirataria e tenha seu acesso limitado ou impedido.

Teste com cuidado. Conheça bem os pacotes de serviços oferecidos por cada rede e os teste com cuidado, principalmente por serem pouco conhecidos. Verifique se existe alguma restrição de transferência, sua velocidade de download e eventuais restrições a seu uso entre os principais serviços de conexão e transporte de dados locais. Antecipe-se a possíveis limitações e restrições antes de estruturar o serviço.

Filtros. Para impedir ou limitar a prática de pirataria, aumentar a segurança e diminuir o tráfego de dados em sua rede e servidores, muitas empresas, instituições, pontos de acesso público e até residências instalam bloqueadores contra determinadas redes e protocolos, impedindo ou limitando a banda disponível para seu acesso e utilização.

Banda. A transmissão de documentos em redes de compartilhamento pode ser rápida, mas precisa ser configurada para não ocupar boa parte da banda disponível para outros aplicativos, prejudicando a performance de browsers ou clientes de e-mail.

Segurança. Alguns aplicativos de compartilhamento podem transmitir várias configurações ou dados privados de seu computador, bem como abrir brechas em sua firewall para a invasão de vírus e software daninho.

Ferramenta: Bit Torrent

Protocolo de comunicação entre redes de computadores cujo principal objetivo é o de transferir documentos. Sua principal vantagem para as redes mais conhecidas é o uso mais dinâmico da banda disponível para cada computador. Os documentos a compartilhar são fragmentados em diversos pedaços e enviados em ordem aleatória. Cada máquina que os recebe precisa agir como redistribuidora, contribuindo para que documentos volumosos sejam disponibilizados por muitos sem sobrecarregar servidores. Assim é possível criar redes colaborativas, em que a banda é compartilhada por todos. Documentos no formato torrent são administradores de transferências, responsáveis por reunir as partes do material transferido. Muitas empresas veem no torrent um sistema de pirataria, o que não é verdade. É claro que sua natureza facilita a distribuição e dificulta a identificação da fonte, o que dá origem a desvios, mas por causa do uso compartilhado da rede, o protocolo é usado por grandes serviços como Facebook e Twitter para distribuir atualizações entre seus usuários. [www.bittorrent.com]

Usenet — a mais antiga das redes mundiais de computadores ainda em atividade começou como um serviço de debates no final da década de 1970, logo sendo usada para a transmissão de documentos. Mesmo que poucos ainda se lembrem de sua existência, ela está bastante ativa, embora com uma natureza diferente. Seus grupos de discussão foram adquiridos pelo Google e a principal aplicação de sua rede é a criação de redes privadas e o compartilhamento automático de documentos, feito em alta velocidade por servidores dedicados. Serviços como o Giganews se especializaram no armazenamento de grandes volumes de dados e em sua transferência a altas velocidades. [www.giganews.com]

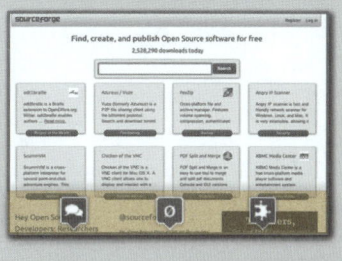

SourceForge — rede de distribuição de software de código aberto, que armazena e classifica gratuitamente produtos desenvolvidos sob esse regime de publicação ao redor do mundo, disponíveis para download para qualquer interessado. Seus servidores armazenam mais de 300 mil projetos, e também servem como mecanismo de busca para aplicativos de código aberto. O SourceForge permite a desenvolvedores a divulgação e conexão com profissionais interessados em participar de cada projeto, expandindo-o. Além de todas essas características, ele também é uma excelente biblioteca de referência para desenvolvimento em várias linguagens de programação. [http://sourceforge.net]

GitHub — rede de "código social", cujos usuários, normalmente desenvolvedores e administradores de redes, compartilham soluções, hospedam projetos e trabalham colaborativamente em diversas linguagens de programação, como JavaScript, Ruby, Python e C++. Usa o sistema Git (por isso o nome), que cria repositórios com a história e o controle de revisões de um projeto, permitindo fáceis adaptações e extensões. Com o GitHub fica mais fácil produzir um bom material a partir de equipes cujo tamanho e distribuição pelo mundo pode ser extremamente variável. O GitHub conta com mais de 2,4 milhões de projetos públicos e privados hospedados em seus servidores. [https://github.com]

BUSINESS CASES, FERRAMENTAS ADICIONAIS E SUGESTÕES DE USO

O conjunto de estruturas de programação **Ruby on Rails** é um dos acervos mais populares do Github. Ele disponibiliza padrões que facilitam a programação de módulos independentes, que podem ser combinados e/ou modificados posteriormente. Isso facilita o trabalho colaborativo de desenvolvedores remotos. [www.github.com/rails]

Nine Inch Nails e várias bandas independentes usam torrents como forma de transformar seus fãs em redistribuidores de novos conteúdos que ainda não foram anunciados oficialmente. Músicas em MP3 podem ser baixadas do website e versões em áudio de alta qualidade são transmitidas via P2P. [http://bit.ly/nuvem-NIN]

Aplicativos de distribuição de **podcasts e videocasts** usam a tecnologia BitTorrent para administrar a transferência de documentos cada vez maiores a grandes volumes de usuários. Juice [http://bit.ly/sw-Juice] e Miro (ver pág. 219) estão entre os que usam parte ociosa da banda de seus usuários para redistribuir conteúdo.

Meteorologia corporativa
Comunicação empresarial e proposta de valor

O caminho mais curto para se acessar uma empresa, qualquer empresa, é a Internet. Ou, em termos mais específicos, os mecanismos de buscas. Eles não só dão acesso aos dados de contato e páginas de produtos e serviços de uma empresa como também a diversas opiniões a seu respeito. Qualquer informação publicada na Internet, seja positiva ou negativa, pode ser encontrada por eles.

Se por um lado essa funcionalidade ajuda empresas de diversos tamanhos a serem encontradas, seu maior problema é a listagem simples de páginas de resultados baseados em critérios de popularidade. Não há como saber com total segurança se a fonte de informação é atualizada ou mesmo se é verdadeira.

A página encontrada, de qualquer forma, é só um dos vários canais de contato possíveis entre uma empresa e seus vários públicos, cada vez mais informados e exigentes. Por esse motivo hoje é fundamental desenvolver novas técnicas e práticas de relações públicas em ambientes digitais. Se forem consistentes, elas podem ter grande eficiência na promoção da empresa, sua comunicação institucional ou reação a eventuais crises.

A gestão do ambiente digital começa pela compreensão de sua verdadeira dimensão e impacto. À medida que a produção se segmenta e pulveriza, é cada vez mais difícil a uma empresa ter produtos verdadeiramente únicos. O que diferencia bens e serviços, de todos os tipos, é cada vez mais a quantidade de informação agregada a eles. Existem poucas diferenças estruturais entre dois modelos de roupa, automóvel e companhia aérea. Cada vez mais o que define a identidade de uma marca é a informação associada a ela.

Isso torna a informação – em especial a seleção de boas fontes de informação – um dos bens mais valiosos para uma marca. É por isso que muitas empresas oferecem alguns serviços gratuitamente na rede: eles são uma espécie de mídia, um ambiente de curadoria de conteúdo e exposição a experiências. Como a imprensa, o rádio e a televisão, eles também levam experiências aparentemente gratuitas a seus consumidores para aumentar a receptividade à marca. Só que hoje isso é feito sem intermediários.

O sucesso de um software-mídia não vem mais do volume de vendas, mas de sua capacidade de atrair um público, prender sua atenção com dados e funcionalidades relevantes e associar seu uso a marcas. O valor construído com o relacionamento forma uma comunidade cujos laços e valor coletivo não têm preço. Essa situação é bastante visível na fidelidade canina mostrada pelos usuários de determinadas plataformas de hardware (pense em Macintosh) ou software (Ubuntu, Ruby on Rails).

O maior valor para a comunicação empresarial é a geração de experiências únicas, que podem se manifestar em serviços úteis ou até em vídeos de entretenimento leve. Suas ações devem iniciar e hospedar diálogos, criando novos canais de notícias e interação entre a empresa, imprensa e comunidade. Boa parte delas poderá ser descartável, mas algumas atingirão tão bem seus objetivos que poderão fazer parte do cotidiano de seus públicos.

Nesse contexto, até mesmo os portais corporativos vão aos poucos se transformando em plataformas, disponibilizando seus serviços para a participação crescente de seus usuários. Qualquer tipo de conteúdo ou serviço pode ser utilizado neles, desde que seja relevante e condizente com os valores de marca. Não se espera de um hospital ou serviço financeiro que patrocinem videogames, já que a atividade que realizam deve ser dissociada da ideia de jogo ou brincadeira.

Na mudança acelerada, a transparência é cada vez mais a regra mais importante da comunicação. Empresas precisam compreender o ambiente e seus fatores de mutação, reconhecer as ferramentas disponíveis e medir sua eficiência, agir com clareza e comunicar com sinceridade, medindo constantemente seu feedback para garantir a evolução constante.

O momento não poderia ser mais propício. Hoje o mercado é cada vez mais rápido, ágil e muito agressivo. Praticamente todos estão pressionados para gerar resultados crescentes, bombardeados por novas demandas de administração e desnorteados entre uma concorrência furiosa e um consumidor instável. A adaptação se tornou a melhor, talvez a única, tática consistente de sobrevivência e expansão.

Este capítulo procurará mostrar caminhos para que uma empresa compreenda melhor os diferentes públicos que seus produtos e serviços atingem, descubra os melhores canais e oportunidades para se comunicar com eles e estruture sua mensagem para que seja bem recebida, assimilada, detalhada e redistribuída. Não mais adianta guiar o usuário. Ele quer seguir sozinho.

Solução	Ferramentas	Página
Blogs de produtos	*Blogger,* Weebly, Cubender, SnapPages	136
Monitoramento de mídias sociais	*Brandwatch,* Radian6, Scup, Livebuzz	138
Credibilidade	*Certificação e-bit,* Confiômetro, ReclameAqui, Portais e Proteste	140
Atendimento ao consumidor	*Zendesk,* Kampyle, UserVoice, GetDashboard	142
Planejamento estrutural	*Mockflow,* Pidoco, Balsamiq, Axure	144
E-books e revistas online	*Issuu,* Yudu, Calaméo, Wobook	146
Promoções	*Groupon,* Peixe Urbano, Saveme, Buscapé	148
Streaming	*Brightcove,* Livestream, Ustream, Justin.tv	150
Histórias visuais	*Storify,* Memolane, Curated.by, Pearltrees	152
Superdistribuição	*Trending Topics,* Loadimpact, Repositórios, Qik	154

SITUAÇÃO:
Comunicação empresarial e proposição de valor.

PROPOSTA:
Blogs, curadoria, expressão e independência.

A cara do produto

A voz pública da maioria das empresas costuma ser muito genérica. Partes de seus discursos têm se tornado tão padronizadas que chegam a parecer versões diferentes de um mesmo texto. Suas marcas, no entanto, precisam ter personalidades diferentes entre si para que possam se comunicar adequadamente com cada um de seus públicos, senão não teriam razão para existir. **Blogs de marcas** e produtos podem ser uma excelente ferramenta para consolidar ou amplificar o posicionamento de marcas e criar um vínculo mais forte com seus consumidores. Eles não precisam ser muito populares, desde que atraiam a atenção e estimulem a participação de um público fiel, dando voz a fãs de seus produtos e amplificando sua relação com a marca. Ao contrário da maioria dos blogs, este deve ser um ambiente mais concentrado na troca que no discurso. Conforme o tipo de produto ou segmento de mercado não será difícil encontrar histórias inspiradoras e educativas. A publicação não precisa ser intensa, mas deve ser regular. Contrate um bom redator para criar boas histórias, que emocionem seu público e o deixem com vontade de compartilhar o que leram nas mídias sociais de que participam, amplificando a mensagem de sua marca através de canais voluntários de grande credibilidade.

RECOMENDAÇÕES

Determine perfis de usuários. Com base em pesquisas, estratégia e histórico de ações da marca, crie para o blog uma personalidade própria, que fale diretamente com seus públicos. Assuma posições e fale a língua de seus leitores para ter maior empatia com eles.

Mídias sociais. Promova e distribua suas publicações em outros canais de relacionamento a que tenha acesso, como Facebook, Twitter, Orkut ou até Linkedin. Informe o endereço de seu blog em repositórios de importância e grande tráfego para chamar a atenção para ele. Conecte-o a uma página no Facebook e a vídeos no YouTube para mostrar a fonte de conteúdos de interesse.

Contacte e ative fãs da marca. Deles provavelmente surgirão histórias pessoais interessantes e outros elementos de conexão. Procure conhecê-los bem e dê a eles uma oportunidade de estabelecer um relacionamento mais próximo com uma marca da qual já tenham uma boa imagem. Descubra os pontos mais valorizados através de contatos diretos, procure validá-los com resultados de pesquisas e os utilize em suas publicações.

Métricas. Por mais que sua aparência e tom devam ser informais e pessoais, não perca essa excelente oportunidade de mensurar a fundo os hábitos de uso e conteúdos preferidos de seus visitantes, e usar o resultado para amplificar a experiência.

Outros formatos. Se for relevante, transforme trechos de suas melhores publicações em e-books, podcasts e videocasts para aumentar seu alcance e perenidade.

CUIDADOS

Porta-voz, não advogado. Por mais apaixonado que soe o blog, ele deve buscar, sempre que possível, uma neutralidade com relação a problemas ou queixas de seus consumidores. Evite se fazer de vítima ou se colocar em posição defensiva, procure encaminhar todas as queixas que considerar procedentes e publicar no blog seu resultado. Elabore uma visão e missão que sejam compatíveis com as da empresa e marca que divulga e a torne clara. Seja consistente com o que defende.

Concentre-se na mensagem. Adapte-a para diversas técnicas, mas não se prenda a elas. O tom de voz e a consistência do personagem criado devem ser únicos e relevantes. Isso significa que talvez não sejam adequados para determinadas redes.

Estagnação. Cuidado ao buscar e selecionar seu nicho de leitores para que os assuntos não se tornem repetitivos ou redundantes. Um bom blog tira sua relevância da opinião e comentários inéditos que faz a respeito de notícias que todos sabem.

Seja verdadeiro. Evite exageros e excessos, mas não seja insípido. Tenha seus limites e reaja como qualquer pessoa normal o faria. Indignações, reclamações e elogios periódicos não fazem mal, muito pelo contrário.

Mude de cara com seu público. Mas não abandone aqueles que o popularizaram. Evite cometer o erro tão comum da MTV e tantas outras marcas que, para manter seu apelo "jovem", deixam de atender os consumidores que mudaram de faixa etária, nível de consumo ou até mesmo migraram para outros produtos.

Ferramenta: Blogger

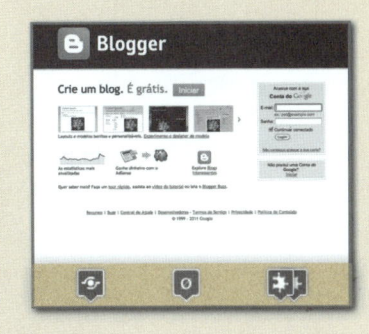

Ferramenta simplificada e gratuita para a construção de blogs, que oferece boas opções de customização sem exigir conhecimento técnico. Sua interface não mudou muito nos últimos anos, o que o faz parecer um produto ultrapassado e pouco sofisticado. No entanto é bastante estável (pertence ao Google) e permite armazenar uma grande quantidade de textos e imagens. A inscrição é facíl, tudo o que se precisa fazer é definir o endereço, escolher o tema e a publicação é imediata. A hospedagem é feita pelo serviço, mas pode ser acessada a partir de um domínio próprio. Suas funcionalidades não são tão sofisticadas quanto as de outros serviços profissionais de blogs como o Wordpress ou SquareSpace, mas sua performance e estabilidade estão entre as melhores. Se bem configurado, um blog hospedado no Blogger pode se conectar com vários serviços complementares (como publicação de conteúdo a partir do Google Docs, por exemplo) e gerar diversas métricas de visitação. Administradores podem moderar comentários e publicar conteúdo por e-mail. [WWW.BLOGGER.COM]

Weebly – construtor de websites hospedado remotamente, de operação intuitiva. A criação de páginas é bem simples: basta arrastar os elementos desejados para a área de trabalho, agregar a eles os textos, imagens, vídeos ou slideshows desejados e publicá-los. Caso se precise de uma customização maior, o código HTML e a folha de descrição dos estilos (CSS) do layout podem ser facilmente editados. Cada página pode ser administrada a partir de seu painel de controle, que determina as permissões de acesso a cada usuário. Administradores que usem o Weebly podem controlar diversos websites simultâneos, dando a cada cliente ferramentas específicas de gestão. [http://designers.weebly.com]

Cubender – ferramenta para a construção de websites em formato Adobe Flash, que também gera versões compatíveis com aparelhos que não usam essa tecnologia, como iPhones e iPads. A criação é bastante intuitiva, com uma área de trabalho similar à de muitos aplicativos de edição gráfica. É possível agregar diferentes funcionalidades às páginas, como formulários e galerias de fotos com efeitos de transição. Os pacotes de preço variam conforme o número de páginas, espaço de armazenamento, créditos para compra de imagens no iStockphoto, entre outras. Os websites criados são otimizados para descoberta por mecanismos de busca. [www.cubender.com]

SnapPages – construtor de páginas web bastante simples e prático, usado para a criação de páginas individuais ou pequenos websites. Para criar novas páginas basta arrastar os elementos para sua área de trabalho, agregar fotografias, vídeos e textos. O website é hospedado remotamente, e o sistema se encarrega da administração das páginas. Pode-se criar blogs, álbuns de fotos, calendários e formulários de contato. Sua opção gratuita permite o armazenamento de até 1 GB de conteúdo. A versão paga é bem acessível e permite o uso de até 10 GB para a administração de vários websites, registro de domínio próprio, customizações do código para análise de métricas e SEO. [www.snappages.com]

BUSINESS CASES, FERRAMENTAS ADICIONAIS E SUGESTÕES DE USO

VIRB é um construtor de páginas de fácil operação que hospeda e administra o website construído, permite sua configuração para a análise de métricas e acesso a partir de domínio próprio. As páginas podem ser integradas a conteúdos dinâmicos, agrupadas em seções e tornadas invisíveis quando desejado. [www.virb.com]

Doodlekit é um construtor de websites muito simples. Para customizar as páginas só é preciso passar o mouse sobre as áreas a alterar e clicar em "edit". É possível agregar galerias de fotos, blog, formulários, fóruns e carrinhos de compras para sistemas de e-commerce. Vários planos de hospedagem estão disponíveis. [www.doodlekit.com]

Adobe Business Catalyst, solução integrada de publicação e administração de conteúdo que pode conter loja online, sistema de CRM, fóruns, e-mail marketing e integração com mídias sociais. Tem vários módulos de extensão para criar áreas seguras e relatórios de performance abrangentes. [www.businesscatalyst.com]

SITUAÇÃO:
Comunicação empresarial e proposição de valor.

PROPOSTA:
Micromídia, Twitter e impulso.

Falem (bem) de mim

É difícil se manter atualizado quando todas as pessoas são fontes de notícia. O que dizem de sua marca? Em que contexto? A simples medição de popularidade já não é mais suficiente. À medida que aumenta o número de usuários de mídias sociais a comentar sua relação e nível de satisfação a respeito de determinado produto ou serviço, **o monitoramento de repercussão** se torna fundamental para analisar a força de uma marca na rede e orientar decisões estratégicas. Ferramentas específicas permitem que se acompanhe ao vivo o que está sendo dito a respeito de marcas e eventos através dos comentários feitos nas mídias sociais. Classificado e organizado, este conteúdo pode ajudar a observar a dinâmica do mercado, servindo como fonte de referência para acompanhar tendências e levantar hipóteses. Ele pode ajudar a avaliar novos produtos, serviços e formas de relacionamento e, se bem empregado em um planejamento estratégico, pode até direcionar novos lançamentos e revisões de produtos e serviços. Ao medir a real situação da empresa e de sua concorrência, a análise de repercussão pode funcionar como um excelente ponto de partida para futuras ações de marketing e relações públicas.

RECOMENDAÇÕES

Considere a dinâmica. Utilize o monitoramento para examinar o comportamento de quem se refere à marca nas mídias sociais. Qual é o tom? Em que momento da interação ele normalmente ocorre? Que outros relacionamentos semelhantes podem estar ocorrendo sem ser registrados? Como agir?

Coordenação e sentido. Os conceitos de segmentação dos dados obtidos precisam ser claramente entendidos por todos os membros da equipe responsável por sua análise, para facilitar sua interpretação e evitar incoerências.

Análise qualitativa. Números trazem pouca inteligência se não houver um bom entendimento e interpretação da intenção do usuário ao mencionar a marca, perfil ou tema. E, naturalmente, da interpretação de eventuais ironias em seu significado.

Planejamento. O humor e a receptividade do usuário de mídias sociais com relação às marcas (chamado pelos especialistas de "Sentimento") podem ser mensurados de diversas formas. A mais simples o divide entre positivo, negativo ou neutro. Esta mensuração pode ser mais sofisticada conforme a marca e indústria. Entenda como cada nível de sentimento se aplica a sua empresa e em que contexto eles ocorrem.

Classificação por assunto. A massa de dados obtida deve ser segmentada em assuntos para facilitar sua análise qualitativa. Considere os objetivos da empresa e tópicos de interesse a pesquisar. Procure reconhecer padrões e identificar temas recorrentes. Isso ajuda a direcionar a análise.

CUIDADOS

Configuração das buscas. Os argumentos de pesquisa configurados nas ferramentas devem passar por testes múltiplos até que se verifique se estão detalhados o suficiente para classificarem o maior número possível de ocorrências relevantes e filtrando menções não relacionadas.

Classificação automática. Cuidado com ferramentas que a prometem, já que (ainda) não há máquina capaz de interpretar com total precisão todos os dados recolhidos. É preciso fazer um trabalho de monitoramento contínuo para adaptar o sistema de inteligência e interpretar as menções da melhor forma possível. Não há como dispensar o trabalho humano de análise.

Crises. Como são ambientes de manifestação livre, é normal que apareçam problemas em mídias sociais. Reclamações pontuais não devem causar preocupações. Se persistirem, no entanto, deve-se tomar as medidas necessárias para resolver o problema e evitar maiores repercussões.

Escolha o que for medir e por quê. Tenha uma estratégia de mensuração. Não é qualquer dado que vale, a qualquer momento, para qualquer empresa.

Cada arena, um comportamento. As redes estão cada vez mais específicas. Procure entender o que leva o usuário a escolher uma rede para falar de sua marca. É possível que o monitoramento leve a diversas situações que demandam uma rápida resposta. Verifique se não há na empresa uma política clara de administração de crises.

Serviço: Brandwatch

No mercado desde 2007, o que, considerado o segmento, é bastante tempo, a empresa desenvolve seus próprios algoritmos de pesquisa para buscar informações nas mídias sociais e combiná-las com uma série de informações estatísticas disponíveis. Desta forma consegue uma base de análise maior e mais rica para cada monitoramento criado. A ferramenta analisa a presença de marcas, removendo automaticamente expressões genéricas (pense, por exemplo, em como é difícil analisar a repercussão de marcas como Vivo e Oi porque é comum a aparição desses termos em conversas não relacionadas a elas). Seu sofisticado mecanismo de busca pesquisa em blogs, microblogs, repositórios de imagens e vídeo, redes sociais, fóruns de discussão, sites de notícias e portais corporativos, usando diversas expressões para evitar duplicatas e filtrar conteúdo irrelevante. O Brandwatch também busca alertar se o tom do comentário é positivo, negativo ou neutro. É uma boa ajuda para identificar oportunidades e crises, definir prioridades e criar relacionamentos. [WWW.BRANDWATCH.COM]

Radian6 – sistema que monitora ocorrências de marcas e segmentos em mídias sociais, administrando relacionamentos e os apresentando em um painel de controle interativo, atualizado em tempo real. Sua pesquisa utiliza um algoritmo próprio que gera uma cobertura ampla e rápida das mídias sociais. A Radian6 tem várias soluções de serviços automatizados para medir o alcance de mensagens, engajamento de consumidores, tipo e quantidade de comentários, além de outros indicadores de humor. Os resultados e formadores de opinião podem ser classificados por rede utilizada, tipo de mídia, localização ou idioma. É compatível com Salesforce. [www.radian6.com]

Scup – ferramenta brasileira de monitoração e administração de relacionamento em mídias sociais. Com ela é possível realizar pesquisas em blogs, sites e comunidades, se conectar a perfis e interagir com eles, fomentando a conversação. Os resultados podem ser rotulados, avaliados de acordo com o contexto e armazenados para identificar oportunidades, avaliar atendimento e fazer ações promocionais. O Scup também facilita a identificação das vozes mais ativas e influentes a respeito de um assunto. O monitoramento acontece em tempo real, e apresenta relatórios detalhados com os termos mais citados, comparações entre canais e diagramas de interações. [www.scup.com.br]

LiveBuzz – outra ferramenta brasileira. Ela busca oferecer os serviços essenciais, focada em uma monitoração ativa. Desta forma ajuda empresas a elaborar planos de ação para momentos específicos, como eventos, promoções ou novas campanhas de marketing, aumentando suas perspectivas de sucesso na interação com consumidores. Em um só painel de controle é possível criar campanhas, monitorar menções e mensurar os resultados, através de relatórios de performance. Os resultados podem ser avaliados e direcionados para áreas de inteligência de mercado tirarem o melhor proveito possível da ocasião. [www.livebuzz.com.br]

BUSINESS CASES, FERRAMENTAS ADICIONAIS E SUGESTÕES DE USO

Beevolve é uma ferramenta de inteligência que cobre os principais veículos de imprensa e mídias sociais para monitorar, em tempo real, comentários e opiniões a respeito de uma marca. Pode ser usada para análise competitiva, identificação de influenciadores e oportunidades para campanhas de SEO. [www.beevolve.com]

Twiangulate compara até três perfis para criar tabelas e mapas com os contatos e temas comuns entre eles. Os resultados buscam identificar os perfis mais significativos, que seguem o menor número de pessoas. É uma boa ferramenta para descobrir novas referências e identificar influenciadores. [www.twiangulate.com]

Ispionage é uma ferramenta de inteligência de mercado que pode ser usada para SEO e otimização de campanhas de publicidade digital. Ela oferece conjuntos de funcionalidades para pesquisas e monitoramento de palavras-chave, domínios e construção de campanhas de aquisição por clique. [www.ispionage.com]

| ferramenta | serviço | gratuito | preço variável | até US$100/ano | US$100~500 | US$600~2000 | US$2000+ | simples | mediana | difícil | para experts |

SITUAÇÃO:
Comunicação empresarial e proposição de valor.

PROPOSTA:
Redes sociais, grupos e comunidades.

Aval da marca

A comunicação digital, na forma de e-mails, websites e várias outras vitrines virtuais, criou uma relativa democratização da apresentação. Empresas grandes e pequenas podem ter presenças razoavelmente similares. Isto é ao mesmo tempo boa e má notícia. Se por um lado a reputação de uma empresa passa a depender de tópicos mais relevantes do que o tamanho de seus prédios ou seu investimento em propaganda, abrindo espaço a competidores de menor porte mas com maior agilidade ou qualidade, por outro abre espaço a empresas de qualidade duvidosa escondidas por trás de uma bela apresentação. A Internet, em especial os mecanismos de busca em mídias sociais, providenciam avais de **credibilidade** dinâmicos, importantes por trazerem de volta os valores tradicionais de construção e manutenção de clientela, desmoralizados por mais de meio século através de uma indústria de comunicação que criou a ilusão de ser possível "comprar" boas reputações à base de grande exposição e pouco acesso a dados comparativos. Hoje é fácil desconfiar de uma empresa, produto ou serviço e verificar sua reputação em mecanismos de busca, embora não seja possível fazer o contrário. Como credenciar um produto e validar a qualidade de uma loja?

RECOMENDAÇÕES

Comunique-se. A essência das mídias sociais é o diálogo franco e aberto. Não há campanha de marketing ou discurso político que seja capaz de sustentar uma marca que não abra verdadeiros canais de feedback para seus consumidores.

Avance por áreas e etapas. Selecione áreas de desenvolvimento e relacionamento que considere estratégicas, estabeleça índices de desempenho e tópicos a desenvolver e aborde um de cada vez, administrando-os cuidadosamente.

Associe-se. Entidades de classe, sindicatos e órgãos de defesa do consumidor podem ser grandes aliados para identificar potenciais tópicos de atrito ou polêmica que demandem esclarecimento

Funcionários têm suas redes. Se os funcionários da empresa realmente acreditam e defendem os produtos com que trabalham, estimule-os a contribuir com a imagem de marca criando áreas e disponibilizando tempo e recursos para que possam contribuir com testemunhais, referendos ou sugestões de abordagem.

Consulte sua reputação. Leve em conta que a imagem de uma marca no ambiente online é construída por seus stakeholders, e pode ser bem diferente (normalmente pior) do que a reputação offline conquistada através da imagem pública geral. Mesmo que não tenha dúvidas com relação a ela, não custa consultar.

Tome posição. Evite a neutralidade, mídias sociais são ambientes de expressão. Procure corresponder à (boa) imagem que seus consumidores têm de você com atitudes construtivas.

CUIDADOS

Monitore sua empresa e produto. Muitas críticas e rumores surgem de problemas extremamente simples e administráveis, que poderiam ser facilmente contornados. De qualquer forma, busque sempre que possível resolver os problemas evidenciados, evite se desculpar ou se defender. Não contra-ataque, mas jamais faça papel de vítima.

Ninguém é perfeito. Não tente ser. É normal que algumas interações não saiam boas. Nem religiões tem 100% de aprovação. O ideal é buscar o melhor contato possível, mesmo tendo em mente que, pouco importa a atitude, alguns relacionamentos ficarão aquém do desejável.

Seja crível. Não se vende ou compra confiança. As ações da empresa devem refletir sua natureza e posicionamento no mercado, caso contrário evidenciarão o contraste entre o discurso e a prática. Mereça os elogios recebidos.

Quem critica? Pesquise, sempre que possível, a identidade de críticas fortes ou pesadas demais. Elas podem vir de indivíduos com problemas anteriores em seu relacionamento com a empresa. Evite dar atenção excessiva a situações que não podem ser resolvidas por seu canal de comunicação.

Verifique a origem e motivo da reclamação. Muitos problemas podem resultar de falhas tópicas ou derivadas da cadeia logística, sem relação direta com a empresa, produto ou transação. Consulte notícias. Às vezes o problema é derivado de greves, restrições ou situações além de seu alcance.

Ferramenta: Certificação e-bit

Rede de comentários com relação a lojas, serviços e marcas, que pode ser usada como uma credencial de qualidade do serviço prestado. Empresas credenciadas permitem que seus serviços sejam avaliados pelos consumidores no momento da transação e depois da entrega dos produtos. A certificação é gratuita e abrange mais de 3.500 lojas online brasileiras que vendem bens de consumo pela Internet, funcionando como aval de confiabilidade e transparência para marcas que não sejam bastante conhecidas. A coleta e administração dos dados é realizada pelo serviço automaticamente, e fornece aos credenciados relatórios de atividade e participação, com estatísticas sobre o nível de satisfação do consumidor. A avaliação da qualidade da experiência de seus usuários envolve variáveis como a informação sobre produtos, facilidade de compra, preços, atendimento e respeito ao prazo de entrega. A certificação e-bit credencia empresas com um selo que identifica aquelas empresas que oferecem os melhores serviços. [WWW.EBITEMPRESA.COM.BR]

Confiômetro – painel aberto para consumidores expressarem sua opinião a respeito do atendimento, compra e venda de produtos e serviços, funcionando como um intermediário entre consumidores e empresas. Cada opinião é encaminhada por e-mail à empresa prestadora do serviço, aguardando resposta. O serviço classifica as empresas que resolvem os problemas com maior velocidade e eficiência, funcionando como intermediário entre seu público e os contatos de atendimento, sem identificar os autores das mensagens. Opiniões de caráter ideológico ou que não sejam baseadas em relações de consumo são ignoradas. [www.confiometro.com.br]

ReclameAqui – portal de reclamações de acesso gratuito, que permite a consumidores que registrem críticas com relação a produtos e serviços. Os perfis de empresas acumulam dados com relação ao total de reclamações feitas, a velocidade da resposta às solicitações e a eficiência das mesmas para resolver, efetivamente, o problema. Tanto as críticas como sua defesa são feitas de forma pública nas páginas do serviço, que também mostra rankings de eficiência e qualidade. O ReclameAqui, como o eBit, disponibiliza um selo de qualidade. Uma questão polêmica é a veiculação de anúncios em suas páginas, já que um serviço de fiscalização é, por natureza, neutro. [www.reclameaqui.com.br]

Portais – a Fundação PROCON sempre foi a ouvidoria pública a consumidores insatisfeitos. Alguns de seus portais regionais oferecem serviços de atendimento online ou preenchimento de queixas formais a respeito de empresas ou atividades comerciais através de formulários de contato. Nesses portais também podem ser encontrados guias e informações diversas para orientar e instruir o público. Associações como a PROTESTE, Associação Brasileira de Defesa do Consumidor, também disponibilizam em seus portais informações e esclarecimentos, orientando seus usuários a conseguir melhor qualidade de serviços. [www.portaldoconsumidor.gov.br] e [www.proteste.org.br]

BUSINESS CASES, FERRAMENTAS ADICIONAIS E SUGESTÕES DE USO

Yelp é uma rede de recomendações, críticas e resenhas a respeito de diversos estabelecimentos, feita por seus usuários. Quanto maior o número de comentários, mais confiável tende a ser a análise. No Brasil, um serviço similar é o Guidu, que avalia bares, restaurantes e cinema. [www.yelp.com] e [www.guidu.com.br]

ZocDoc é um mecanismo de busca de profissionais de áreas médicas em diversas cidades dos EUA. É possível encontrar médicos por cidade, especialidade, plano de saúde, nome, hospital em que trabalha e procedimentos que realiza. É uma boa opção para encontrar especialistas fora da rede de recomendação. [www.zocdoc.com]

SeeClickFix é uma boa iniciativa de cidadania. Qualquer pessoa pode, através dele, relatar problemas e acompanhar seu desenvolvimento. Isso permite a cidadãos, associações e imprensa a demanda por melhorias e serviços. O registro coletivo ajuda o governo a identificar padrões e direcionar recursos. [www.seeclickfix.com]

SITUAÇÃO:
Comunicação empresarial e proposição de valor.

PROPOSTA:
Fóruns, wikis, reputação e empowerment.

Balcão público

Serviços de informação estão cada vez mais sofisticados, únicos e complexos, o que faz com que sua operação demande aprendizado e esteja, como todo novo processo, sujeita a dúvidas. Uma geladeira tem seu funcionamento tão previsível e conhecido, que pode até dispensar o material de instruções. Não se pode dizer o mesmo da maioria dos produtos eletrônicos e serviços de ponta. Por isso o atendimento ao consumidor e, em especial, o **help desk**, é uma disciplina cada vez mais estratégica no relacionamento entre empresas e seus consumidores. Novos aplicativos e serviços agregam componentes sociais ao atendimento, transformando-os em bases de dados construídas coletivamente e fóruns de debate de situações, sugestões e problemas mais comuns. Esses repositórios de conteúdo podem, ao mesmo tempo, transmitir uma sensação de segurança (pelo volume de informações prestadas) e transparência (por permitir a colaboração dos usuários) e podem, se bem moderados e frequentemente organizados, se constituir em um grande patrimônio de marca, criando uma relação mais estreita com seus consumidores. A análise de sua atividade ajuda a empresa a melhorar seus produtos, identificar tendências e se antecipar a eventuais problemas.

RECOMENDAÇÕES

Segmente o atendimento. Estabeleça um ranking de prioridades e classifique os problemas de seus consumidores de acordo com o tipo de situação, sua complexidade, urgência e estado da resposta. Anexe ao pedido todos os documentos, códigos e screenshots necessários para solucioná-lo rapidamente.

Customize processos. Todo sistema de atendimento ao consumidor começa genérico para descobrir, em pouco tempo, alguns padrões de atitude e demanda. É recomendável conhecer bem o fluxo de informação e resolução de problemas dentro da empresa antes de completar a base de conhecimento. A análise do relacionamento pode indicar as áreas que demandam maior detalhamento, FAQs ou explicações de nível mais simples, se possível até em vídeo.

Métricas. A resolução de problemas é um dos momentos mais delicados no relacionamento entre a empresa e seu consumidor. É fundamental saber se o serviço foi acessado rapidamente e respondido prontamente, sem reincidências. Métricas sutis de acesso, cliques e tempo dispendido no serviço costumam ser muito mais eloquentes do que as respostas dadas a pesquisas de satisfação ao final do atendimento. O ideal é usar os dois sistemas em conjunto.

Centralize a inteligência. Os dados de atendimento ao cliente podem balizar ações de CRM, marketing, TI e desenvolvimento de produtos, por isso devem ser compilados em uma central de inteligência que poderá gerar insights a respeito de novas funcionalidades, linhas de comunicação e formas de relacionamento.

CUIDADOS

Implementação. Sistemas não funcionam sozinhos. Se o help desk não estiver integrado aos processos da empresa, poderá causar problemas maiores do que se ele nem estivesse ativo. Não há consumidor que goste de ser ignorado ou que respeite empresas confusas na administração de seus problemas.

Níveis de problema. Identifique, o quanto antes, o nível técnico do usuário, bem como o tamanho e a importância de seu problema. Crie categorias de atendimento e prioridades para atendê-los, otimizando canais de comunicação e direcionando profissionais especializados. Dúvidas corriqueiras podem ser encaminhadas para conteúdos previamente escritos, enquanto problemas graves devem ser prontamente atendidos pelo canal mais conveniente.

Terceirização do suporte. Por mais que seja conveniente e muito mais barato do que uma solução própria, vale considerar que o atendimento provido por terceiros será mais mecânico, frio e burocrático do que o feito pela própria empresa. Além disso, seu conhecimento da empresa será menor e a preocupação com o cliente dificilmente será prioritária. Pode ser usado em caso de produtos bastante genéricos, commodities ou de baixo custo.

Resolva o problema. Mesmo que o problema não seja provocado pela empresa, o ideal é que ela ajude seus consumidores, assumindo a responsabilidade para resolvê-lo rapidamente, exigindo a menor burocracia possível. Os dados de relacionamento devem ser suficientes para buscar a melhor forma de resolver a situação, mesmo que leve a um pequeno prejuízo a curto prazo.

Ferramenta: Zendesk

Serviço de atendimento ao consumidor baseado no sistema de abertura de tickets, centralizados nas questões levantadas pelos consumidores. É uma estrutura comum em help desks, mas maleável o suficiente para ser utilizada em diversos tipos de atendimento. A ferramenta permite a definição e customização de respostas predefinidas, categorização de clientes e compartilhamento de tickets com outros profissionais, para tornar o atendimento rápido e eficiente. É possível criar receber solicitações por e-mail, twitter, formulário em uma página de website, comunicador instantâneo, e atendê-las por uma combinação destes canais. A interface administrativa funciona de forma transparente, recebendo os chamados, encaminhando-os para o agente responsável, coletando a resposta e a reencaminhando para o canal que for mais conveniente para o autor da consulta. Além da intermediação, o Zendesk disponibiliza estatísticas com o número de respostas, tempo empregado para a resolução de um ticket e nível de satisfação dos consumidores. [WWW.ZENDESK.COM]

Kampyle – ferramenta que permite a visitantes de websites, aplicativos e campanhas de marketing manifestarem opiniões, dúvidas ou queixas em todas as páginas. Com ela é possível saber detalhadamente qual foi o momento que demandou uma interação mais ativa e identificar problemas ou oportunidades tópicas. O Kampyle pode ser usado para avaliar a arquitetura da informação do website e eficácia das explicações, diminuir a taxa de abandono, eliminar dúvidas e reforçar o vínculo com o usuário, aumentando a qualidade do relacionamento e eventual conversão. A versão gratuita do serviço é limitada, mas pode ser utilizada em ambientes de interação simples. [www.kampyle.com]

Uservoice – ferramenta de administração de feedback e solicitações de usuários. Oferece dois módulos: um similar ao Zendesk e outro similar ao Kampyle, porém com menos funcionalidades do que ambos. Os módulos podem ser combinados, customizados e instalados em domínio próprio. Com ela é possível criar pequenos grupos de discussão para descobrir os maiores anseios e insatisfações de consumidores, dispostos na forma de um fórum moderado em que se pode votar nas contribuições mais interessantes. O serviço gratuito dá acesso a funcionalidades básicas, e pode servir como uma boa extensão a um sistema de atendimento já existente. [www.uservoice.com]

Dashboard – serviço de apoio a equipes de vendas, que organiza contatos em categorias e permite a utilização de palavras-chave e comentários para identificar atendimentos e solicitações. Cada contato pode ser classificado conforme a etapa do relacionamento. Encerrada a transação é possível reativar os contatos para acompanhamento pós-venda. A ferramenta é bastante amigável, permite a criação de formulários de atendimento e mensagens de e-mail marketing. Seus relatórios mostram detalhes de taxas de conversão e performance por funcionário e tipo de transação, o que auxilia a identificação de novas oportunidades e aumento da eficiência de negócios. [www.getdashboard.com]

BUSINESS CASES, FERRAMENTAS ADICIONAIS E SUGESTÕES DE USO

Os guias de viagens **LonelyPlanet** sempre basearam sua linha editorial em contribuições submetidas por viajantes. O Zendesk ajudou a intensificar essa relação ao separar a interação diária e o envio de análises em vários canais, permitindo uma atualização e dinâmica sem sobrecarregar seus editores. [bit.ly/nuvem-planet]

A **Fundação Mozilla**, fabricante do browser Firefox, usa o Kampyle para coletar informação a respeito dos motivos que levam usuários a fazerem cerca de 50.000 downloads mensais. A inteligência gerada garantiu maior agilidade e liberou seus profissionais para o aperfeiçoamento e extensão do browser. [http://bit.ly/nuvem-Mozilla]

Um dos revendedores **Xerox** começou a usar o Zendesk por conta própria para dar suporte a seus usuários. Os resultados foram tão impressionantes que levaram toda a empresa a adotar a solução. Hoje o serviço é integrado a seu catálogo de produtos para facilitar o contato e automatizar o suporte. [http://bit.ly/nuvem-ZenXerox]

SITUAÇÃO:
Comunicação empresarial e proposição de valor.

PROPOSTA:
Mobilidade, geolocalização e identificação.

Plantas baixas

Há quem considere o **planejamento estrutural** de uma página uma espécie de rascunho do layout final, embora a maioria dos profissionais envolvidos em sua criação defendam exatamente o contrário. Na verdade tanto o layout quanto o "wireframe", nome que se dá a esses diagramas, são subdivisões de um design efetivo, que envolve o planejamento gráfico, projeto funcional e objetivos de uso. Como uma planta baixa de arquitetura, o wireframe funciona como intermediário entre a área técnica (toda a parte de desenvolvimento) e a de comunicação, criando estruturas que respeitem as limitações tecnológicas ao mesmo tempo que habilitem a clientes e usuários uma experiência agradável.

Seus diagramas trazem argumentos mais racionais para a discussão do layout, levantando questões a respeito do tamanho de botões, proporções de vídeos, quantidade de elementos na tela, alinhamento do conteúdo, trajetória possível de leitura e, principalmente, melhor usabilidade e consistência na interação. Estruturas bem planejadas ajudam o layout a concentrar a atenção de seus usuários em um ponto específico, estimulam e facilitam a conversão, determinam a posição de links, barras de navegação e elementos de conteúdo. Alguns podem até identificar inconsistências e falhas na estrutura do site.

RECOMENDAÇÕES

Identifique os elementos principais. Comece sua estrutura pelos elementos mais importantes da página para a experiência do usuário. Qual é sua principal finalidade? Como garantir que ela esteja visível e seja fácil de encontrar? O que se espera que ele faça depois de atingir seu objetivo? Como tornar clara a ação? Definidos esses tópicos vale a pena considerar os elementos fixos do site em que é hospedado (barra de título e navegação, fundo, menus etc.). Só depois que se deve buscar os outros elementos solicitados para o layout, sejam eles obrigatórios ou opcionais.

Foco na comunicação. Páginas web são muito variáveis, por isso é importante evidenciar no wireframe os pontos mais importantes de cada página e como chegar a eles. Considere a resolução de tela média de seus usuários, em PCs e smartphones que usem browsers genéricos. Apresente os elementos mais importantes em um ponto visível para que não seja preciso usar a barra de rolagem para acessá-los.

Conduza a ação. Não se esqueça do objetivo da página e organize sua diagramação para que ele seja visível e fácil de realizar.

Projeto gráfico. Reproduza elementos usados em todo o site na mesma posição, para que não deem a impressão de "pular" quando se troca de página. Cuidado com elementos flutuantes.

Low-Fi. Muitos aplicativos de wireframe apresentam seus diagramas em baixa resolução, porque defendem que a aparência de "rascunho é mais amigável e aberta à colaboração, intimidando menos que diagramas "prontos".

CUIDADOS

Documentação. Registre propriamente todas as anotações que possam ajudar sua equipe ou fornecedores a trabalhar melhor. Entre elas estão recomendações de layout, técnicas de programação, acesso a base de dados, interações especiais, além de data, autor, título e responsáveis pela aprovação do wireframe.

Conteúdo. Nunca deixe que a estrutura se sobreponha ao conteúdo, já que é em busca dele que a página costuma ser visitada. Não é um grande problema quebrar algumas regras mínimas para facilitar sua acomodação, mas se o número de exceções começar a ser grande, considere a total reformulação do projeto para uma boa acomodação de diferentes páginas em uma experiência sem interrupções.

Público. Considere as referências normalmente acessadas por seu público. Alguns grupos consideram poluídas as composições que outros consideram modernas, enquanto outros consideram pobre o que foi feito com a intenção de ser "clean".

Plataformas diferentes. Ao fazer uma adaptação para smartphones ou plataformas especiais, procure criar uma experiência o mais uniforme possível, integrando elementos da interface do website a funcionalidades e estruturas típicas do sistema operacional utilizado.

Confusão de objetivos. Procure, sempre que possível, identificar claramente a função e os objetivos de cada página, diminuindo o esforço de reconhecimento pelo usuário. Acima de tudo evite, em nome da funcionalidade, ser igual a todos os outros websites.

Ferramenta: Mockflow

Ferramenta online para a construção de wireframes, com versão para dispositivos móveis e aplicativo desktop para as plataformas Windows e Macintosh. Sua biblioteca de referência traz vários ícones e componentes (caixas de busca, menus etc.) e modelos de wireframes para serviços web, aplicativos para smartphones e Facebook e temas para Wordpress. Cada etapa do processo pode ser desenhada ou debatida colaborativamente, com uma ferramenta de troca de mensagens e registro das solicitações. Permite a criação de páginas-mestre, cujos elementos são automaticamente reproduzidos em outras telas, padronizando sua posição e fazendo com que todas as alterações ocorram simultaneamente. As páginas podem ser organizadas em mapas de site, com links para criar protótipos interativos. O projeto pode ser convertido para HTML, PDF, imagens ou apresentações no formato PowerPoint. O mapa do site é exportado para uma tabela Excel e suas especificações para um documento de texto, para facilitar o desenvolvimento. Compatível com Google Apps. [WWW.MOCKFLOW.COM]

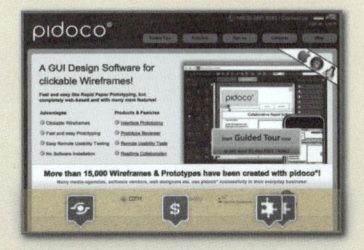

Pidoco – ferramenta para a criação e edição colaborativa de wireframes clicáveis e interativos, que permite uma boa apresentação de suas funcionalidades e a execução de testes de usabilidade. É possível criar modelos para reutilização posterior, o que ajuda a manter a coerência da aplicação da marca através de diversas ações de comunicação. Os protótipos podem ser elaborados a partir de outros aplicativos, fotografias ou rascunhos feitos à mão e discutidos em grupo. A edição é bastante simples e intuitiva, basta mover os elementos desejados para a área de trabalho, ajustar sua posição, tamanho e link. Seus protótipos são compatíveis com smartphones. [www.pidoco.com]

Balsamiq – aplicativo para o desenvolvimento de wireframes multiplataforma (Windows, Linux e Macintosh). Possui uma grande biblioteca de elementos à disposição e permite a criação e o armazenamento de novos elementos criados por seus usuários. É uma ferramenta abrangente, mas trabalha com uma página por vez, sem criar páginas-mestre. Os wireframes podem ser clicáveis e navegáveis – gerando protótipos para testes de usabilidade – ou exportados em imagens ou HTML. Seu serviço online, myBalsamiq, permite a colaboração e discussão de projetos e testes, com notificações para os usuários, listas de e-mail, áreas de discussão e integração com o Skype.[www.balsamiq.com]

Axure – diferente das outras soluções desta página, este aplicativo não tem versão online, precisando ser instalado nos computadores de seus desenvolvedores (plataformas Windows ou Macintosh). Porém é muito robusto e eficiente na criação de wireframes, ideal para equipes com muitos projetos ou implementações de grande porte. Ele permite a edição de documentos entre membros de uma mesma rede, armazenando versões para controle. Os diagramas podem ser coloridos, mostrar imagens e conteúdos dinâmicos, realizar cálculos e disponibilizar menus, botões e links clicáveis para avaliação e testes. O protótipo pode ser exportado para visualização em diversos browsers. [www.axure.com]

BUSINESS CASES, FERRAMENTAS ADICIONAIS E SUGESTÕES DE USO

iPlotz é outra ferramenta online para a criação de wireframes clicáveis direto do browser. A ferramenta é bastante simples e permite que usuários convidados comentem ou até editem parte do diagrama. Finalizado o projeto, as especificações para desenvolvimento são geradas automaticamente. [www.iplotz.com]

O **HotGloo** gera wireframes e os compartilha para análise e feedback. Ele trabalha com páginas mestre, grids e camadas, o que mantém o layout ao longo de diversas páginas e possibilita sua reutilização. Sua biblioteca de formas e comportamentos é abrangente e permite uma boa simulação do produto final.[www.hotgloo.com]

PencilProject é uma extensão gratuita para criar wireframes em browsers Firefox. Ela tem uma biblioteca simples de modelos prontos para diagramação e criação de protótipos com páginas interligadas. A ferramenta é bem simples, mas é fácil de usar e pode exportar os projetos finalizados em HTML. [http://www.pencil.evolus.vn]

SITUAÇÃO:
Comunicação empresarial e proposição de valor.

PROPOSTA:
Nomadismo e compartilhamento.

Editoras privativas

E-books e revistas online fazem com as editoras uma revolução parecida com a que o formato MP3, as rádios online e a venda de música por faixa fizeram com as gravadoras. À medida que os dispositivos para a leitura de publicações digitais ficam mais leves e menos brilhantes e que boa parte dos aplicativos pode exportar o conteúdo de suas páginas em formato compatível, como PDF ou ePub, o número de publicações digitais, voltadas exclusivamente para a distribuição online, tem crescido. Suas vantagens são óbvias: menores custos de produção e distribuição, ausência de estoque ou problemas de deterioração. Alguns serviços publicam e distribuem documentos nesse formato, habilitando recursos que seriam impossíveis em páginas impressas, como áreas interativas, botões, links, animações, vídeo, trilhas sonoras e áreas para que usuários escrevam seus comentários e colaborem com conteúdo. Algumas publicações digitais reformatam suas páginas de acordo com o dispositivo em que são apresentadas, outras podem ser impressas sob demanda, em sistemas similares ao de gráficas rápidas. Há livros e revistas que nem chegam a ter seu equivalente impresso, feitos exclusivamente para leitores digitais.

RECOMENDAÇÕES

Públicos variados. A publicação de conteúdo online pode servir a diversos fins, como campanhas de marketing, portfólios de designers, artistas e fotógrafos, relatórios anuais e folhetos de empresas, material didático e trabalhos de estudantes, publicações estatais e de diversas instâncias da administração pública, ONGs e, naturalmente, editoras e imprensa. Até músicos e cinegrafistas podem fazer portfólios interativos neste formato.

Treinamentos. As características interativas de livros e revistas digitais permitem a criação de programas e pacotes de treinamento com demonstração em vídeo e conteúdo interativo. Publicações digitais também podem ser muito práticas para a realização de provas, monitoria individualizada e acompanhamento online, através de fóruns de discussão ou acesso a websites complementares.

Relatórios anuais. O formato pode explorar algumas das melhores características dos aparelhos reprodutores de conteúdo digital para a elaboração de demonstrativos animados e relatórios sofisticados, com fotos e vídeos em alta definição e trilhas sonoras conforme a página de conteúdo.

Folhetos e malas diretas para público interessado. O material de vendas e divulgação pode reinvestir o valor que seria empenhado na impressão e distribuição para a geração de conteúdo detalhado e interativo, com métricas de acesso por página.

Revistas de nicho podem criar ambientes de relacionamento com seus públicos através da compilação de material exclusivo.

CUIDADOS

Fontes. A popularização do conteúdo digital permite que sejam publicados livros sem a chancela de editores, o que pode levar à publicação de conteúdo tendencioso ou de qualidade questionável. Mais do que nunca é fundamental verificar o histórico de autores ou empresas de publicação desconhecidos.

Layout. A programação visual e estrutura de uma página é sua comunicação subliminar. É preciso tomar cuidado especial com a qualidade de fotografias, ilustrações e famílias tipográficas para garantir que os leitores tenham a percepção adequada do conteúdo que estão a ler, sua qualidade, refinamento e solidez — atributos que serão automaticamente transferidos para a empresa responsável pela publicação, seus profissionais e produtos.

Compatibilidade. Existem diversos aparelhos leitores de conteúdo digital, de largos e coloridos monitores de PC a telas estreitas de smartphones. É importante fazer um projeto gráfico cuja diagramação e disposição de elementos não sejam desfeitos pelo aparelho que as reproduz.

Reprodução. Se o e-book tiver sua versão impressa, vale lembrar que a calibração de cores e fotografias para mídias impressas e eletrônicas é completamente diferente. O que parece saturado em um canal pode dar a impressão de lavado em outro.

Custos. Mesmo que o custo de reprodução de conteúdo eletrônico seja mais baixo do que o de impressos, é necessário investir em sua pré-produção e distribuição para que o produto seja visto por seus leitores como algo de maior valor do que um PDF simples.

Serviço: Issuu

Ferramenta online que possibilita a formatação e compartilhamento gratuito de e-books e revistas digitais, permitindo sua visualização em tela cheia, sem restrições quanto a formato, tipografia ou cor. A interface simula o ato de folhear páginas, e é compatível com plataformas móveis. Os originais podem ser criados em diversos aplicativos e enviados nos formatos PDF, Word, Powerpoint ou Open Office, para conversão automática. A exposição do conteúdo é feita de forma segura, impedindo que seja baixado sem autorização ou compartilhado de forma indesejada. As páginas podem ser acessadas a partir de páginas em outros websites, como acontece com vídeos do YouTube. O sistema carrega previamente páginas próximas à que está sendo lida, para que a leitura fique contínua. Interessados podem "assinar" publicações e serem notificados quando novas edições estiverem disponíveis. O conteúdo é compatível com mecanismos de busca e oferece várias métricas de acesso. Seu plano pago pode ser customizado e agregar recursos multimídia às páginas. [www.issuu.com]

Yudu – repositório e ambiente de compartilhamento gratuito, similar ao Issuu. Documentos devem ser enviados em formato PDF e são compartilhados ou incorporados a páginas web sem que haja a necessidade de se cadastrar. Usuários cadastrados podem armazenar publicações, fotos, links e documentos em áudio em bibliotecas pessoais, áreas de referência rápida para consulta posterior. Versões pagas do serviço permitem a comercialização de publicações e a criação de "lojas" personalizadas, customizadas para uma marca. As publicações das lojas podem conter páginas com recursos de áudio e vídeo, compatíveis com diversas plataformas de leitores digitais. [www.yudu.com]

Calaméo – repositório europeu, referência para publicações pouco conhecidas. A versão paga do serviço elimina os anúncios das páginas e permite o controle dos direitos de reprodução, a administração de assinantes e o acesso a dados de visitação e consulta de seus títulos. Com ele é possível criar agências de notícias online, com um número ilimitado de documentos em áreas personalizadas com telas, música de fundo e efeitos sonoros. As páginas de suas publicações podem conter vídeos, botões especiais, índices e links internos. São acessíveis por smartphones, compatíveis com mídias sociais e otimizadas para consulta via mecanismos de busca. [www.calameo.com]

WoBook – serviço de publicação online, gratuito para uso pessoal e pago para uso corporativo. Permite a criação de e-books a partir de documentos PDF, Office e OpenOffice, que podem ser facilmente compartilhados e publicados em outros sites. Clientes corporativos podem remover anúncios, customizar a interface, restringir direitos de leitura e impressão em PDFs e limitar seu acesso para até 100 usuários convidados. Empresas podem vender e-books e livros através do site, formatados em PDF e impressos sob demanda. Seu sistema de busca permite a localização de conteúdo dentro de suas páginas e integrar suas métricas de visitação ao Google Analytics. [www.wobook.com]

BUSINESS CASES, FERRAMENTAS ADICIONAIS E SUGESTÕES DE USO

Publisha é uma ferramenta de publicação e comercialização de conteúdo que pode ser formatado para visualização em um website, aplicativo para iPhone ou página do Facebook, com diversos modelos de layout. O conteúdo pode ser anunciado ou comercializado na forma de assinaturas. [www.publisha.com]

O **FlipSnack** transforma documentos PDF em conteúdo interativo que simula sua visualização como se fosse uma revista, com sombras e efeitos de virada de páginas. O documento é mostrado sobre um fundo neutro e pode ser incorporado a websites. É possível armazenar "coleções" de até 30 publicações. [www.flipsnack.com]

AnyClip é um repositório de cenas de filmes, classificadas e organizadas de modo a facilitar a busca por cenas que exemplifiquem momentos, objetos, locais, músicas ou conceitos. Com ele é possível encontrar boas referências sem precisar ser cinéfilo ou consultar centenas de referências em websites genéricos. [www.anyclip.com]

| ferramenta | serviço | gratuito | preço variável | até US$100/ano | US$100~500 | US$600~2000 | US$2000+ | simples | mediana | difícil | para experts |

SITUAÇÃO:
Comunicação empresarial e proposição de valor.

PROPOSTA:
Colaboração, jogos e meritocracia.

Descontos, pechinchas e liquidações

Promoções geram um pouco de controvérsia. Enquanto alguns as defendem como primeiro passo para a construção de relacionamento, outros as consideram predatórias. O alcance das redes aqueceu essa discussão, já que permitiu o acesso a novos públicos e a realização de novos formatos de transação. Clubes de compras, cupons de desconto, promoções por e-mail, bônus por fidelidade, ofertas por localização e premiação de acordo com o poder de influência são algumas das formas de pacotes de venda que foram incentivados e acelerados com as tecnologias de interação e mobilidade. Como nas outras áreas, a discussão já não é mais tão simples. Uma estratégia promocional inconsequente pode ser péssima para a empresa, trazendo problemas de imagem, logística, estoque e até grandes prejuízos. Por isso é fundamental integrar a empresa e seus consumidores em uma rede capaz de promover ofertas em estoque dentro de limites que não comprometam as outras atividades da operação. Se bem executada, uma promoção pode ser vista por seus consumidores como oportunidade ou prêmio por seu vínculo com a marca, o que valoriza todos os integrantes da cadeia comercial. Vale lembrar que essas ações são efêmeras, e devem ser sustentadas por uma estratégia maior.

RECOMENDAÇÕES

Crie relacionamentos. Tenha um plano para cativar os novos consumidores. Muitos usuários de promoções são caçadores de ofertas, atraídos ao seu site unicamente pelo valor do produto ou serviço. Entregue o que pediram sem reservas e cative-os para que retornem em outro momento de menor pressa. Descubra seus hábitos e interesses e procure integrar-se a seu estilo. São pouquíssimos os que se apresentam socialmente como barganhadores; explore o outro lado de seus perfis.

Agendamento. Limite a oferta de seu produto e serviço em número de unidades ou datas disponíveis. No momento da confirmação da compra ou presença (RSVP), mostre quantas unidades ou vagas ainda estão disponíveis. Isso poderá criar em seu consumidor uma sensação de urgência – o que estimula a realização de transações por impulso – e terá deixado claras as condições da oferta caso se esgotem. É mais honesto (e sedutor) ver que existiam 50 peças em estoque e agora só restam 3 do que ser surpreendido por uma eventual demora ou negativa.

Próximos passos. Desconto não é estratégia. Número de clientes não é estratégia. Até mesmo a reincidência de visitas ou compartilhamento de conteúdo pode ser inútil se não vier acompanhada de um bom sistema de engajamento e relacionamento. É só pensar nos estabelecimentos de que você gosta mas não frequenta há meses ou dos lugares interessantes que só visitou uma vez para evidenciar a importância de uma política de relacionamento duradouro. Ela pode se dar em newsletters, perfis em mídias sociais, promoções fechadas a consumidores fiéis ou diversas combinações proporcionadas pelas ferramentas digitais.

CUIDADOS

Custo de aquisição. Decida quanto pretende investir para ganhar cada novo consumidor. Calcule estoques, serviços e horários adicionais e os adicione a seu break-even. Jamais opere no vermelho até ter comprovação de que a empresa pode assimilar o custo e que outras operações relacionadas podem amortizá-lo.

Multidões. A taxa de resposta a uma promoção costuma ser maior do que a de presença em eventos, mesmo que comprovados por RSVP. Cuidado para não lotar seu estabelecimento ou caixa de entrada, pois a qualidade do atendimento pode espantar os novos consumidores cuja conquista foi cara e difícil.

Tratamento. Barato não quer dizer de baixa qualidade ou maltratado, ainda mais em uma época que há poucas diferenças funcionais entre produtos. Seja elegante e trate a todos adequadamente, pouco importa o motivo que os tenha levado até você.

Invasões bárbaras. Prepare-se para um impacto no seu negócio. É melhor estar pronto para uma sobrecarga que não ocorra do que ser surpreendido por ela e ter a qualidade dos serviços comprometida. A repercussão de uma boa (ou má) promoção pode durar meses, evite ser vítima de seu sucesso.

Entrelinhas. Mesmo que façam sentido, cuidado com qualquer cobrança adicional feita ao consumidor. Um grande desconto, bom demais para ser verdade, costuma despertar desconfiança. Qualquer preço adicional levemente acima do esperado, de taxa de estacionamento a preço de acessórios, poderá ser visto como um truque. Se é para ser generoso, seja-o integralmente.

Serviço: Groupon

Site de compras coletivas em que diariamente são oferecidos produtos e serviços com grandes descontos, boa parte deles a menos da metade do valor de venda normal. Os cupons promocionais só serão ativados se um número predeterminado de interessados se predispor a consumir os produtos. Presente em mais de 60 cidades do Brasil, é uma forma interessante de se vender por atacado para grupos heterogêneos de consumidores individuais, eliminar partes do estoque e atrair novos consumidores. Também é uma boa alternativa para campanhas de marketing, pois a ativação dos grupos podem atingir públicos bastante específicos. Muitos negócios de pequeno e médio porte trocam o investimento que seria feito em publicidade local por esse tipo de promoção. Para fazê-lo é preciso entrar em contato com o serviço para determinar quais produtos ou serviços serão oferecidos, com que descontos e sob que condições. A fórmula é tão bem-sucedida que até estabelecimentos tradicionais passaram a usar promoções-relâmpago para atrair anunciantes e fidelizar usuários. [WWW.GROUPON.COM.BR]

Peixe Urbano — serviço brasileiro de compra em grupo, com mecânica similar ao Groupon, porém presente em um número maior de cidades. O serviço se compromete a oferecer promoções que variam entre 50% a 90% de desconto e costumam durar entre 24 e 72 horas. As promoções só serão validadas se um número mínimo de pessoas se comprometer a utilizá-las, o que pode ser feito através de um pequeno adiantamento. Se nesse período o número mínimo de cupons for vendido, os compradores recebem um vale-desconto que pode ser impresso e apresentado no estabelecimento, e costuma ser válido por um período predeterminado. [www.peixeurbano.com.br]

Saveme — mecanismo de busca e agregador de serviços de compra coletiva e clubes de compra online brasileiros. Suas listas são filtradas por cidade e categoria e organizadas por distância, preço, desconto ou tempo restante para a oferta acabar. Nelas constam o preço final, o valor original antes do desconto, o percentual abatido, o tempo que resta para a oferta vencer e o link para acesso ao serviço que a disponibiliza. O serviço notifica seus usuários por e-mail, reunindo em uma só mensagem todas as ofertas que possam provocar seu interesse em clubes de compras, sistemas de compras coletivas e demais ofertas. [www.saveme.com.br]

Buscapé — mecanismo gratuito de busca de produtos online, no ar desde 1999, com média de 60 milhões de visitas por mês. O sistema procura produtos solicitados em diversas lojas digitais, listando os resultados por ordem de popularidade, nome da loja, avaliação e-bit e preço. O site também inclui a avaliação de produtos por seus usuários, fotos e vídeos. Se uma busca não atingir o valor esperado é possível solicitar ao serviço que envie uma notificação por e-mail ou SMS quando mudar de preço ou atingir um valor determinado. Boa referência para se estudar a política de preços dos concorrentes e a opinião de usuários de seus serviços, mesmo sem efetivar transações. [www.buscape.com.br]

BUSINESS CASES, FERRAMENTAS ADICIONAIS E SUGESTÕES DE USO

Clickon é outra grande rede internacional de compras coletivas de grande sucesso no Brasil. Todos os dias são oferecidos descontos de até 90% em restaurantes, bares, spas, teatros e outras categorias, incluindo até carros usados. Usuários cadastrados recebem um e-mail diário com as ofertas do serviço. [www.clickon.com.br]

Betterworks leva a ideia de compras coletivas para as empresas, agregadoras naturais de consumidores. Seus administradores e funcionários podem escolher serviços dentre uma rede de opções oferecidas nas redondezas. Conforme a popularidade do serviço, empresas podem optar por subsidiá-lo. [www.betterworks.com]

Com quatro milhões de membros e mais de mil marcas parceiras, a **Ideeli** é uma das lojas que mais cresce no mercado competitivo dos EUA. Seu modelo de negócio é a seleção de produtos de vestuário, decoração e oportunidades de viagem de alto nível para venda por tempo limitado a seus associados. [www.ideeli.com]

SITUAÇÃO:
Comunicação empresarial e proposição de valor.

PROPOSTA:
Colaboração, jogos e meritocracia.

Cobertura corporativa

Televisão ao vivo é uma realidade cada vez mais comum na rede. Graças a serviços de **streaming** não é mais preciso ser emissora de televisão ou contratar equipamentos e profissionais sofisticados para transmitir eventos, lançamentos, palestras ou apresentações pela rede à medida que ocorrem. Isso permite a criação de canais dinâmicos de transmissão, sem custos com banda, para transmitir um conteúdo específico para stakeholders. O vídeo pode ser visto na página do prestador de serviços ou ser, como os vídeos do YouTube, integrado a páginas de sites, blogs e mídias sociais. Com ele também é possível criar webinars, seminários realizados remotamente, de acesso público ou restrito. Mas não se iluda: esses serviços ainda não dão conta de todas as particularidades do vídeo ao vivo. Eles são mais indicados para transmissões simples, como declarações feitas direto para câmaras estáticas em estúdios ou ambientes controlados ou para a gravação direta de um evento a partir de uma câmara só, panorâmica, presa a um tripé. Para eventos ao ar livre ou que demandem várias câmaras é preciso o apoio de boa equipe técnica para escolher o equipamento e operá-lo sem movimentos bruscos, trancos ou vibrações, definir formatos de sinal e largura de banda, sincronizar áudio e editar o conteúdo.

RECOMENDAÇÕES

Integre a cobertura. Reúna em uma só página a transmissão em vídeo, conteúdo adicional disponibilizado pelos palestrantes (como seus perfis públicos, dados de contatos permitidos e apresentações no Slideshare, por exemplo), links e identificadores do evento, hashtags, perfis e resultados de buscas por termos específicos em mídias sociais, monitorados para impedir maus usos ou spam. Crie páginas adicionais de conteúdo se necessário.

Extensões. Torne a transmissão do vídeo mais interativa ao permitir a participação de seu usuário de diversas formas complementares, menos abertas do que as atualizações via Twitter ou Facebook, mas até mais interessantes: credenciais (badges) para etapas vistas ou concluídas, pesquisas de opinião, gráficos complementares, envio de fotos, solicitações, caixas de sugestões e estatísticas diversas são alguns usos possíveis.

Testes. Não se brinca com conteúdo ao vivo. Teste equipamentos, banda, cabos, formatos e sua disposição no dia anterior. Teste largura de banda e capacidade de transmissão antes do evento começar e a monitore constantemente. Previna-se contra mudanças de última hora e tenha, se possível, equipamentos e baterias de reserva.

Tenha um programa e roteiro. Pense em um programa de TV, tenha vídeos previamente gravados com entrevistas ou avisos para ocupar tempos livres. Crie "comerciais" de conteúdo para inserção entre palestras para não mostrar os palestrantes saindo do palco ou conectando suas máquinas. Um acervo de vídeos relevantes em diversas durações pode ajudar em caso de imprevistos.

CUIDADOS

Condições de gravação. Em gravações ao ar livre vários fatores podem contribuir para comprometer o resultado final, como vento, mudanças na luz do dia, movimentos e ruídos no fundo. Só as realize se for fundamental e evite mover a câmara. Teste a gravação na mesma hora de sua realização, para verificar as condições de iluminação, posição de fontes de luz e reflexos.

Sincronização e codificação. As tarefas de edição não são simples e podem comprometer o resultado final se estiverem codificadas para o formato errado ou fora de sincronia. Peça a ajuda de profissionais para evitar surpresas depois do final do evento.

Controle de variáveis. Quanto mais estáveis forem as condições da gravação, melhor tende a ser sua qualidade de transmissão e de visualização posterior. Algumas atitudes simples podem facilitar bastante o registro em vídeo: o uso de fundo neutro ou monocromático, de baixo contraste com o primeiro plano, a estabilização da câmara com tripés, uso de muita luz (e sua calibração de cor para que o resultado não saia amarelado, esverdeado ou azulado) e a gravação na melhor câmara disponível.

Movimento. Minimize o deslocamento das imagens no vídeo, pois isso faz com que o algoritmo de codificação se concentre nas áreas que mudam. Em demonstrações de produto, procure fixar ou limitar a área do objeto. Em entrevistas, deixe o convidado sentado confortavelmente e ajuste a câmara para centralizar a imagem em seu torso, evitando movimentos de mãos e pernas. Evite deslocamentos de câmara ou zooms frequentes, pois além de dificultar a transmissão, eles podem distrair o espectador.

Ferramenta: Brightcove

Ferramenta de alto nível para streaming de vídeo, usada por clientes em mais de 50 países, incluindo grandes corporações e instituições artísticas. Tem vários planos de serviço de transmissão, alguns bastante acessíveis. Com o Brightcove é possível transmitir vídeos ao vivo em alta qualidade, compatíveis com diversas plataformas de smartphones e com métricas detalhadas de sua transmissão. Tanto o produtor de conteúdo como o usuário podem optar por diminuir a qualidade da transmissão (o que acelera o carregamento, com perda de qualidade). Os vídeos são organizados em canais e sincronizados com o YouTube, podendo ficar disponíveis para download. A página do streaming pode ter o layout do cliente, sem anúncios ou marcas. Sua qualidade é superior à média dos vídeos disponibilizados por ferramentas de mídias sociais. Existem pacotes de desenvolvimento e customização avançados, caso se deseje uma integração maior entre o serviço e aplicativos ou sistemas desenvolvidos internamente. A empresa tem clientes em mais de 50 países. [www.brightcove.com]

Livestream – Serviço de streaming de vídeos online gratuito, financiado por publicidade. Algumas de suas opções pagas envolvem transmissão em alta definição e criação de canais privados na interface do serviço, com acesso a métricas detalhadas, como a localização dos espectadores e tempo de visualização por trecho. Enquanto o canal está inativo, existe a possibilidade de transmitir vídeos predefinidos. Os vídeos podem ser integrados ao conteúdo de qualquer página web, da mesma forma que é feito com o YouTube. Outro produto popular da empresa é o Twitcam, que permite a usuários transmitirem vídeo ao vivo diretamente de seus perfis do Twitter. [www.livestream.com]

Ustream – como o Livestream, é um serviço gratuito de streaming, fácil de usar e integrar a páginas web. Permite a qualquer pessoa com uma câmara e conexão à Internet a transmissão de vídeo ao vivo. A qualidade é mediana (416x340 pixels), inadequada para a transmissão de cenas com muitos detalhes. Não oferece canais customizados direto da plataforma, interessados precisam entrar em contato com a empresa. Permite a transmissão direta de e para diversas plataformas. Pode-se, por exemplo, registrar a cena em um smartphone e transmiti-la para um PC, ou vice-versa. O serviço notifica o usuário quando uma transmissão de seu interesse entra no ar. [www.ustream.tv]

Justin.tv – além das funcionalidades de streaming, como o controle da qualidade da transmissão de vídeo e áudio, este serviço permite a transmissão da tela do computador de seus usuários, possibilitando a criação de screencasts. Seus servidores são robustos, capazes de administrar grandes audiências – transmite mensalmente mais de 300 milhões de vídeos. Seus usuários têm a opção de restringir a visualização do vídeo às páginas do serviço, bloqueando a incorporação do código de seus vídeos em outros sites. Dessa forma impedem que a audiência seja pulverizada e conseguem ter maior controle de suas métricas de visualização. [www.justin.tv]

BUSINESS CASES, FERRAMENTAS ADICIONAIS E SUGESTÕES DE USO

Vail Resorts, o maior operador de resorts de montanha dos EUA, usa Brightcove para produzir e distribuir conteúdo de qualidade, atualizado frequentemente por seus diversos estabelecimentos luxuosos. Isso permite a criação de websites envolventes e interativos para um público exigente. [http://bit.ly/nuvem-Vail]

O **Facebook Live** é um programa de vídeo que usa Livestream para transmitir entrevistas com técnicos e especialistas e divulgar notícias em primeira mão para uma comunidade de usuários e desenvolvedores. O programa é transmitido, naturalmente, a partir de uma página do Facebook. [http://on.fb.me/nuvem-FBLive]

San Francisco Ballet, a mais antiga companhia de balé dos EUA, usa a transmissão de vídeo de alta qualidade do Brightcove para divulgar trechos de espetáculos, reforçar a relação com patronos e reafirmar seu legado com documentários a respeito de seus principais bailarinos e cenas de bastidores. [http://bit.ly/nuvem-SFOBallet]

| ferramenta | serviço | gratuito | preço variável | até US$100/ano | US$100~500 | US$600~2000 | US$2000+ | simples | mediana | difícil | para experts |

SITUAÇÃO:
Comunicação empresarial e proposição de valor.

PROPOSTA:
Narrativas transmídia e geração de valor.

O poder da narrativa

Boa parte do conteúdo existente na web ainda é composto de páginas, vistas de forma não sequencial por seus usuários. Muitas vezes o agrupamento dessas diferentes fontes de conteúdo podem trazer à tona **histórias visuais** que traduzam uma busca por integração, relevância e sentido entre diversas fontes isoladas de conteúdo. Essa interligação única pode mostrar diferentes padrões e associações e, com eles, gerar novas ideias, receber contribuições e construir narrativas e raciocínios coletivos, que podem ser compartilhados por outros canais. É possível desenvolver histórias que mostrem diferentes pontos de vista a respeito de um mesmo evento, conectem tópicos variados em torno de um tema, comparem enfoques opostos a respeito de uma situação complexa ou simplesmente coletem informações em torno de interesses específicos. À medida que aumenta a quantidade de conteúdo disponível na rede, essas ferramentas de curadoria informal podem ser bastante úteis para que se divulgue a história, os valores e a estrutura de processos e carreira da empresa, de seus produtos e mercado, o que ajuda funcionários e consumidores a se identificarem com ela, aumentando a fidelidade e o espírito de equipe.

RECOMENDAÇÕES

Curadoria. Selecione o que é mais relevante para a publicação, no mais variado número de mídias possível. Evite criar páginas cheias de texto ou lotadas de conteúdo. A capacidade de seleção é mais importante do que a quantidade de itens, principalmente se sua qualidade for variável.

Roteiro. Se a história que você pretende contar não é a cobertura de um evento que possa caber em uma linha narrativa, peça a ajuda de especialistas para criar um roteiro adequado a seu público e conteúdo, de forma que ele não fique óbvio, hermético demais ou simplesmente perca o sentido.

Crie histórias. Concatene tópicos aparentemente não relacionados em uma linha narrativa que torne explícitos os argumentos para a sua seleção. Sequências narrativas prendem a atenção para fatos ou conteúdos que poderiam ser ignorados, além de criar uma empatia natural com seus leitores.

Estimule trocas e contribuições. Muitos podem contribuir com histórias para contar, sejam a respeito de conteúdos lidos, experiências vividas ou fatos complementares. Enriqueça a narrativa ou cobertura de fatos e eventos com essas visões particulares que, além de darem um viés mais humano para a história, podem torná-la muito mais interessante e digna de redistribuição.

Feedback. Use diversas ferramentas de colaboração para medir o interesse gerado por um evento, festa ou apresentação em seu público e compile-as em um local, buscando novas opiniões e amplificando a experiência.

CUIDADOS

Pesquise seu usuário. Conheça suas necessidades de informação, hábitos de uso da rede e nível de interação. Evite forçar a interação de pessoas que queiram se envolver ou não estejam habituadas a contribuir para evitar constrangimentos.

Filtre contribuições. Nem tudo que se contribui é de qualidade, construtivo ou mesmo relevante. Não tenha medo de selecionar corretamente o conteúdo. Uma compilação não é um fórum de debates ou arena livre de manifestação de opiniões.

Glorificação. Evite glorificar alguns personagens, tornando-os heróis míticos, irreais, e ignorando a contribuição do resto da equipe. Mantenha a política à parte da narrativa, usando a ferramenta para falar de contextos, trabalho e equipe e integração com a sociedade. Colocar a empresa em seu lugar relativo ajuda a balizar a perspectiva da narrativa.

Coincidências e oportunidades. Ajude a todos a identificar momentos em que uma condição política ou social ajudou a empresa a crescer e incentive a equipe a reconhecer oportunidades similares em situações cotidianas.

Omissões. Se perceber que algum fato ou pessoa foi ignorado, corrija o erro o mais rápido possível. A omissão voluntária costuma ser muito mais comentada do que qualquer crítica direta. Evite que sua ferramenta seja alvo desse tipo de comentário.

Segredos. Cuidado para na empolgação do momento não revelar segredos, contar histórias privadas ou constrangedoras.

Ferramenta: Storify

Ferramenta para a construção de narrativas simples a partir de informações públicas a respeito de um perfil ou assunto em mídias sociais e sites. O autor escolhe um ou mais termos de pesquisa e seleciona os resultados, conecta-os à página em que pretende construir a história, inserindo links, comentários e trechos de textos entre os conteúdos selecionados. Com o Storify é fácil organizar material de diversos formatos, criados por fontes diferentes, em uma narrativa linear e sequencial. O resultado final é uma página longa, que pode ser incorporada a websites ou agregada automaticamente a blogs e mídias sociais. Cada elemento agregado à narrativa mantém seu link original, o que facilita a identificação da fonte da informação e reduz problemas quanto à atribuição das fontes (embora não autorize o uso de conteúdos com todos os direitos reservados). As histórias podem ser facilmente editadas ou ampliadas depois de sua publicação, e podem ser acessadas a partir de smartphones e plataformas móveis. [WWW.STORIFY.COM]

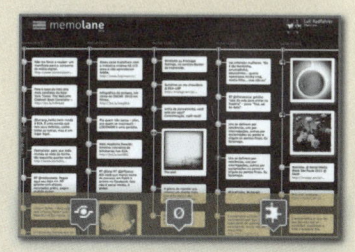

Memolane – serviço gratuito de criação de linhas do tempo a partir de informações de um perfil em mídias sociais. Depois de autorizado, o serviço se conecta a repositórios de imagens, vídeos e redes como Facebook e Twitter, gerando automaticamente uma cronologia, que fica sempre atualizada. Acontecimentos de um mesmo dia ficam dispostos na vertical enquanto os períodos são transcorridos na horizontal. Pode-se acompanhar acontecimentos ao longo de meses ou anos, bastando percorrer a linha do tempo que fica no rodapé da página. É possível criar narrativas coletivas a partir dos dados de diversos perfis que estejam interconectados. [www.memolane.com]

Curated.by – agregador de tópicos que permite a coleta e compilação de imagens, vídeos, links e comentários em grupos temáticos. Usuários podem seguir tópicos populares, contribuir com conteúdo ou criar novos itens. Cada coleção pode vir acompanhada de uma descrição e tópicos relacionados, para facilitar sua busca e compartilhamento por outros usuários. Extensões para browsers permitem o acréscimo de novos itens com um clique. Outros usuários da rede podem comentar o conteúdo e agregar novas opiniões, mantendo o debate focado e o conteúdo de alto nível. A barra lateral mostra a data de atualização e popularidade de cada grupo. [www.curated.by]

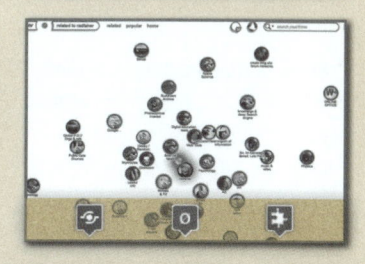

Pearltrees – ferramenta que combina os serviços de agregador e mapa mental, útil para pesquisas temáticas em profundidade. Com ela é possível criar árvores de tópicos, chamados de "pérolas" e representados por nós na rede. Da mesma forma com que se marcam páginas em favoritos no browser, elas podem ser adicionadas a uma área de coleta da ferramenta e depois organizadas por tópicos em um mapa, para facilitar a coleta de referências com relação a uma ideia. Usuários podem contribuir para os mapas de seus colegas e agregar partes de outros mapas em seus próprios diagramas. É compatível com sistemas de armazenamento de links como o Delicious. [www.pearltrees.com]

BUSINESS CASES, FERRAMENTAS ADICIONAIS E SUGESTÕES DE USO

Por sua natureza, diversos **veículos de imprensa** usam o Storify. Entre eles blogs como o ReadWriteWeb, jornais como Washington Post, Libération e Metro New, noticiários como PBS NewsHour e ABC News e portais como Yahoo! News usam o Storify para resumir e enriquecer as histórias contadas.

Bundlr é uma ferramenta para agregação e curadoria de notícias. Seus usuários selecionam os conteúdos que consideram interessantes e os agregam em "pacotes" com textos, fotos, vídeos, publicações no Twitter e links. Boa forma de gerar coberturas dinâmicas de eventos, com conteúdos de fontes diversas. [www.gobundlr.com]

Embed.ly é uma API que permite a inclusão de conteúdos disponibilizados em redes sociais em páginas web. Com ela é possível integrar o conteúdo disponibilizado por mais de 200 redes sociais diversas fontes de notificações RSS em uma só página customizada e preparada para a análise de diversas métricas. [www.embed.ly]

SITUAÇÃO:
Comunicação empresarial e proposição de valor.

PROPOSTA:
Privacidade, sigilo e subversão.

Inventando moda

O compartilhamento sempre foi um dos maiores valores em ambientes sociais. No mundo digital, em que se pode distribuir conteúdo sem perder a sua posse, a troca de material ganhou proporções nunca vistas. A atitude é um pouco mais complexa do que simples generosidade: quem distribui novas ideias se torna uma fonte de informação. Conforme sua intensidade, relevância e inovação, é possível a qualquer um ganhar o status de mídia ou formador de opinião. Mas como não é fácil gerar conteúdos interessantes em quantidade, é comum compilar e redistribuir o conteúdo gerado por outros, agindo como referendos de qualidade e contribuindo gratuitamente para sua **superdistribuição** por canais incomuns, desconhecidos ou inacessíveis para seus produtores, de graça. É este o objetivo de muitos vídeos "virais", que buscam, por sua novidade, fascínio ou bizarrice, se transformar em tópicos de conversação. Para que ela aconteça, é importante ter uma boa ideia e produzi-la de forma a comunicá-la bem — e facilitar seu acesso e reprodução por outras plataformas. Os conteúdos podem ser textos, fotos, vídeos ou sons. Alguns chamam a atenção pela qualidade da produção, outros pela rapidez, outros pela habilidade do artista. Cada um tem demandas de produção e públicos específicos.

RECOMENDAÇÕES

Tire proveito. As celebridades digitais são extremamente efêmeras. Ganhar uma grande popularidade e constar em um ranking não costuma dizer nada de relevante, a não ser que sejam más notícias. Esteja preparado para canalizar a popularidade ganha para outros canais de relacionamento mais profundo, capitalizando sobre a exposição como se fosse um plano de mídia.

Crie Valor. Procure ganhar exposição com ações e conteúdos de grande valor agregado. Seu residual de marca costuma ser mais duradouro e deixar, mesmo em quem não é seu consumidor, uma imagem favorável. Reforce-o com ações contínuas, mostrando que sua marca tem muito a contribuir.

Preserve a imagem de marca. Associe-a a temas importantes e relevantes para seu público, mesmo que não sejam muito populares. Evite sua associação a temas da moda, a não ser que tenha um claro plano de ação na área.

Contribua com algo novo. Uma das formas mais fáceis de ter o conteúdo redistribuído é disponibilizar dados, análises, vídeos ou até mesmo consultorias gratuitas simplificadas para seus usuários. Se possível, crie uma ação estruturada para gerar constantemente conteúdo novo e de valor. À medida que se constrói uma reputação, as divulgações anteriores ajudam a impulsionar as próximas.

Pesquise antes de divulgar. As mídias sociais são um excelente instrumento de análise dos humores do mercado. Se tiver dúvidas com relação à repercussão, evite fazê-la.

CUIDADOS

Esteja preparado para o sucesso. Todos se preparam para o fracasso e têm em mente o que fazer caso um plano não dê certo. Poucos estão prontos para o caso de uma iniciativa ser extremamente popular — e isso causar uma sobrecarga no número de acessos, na transferência de dados e no armazenamento nos servidores, derrubando-os. Não são poucos os projetos que sucumbem pelo sucesso.

Agências de publicidade e consultorias. Cuidado com aqueles que prometem realizar ações "virais" para seus clientes ou que mostram em seus portfólios ações desse tipo. A superdistribuição de qualquer conteúdo é um efeito da popularidade e boa aceitação de uma mensagem, e costuma abranger veículos muito genéricos e diferentes entre si. Não se pode "viralizar" um conteúdo, nem restringir essa distribuição a uma área geográfica específica (se fosse possível não mereceria o nome).

Finalidade. Criar um vídeo com o propósito exclusivo de ser comentado pode abrir portas a grandes concessões e gerar constrangimentos duradouros.

Remix. Às vezes é possível repropositar conteúdos publicados na imprensa ou veiculados no rádio e televisão via meios digitais, embora nem sempre o formato seja adequado para o público. Cuidado para que a ação não aparente ser uma adaptação malfeita ou descuidada de um conteúdo produzido para outros fins. Se quiser disponibilizar conteúdo para alteração livre de seu público, assegure-se de fazê-lo livre de direitos. E monitore os resultados para evitar ações mal-intencionadas.

Serviço: Trending Topics

Para identificar os assuntos mais populares, o Twitter tem um algoritmo simples que compara as palavras mais usadas em cada publicação e lista os perfis e tópicos (hashtags, marcados com #) mais populares, classificando-os como "tópicos de tendências", ou Trending Topics. Essa funcionalidade permite saber quais são os assuntos que mais chamam a atenção no momento. Se bem analisada, pode propiciar uma visão mais precisa do que vem sendo discutido nos últimos dias. Boa parte deles diz respeito à repercussão de notícias, filmes e eventos em geral. O Twitter pode mostrar os tópicos mais comentados no mundo ou localmente, em cidades ou países que tenham um grande volume de mensagens ou crescimento acelerado. Para facilitar a identificação do tópico, os comentários mais esclarecedores aparecem indicados como "top tweet". O ranking é filtrado para evitar o aparecimento de tópicos indesejados, como pornografia. Agregadores como o TweetMeme organizam e categorizam os links mais populares.
[WWW.TWEETMEME.COM]

Load Impact – um dos maiores erros de qualquer ação promocional é gerar um número de visitas maior do que o website seja capaz de administrar, o que o leva a sair do ar. Para evitar essa situação, o Load Impact analisa quanto tráfego o servidor é capaz de receber, simulando um determinado número de pessoas que tente visitá-lo e registrando a velocidade de entrega. Com isso é possível avaliar a experiência de seus usuários em momentos de pico e ajuda a determinar quais componentes devem ser removidos para facilitar a experiência. O serviço realiza diversos tipos de testes a partir do browser, sem demandar a instalação de software ou conhecimento técnico. [www.loadimpact.com]

Repositórios para download – serviços como o 4Shared e Rapidshare permitem o armazenamento público de documentos de qualquer tamanho, que podem ser compartilhados por links diretos para download, públicos ou restritos por senha, sem limite de acesso. Visitados por milhões de usuários por dia, alguns deles estão entre os 100 sites mais acessados do mundo. Todos os serviços oferecem versões gratuitas e pagas, cuja maior diferença está no tempo de transferência, e ferramentas de administração. O 4Shared possui uma opção para empresas criarem canais próprios e privados de distribuição. [www.4shared.com]

Qik – o compartilhamento é mais espontâneo quando o repositório permite a seus usuários que contribuam com seus próprios conteúdos. Qik é um serviço gratuito que permite a gravação e publicação automática de vídeos em vários repositórios, envio de e-mails de vídeo e chat a partir de computadores e mais de 140 tipos de smartphone. Com ele é possível dividir a cobertura de um evento com seus participantes. A operação é extremamente simples e cada vídeo é gravado na galeria de seu usuário, podendo ser integrado a mídias sociais. Usuários podem compartilhar seus vídeos posteriormente, o que pode ser bastante oportuno em ambientes de rede instável ou cara. [www.qik.com]

BUSINESS CASES, FERRAMENTAS ADICIONAIS E SUGESTÕES DE USO

Pingdom monitora o estado e desempenho de um website pelo ponto de vista do usuário e notifica seus administradores via smartphone quando o website sai do ar. Ele monitora diversos tipos de servidor e gera relatórios de desempenho, com a incidência de falhas e momentos de fragilidade. [www.pingdom.com]

Onbile cria versões online de um blog ou website para iPhone, Blackberry e smartphones Android. A adaptação é bem rápida, só dependendo de três passos: a customização do layout; seleção do conteúdo a publicar (seções, páginas, imagens); e agregar o código gerado à página inicial. [www.onbile.com]

Pingg gera cartões digitais para convidar pessoas a um evento ou website. O serviço tem várias galerias de conteúdo original produzido por ilustradores, fotógrafos e designers e também permite que se customize o layout com logotipo ou foto própria. Os convites podem ser enviados por e-mail ou mídias sociais. [www.pingg.com]

| ferramenta | serviço | gratuito | preço variável | até US$100/ano | US$100~500 | US$600~2000 | US$2000+ | simples | mediana | difícil | para experts |

Engenho, arte, investimento e cooperação
Criatividade e inovação em tempos digitais

Inovação é uma disciplina tão importante para as empresas hoje em dia que deveria ser competência obrigatória, pouco importa o segmento. Quando seus processos são bem aplicados, ela permite a reavaliação de produtos, serviços e relacionamentos com o mercado, promovendo novas ideias e perspectivas.

Mas não se inventam produtos de sucesso a partir do nada. Soluções criativas duradouras costumam demandar uma grande quantidade de informação e pesquisa em vários mercados e com diversos tipos de consumidores. Às vezes as soluções estão em outros mercados, outras áreas ou outros públicos, como bem mostra a Apple, que todos acreditavam ser um fabricante de microcomputadores quando resolveu fabricar tocadores de MP3, depois vender música, depois telefones, tablets...

É impossível mudar consistentemente, por um longo período, sem pesquisa e uma clara disposição para revisar, frequentemente, o modelo de negócio de cada produto, serviço ou da empresa como um todo. O medo de mudar pode levar a uma abundância de produtos e serviços cada vez mais parecidos entre si, tanto em sua aparência quanto em sua interface. Grandes empresas, mídia, lojas e blogs apresentam pouquíssimas diferenças em sua interface. Em alguns casos, chega a ser difícil diferenciá-los.

A situação não seria ruim se todas essas interfaces fossem agradáveis de usar. Pelo que se mede, a sensação está mais para o oposto: muitos consumidores desistem de suas compras no meio da transação, o formulário de busca é muito mais usado que a barra de navegação em muitos sites e são poucas as experiências online consideradas verdadeiramente satisfatórias. Enquanto houver a comparação com a época em que a rede não existia, não era tão rápida nem acessível por tantos smartphones, as interfaces podem se dar ao luxo de serem medianas. À medida que aumentarem os serviços e pontos de comparação, a qualidade da experiência tenderá a ser cada vez mais essencial.

Ela é ignorada porque muitas empresas ainda têm uma visão arcaica e amadora da Internet. Acredite se quiser, ainda há quem não use e-mail e pense que um website pode ser feito por um freelancer em um fim de semana ou por um adolescente em seu quarto. Nada mais distante da realidade. Os especialistas são muitos, em áreas tão diversas quanto usabilidade, arquitetura de informação, design de interação e programação, boa parte delas desconhecida ou simplesmente ignorada.

Com essa visão, não causa espanto que muitas empresas tenham ações inconsistentes na rede: sua definição de objetivos é fraca, quando há, e o mesmo pode ser dito da mensuração da efetividade das mudanças propostas. Falta a muitos uma visão da Internet como um fator real para resultados de negócio.

Existem algumas perguntas razoavelmente óbvias, que podem ser feitas sem a necessidade de conhecimento técnico e definem melhor o escopo de um projeto digital. O que ele melhora na experiência do usuário? Como se integra a seu contexto? Que tarefas ajuda a realizar? Pode acelerar o acesso a serviços? Diminuir o número de etapas para que uma transação se concretize? Tornar as opções oferecidas mais claras? Estimular o consumo? Aumentar a lucratividade? Reduzir custos de suporte ou tempo de programação? Tornar, enfim, o usuário mais satisfeito a ponto de recomendar a experiência a seus colegas?

Essas mudanças não limitam a criatividade. Pelo contrário, só a expandem, abrindo horizontes de ação.

Quando o ambiente é irregular e mutante, práticas inovadoras precisam ter um bom ponto de partida para identificar seus potenciais usuários, modelar cenários críticos para cada um, identificar barreiras para o sucesso das transações, determinar o impacto potencial de cada mudança, harmonizar os objetivos do usuário e do negócio e priorizar as mudanças por seu grau de impacto e esforço

A interatividade é cada vez menos um valor em si e mais um atributo de todas as marcas. Saber usá-la para criar uma experiência criativa e gratificante é um dos maiores desafios das empresas daqui para a frente. Este capítulo tratará de alguns insumos para ajudar a mudança, em especial a busca por boas referências, análise de padrões, seleção de ofertas, experimentação em plataformas variadas e sua comunicação das mais variadas formas.

Solução	Ferramentas	Página
Seleção de informação	*Instapaper,* Xmarks, Evernote Clearly, Coollris	158
Listas de tarefas	*RememberTheMilk,* MyEN, FollowUpThen, Twitterfeed	160
Redes de especialistas	*ResearchGate,* Xing, Plaxo, Focus	162
Direção da criação	*Cozimo,* Conceptshare, Vyoopoint, Bounce	164
Aplicativos celular	*Apple app store,* Android Market, Amazon app store, GetJar	166
Previsão	*Google Insights,* Hunch, WolframAlpha, Freebase	168
SEO	*Webmaster Tools,* SEOmoz, SEO for Firefox, Yslow	170
Bancos de imagens	*Flickr + acessórios,* DeviantArt, iStockPhoto, Pinterest	172
Linhas do tempo	*Dipity,* Tiki-Toki, TimeToast, Preceden	174
Registro de identidade	*Oauth,* OpenID, Facebook Connect, Lastpass	176

SITUAÇÃO:
Criatividade, inovação e observação de tendências.

PROPOSTA:
Blogs, curadoria, expressão e independência.

Cadernos de recortes

Especialistas defendem que deixamos a época da Economia da Informação, em que dados privilegiados eram comercializados a diferentes valores de acordo com seu ineditismo, e, à medida que a informação se torna cada vez mais pública e acessível, migramos para a Economia da Atenção, em que a seleção, combinação e análise se tornam mais importantes do que a informação bruta. Serviços de **seleção e curadoria da informação** auxiliam seus usuários a identificar e guardar o que importa ou interessa para eles em meio a uma infinidade de fontes. Esse material pode ser selecionado para referência posterior ou compartilhamento de descobertas com sua rede, e pode ser excelente ferramenta de produtividade para a realização de pesquisas, identificação de tendências, busca por opiniões diferenciadas, condução de brainstorms informais ou simplesmente para a leitura de algo diferente enquanto se espera uma reunião ou consulta médica. Essas ferramentas são importantes porque a própria escolha de blogs e perfis a seguir já é uma primeira seleção do que importa dentre o conteúdo da rede. Como nem tudo que é selecionado é lido, essa segunda seleção funciona como um filtro para conteúdo de qualidade, sempre atualizado, que pode ser compartilhado

RECOMENDAÇÕES

Critério. Há muito conteúdo disponível na rede, e a tentação de armazená-lo poderá simplesmente criar enormes bibliotecas de conteúdo não lido. Desenvolva um critério de busca e armazenamento para não se perder pelo excesso.

Pastas, palavras-chave e categorias. Muitos repositórios de compartilhamento de links permitem sua classificação em categorias diversas e armazenamento em pastas para facilitar a recuperação posterior. Programe-se para reorganizá-las periodicamente para que fiquem atualizadas e com conteúdo de qualidade para consulta rápida quando for necessário.

Pacote para leitura em trânsito. Alguns textos podem ser armazenados online ou em formatos digitais para leitura posterior em smartphones e tablets, economizando impressões e toner, evitando o desperdício e, principalmente, ficando disponíveis para anotações e referências posteriores.

Reconhecimento de padrões na busca visual. Organizações visuais de conteúdo em mapas mentais, miniaturas e tabelas de referência podem ser bastante úteis para a identificação rápida de parâmetros e buscas visuais, o que torna a busca mais rápida e eficiente.

Filtro grupal. Repositórios coletivos compilam diferentes coleções e acumulam a avaliação de seus curadores. Buscas realizadas em suas bases de dados tendem a resultar em conteúdo mais relevante, atualizado e classificado com pouca ou nenhuma intervenção de práticas de SEO.

CUIDADOS

Foco. Tenha um tema claramente definido em sua busca por conteúdo e, se possível, limite o tempo de pesquisa para retomar a atenção caso perca o foco com algum conteúdo ou link que venha a chamar sua atenção.

Minimize distrações. Banners e elementos visuais em um website costumam ser excessivamente brilhantes e animados para chamar a atenção de seus leitores, o que pode ser irritante na leitura de textos longos. Muitos websites têm versões de suas páginas para impressão, que costumam ser mais limpas e claras, algumas até divididas em colunas. Selecionar esta opção pode ser uma boa saída para se ler grandes conteúdos. Copiar o conteúdo da página para editores de textos ou blocos de notas é uma solução mais trabalhosa, porém igualmente eficiente.

Leia o conteúdo o quanto antes. E apague o material que leu e não precisa guardar. Evite acumular conteúdo não lido em sua caixa de entrada ou biblioteca pessoal, pois isso dificultará a busca por referências quando forem necessárias.

Inteligência de mercado. Cuidado ao compartilhar suas pastas de links, especialmente se a sincronia com seu browser for automática. Elas podem revelar muito a seu respeito e a respeito de estratégias de sua empresa.

Verificação. Verifique suas fontes de informação sempre que considerar algum conteúdo muito fora da média. Há muita informação falsa "plantada" na rede, que pode ser verificada com algumas buscas simples a fontes de notícias ou redes sociais.

Ferramenta: Instapaper

Aplicativo simples e gratuito que guarda textos de páginas web para leitura posterior em computadores offline ou em plataformas móveis, permitindo seu armazenamento em formato PDF e a organização em pastas. É possível enviar e-mails longos ou que demandem uma leitura detalhada ou discussão posterior diretamente para o serviço, bem como links armazenados em leitores de notícias como o Google Reader, e serviços noticiosos. O serviço tem um aplicativo para iPhone e iPad, pode ser lido em Kindle e em leitores de e-books. Existem diversos aplicativos e serviços compatíveis com a base de dados do Instapaper para seu acesso por outras plataformas de smartphones, como o InstaFetch [HTTP://INSTAFETCH.IMMORTAL.PL] . O envio de textos para o serviço pode ser feito por um botão a partir do browser. Os textos coletados são armazenados para consulta por tempo indeterminado, embora não seja o melhor ambiente para registrar, categorizar e armazenar grandes quantidades de referências. Um serviço similar é o Read It Later. [WWW.INSTAPAPER.COM] e [WWW.READITLATERLIST.COM].

Xmarks — ferramenta para sincronizar, classificar e comentar links, permitindo seu backup e sincronização entre diversos browsers. É possível compartilhar determinados links comentados ou armazená-los em pastas de atualização coletiva. Buscas realizadas no Xmarks resultam em links armazenados, classificados e até avaliados por outros usuários, o que pode funcionar como um bom filtro e indicador de sua relevância e qualidade, utilizável para referências complementares. Algumas extensões oferecidas podem ser de grande utilidade, como o armazenamento de todas as abas que estiverem abertas no browser ou seu acompanhamento e administração por smartphones. [www.xmarks.com]

Evernote Clearly é um plug-in para o browser Chrome utilizado para facilitar a leitura de páginas de conteúdo que tenham muitos elementos de distração, como banners e animações. Ao clicar em seu botão, a página que está sendo vista é automaticamente "limpa" segundo estilos predeterminados ou de acordo com as preferências do usuário. É possível determinar a letra, se deseja mostrar o título, texto e citações, tamanho, cor, estilo, espaçamento entre linhas e largura da coluna, bem como a cor do fundo. O resultado pode ser impresso ou armazenado no Evernote para consulta posterior. [http://www.evernote.com/clearly]

Cooliris — extensão para browsers com um mecanismo de busca visual, que mostra imagens de sites na forma de uma videowall, de que se pode aproximar, afastar ou deslizar lateralmente. A visualização rápida permite uma busca muito mais eficiente do que a proporcionada pelas típicas páginas de miniaturas. O Cooliris busca fotos e vídeos de diversas fontes, ampliando os conteúdos selecionados e mostrando, em uma legenda, suas dimensões, título e link. Pode ser acessado diretamente ou a partir de sites que contenham imagens, como álbuns de fotos ou playlists no YouTube. É possível buscar em sites específicos e configurar filtros de busca . [www.cooliris.com/desktop/]

BUSINESS CASES, FERRAMENTAS ADICIONAIS E SUGESTÕES DE USO

Viewrl é uma ferramenta para a visualização de links, imagens e vídeos publicados por um usuário ou sua rede no Twitter. As atualizações aparecem em miniaturas de imagens, vídeos e links sem que seja preciso clicá-los. Com o Viewrl fica mais fácil identificar conteúdos visuais relevantes rapidamente. [www.viewrl.com]

Evri é um agregador de conteúdo que reúne em uma única página atualizações provenientes de diversas mídias sociais, procurando compreender seu contexto e conectar-se a outras fontes de referência, listando os principais temas relacionados, menções no último mês, vídeos e descrições de outros websites. [www.evri.com]

Visual.ly é uma mistura de compilação de infográficos com ferramenta de visualização. O serviço disponibiliza ferramentas de visualização e comparação de influência no Twitter e desenvolve visualizações para dados em outras redes. Seus editores selecionam bons exemplos na rede e os republicam em seu site. [www.visual.ly]

SITUAÇÃO:
Criatividade, inovação e observação de tendências.

PROPOSTA:
Micromídia, Twitter e impulso.

Robôs entre nós

Muitos se opõem – com razão – à existência de ferramentas de automação no Twitter, por diversos motivos. O principal, acredito, é o uso da rede social para práticas inadequadas, como envio de spam ou criminosas, como a distribuição de vírus ou falsificação de perfis. De qualquer forma, é uma prática controversa, no mínimo, porque se imagina que exista uma pessoa de verdade do outro lado de cada tweet. Algumas ferramentas automáticas de envio de **lembretes** podem ser bastante práticas para chamar a atenção para tarefas que precisam ser realizadas, alertar seus usuários a respeito de novos conteúdo compartilhados ou simplesmente limpar a área de trabalho para se concentrar em uma tarefa, adiando todos os outros compromissos por um tempo determinado. Seu funcionamento é similar ao de um despertador, assumindo uma tarefa simples para que seu usuário possa tirá-la da cabeça. Como existem diversos clientes de Twitter e e-mail em plataformas variadas de equipamentos móveis, esses serviços podem ser bastante práticos para o registro de ideias em trânsito, em reuniões ou fora do período de trabalho, armazenando-as para serem administradas posteriormente, o que evita sua anotação em papéis, mão ou qualquer local inconveniente para a tomada de notas.

RECOMENDAÇÕES

Conecte suas atualizações às mídias sociais. Uma boa forma de manter seus perfis sempre integrados é conectá-los de forma que uma atualização em um deles notifica os usuários de todos os outros. Essa atitude poupa trabalho braçal ou repetitivo e ajuda a mensurar a importância de cada veículo na comunicação com seus usuários.

Anote compromissos ao se lembrar deles. Automatizações permitem o agendamento de blogs e mídias sociais para a publicação de conteúdo em momentos de maior audiência e tráfego.

Registre tarefas. E-mail e mídias sociais podem mandar lembretes ou atualizar listas de tarefas pessoais ou coletivas a partir de equipamentos móveis, ganhando tempo e eficiência.

Identifique robôs. Perfis que publicam bastante conteúdo mas que não dialogam com sua comunidade podem ser resultado de agendamentos ou robôs. A leitura de algumas atualizações ajuda a confirmar a suspeita. Desconfie de horários ou intervalos excessivamente regulares, ausência de interações ou comentários que digam respeito ao contexto do publicador.

Seja útil. Caso tenha a intenção de criar um robô, procure ser o mais relevante possível. A que informação você tem acesso ou está disponível em bases de dados públicas que podem ajudar a vida de potenciais usuários? Deixe claro em seu nome e perfil que é um robô e declare sua intenção. Siga as pessoas que o seguem para poder interagir com elas caso mandem mensagens diretas ou procurem alguma forma de interação.

CUIDADOS

Excessos. Robôs não têm parâmetros para saber se determinada mensagem está fora de seu contexto ou é publicada em algum horário ou dia impróprio. Se pretende criar um robô, preste atenção em suas possíveis manifestações para não ter que se desculpar por elas mais tarde.

Falhas. Não divulgue suas falhas automaticamente. Por mais que seja recomendável assumir a responsabilidade por eventuais erros seus para evitar transtornos maiores, reserve essa tarefa para agentes humanos, para não causar alarde indevido por situações já controladas e resolvidas sem chamarem a atenção.

Seguidores. Não use automações para seguir novos perfis ou para acumular seguidores. A relação de afinidade natural tende a criar uma comunidade mais fiel e seletiva, o que aumenta a qualidade da relação.

Calor humano. Automações não substituem a relação humana. Tome cuidado com respostas automáticas e supervisione a interação (e todas as suas métricas) periodicamente. Evite criar perfis cujas atividades dificilmente seriam realizadas por pessoas, como produzir traduções automáticas, ações repetitivas e o excesso de republicações de outros sem acrescentar comentários.

Repetição excessiva. Perfis que publicam um número muito grande de atualizações ou republicam um mesmo conteúdo diversas vezes sem maiores satisfações, ou ainda o mesmo link com diversos textos diferentes, provavelmente se trata de envio de spam e deve ser bloqueado.

Serviço: RememberTheMilk

O serviço de gestão de listas de tarefas que tem uma boa integração com o Twitter para ajudar seus usuários que lembram de tarefas a realizar em momentos impróprios ou desconfortáveis para acessar um computador ou aplicativo de sincronização. Sua instalação é bastante simples e prática: só é preciso ter uma conta nos dois serviços, seguir o perfil @rtm no Twitter e acompanhar as instruções rápidas para conectar as ferramentas. Em instantes o RememberTheMilk estará configurado para atualizar listas e enviar lembretes sempre que receber via Twitter uma mensagem direta (ou DM, como chamada por muitos usuários, que deve sempre começar com as letras "d rtm"). Ao receber a mensagem, o serviço automaticamente configura a tarefa e manda uma resposta com um comprovante do registro da tarefa. Cada tópico pode ser recebido por SMS, registrado em listas, agendado para datas e periodicidades específicas através de comandos simples enviados pela própria estrutura de mensagens do Twitter, ajustando suas configurações.

[WWW.REMEMBERTHEMILK.COM/SERVICES/TWITTER]

MyEN – da mesma forma que o RememberTheMilk, o Evernote, popular serviço online para registro de ideias e anotações, tem uma boa integração para ajudar a guardar textos e insights a partir de qualquer dispositivo conectado ao Twitter. Para configurá-lo basta ter uma conta nos dois serviços e seguir o perfil @MyEn. O Evernote envia uma mensagem direta com o link de confirmação. Qualquer ideia, link ou imagem que seja enviada precedida da expressão "d MyEn" será armazenada diretamente na conta de seu usuário. O Evernote também se conecta com o Facebook e o Google, permitindo que notas sejam compartilhadas com contatos selecionados. [www.twitter.com/myen]

FollowupThen – serviço de lembretes para adiar mensagens de e-mail. Com ele é possível encaminhar e-mails recebidos para que voltem dali a algumas horas ou dias. É uma boa ajuda para relembrar de eventos que acontecerão em datas posteriores, relembrar de ideias em momentos específicos ou limpar a caixa de entrada, deixando-a somente com o fundamental. Não é preciso cadastro, basta encaminhar as mensagens para algum de seus endereços, como 3hours@followupthen.com, mar30@followupthen.com, 1132am@followupthen.com ou everywed@followupthen.com (para eventos recorrentes que aconteçam às quartas), por exemplo. [www.followupthen.com]

Twitterfeed – serviço prático para conectar websites de conteúdo dinâmico e frequentemente atualizado a perfis em mídias sociais. O sistema coleta as notificações geradas por atualizações no conteúdo de um blog ou site (feeds RSS) e as publica em perfis cadastrados no Twitter e Facebook. O serviço pode ser configurado para publicar no Twitter sempre que o conteúdo for atualizado ou limitar suas contribuições a períodos específicos, gerando até cinco atualizações por vez. O texto pode incluir título, descrição e link para a fonte original – que pode ser encurtado para não exceder o limite de 140 caracteres – e vir precedido ou acompanhado de seu tema ou tópico. [www.twitterfeed.com]

BUSINESS CASES, FERRAMENTAS ADICIONAIS E SUGESTÕES DE USO

Greeting Scheduler é um aplicativo para Facebook para agendamento de um número ilimitado de publicações em murais de contatos ou seu envio por e-mail em data futura a determinar. É uma boa forma de não se esquecer de datas importantes ou publicar conteúdo em períodos de ausência. [http://on.fb.me/nuvem-lembrete-1]

Tweet Old Post é uma extensão para Wordpress que publica periodicamente no Twitter, Facebook ou Google+ textos com links para conteúdos antigos publicados em um blog para aumentar sua visitação. O intervalo de seleção e publicação e o número de tweets é determinado pelo usuário. [http://bit.ly/nuvem-lembrete-2]

ActiveInbox é uma extensão para GMail em browsers Chrome e Firefox que transforma mensagens da caixa de entrada em tarefas a realizar, classificando-as por prioridade. O usuário é estimulado a limpar sua caixa de entrada, classificando cada mensagem e respondendo-as por ordem de prioridade. [www.activeinboxhq.com]

| ferramenta | serviço | gratuito | preço variável | até US$100/ano | US$100~500 | US$600~2000 | US$2000+ | simples | mediana | difícil | para experts |

SITUAÇÃO:
Criatividade, inovação e observação de tendências.

PROPOSTA:
Redes sociais, grupos e comunidades.

O melhor profissional para a tarefa

A crescente especialização da Internet, do mercado consumidor e das diversas profissões ligadas a ela faz com que empresas demandem um número cada vez maior de profissionais que detenham um conhecimento técnico focado. Sejam consultores ou membros de seu staff, esses profissionais podem ajudar a expandir modelos de negócios para novas áreas, evitando que se invista grandes somas em recursos errados ou no treinamento de profissionais. Porém não é fácil encontrá-los no mercado. Onde, por exemplo, pode-se achar um bom analista de mídias sociais ou desenvolvedor para páginas Facebook que more na sua cidade e esteja disponível? Os websites de empregos costumam ter bases de dados genéricas demais, em que não há espaço adequado para que o profissional demonstre seu talento. Por isso há diversas **redes de especialistas** cujos membros podem contribuir com seu conhecimento para empresas ao redor do mundo que não queiram se arriscar às cegas em áreas cujas tecnologias lhes sejam desconhecidas. Como o Linkedin e o Quora, participar dessas redes pode ser muito produtivo tanto para empresas como para seus executivos, ampliando sua rede de contatos com novas empresas e segmentos de mercado.

RECOMENDAÇÕES

Otimize-se. Há muitas redes sociais disponíveis e um número cada vez maior de profissionais qualificados, acessíveis online. Mesmo assim, os perfis disponíveis são tantos que encontrar uma boa empresa ou talento se torna cada dia mais difícil. Técnicas de otimização de mecanismos de buscas (SEO), usadas por websites comerciais para subir de posição nos resultados de pesquisas no Google, Yahoo! e Bing podem ser usadas para tornar o perfil de uma empresa e seus profissionais mais atrativo e visível. Algumas práticas simples, como definir claramente a área de especialidade, usar links simplificados no perfil, colocar a informação mais importante no topo da descrição e, naturalmente, ter sua versão em inglês podem ser uma boa ajuda.

Arrume seu perfil. Atualize suas qualificações, apague contatos desnecessários ou desatualizados, aumente a relevância de suas conexões, ajuste palavras-chave, troque a foto do perfil, refine qualificações e listas de clientes. Procure se associar a novas áreas, peça recomendações e apresentações para novos contatos.

Grupos. Não adianta estar inscrito em vários se sua participação é pequena ou nula. Deixe os grupos que têm pouca atividade ou não sejam interessantes, participe e acompanhe as atualizações de novos fóruns profissionais.

Aprenda com os erros dos outros. Sempre que visitar uma empresa ou iniciativa desconhecida, ponha-se na posição de um investidor e tente descobrir seu modelo de negócios e expectativa de faturamento. Isso pode ampliar sua perspectiva com relação a sua própria rede, unidade de negócios ou empresa.

CUIDADOS

Verifique credenciais. Nem todos são honestos em seus perfis. Mesmo que não tenham a intenção clara de mentir abertamente, muitos têm de sua própria importância e competência uma visão ilusória ou equivocada. Quanto mais alto o cargo ou mais específica for a competência, mais importante se torna verificá-la.

Diferenças locais costumam ser muito maiores do que públicos, estruturas, impostos e nível técnico. A percepção da realidade e regras de etiqueta online costumam variar bastante conforme o país. O que em alguns mercados pode ser considerado um ato gentil de cortesia em outros pode ser uma ofensa grave. O mesmo vale para atrasos, mudanças de escopo, ausências e justificativas.

Tipo de rede. Como em qualquer relação, há várias formas de se conectar e ativar relacionamentos profissionais. Seus extremos costumam ser a rede de confiança, composta exclusivamente de relacionamentos profissionais construídos ao longo do tempo, e as redes de networking, que costumam ser muito grandes, compostas de conexões mais fracas. O número de contatos costuma ser bastante eloquente: enquanto uma rede de confiança raramente ultrapassa uma centena deles, as redes de networking podem facilmente conter algumas centenas de profissionais. Uma abordagem possível é fazer uma rede mista, em que os contatos de confiança estão identificados e reforçados por referendos, mas que outros profissionais, conhecidos brevemente em eventos e reuniões, possam também fazer parte.

Atualize contatos. Tenha seus dados atualizados e não mantenha em sua rede associações que possam ser perniciosas.

Serviço: ResearchGate

Rede social voltada para a comunidade científica, ela conecta as mais variadas áreas em uma rede de contatos e compartilhamento com associados no mundo todo. O serviço disponibiliza uma série de funcionalidades específicas e a busca semântica por informações mais detalhadas e específicas do que costuma se encontrar na Internet, rastreando bases de dados dedicadas, como PubMed, CiteSeer, arXiv e NASA em busca de publicações científicas. Diversas organizações e seminários usam a ResearchGate para centralizar debates e comunicados. Muitas instituições e empresas usam a rede para publicar ofertas de empregos e pedidos de consultorias específicas. A associação é gratuita e seus usuários podem compartilhar documentos e bases de dados, criar blogs e participar de fóruns e grupos de debates. Organizações e empresas de grande porte podem criar áreas de acesso restrito para a colaboração e intercâmbio a respeito de temas sigilosos, sem precisar abrir sua intranet para contatos externos. [WWW.RESEARCHGATE.NET]

Xing — rede profissional, similar ao Linkedin, bastante utilizada na Europa. É um canal interessante para a busca de profissionais específicos ou diversificar a rede de contatos estabelecida pelas relações de trabalho e redes mais populares. Bastante usada por consultores e profissionais de recrutamento, a rede permite a criação de contas voltadas exclusivamente para esse fim. Através do Xing é possível buscar especialistas para a resolução de dúvidas com relação a mercados específicos, criar grupos de interesse e eventos focados. A rede é acessível por smartphones, e infelizmente a maior parte de suas funcionalidades só pode ser utilizada através de sua versão paga. [www.xing.com]

Plaxo — desde 2002 o serviço se especializa na administração de listas de contatos, ajudando mais de 50 milhões de usuários a sincronizarem e manterem atualizados os dados de suas relações pessoais e profissionais, acessíveis online. O sistema importa dados de Google Apps, Facebook, aplicativos de agenda em PCs e telefones, elimina inconsistências e o sincroniza com todos os aparelhos, de forma que fiquem sempre atualizados. Sua versão paga funciona como um assistente virtual, que busca atualizações em diversas redes, recomendando atualizações e apagando ocorrências em duplicata. Tem aplicativos gratuitos para iPhone, iPad, Android e BlackBerry. [www.plaxo.com]

Focus — rede de consultores e experts, que busca conectar líderes em diversas áreas de atuação com profissionais em busca de informações específicas. Não é estabelecida como o Linkedin ou Xing, técnica como o StackOverflow nem focada como o Quora. Sua proposta é bastante ambiciosa, focada na distribuição de conteúdo gerado por pesquisas e eventos, agregadores naturais de muitos especialistas com expertise reconhecida, dispostos a compartilhá-lo. Como é mais vazia do que as outras, pode ser uma boa arena para publicar conteúdo, promover novas empresas, buscar recomendações ou informações de nicho e interagir com potenciais clientes. [www.focus.com]

BUSINESS CASES, FERRAMENTAS ADICIONAIS E SUGESTÕES DE USO

LegalZoom é um serviço que simplifica a elaboração de documentos e dá acesso em grande escala a serviços jurídicos diretamente pela rede, a preços acessíveis. A solução não é perfeita, mas é bem mais adequada do que a prática comum de baixar um modelo de contrato qualquer na rede e adaptá-lo. [www.legalzoom.com]

Indeed é um agregador que busca ofertas de empregos publicadas em milhares de websites, incluindo jornais, associações e páginas de carreiras em websites corporativos. O serviço não intermedia solicitações, permitindo aos candidatos que escolham suas ofertas preferidas. Disponível em 26 línguas. [www.indeed.com]

The Ladders também é um website de empregos, mas para um público mais qualificado. Profissionais de recrutamento e altos executivos a utilizam para contratar profissionais de alto nível e salários correspondentes. Com mais de 4 milhões de membros, ele é uma das mais bem-sucedidas redes profissionais. [www.theladders.com]

SITUAÇÃO:
Criatividade, inovação e observação de tendências.

PROPOSTA:
Fóruns, wikis, reputação e empowerment.

Qual ideia é a boa?

A Internet e os sistemas digitais democratizaram a produção criativa, facilitando a produção e finalização de fotografias, ilustrações, músicas e vídeos. Com isso, artistas que teriam sua produção limitada por falta de técnica ou acesso passaram a produzir e divulgar conteúdo com maior facilidade. Uma questão, no entanto, persiste: como selecionar as boas ideias? Como dirigir a criação? Por mais que digam que gosto não se discute, alguns parâmetros nunca mudam. Contraste, proporção, alinhamento, proximidade, agrupamento e vários outros parâmetros de percepção instintiva continuam — e continuarão — válidos. O mesmo pode ser dito da legibilidade. O papel da **direção da criação** constitui-se de analisar uma ideia e verificar até que ponto ela é compatível com o universo de referências de seu público. Para isso é preciso conhecer o usuário, seus hábitos e ações, identificar barreiras a superar, determinar o impacto potencial da comunicação, imaginar a resposta esperada, integrar a comunicação ao conjunto de referências da marca, harmonizar os objetivos do usuário e do negócio e priorizar as mudanças por seu grau de impacto e esforço. Não é uma tarefa simples. Algumas ferramentas de colaboração permitem que todos esses parâmetros sejam discutidos em grupo.

RECOMENDAÇÕES

Mostre referências. Peças criativas de sucesso compartilham valores com seus leitores. Não podem ser novos demais a ponto de se tornarem algo hermético ou desconhecido, nem tão usuais que não atraiam o interesse. Um bom diretor de criação precisa conhecer os desejos do cliente e harmonizá-los com os valores de seu público, por isso é fundamental conhecer o ponto de referência de ambos.

Responsabilidade e inspiração. Cabe a quem liderar o processo criativo o estímulo à geração de ideias e a responsabilidade pelo trabalho final. Por isso ele precisa ter conhecimento dos principais fatores ligados a sua produção e finalização, para definir com clareza o que pode ser alterado e sob que condições.

Registre as sugestões no layout. É mais fácil solicitar alterações e discutir detalhes a respeito de um material gráfico quando ambas as partes conseguem visualizar o que desejam e indicar o que gostariam de ver modificado.

Argumente em termos claros. Use argumentos o mais absolutos e racionais possíveis para defender um ponto. Muitos profissionais têm pouca versatilidade em seu vocabulário gráfico ou cromático, por isso evite termos genéricos como "levantar", "alegrar" ou "arejar" para descrever as modificações que gostaria de fazer ou ver feitas. É muito melhor fazer referências a conceitos práticos, como "diminuir o contraste", "alinhar o texto à direita", "aumentar a legibilidade" ou "aproximar as fotografias". Proporções também podem ser usadas, como em "diminuir o logo para que fique com 10% do tamanho da foto".

CUIDADOS

Documente. Registre as alterações pedidas, aprove a lista de mudanças solicitadas durante a reunião e apresente as modificações listando-as uma a uma, para evitar novas modificações. Se não for possível fazer um produto de qualidade com as modificações solicitadas, realize-as mesmo assim para mostrar como o resultado perderá qualidade, apelo ou empatia com o público. E apresente uma solução alternativa para mostrar como algumas das sugestões puderam ser aplicadas e outras tiveram de ser negociadas. O cliente é o dono da verba, o diretor de criação é o especialista técnico. Não deixe que o calor da discussão os faça esquecer dos papéis que representam.

Estabeleça limites e deadlines. Projetos gráficos com um número ilimitado de modificações podem demorar para ser finalizados ou até chegarem ao limite de serem abandonados sem conclusão, desperdiçando o tempo de todos. Estabeleça um limite de sessões de alteração ou um prazo final para a aprovação para que ambas as partes cheguem em uma conclusão satisfatória.

Julgue em momentos específicos. Brainstorms são lugares complexos, caóticos e atípicos, em que as ideias mais absurdas podem surgir. É importante ignorar qualquer espécie de hierarquia e estimular os comentários mais descabidos, bem como alimentar o grupo criativo com todo tipo de referência gráfica que seja consumida pelo público-alvo no consumo do produto ou de seus concorrentes. Boas ideias costumam surgir fracas, inconsistentes, derivadas de desdobramentos imprevistos surgidos de conexões inesperadas, que ganham sentido ao serem discutidas. Não mate uma ideia que pode ser boa enquanto ainda é frágil.

Ferramenta: Cozimo

Ferramenta de compartilhamento e debate a respeito de documentos. Cada usuário tem acesso a uma página personalizada com um resumo da atividade recente nos projetos de que participa. Ela concentra as mensagens e documentos trocados para referência imediata. A área é organizada por grupos de trabalho, permitindo a organização de projetos diversos entre equipes variáveis, para que o conteúdo seja compartilhado apenas entre quem precisa ter acesso a ele. Administradores e profissionais envolvidos são notificados sempre que ocorram modificações em uma área, e tem acesso ao histórico de registros e solicitações, facilitando a aprovação e cobrança de projetos. O sistema é compatível com a maioria dos formatos de imagens, vídeos, PDF e CAD. É possível agendar sessões de brainstorms entre diversos membros, notificando-os quando chegar a hora e disponibilizando uma janela para a troca de mensagens instantâneas. Mensagens podem ser classificadas por tempo, assunto, remetente ou urgência. [www.cozimo.com]

Conceptshare – ferramenta online para a discussão e aprovação de imagens, vídeos e páginas web. O material a discutir é colocado em uma área de trabalho colaborativa em que usuários convidados podem fazer comentários, mostrar partes da imagem, páginas do PDF ou cenas do vídeo que demandem atenção, para comparar versões e debater opções. É possível anexar imagens de referência e marcar partes do layout de forma simples e intuitiva, para minimizar erros de interpretação. Os comentários são armazenados e organizados para referência posterior. Um sistema de mensagens instantâneas facilita a eliminação de dúvidas específicas. [www.conceptshare.com]

Vyoopoint – ferramenta para a apresentação, discussão a aprovação de layouts e vídeos online. O usuário é encaminhado para uma página customizada, em que o conteúdo é apresentado. É possível analisar várias imagens simultaneamente, identificar as partes que demandam atenção e comentá-las uma a uma. Vários projetos podem ser administrados simultaneamente, toda a interação é simples e intuitiva. Não há limites para o número de usuários que podem acessar a área de avaliação, embora todo o conteúdo seja, a princípio, de acesso restrito. A ferramenta é integrada ao BaseCamp, o que torna a gestão de projetos mais fluida. [www.vyoopoint.com]

Bounce – ferramenta simplificada para feedback e compartilhamento rápido de ideias e interfaces. Seu funcionamento é simples, basta fornecer o endereço web do site que se pretende discutir que o Bounce tira uma foto da tela inteira — pouco importam suas dimensões — e a disponibiliza para que seja marcada e comentada. Cada comentário é numerado, o que facilita sua localização e identificação sobre a imagem registrada. O resultado final pode ser compartilhado por e-mail, Facebook ou Twitter. O serviço é gratuito, não demanda cadastro e também permite a seus usuários que compartilhem e comentem layouts, ilustrações ou fotografias. [www.bounceapp.com]

BUSINESS CASES, FERRAMENTAS ADICIONAIS E SUGESTÕES DE USO

ShareFlow é uma ferramenta gratuita interessante para reunir grupos rapidamente para a discussão de ideias e compartilhamento de tópicos em grupos públicos ou privados. O sistema permite o upload de documentos de até 100 MB e visualização direta na web, sem a necessidade de baixá-los. [www.zenbe.com/shareflow]

Flowzit é outra ferramenta de revisão, análise de layouts e aprovação online. Ele cria ambientes de apresentação com ferramentas de mensagem instantânea, em que documentos em diversos formatos podem ser visualizados e comentados ao vivo. O ambiente é seguro e pode mostrar arquivos de até 2 GB. [www.flowzit.com]

Recurse é uma ferramenta bastante simples para simular um website ou aplicativo através de uma sequência de imagens para mostrar a composição de seus elementos, dando uma ideia melhor da aparência final do produto depois de finalizado. Também é uma boa referência para desenvolvedores. [www.recurseapp.com]

SITUAÇÃO:
Criatividade, inovação e observação de tendências.

PROPOSTA:
Mobilidade, geolocalização e identificação.

Um programa para cada programa

É curioso pensar que chegamos a uma época em que, para cada necessidade ou área de conhecimento específica, existam dezenas de **aplicativos para smartphones**, e que se por acaso algum deles não existir é cada vez mais fácil inventá-lo. O volume de programas disponíveis é tão grande que é natural surgirem especulações sobre sua qualidade. Muitos chegam a considerá-los um exagero, uma espécie de bolha que deverá, brevemente, estourar. Isso dificilmente acontecerá. O mais provável é que existam tantos ou mais aplicativos como existem websites. Em cada um deles haverá ideias, comunidades e modelos de negócios a sustentar. As limitações e complexidades do início da indústria de software levaram seus usuários a ficarem mal-acostumados com o aplicativo genérico que, como a mídia de massa, procura atingir a todos mas acaba não satisfazendo as necessidades de nenhum. Isso não significa que deverão desaparecer, mas que deixarão de ser a única opção disponível. Quem precisar de maior eficiência e agilidade em seus processos acabará optando por um conjunto de aplicativos específicos, cujos formatos de gravação e bases de dados intercambiáveis se conectarão de acordo com o contexto, gerando maior eficácia e conveniência.

RECOMENDAÇÕES

Elegância e prestatividade. As plataformas móveis surgiram como "assistentes pessoais digitais". Leve essa característica em conta e modele seu aplicativo para ser como um mordomo: discreto, inteligente e prestativo.

Ergonomia. A interface dos smartphones ainda não está completamente amadurecida. Por isso é importante levar em consideração diversos tamanhos de tela, funcionalidades do sistema operacional e posição de botões. Respeite os hábitos de leitura e manipulação de seus usuários, evite forçá-los a fazer movimentos com os quais não estão acostumados.

Layout. Smartphones são utilizados em contextos diferentes de PCs e laptops, por isso devem ter cor, contraste, resolução e tamanho desenvolvidos para ambientes com muita luz, telas engorduradas, atenção inconstante e movimento contínuo. Sites e aplicativos para celular não são versões simplificadas dos usados nos computadores. Eles devem preservar alguma identidade de marca, mas é importante que sejam desenvolvidos para usos completamente diferentes.

Permissão. Sempre que precisar de acesso a dados pessoais ou de localização de seus usuários, peça licença. Respeite sua privacidade mesmo que ele não tenha nada a esconder e que seu aplicativo não seja do tipo que faz indiscrições.

Restrinja funcionalidades. Os aplicativos mais bem-sucedidos realizam poucas tarefas de forma simples, rápida e eficiente. Veja como são ágeis e focados os aplicativos Google.

CUIDADOS

Relevância. Aplicativos já não são mais novidade e só ganharão o interesse de seus usuários se simplificarem ou complementarem alguma tarefa cotidiana. Não adianta uma boa interface e usabilidade se o aplicativo não tiver uma clara função.

Peso e tamanho do aplicativo. Aplicativos grandes costumam demorar para ser transferidos, carregar lentamente e ser bastante instáveis. Para piorar, o espaço considerável que ocupam na já apertada memória dos smartphones faz com que estejam entre os primeiros a serem apagados.

Som. Smartphones são usados nos lugares mais diversos. Um botão que emita sons pode se tornar bastante irritante se tiver de ser usado muitas vezes. Ou inconveniente se disparado em local ou momento impróprio.

Privacidade. Lembre-se que celulares frequentam ambientes muito mais públicos do que computadores, por isso tome cuidado redobrado com quaisquer informações privadas ou que possam causar constrangimento a seus usuários. Não seja inconveniente. Por mais que alertas sejam úteis, eles podem se tornar irritantes ou constrangedores se aparecerem em momentos impróprios.

Interrupção. Evite alertar o usuário com avisos a não ser que ele seja para realizar operações importantes, como trocar senhas.

Segurança. Se seu aplicativo der acesso a redes privadas, esteja preparado para barrar visitas indesejadas provocadas por aparelhos roubados ou usados com fins nocivos.

Serviço: Apple App Store

Serviço de venda de aplicativos restrito a equipamentos móveis produzidos pela Apple (iPhone, iPod Touch e iPad). É a loja mais popular do gênero, com mais de meio milhão de produtos, cerca de 40% deles gratuitos. Há soluções para diversas áreas, como Saúde, Finanças, Fotografia e Jogos. O tamanho de sua base de consumidores e o volume de comercialização atrai desenvolvedores do mundo todo. Muitos desenvolvem aplicativos como forma de branding, financiados por anúncios ou comercializados a valores bastante acessíveis. Por serem baratos, muitos aplicativos cujo uso seria questionado (ou pirateado) acabam sendo adquiridos por impulso, usados por um breve período e depois descartados. O volume de compras gera uma boa remuneração para seus desenvolvedores e para a própria Apple que, além de tornar seus equipamentos mais atraentes, fica com 30% do faturamento. Aplicativos precisam passar pela aprovação da empresa antes de serem comercializados, em um processo que pode demorar semanas. [WWW.APPLE.COM/IPHONE/APPS-FOR-IPHONE]

Android Market – principal centro de distribuição de aplicativos para plataformas móveis que funcionam com base no sistema do Google (Android). Seu funcionamento e comissão sobre as vendas são similares aos da loja da Apple, com a diferença que seus produtos não passam por censura prévia. Caso haja algo errado ou ilegal, o sistema se encarrega de torná-los indisponíveis. A loja ainda tem menos aplicativos disponíveis que a da Apple, porém o sistema do Google é mais maleável e permite a criação de produtos com maiores funcionalidades. A loja reembolsa o valor pago caso o usuário opte por devolvê-lo em até 24 horas após a sua aquisição. [https://market.android.com]

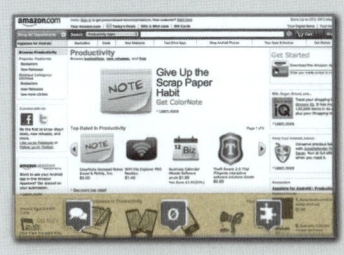

Amazon Android Store – área da Amazon.com, uma das maiores e mais confiáveis lojas online do mundo, para venda de aplicativos para a plataforma Android. Seu funcionamento e sistema de comissões são bem similares aos das lojas acima, porém conta com a força da marca e a estrutura de distribuição da Amazon.com e de seus canais de venda, como o Kindle para e-books, o Audible para audiobooks e o Cloud Player para MP3. Outra vantagem considerável desta loja é permitir a seus usuários o armazenamento de produtos em listas para compra posterior e o teste de aplicativos antes de comprá-los de fato. [http://amzn.to/nuvem-AndroidStore]

GetJar – repositório com mais de 180.000 aplicativos gratuitos para diversas plataformas. Se acessado a partir de um computador, o serviço pergunta ao usuário qual o modelo do aparelho a utilizar e o redireciona a uma lista de aplicativos divididos por categoria. Quando o acesso é feito a partir de plataformas móveis, a seleção é automática. Há aplicativos para diversas plataformas, incluindo Apple (desde que o dispositivo esteja desbloqueado), Android, BlackBerry, e aparelhos compatíveis com as linguagens Java, Symbian e Windows Mobile. Sua variedade permite atingir dispositivos antigos, simples ou pouco conhecidos, o que dá acesso a um grande público. [www.getjar.com]

BUSINESS CASES, FERRAMENTAS ADICIONAIS E SUGESTÕES DE USO

A rede de cafés **Starbucks** tem um aplicativo para smartphones que agrega oportunidade de negócios à experiência de marca. Através dele é possível descobrir a loja mais próxima, escolher opções do menu, customizar bebidas, realizar pagamentos e enviar cupons de presente via Facebook. [http://sbux.ly/SB-apps]

Adidas Originals é um aplicativo simples e prático para iPhone, que ajuda seus usuários a identificarem um modelo de tênis visto na rua. Basta selecionar uma foto que o aplicativo reconhece os modelos mais parecidos com o fotografado e indica, via GPS, a loja mais próxima para comprá-lo. [http://bit.ly/app-Originals]

SherwinWilliams criou um aplicativo simples e gratuito para ajudar a identificar cores de tintas a partir de fotografias e combiná-las. [http://bit.ly/SW-ColorSnap]. A **Pantone** foi um pouco além e criou um aplicativo pago com suas escalas de referência para criar palestas cromáticas mais precisas a partir de fotos. [http://bit.ly/PantoneApp]

SITUAÇÃO:
Criatividade, inovação e observação de tendências.

PROPOSTA:
Nomadismo e compartilhamento.

Bola de cristal

A quantidade gigantesca de bases de dados conectadas e os computadores cada vez mais poderosos para administrá-las leva a cruzamentos de informações jamais imaginados. Quem nunca se surpreendeu com a taxa de relevância de sistemas de recomendação como o da Amazon.com e similares? Não há nada de mágico na descoberta de padrões e sua **previsão** através da análise de árvores de decisão. Elas funcionam à base de seleções baseadas em variáveis comuns, muitas delas oferecidas pelo próprio cliente. Bons sistemas de recomendação começam genéricos e evoluem à medida que aumenta o relacionamento com seus usuários, associando diferentes padrões de preferências e refinando-os à medida que surgem mais informações. Cada novo usuário agregado ao sistema aumenta seu número de conexões e, consequentemente, sua relevância. Bases de dados integradas geram uma grande inteligência em data mining, a maior parte delas proprietária. Mas isso não o impede de usar algumas redes sociais e serviços abertos para identificar melhor os vários tipos de usuários com quem pretende falar, suas necessidades e preferências. O acesso a esses padrões ajuda a determinar estratégias e adequar produtos e serviços.

RECOMENDAÇÕES

Tendências. Pense na ferramenta de mensuração como busca de padrões para a identificação de sua recorrência, não para análise de situações já ocorridas. Procure padrões no meio dos dados coletados e tente identificar o que pode tê-los produzido

Preveja sazonalidades. Procure padrões que se repitam por longos períodos e tente entender quais são os fatores externos que levam a eles. Salários, orçamentos, épocas do ano, eventos, volta às aulas, datas especiais... há muita informação relevante que acaba se perdendo por não ser analisada sob a perspectiva adequada. Quando se procura no Google por uma doença, por exemplo, isso pode ser um simples reflexo de sua menção na mídia. A busca por vários de seus sintomas, por outro lado, pode ser um claro indicativo de contaminação.

Benchmaking. Compare diferentes empresas e marcas, mas evite analisar o simples impacto de seus nomes. Pode ser muito mais interessante analisar a relação entre valores estratégicos, tipos de público e interesses especiais, para validar a percepção que se tem delas. Será que futebol é mais importante do que forró para um público universitário? Durante o ano todo?

Personas. Tente "personificar" seu consumidor, dando a ele características mais específicas do que uma simples divisão por gênero, faixa etária e nível de instrução. Quanto mais específica for sua definição, mais precisa tende a ser a análise resultante.

Imagine cenários. O que leva alguém a fazer certos tipos de perguntas e que tipo de respostas encontra?

CUIDADOS

Gente não é computador. As bases de dados podem identificar comportamentos recorrentes, mas não serão capazes de entender o seu porquê. Muitos produtos e serviços têm problemas de aceitação ou operação por serem espartanos, demandarem tarefas repetitivas de seus usuários e ignorarem desejos e necessidades do usuário.

Localização. Algumas regiões, por estarem mais distantes, podem ter maior interesse na aquisição de produtos online do que outras. Dados regionais podem ser associados a diversos indicadores econômicos que levem a uma compreensão de necessidades específicas e à geração de conteúdo personalizado, o que pode ser um ótimo canal de relacionamento e desenvolvimento de campanhas de publicidade. Dados geográficos dizem muito mais do que a posição de um smartphone. Não os ignore.

Influência da mídia. Algumas escolhas não seriam decisões comuns a determinados tipos de público se não fosse por influência de notícias, filmes ou programas de televisão. Tente identificar essa anormalidade para que ela não se misture aos outros dados coletados e interfira na análise final.

Associações de valores. Procure sempre refinar as pesquisas para identificar conjuntos de variáveis e entender o contexto em que ocorrem. Evite conclusões apressadas.

É uma máquina. Por melhor que seja seu algoritmo, erros podem acontecer. Ela pode, por exemplo, fazer associações erradas ou improváveis. É bom ter alguém para supervisioná-la.

Serviço: Google Insights para pesquisa

Serviço gratuito do Google que permite a visualização da intensidade de ocorrência de determinados tópicos ou palavras-chave em pesquisas. Com ele é possível comparar padrões de busca de acordo com a região, categoria, assunto, período ou outras propriedades específicas e saber quais são as maiores demandas de informação de determinados públicos e regiões geográficas. Essa informação pode ser bastante útil para estruturar planos de negócios, redes de distribuição e ações promocionais. A busca pode ser feita em toda a web ou segmentada por notícias ou imagens. Para aumentar sua relevância é possível limitar o escopo da busca a categorias específicas (como finanças, telecomunicações, viagens ou jogos, por exemplo). A página de resultados mostra o comportamento de busca e indica tendências e sazonalidades. Pode-se compará-la com outros termos de pesquisa para saber seu crescimento relativo e identificar momentos em que houve um aumento de interesse repentino. [WWW.GOOGLE.COM/INSIGHTS/SEARCH/]

Hunch – rede social de recomendações e indicações, que identifica preferências de seus usuários com base em perguntas e sugestões e as utiliza para gerar listas de potenciais interesses. Usuários podem classificar os itens recomendados e comentá-los. O sistema identifica formadores de opinião, interesses relacionados, recomendações de amigos e preferências por marcas. As informações do perfil do usuário são utilizadas para identificar perfis similares com relação a diversos tópicos, como música, cinema, livros e compras. Da mesma forma que o sistema de recomendação da Amazon.com, quanto mais a rede é utilizada e avaliada, melhores tendem a ficar suas recomendações. [www.hunch.com]

WolframAlpha – plataforma de inteligência artificial, que procura respostas à base de computação. Ideal para cálculos, informações quantificadas e pontuais. As respostas são baseadas em hipóteses formadas pelos diversos algoritmos de pesquisa, e as fontes são listadas para referência e detalhamento da resposta. Pode-se pesquisar dados econômicos, verificar médias e consultar estatísticas, converter unidades, ver séries históricas e previsões, além de calcular todo tipo de equações sofisticadas. A empresa oferece soluções corporativas para analisar dados de empresas e torná-los computáveis. Por enquanto o sistema só está disponível em inglês. [www.wolframalpha.com]

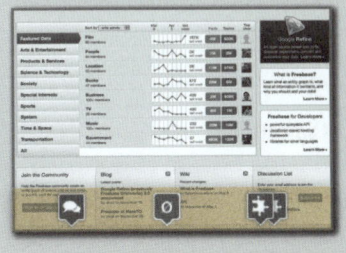

Freebase – compilador de dados que agrupa diversos tipos de conteúdo em contextos (chamados de entidades) para evitar duplicatas e sinônimos – a cidade de São Paulo e o time de futebol São Paulo, por exemplo, são considerados entidades independentes. Por serem mais complexas do que as palavras analisadas por mecanismos de busca, as entidades podem ser associadas de forma mais intuitiva. O Freebase busca conteúdo em diversos sites de referência, indexando mais de 350 milhões de fatos em uma estrutura adaptável e de código aberto. Desenvolvedores têm acesso à ferramenta para incrementar as entidades nas bases de dados com que trabalham. [www.freebase.com]

BUSINESS CASES, FERRAMENTAS ADICIONAIS E SUGESTÕES DE USO

O WolframAlpha pode ser utilizado para buscas não muito comuns, como a **Informação Nutricional** de determinados produtos e sua comparação com tabelas de referência. Como a API do WolframAlpha é aberta, é possível criar a partir dela aplicativos móveis para o controle de dietas especiais. [http://bit.ly/nuvem-WA]

Jornalistas, editores e blogueiros usam o Google Insights para pesquisa como uma espécie de pesquisa e aviso informal de pauta. A ferramenta pode identificar temas cujo interesse pelo público venha crescendo em uma região e, ao mesmo tempo, mensurar o ponto de saturação de determinados tópicos.

Google Ngram Viewer é um experimento interessante que compara a incidência de determinadas palavras e expressões ao longo do tempo no acervo de mais de 5 milhões de livros digitalizados pelo Google em Inglês, Chinês, Francês, Alemão, Hebraico, Russo e Espanhol. [http://books.google.com/ngrams]

SITUAÇÃO:
Criatividade, inovação e *observação de tendências*.

PROPOSTA:
Colaboração, jogos e meritocracia.

Iscas artificiais

Um website só será visitado se puder ser encontrado. Isso pode ser feito ao clicar em um link, digitar um domínio ou, muito mais simples, procurá-lo em mecanismos de busca como o Google, Bing e Yahoo!. Como recebemos uma enorme quantidade de links pelas mídias sociais todos os dias e nem todos podem ter a sorte de registrar um domínio de fácil acesso e lembrança, a otimização para mecanismos de buscas, ou simplesmente **SEO** (Search Engine Optimization, em inglês) é tão importante, principalmente para aqueles que pretendem se destacar em categorias genéricas ou competitivas, como e-commerce. Ele consiste em um conjunto de práticas e bom-senso para fazer com que uma página ou website seja mais facilmente reconhecido (e mais bem compreendido) por mecanismos de busca. Páginas que tenham seu conteúdo organizado ("otimizado") aparecem em melhores posições em uma página de resultados de uma busca quando determinados parâmetros são consultados. Os mecanismos de busca organizam suas respostas com base no número de links que a referenciam e uma série de outros requisitos verificados periodicamente. Algumas ferramentas ajudam na avaliação desses parâmetro.

RECOMENDAÇÕES

Fatores internos. Organize os aspectos intrínsecos de seu site, tornando os endereços web claros, padronizando seu código segundo referências de estrutura (padrões web), altere títulos de páginas e use corretamente o código HTML para que, quando encontrada, a página seja interpretada corretamente.

Fatores externos. Analise os websites que se conectam com ele, verifique a quantidade de links referenciando seu conteúdo, identificando a relevância da página e das principais palavras-chave relacionadas a ela. Referências vindas de sites de alta qualidade, como veículos especializados, portais noticiosos e premiações costumam ser muito mais importantes do que centenas de links provenientes de websites genéricos, suspeitos de pouca atividade ou audiência.

Compartilhe. Disponibilize conteúdos originais, de alta qualidade e grande pertinência em suas páginas para ser referenciado por sites de qualidade. O ideal é que esse conteúdo aborde os temas pelos quais seu website pretende ser localizado por mecanismos de busca.

Seja listado. Associações de classe e imprensa costumam publicar listas de conteúdos de referência em seus diretórios. Por sua utilidade, essas páginas são referenciadas por um grande número de websites, o que aumenta sua importância e, consequentemente, a importância dos links que referencia. Quanto mais detalhada e comentada for a lista, mais importante tende a ser o link. Acima de tudo, seja relevante e indique uma página em que o conteúdo mostrado seja relacionado à lista.

CUIDADOS

Black Hat. Conjunto de práticas que buscam ludibriar os algoritmos dos mecanismos de busca para melhorar a posição de determinadas páginas de conteúdo. Há quem escreva textos invisíveis, use códigos especiais ou até chegue a mostrar versões diferentes do website se o acesso foi feito por uma pessoa ou por um algoritmo. São práticas usadas por websites obscuros de pirataria ou pornografia, e costumam ter péssima repercussão entre seus visitantes. Isso sem contar que sua descoberta pode levá-los a uma diminuição de sua posição na página de resultados ou até sua exclusão da busca.

Cópia de estratégia. Por mais que seja tentador copiar a estratégia de marcas bem-sucedidas ou da concorrência, nem sempre isso poderá ser eficiente, já que qualquer estratégia adotada não terá a mesma eficácia quando repetida. O ideal é analisar os concorrentes e sua estratégia de links para criar conteúdos em temas de interesse ainda não abordados.

Diversificação desnecessária. O Google não é o único mecanismo de busca existente, mas é o que concentra a maior parte das buscas, por isso a estratégia de SEO pode se concentrar nele. Uma estratégia que procure atender a todos os possíveis canais de entrada pode desperdiçar recursos. O ideal é integrar o SEO com campanhas de links patrocinados para atingir uma grande diversificação em seus resultados.

Objetivo principal. Por mais que existam estratégias de todos os tipos para tornar um website visível, só um conteúdo de qualidade manterá seus visitantes nele.

Ferramenta: Webmaster Tools

Conjunto de recursos do Google que ajuda a solucionar dúvidas com relação à forma com que ele cataloga e classifica websites. O serviço traz diversas recomendações para aumentar a visibilidade por mecanismos de busca. Suas ferramentas de diagnóstico verificam se há linhas de código nocivo (malware) ou problemas na leitura automática do conteúdo, classificam os termos mais procurados, medem a velocidade de carregamento de páginas e verificam a validade dos links. Também é possível consultar o número de menções ao website em buscas por conteúdo e compará-la com o número de cliques, comunicar mudanças de domínio e da localização geográfica de uma empresa para tornar a página de resultados mais precisa e relevante em buscas locais, mudar a periodicidade com que é feita a classificação pelo Google, indicar áreas sigilosas ou que não devem ser encontradas e disponibilizar o mapa do site para facilitar o trabalho de localização de conteúdo dos mecanismos de busca facilitar a localização de tópicos. [WWW.GOOGLE.COM/WEBMASTERS/TOOLS]

SEOmoz – popular ferramenta de otimização que analisa semanalmente o website cadastrado, enviando notificações a respeito de problemas que possam afetar sua performance. A ferramenta também monitora as palavras-chave que os usuários mais usam em mecanismos de busca, criando rankings e os disponibilizando na própria página analisada, com indicações do que pode ser melhorado e como aumentar a eficiência. O SEOmoz também oferece ferramentas para pesquisa e análise de websites da concorrência em busca de métricas de interação, por palavras-chave utilizadas e sistemas para otimizar páginas e monitorar mídias sociais. [www.seomoz.org]

SEO for Firefox – extensão para o browser Firefox que agrega aos resultados de pesquisas feitas via Google e Yahoo! diversas informações adicionais com relação aos links encontrados. Entre elas estão o PageRank (medida de relevância do link segundo os parâmetros do Google), data aproximada da primeira aparição do website em mecanismos de busca, quantidade estimada de links provenientes dele e direcionados a ele (segundo o Yahoo!), número de páginas do website catalogadas pelo Google e outros diretórios, quantidade de menções no Delicious e em outras fontes de referência. É um recurso interessante para avaliar as estratégias de diversos websites. [http://bit.ly/nuvem-FirefoxSEO]

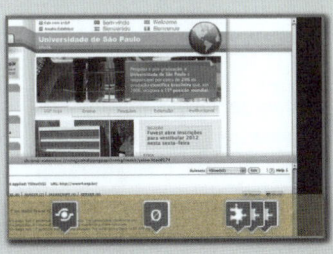

Yslow – extensão para os browsers Chrome, Firefox e Opera que analisa páginas web sob mais de 30 critérios, atribuindo notas de A a F conforme os resultados e métricas encontrados, sugerindo formas de aumentar sua compatibilidade, visibilidade, velocidade de acesso e consequente tráfego. As recomendações que acompanham a avaliação podem aumentar sensivelmente a performance de um website através de atitudes simples, como trocar a posição de algumas linhas de código, evitar determinadas funções ou códigos, remover conteúdos duplicados, ajustar o tamanho de imagens e automatizar algumas configurações. [http://developer.yahoo.com/yslow]

BUSINESS CASES, FERRAMENTAS ADICIONAIS E SUGESTÕES DE USO

SEMRush é uma ferramenta robusta de otimização e marketing em mecanismos de busca, que identifica os termos utilizados pela concorrência, sugere palavras relacionadas e lista buscas populares. Fornece relatórios de uso e tendências e tem API aberta para a integração com outros sistemas. [www.semrush.com]

KeywordSpy é outra ferramenta profissional de porte. Ela identifica competidores relevantes e palavras utilizadas em campanhas ao longo do tempo, compara landing pages, registra termos de buscas orgânicas e os compara com a concorrência, notificando seus administradores quando muda o cenário. [www.keywordspy.com]

The Web Developer's SEO Cheat Sheet é uma iniciativa gratuita do SEOmoz que lista os pontos principais a serem levados em conta para otimizar websites e landing pages. A tabela é sempre atualizada e funciona como um excelente checklist, pouco importa a ferramenta utilizada. [http://bit.ly/SeoMoz-CheatSheet]

ferramenta | serviço | gratuito | preço variável | até US$100/ano | US$100~600 | US$600~2000 | US$2000+ | simples | mediana | difícil | para experts

SITUAÇÃO:
Criatividade, inovação e observação de tendências.

PROPOSTA:
Design, usabilidade e acessibilidade.

Riqueza gráfica

Não há mais motivos para criar documentos ilustrados por clip-arts, ilustrações ou fotografias pessoais ou de péssima qualidade. A popularização das câmaras digitais e da banda larga fez com que a quantidade de imagens colocada na rede crescesse de forma exponencial. Redes como o Facebook, por exemplo, já acumulam um volume de imagens equivalente a 10.000 vezes o acervo da biblioteca do Congresso dos EUA. Há diversas redes sociais especializadas em fotografias e artes plásticas cujos artistas liberam o uso de suas imagens gratuitamente, desde que indicado o link de sua página e **bancos de imagens** em que fotógrafos, ilustradores, tipógrafos, animadores e artistas plásticos podem comercializar os direitos de uso de seus produtos criativos para uso comercial em websites, apresentações ou impressos, habilitando seu download em várias resoluções. Dessa forma é possível adquirir material pouco conhecido e de alta qualidade a preços bastante acessíveis, centésimos do que se pagaria para ter acesso ao trabalho de profissionais de nível médio. Os artistas, por sua vez, recebem micropagamentos vindos de diversos clientes ao redor do mundo, a que não teriam acesso sem uma estrutura comercial gigantesca.

RECOMENDAÇÕES

Qualidade. Bancos de imagens costumam ter um conteúdo de qualidade maior do que a média dos websites, em todos os aspectos possíveis, de resolução a gama cromática e finalização. Dificilmente se encontrará uma surpresa ruim com uma de suas imagens, se usada corretamente.

Relevância. Boas ideias podem surgir de buscas em bancos de imagens, mesmo que a busca sirva só para brainstorm, sem objetivo de compra. Como são organizados visando a melhor experiência possível para seus usuários, seu acervo é selecionado por editores e classificado em arquivos e pastas pertinentes, o que resulta em melhores opções do que as buscas feitas no Google ou em repositórios genéricos.

Economize tempo. Por mais que seja possível encontrar boas imagens na rede, o processo toma tempo e dá trabalho. Bancos de imagens dão acesso rápido a resultados de qualidade, normalmente a um custo tão baixo que faz muito mais sentido do que passar longos períodos a garimpar na rede.

Acervos diferentes. Os principais bancos de imagens têm milhões de fotos acessíveis por mecanismos sofisticados de busca. É possível encontrar cores, locais, emoções ou outros atributos de difícil localização via sistemas de busca tradicionais.

Acordos. Fotos de pessoas em bancos de imagens vêm com as licenças de publicação previamente negociadas, o que evita problemas posteriores com direitos e sua divulgação, permitindo seu uso em campanhas promocionais.

CUIDADOS

Qualidade da imagem para sua reprodução. Bancos de imagens costumam oferecer seu conteúdo em vários tamanhos e resoluções, de acordo com sua aplicação final. A medida de resolução (ppi, dpi) é uma medida de densidade, e sua qualidade está diretamente relacionada ao meio em que se pretende veicular e tamanho da imagem para publicação. Ampliar imagens costuma destruir sua qualidade e reduzi-las pode tornar sua impressão mais escura. Não estrague uma imagem profissional com procedimentos amadores.

Clichês ou fotos muito usadas. Há uma tendência mundial entre clientes de escolher a foto mais óbvia possível para ilustrar uma situação, o que é uma pena, pois desperdiça a oportunidade de atrair a atenção de seus usuários com um conteúdo visual instigante, quando não cometem o erro de usar a mesma foto escolhida pela concorrência, em uma posição diferente. Procure inovar na forma, mesmo (e principalmente) se o conteúdo não tiver muito a declarar.

Compatibilidade. Cuidado com as tecnologias e formatos de determinados componentes gráficos, como tipografia ou animações. Eles podem ser incompatíveis com seu aparelho ou sistema operacional.

Montagens artificiais. Excesso de efeitos, montagens de má qualidade, remoção de sombras, aplicação artificial do produto, recortes malfeitos de pessoas ou aplicações do Photoshop para tentar combinar fotografias e ilustrações incompatíveis não agregam valor e comprometem a qualidade da mensagem.

Serviço: Flickr (e acessórios)

Um dos mais populares repositórios de imagens do mundo, com mais de 5 bilhões de fotos armazenadas por usuários do serviço. Há desde fotos de amadores tiradas com smartphones e enfeitadas com efeitos especiais diversos a produções elaboradas de fotógrafos profissionais. Como a base de dados é muito grande (e recebe cerca de 7.500 novas imagens por dia), é possível encontrar referências gráficas bastante específicas, em áreas tão diversas quanto ortodontia ou robótica. Cada imagem pode vir acompanhada de descrição, palavras-chave e localização, para agregá-la a um contexto maior. O proprietário da imagem pode determinar qual o nível de restrição de acesso e direitos de reprodução que pretende para ela, o que pode permitir seu uso em apresentações ou publicações. Como o acesso à base de dados do Flickr é aberto, algumas empresas criam serviços auxiliares de busca. Exemplos interessantes são o Compfight [www.compfight.com], uma busca mais complexa; e o Multicolr, que realiza buscas por cor. [http://labs.ideeinc.com/multicolr] [www.flickr.com]

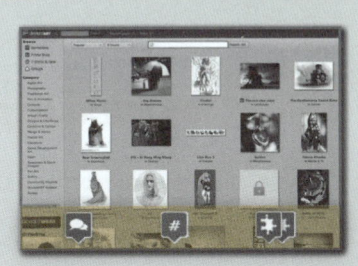

DeviantART – uma das principais comunidades de ilustradores, fotógrafos, designers e artistas gráficos e plásticos, com mais de 12 milhões de membros em mais de 190 países. Muitos profissionais a utilizam para promover seus trabalhos e disponibilizá-los para uso comercial, em condições normalmente definidas por cada um. Visitantes à rede social podem agrupar imagens de sua preferência em "coleções", arrastando-as para a área de trabalho para referência posterior. É uma boa fonte de referência para conteúdo incomum, de tatuagens a pinturas a óleo. Pode-se pesquisar por artistas, estilos ou palavras-chave e exibir os resultados na forma de slide show. [www.deviantart.com]

iStockPhoto – serviço para compra de imagens a preços bastante acessíveis. Funciona como uma loja online de fotos, ilustrações, vídeos, áudio e animações – e de seus direitos de reprodução. A compra de itens é feita através de créditos, que são negociados pelo serviço e cujo valor varia de acordo com o volume comprado. O preço das imagens, predefinido pelo site, varia de acordo com seu tamanho e resolução. Uma fotografia para uso editorial, impressa em página inteira, pode custar menos do que US$ 20. É possível estabelecer contas corporativas para comprar créditos para grupos de usuários, estabelecendo limites e funcionalidades por usuário. [www.istockphoto.com]

Pinterest – fenômeno recente, esta rede social compartilha referências visuais entre seus usuários, permitindo a criação de "painéis" com imagens fotografadas, criadas ou selecionadas, em coleções temáticas. Para agregar conteúdo basta marcá-lo nas páginas do serviço ou instalar um botão que permite adicionar imagens de qualquer website em um clique. Com estrutura similar aos antigos painéis de cortiça em que imagens eram pregadas com alfinetes, ele pode ser suado para agrupar ideias em categorias, facilitar brainstorms e construir perfis. Usuários podem receber notificações sempre que painéis de seu interesse forem atualizados. [www.pinterest.com]

BUSINESS CASES, FERRAMENTAS ADICIONAIS E SUGESTÕES DE USO

Instagram é um dos aplicativos mais populares de compartilhamento de fotografias tiradas por iPhone. Ele permite a aplicação de "defeitos" comuns a câmaras antigas, como focos restritos e cores saturadas às fotos digitais, atribuindo personalidade a cenas comuns e as compartilhando por mídias sociais. [www.instagram.com]

Pose app, aplicativo para iPhone e Android, usa a fotografia social para compartilhar estilos de vestimenta e referências visuais entre os mais conectados à moda e estilo pessoal. Seus usuários podem fotografar a si próprios ou a outros e perguntar para sua rede de amigos sua opinião a respeito. [www.pose.com]

Behance é uma rede para compartilhar produções criativas. Usuários criam páginas com imagens, vídeo ou áudio, integradas a Flickr, SoundCloud ou YouTube. Cada página pode ser compartilhada via mídias sociais e sites parceiros. Através delas é possível fazer contatos e acompanhar atualizações. [www.behance.net]

SITUAÇÃO:
Criatividade, inovação e observação de tendências.

PROPOSTA:
Design, usabilidade e acessibilidade.

Frisas históricas

A forma com que cada cultura pensa e reage aos acontecimentos é aprendida. Ao longo da história, diversas culturas registraram suas percepções sobre as mudanças ao longo de períodos em calendários, relógios e mitologias diversas. Hoje que vivemos o "tempo real", em que tudo parece acontecer simultaneamente, **linhas do tempo** são representações gráficas que associam períodos a eventos, ajudando a dar uma perspectiva maior a respeito da evolução dos processos e comparando acontecimentos em áreas diferentes sob um ponto de vista cronológico, em que cada transformação histórica incorpora descobertas passadas à medida que interage com acontecimentos simultâneos.

São recursos bastante eficientes para sugerir relações de causa e efeito, incorporar descobertas a contextos e identificar tendências. Examinar a evolução de uma empresa, mercado ou dado demográfico em uma sequência temporal de acontecimentos pode ser uma ferramenta importante para a realização de brainstorms, diagnósticos e previsão de cenários. Sua estrutura permite que evoluções históricas sejam sobrepostas em uma só perspectiva temporal, o que facilita a identificação de sua interferência e interdependência.

RECOMENDAÇÕES

Defina o que pretende mostrar. Praticamente todos os eventos podem ser registrados em uma linha do tempo, mas ela só terá valor se escolher aqueles que são relevantes para um contexto. Eventos pessoais, corporativos, políticos, econômicos, tecnológicos, acontecimentos locais ou globais podem ser relevantes. Uma boa seleção ajudará a transmissão da mensagem.

Unidades de tempo. Precisam ser fixas e, de preferência, mostradas integralmente. Distorcê-las é uma das formas mais comuns de alterar a importância de determinados eventos. Evite fazê-lo. Verifique a unidade mais importante para sua empresa (trimestre, quadrissemana, ano fiscal etc.) e estruture sua cronologia a partir dela. Não esprema períodos de menor relevância pois isso pode distorcer sua interpretação.

Cruze variáveis. Analise cenários e influências ao sobrepor linhas do tempo e identificar pontos de grande mudança com acontecimentos históricos, econômicos, corporativos ou sociopolíticos. O processo ajuda a entender sua real importância e pode sugerir estratégias para prevenir sua reincidência.

Analise mídias sociais. Boa parte das ações e publicações em comunidades digitais acontece por impulso, mas o registro de sua intensidade e sequência, acompanhado de sua série histórica, pode desenhar a visão de mundo e reação a acontecimentos.

Adicione pontos de referência. Eventos bastante conhecidos, como trocas de presidência ou crises globais, ajudam a dar referências para comparação.

CUIDADOS

Editoria. Você é o historiador. Em última instância, a narrativa é feita por sua escolha de eventos e variáveis. Omissões significativas ou inclusões de conteúdos de grande repercussão mas pouco efeito prático podem distorcer completamente a representação gráfica e, dessa forma, invalidá-la.

Escala e ponto de referência. Qualquer evento pode ser gigantesco ou minúsculo conforme sua perspectiva temporal. Estabeleça claramente a escala da linha para tornar claro o que significa cada passo. Marque diversos pontos de referência para balizar a narrativa e estabelecer pontos de comparação. Não se esqueça de identificar o ponto em que se inicia, onde termina e o momento atual, por mais que pareçam óbvios. Nunca o são.

Excesso de detalhes. Cuidado com a poluição visual. Diagramas com elementos demais costumam ser dispersivos e, na sobreposição de vídeos, textos, sons e links, distrair a atenção do leitor ou desviá-la para outras páginas e assuntos. Quanto menos elementos sua apresentação tiver, mais visíveis eles tendem a ser. Escolha-os bem e ilustre-os com exemplos claros, diretos e complementares à argumentação.

Tecnologias e animações. Hoje é possível elaborar linhas do tempo dinâmicas, ricas em recursos gráficos e atualizadas automaticamente. Esses recursos são muito bem-vindos se ajudarem seu leitor a prestar atenção no contexto e progresso de cada variável. Mas os mesmos recursos podem tornar a legibilidade do conteúdo mais difícil e restringir sua compatibilidade com plataformas móveis e smartphones.

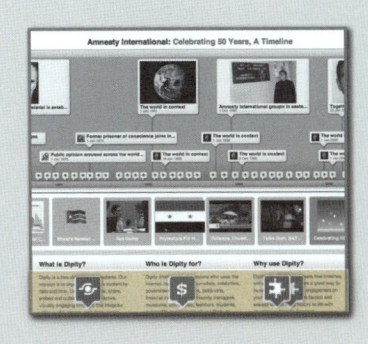

Ferramenta: Dipity

Ferramenta para a construção de linhas do tempo de diversos tipos, como biografias, eventos históricos ou esportivos, acontecimentos recentes ou situações macroeconômicas. Suas cronologias podem incluir fotos, vídeos, textos, links e músicas para agregar mais informações a cada tópico evidenciado. Pode-se conectar o serviço a buscas no Flickr, YouTube, Twitter ou a outras fontes de notícias que disponibilizem seu conteúdo em notificações RSS, mantendo as linhas do tempo sempre atualizadas. O Dipity fornece algumas métricas de visitação e permite que se agregue a cada linha do tempo criada códigos de rastreamento para mensuração de visitas. Seu modo de apresentação em tela cheia remove os elementos externos e pode ser usada como uma ferramenta dinâmica de apresentação de projetos baseados em tempo. A criação de até três linhas do tempo é gratuita. Serviços pagos permitem a criação de mais linhas, customização do design, aplicação de marcas, acesso ilimitado e maior quantidade de dados por linha do tempo. [WWW.DIPITY.COM]

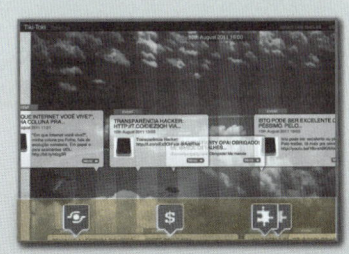

Tiki-Toki – serviço para a criação gratuita de linhas do tempo animadas e graficamente ricas. É possível criar e editar conteúdo coletivamente e atribuir cores diferentes para diversas categorias de eventos. Permite o uso de conteúdos armazenados em repositórios como Flickr e YouTube, bem como a criação de listas dinâmicas atualizadas por RSS. Tem menos opções de fontes de conteúdo agregado do que o Dipity e só permite a incorporação da linha do tempo em páginas web para planos pagos. Mesmo assim o Tiki-Toki permite uma grande customização de linhas do tempo, com imagens de fundo e cores por categorias. Há planos de serviços especiais para educadores. [www.tiki-toki.com]

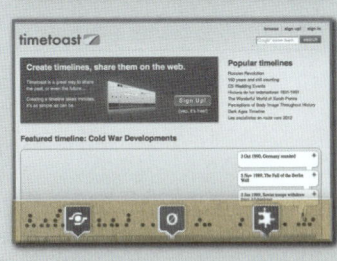

TimeToast – serviço gratuito que permite a criação de linhas do tempo de estética simples e uniforme. Não permite a alimentação automática de fontes de notícias, mas possibilita a criação de eventos com duração variável. É fácil agregar seu conteúdo a páginas web, adaptando-o ao tamanho de página disponível. Cada item de conteúdo pode ser composto por fotografias e textos, embora curiosamente não permita criar cronologias iniciadas antes do ano 1 D.C. É possível visualizar os itens que compõem suas estruturas na forma de tabelas de ocorrências. Para visualizá-las é preciso ter a extensão Adobe Flash instalada, dificultando o acesso por plataformas móveis. [www.timetoast.com]

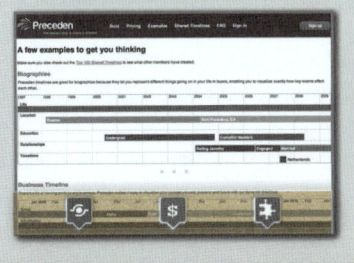

Preceden – ferramenta online que permite a criação de linhas do tempo e gráficos de evolução em diversos formatos, porém sem conteúdo multimídia. Permite a fácil visualização de eventos simultâneos e pode ser bem útil para gerenciamento de projetos e apresentação de resultados. Os eventos podem ser organizados em camadas de conteúdo e agregados aos dados de gráficos, com a marcação de datas-chave. É possível determinar eventos de variadas durações e integrá-los a gráficos de Gantt. O serviço é pago, mas o valor é bastante acessível e só é cobrado uma vez, ao contrário da maioria das ferramentas, cujos planos avançados demandam pagamentos mensais. [www.preceden.com]

BUSINESS CASES, FERRAMENTAS ADICIONAIS E SUGESTÕES DE USO

O **GoalScape** usa recursos gráficos para o planejamento de metas. Ela divide os objetivos em tarefas simples e as organiza em um diagrama animado, que muda à medida que o tempo passa e as tarefas são realizadas. O aplicativo web e sua versão offline são sincronizados quando conectados. [www.goalscape.com]

Vizualize.me utiliza os dados do perfil de seu usuário no Linkedin para recriar o currículo e histórico profissional na forma de infográficos de impacto visual. A ferramenta permite a escolha dos links a disponibilizar e a customização de sua apresentação, incluindo cores, tipografia e estilos gráficos. [www.vizualize.me/]

O **Rememble** compartilha históricos, de acordo com preferências definidas por seus autores. Com ele é possível determinar quais fotografias, publicações e conteúdos encontrados na rede se pretende compartilhar com sua rede de contatos, garantindo maior controle sobre o histórico e privacidade. [www.rememble.com]

SITUAÇÃO:
Criatividade, inovação e observação de tendências.

PROPOSTA:
Privacidade, sigilo e subversão.

Você é mesmo quem afirma ser?

Uma brincadeira comum, que começou como uma forma inocente de se homenagear celebridades de personalidade marcante em redes como o Twitter, é a caricatura textual de seu estilo de falar, agir e escrever. @vitorfasano, por exemplo, criou uma caricatura tão divertida dos personagens interpretados pelo ator de TV que se tornou, na mídia social, uma celebridade mais popular do que o homenageado. Como ele, diversos comediantes se apropriaram da facilidade do registro nas redes sociais para satirizar e homenagear celebridades. Mas nem todas as intenções são boas e fica difícil separar a brincadeira inocente da falsificação de identidade. O crescimento da importância das redes e uso de suas credenciais para cadastro e registro em vários sites torna o **registro de identidade** um assunto cada vez mais sério e importante. Algumas redes confirmam e certificam determinadas identidades, outras impedem o registro de perfis que não tenham como confirmar a sua identidade, evitando que os perfis de redes sejam tomados por vírus e spam, mas a luta está longe de ser vencida. Para limitar essa ação, existem várias credenciais que certificam a validade do perfil registrado, e podem ser uma boa opção para que novos serviços, que ainda não têm bases formadas, sejam contaminados.

RECOMENDAÇÕES

Simplifique processos. Um bom uso de um serviço de autenticação é automatizar o preenchimento de relatórios, dados de contato e listas diversas de cadastramento. Pesquisas e serviços de e-commerce podem se conectar temporariamente a perfis e redes sociais para buscar os dados de contato e validá-los rapidamente, evitando o preenchimento de dados do cadastramento e concentrando a atenção de seus usuários nos dados mais importantes.

Parta de uma rede extensa. A conexão de um serviço a redes grandes como a do Twitter ou Facebook facilita a realização da etapa mais difícil em sua construção: a criação de uma massa crítica de usuários grande o suficiente para mobilizar um novo serviço. Ative as redes de contato de seus usuários fiéis para ampliar o alcance de sua rede e aumentar sua relevância.

Facilite o acesso. Credenciais e estruturas de login remoto podem ser bastante úteis para serviços que costumam ser utilizados em computadores públicos ou compartilhados, preservando a identidade de seus membros.

Comece como extensão de uma rede, facilitando ou explicando algo conhecido. Por mais que seja inovador ou interessante o serviço que você oferece, as pessoas já estão saturadas de suas obrigações sociais digitais. Providencie um serviço que as conecte, facilite, integre ou diminua a carga. Existe muita informação em perfis e timelines, boa parte dela pode ser usada para a geração de novos serviços ou formas de contato. Só evite usar os seus dados para a geração de solicitações indevidas, pois isso é spam.

CUIDADOS

Ofereça um serviço específico. Generalizar é para redes grandes. Não se pode mais fazer perguntas tão genéricas como "quem é você?" (Facebook), "onde você está?" (Foursquare), "O que está acontecendo? Ou o que você está fazendo?" (Twitter) ou ainda "com que você trabalha?" (Linkedin). Novas redes de sucesso se apoiam em detalhes mais específicos, como "o que você viu?" (Instagram) ou "o que está assistindo?" (GetGlue).

Colete o mínimo de dados. Ao se conectar a perfis de redes tão abrangentes quanto Twitter ou Facebook é possível coletar um grande volume de informação. Resista à tentação de coletá-los sem um objetivo específico ou de pedir acesso a mais do que realmente precisa para não assustar seus usuários e acabar sem acesso a dado algum.

Proteja-se. Cuidado com contatos de desconhecidos ou inusitados. Um link clicado pode dar acesso a muitos dados de seu computador, como a instalação de software de alto poder destrutivo. Como boa parte da atividade em redes como o Twitter está no compartilhamento de links, o risco de uma invasão nunca foi tão grande, mesmo entre usuários mais experientes.

Confirme sua identidade. Procure, sempre que possível, formas de validá-la. Uma foto ou declaração não são suficientes, já que são dados facilmente coletados na rede.

Aprenda com os erros dos outros. Histórias contadas na imprensa, em fóruns ou por amigos podem servir como boas recomendações de prevenção.

Ferramenta: OAuth

Acrônimo de Autorização Aberta (Open Authorization em inglês), a sigla representa um conjunto de protocolos que estruturam um padrão de transferência e validação de credenciais entre bases de dados. Ele funciona como um serviço de privacidade dinâmica para que não seja necessário criar novas identidades e senhas a cada serviço web que se experimenta, o que acaba acarretando em nomes repetidos ou previsíveis e gerando problemas de segurança. Sites que suportem o padrão OAuth permitem que usuários cadastrados em uma rede social compatível usem sua identidade para acessar temporariamente serviços em outros domínios. O sistema autentica a identidade no site original, recolhe uma credencial de acesso temporário e a utiliza para acessar os dados no serviço visitado. Cada credencial é restrita a um website específico, em busca de recursos determinados por um período definido. Com isso o usuário não precisa cadastrar novamente suas informações de identidade e fica seguro que seus dados não serão administrados em sites pouco conhecidos.

[WWW.OAUTH.NET]

OpenID – acrônimo de Identidade Aberta (Open Identity), é um conjunto de protocolos de registro único, que tem código aberto e pode ser configurado para uso em diversos websites. Como o OAuth, ele regula o controle de identidade, segurança e acesso a sites através de padrões abertos e descentralizados. Ambos também permitem ao usuário acrescentar ou remover diferentes autorizações. Sua maior diferença está nas informações compartilhadas: enquanto o OAuth renova a permissão a cada acesso e habilita o intercâmbio de diversos dados, o OpenID é uma credencial de entrada. Para serviços que não precisem de dados específicos, há pouca diferença entre eles. [http://openid.net]

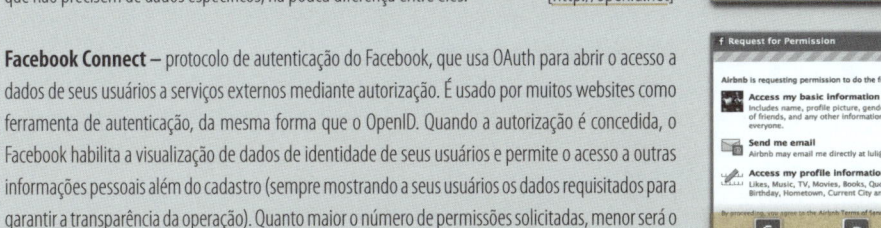

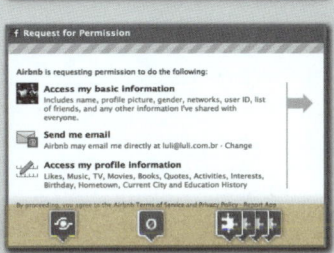

Facebook Connect – protocolo de autenticação do Facebook, que usa OAuth para abrir o acesso a dados de seus usuários a serviços externos mediante autorização. É usado por muitos websites como ferramenta de autenticação, da mesma forma que o OpenID. Quando a autorização é concedida, o Facebook habilita a visualização de dados de identidade de seus usuários e permite o acesso a outras informações pessoais além do cadastro (sempre mostrando a seus usuários os dados requisitados para garantir a transparência da operação). Quanto maior o número de permissões solicitadas, menor será o número de usuários dispostos a concedê-las. [http://developers.facebook.com]

LastPass – o número de serviços de acesso restrito na web é grande e tende a aumentar. O uso de credenciais de autorização é uma forma segura de preservar a identidade – para quem não se incomoda em deixar seus dados por conta de gigantes como o Twitter (que às vezes muda suas permissões), do Facebook (que às vezes redefine o que considera privativo) ou do Google (que analisa e vende dados de acesso). Uma boa alternativa pode ser usar uma ferramenta online como o LastPass, que gera e administra perfis de identidade e senhas, preenche formulários automaticamente e evita armazenar dados em um browser, de onde podem ser facilmente extraídas. [www.lastpass.com]

BUSINESS CASES, FERRAMENTAS ADICIONAIS E SUGESTÕES DE USO

Google Refine é uma ferramenta para converter, unificar e eliminar erros e redundâncias de tabelas. Ele pode ser usado para agregar dados de diversas fontes, adaptar conteúdos, valores e formatos para padrões únicos, ajustar escalas e tornar o resultado final acessível a outras plataformas e bases de dados. [http://bit.ly/nuvem-Refine]

Scrubly acessa e sincroniza os dados de contato do Outlook, iCal, Gmail e outras agendas, identificando conflitos e duplicatas para remoção. Ele também apaga registros feitos automaticamente por sistemas de e-mail e raramente usados. Sua versão paga permite usá-lo para ilimitadas limpezas e contatos. [www.scrubly.com]

AOL, Yahoo!, Wordpress, Google e Ubuntu estão entre as várias **plataformas de administração de conteúdo, portais e redes sociais** que aceitam OpenID como cadastro de seus usuários. É uma boa opção para garantir acesso seguro a seu site sem depender de associações com grandes corporações. [www.openid.net]

O fim da inocência
Marketing, CRM e contato com o consumidor

À medida que o mercado se torna mais complexo e cheio de opções de consumo e canais de relacionamento, o contato com o cliente se sofistica. Produtos surgem em quantidade cada vez maior, a intervalos cada vez menores. Todo plano de marketing deve levar essa dinâmica em conta ao definir o valor diferencial de um produto ou marca com relação ao mercado. Que problema ele – e só ele – resolve? Que benefícios gera? Como se integra aos contextos existentes? Por quanto tempo?

A qualidade da experiência é muito mais visível do que se imagina, e pode ser traduzida de diversas formas. "Design", por exemplo, pode associar marcas a bom gosto e elegância. "Performance", atender a demandas de eficiência e produtividade. "Convergência" pode buscar a simplificação das múltiplas tarefas a que todos estão submetidos todos os dias. "Novidade" indica sintonia com os tempos e acesso à informação. "Conforto" pode fazer referência ao fim do trabalho inútil. "Usabilidade" pode propor adequação ao momento, e assim por diante.

Infelizmente são poucas as ações digitais que têm planejamentos adequados. Boa parte é definida de fora para dentro, seguindo determinações impostas por clientes ou consumidores ou se adaptando a tecnologias sem ter um plano bem definido para integrá-las a seus processos correntes.

É preciso mudar. As novas tecnologias de comunicação permitem a criação de campanhas de marketing mensuráveis, e sua análise de performance vai muito além do simples número de cliques. Integradas com campanhas de comunicação e mídias sociais, elas podem descrever melhor a percepção do consumidor, reputação de um produto ou marca, adequação de mensagem, nível de interação desejado e engajamento.

Não é pouca coisa. Mas os resultados só serão eficientes se forem acompanhados de um planejamento sólido, centralizado e com seus indicadores de desempenho bem definidos. Isso, infelizmente, ainda é raro. O mais comum ainda são os casos em que a administração geral e a área de vendas e negócios mal se comunicam com a de tecnologia, que raramente tem acesso ao marketing, que é aquele que está mais ligado ao fluxo de informações e desejos dos consumidores na Internet.

O resultado é que a maioria das ações digitais acaba sendo coordenada por um só departamento (normalmente marketing ou tecnologia) ou terceirizada para fornecedores sem uma determinação clara. Isso costuma resultar em websites bonitinhos mas incapazes de converter visitas em assinaturas ou aplicativos complexos, cheios de jargão e funcionalidades dispensáveis. Nenhum dos dois extremos costuma funcionar bem a ponto de ser mantido no ar, o que gera uma experiência irregular de marca online.

A experiência digital deve entregar o que a marca promete, propiciando uma experiência agradável e consistente, que envolva seus usuários de forma clara e concisa, sem rodeios. Esse é o espírito da Internet: informação rápida, pragmática e assertiva. Isso não quer dizer que as páginas de empresas e produtos devam ser espartanas, mas focadas no que é verdadeiramente importante para seus usuários.

Por mais sedutoras que sejam as novas tecnologias, elas só devem ser implementadas se forem relevantes para a marca e condizentes com seu posicionamento junto ao mercado. E essa implementação, para ser eficaz, deve acontecer aos poucos.

Em última instância, a preocupação em prover uma boa experiência acaba resultando em maiores vendas, popularidade e vínculo. Não é mais preciso surpreender o público com um produto perfeito, muito pelo contrário: o consumidor quer participar da criação e da mudança. Os novos produtos podem (devem) ser lançados com um mínimo de funcionalidades para que sejam simples, práticos, especializados, rápidos e fáceis de aprender e usar. E ficarem abertos a novas ideias para que possam ser enriquecidos.

As ferramentas e serviços mostrados neste capítulo procurarão dar uma visão mais ampla e abrangente do que pode ser feito em ações de marketing e relacionamento com potenciais consumidores, tirando o melhor possível das tecnologias sem esperar que seus usuários sejam experts. De banners a e-mail marketing, de webdesign a CRM, elas abordarão formas de convidar o consumidor para uma conversa sobre a marca, conciliando suas demandas com as necessidades da empresa e gerando a melhor experiência para todos.

Solução	Ferramentas	Página
Ad Networks	**Google: rede de busca,** Google: rede de conteúdo, Boo-Box, HotWords	180
Gerenciamento de mídias sociais	**SproutSocial,** Hootsuite, Seesmic, CoTweet	182
E-mail marketing	**MailChimp,** Mail2Easy, VirtualTarget, Icontact	184
CRM	**Salesforce,** ZoHo CRM, WorkETC, Solve360	186
Escritório móvel	**LogMeIn,** GoTomyPC, Radmin, TeamViewer	188
Vendas	**Applane,** Assistly, Batchbook, Fcontrol	190
Jogos sociais	**Aplicativos Facebook,** OpenSocial, Twitter API, EmpireAvenue	192
Webdesign	**960 grid system,** Google Web Fonts, IE NetRenderer e Spoon, ACChecker	194
Administração de eventos	**EventBee,** RegOnline, Amiando, Lanyrd	196
Memes e tendências	**Digg,** Del.icio.us, StumbleUpon, 4Chan	198

SITUAÇÃO:
Marketing, CRM e contato com o consumidor.

PROPOSTA:
Blogs, curadoria, expressão e independência.

Clique aqui

Anunciar na Internet é muito simples. E ao mesmo tempo, extremamente complexo. Seria impossível contactar todos os produtores de conteúdo, analisar as ofertas de cada um, compará-las com as necessidades da marca e segmentar a mensagem comercial de acordo com a audiência e frequência de acesso de cada veículo, o que pode variar exponencialmente. Para facilitar esse processo existem as **redes de publicidade digital** que simplificam e centralizam as transações, agindo como intermediários entre compradores e vendedores e distribuindo um grande volume de anúncios entre um número igualmente expressivo de veículos. Com elas é possível segmentar o mercado em divisões demográficas, geográficas, contextuais (de acordo com o conteúdo publicado na página) e comportamentais (de acordo com os interesses do visitante, conforme seu comportamento de navegação). Por mais dirigidas que sejam, essas redes não podem ajudar se quem os contrata não faz sua lição de casa. A estratégia de comunicação deve ser consistente, testada, integrada e corretamente monitorada, de preferência por um prestador de serviços especializado na análise de performance em mídias digitais.

RECOMENDAÇÕES

Objetivos e diretrizes. Defina bem as metas a serem atingidas com a campanha, pois o plano resultante delas determinará a melhor forma de configurar e utilizar formatos, mensagens e redes de publicidade digital corretamente. Se o objetivo é branding e popularização de uma marca, as métricas não são tão diretas, por isso é preciso cuidado redobrado. Sem um planejamento adequado não será fácil verificar a validade do investimento.

Segmentação. A publicidade em redes altamente segmentadas pode gerar um excelente resultado, principalmente se forem utilizadas suas opções de segmentação contextual ou comportamental. Pesquise entre as ofertas disponíveis as melhores opções e escolha a que melhor se aplica à sua campanha.

Palavras. O leilão de palavras-chave para ações digitais pode ser uma plataforma interessante de testes com seus usuários. É possível fazer variações de termos, textos e ofertas em campanhas altamente segmentadas e verificar quais têm maior aceitação. Outras recomendações para auxiliar a baixar o custo da campanha são a escolha de expressões com erros de ortografia e digitação, falta de espaços ou acentos (para se aproveitar de uma eventual distração do usuário) e escolher termos técnicos específicos, praticamente desconhecidos fora de seu nicho.

Ajustes. É possível adaptar a estratégia da campanha de acordo com a resposta do mercado, desde que isso esteja previamente combinado com o fornecedor. Acompanhe os resultados da campanha periodicamente e entenda que medidas estão sendo tomadas para melhorá-los.

CUIDADOS

Expectativas. Cada rede costuma ser administrada de maneira distinta e apresentar uma resposta diferente para campanhas similares. Algumas são melhores para branding, outras para geração de cliques. Negocie claramente com seu fornecedor e deixe explícitos seus objetivos.

Flexibilidade. Tenha claro, antes de iniciar a veiculação, qual a extensão das alterações possíveis em uma campanha caso os resultados não sejam satisfatórios.

Monitore. Não deixe para analisar os resultados apenas no final de uma campanha, ou a oportunidade de ajustar parâmetros e variáveis terá sido perdida.

Transparência. Anúncio tem que ter cara de anúncio. Poucas coisas deixam um usuário mais irritado do que links que levam a comerciais quando deveriam mostrar conteúdo adicional. Verifique se a rede destaca os anúncios que coloca de forma a deixar claro para o leitor que aquele texto é patrocinado. Campanhas com alto índice de cliques podem ter um resultado péssimo porque seus usuários abandonaram o website assim que perceberam que clicaram onde não queriam.

Taxa do fornecedor. Pesquise diversos fornecedores e entenda as condições do mercado. Negocie previamente com o fornecedor qual será o modelo de remuneração. A maioria cobra por percentual do investimento, que pode variar de acordo com o volume. Cuidado para não assumir um modelo de remuneração em seu orçamento e enfrentar problemas posteriores.

Serviço: Google AdWords, rede de busca

Serviço oferecido pelo Google para a venda de anúncios, que permite a realização de campanhas publicitárias de grande versatilidade com orçamentos restritos, já que seu modelo de cobrança é o de CPC – custo por clique – em que o cliente só paga quando o link em que anunciou for clicado. Os anúncios podem aparecer na página de resultados do Google e em sites de sua rede de afiliados. Nestes, é possível exibir anúncios gráficos (banners), segmentados pelo contexto dos sites, ou anúncios em texto, conforme a estratégia da campanha. A venda de palavras-chave para exibição de campanhas de texto em resultados de buscas é negociada em um sistema de leilão. Isso dá aos administradores de campanhas maior poder de gerenciamento sobre suas ações. O Google oferece estimativas de valor e tráfego para auxiliar na escolha das palavras que apresentem a melhor relação custo-benefício. Cada campanha pode ser segmentada de acordo com algumas variáveis, ajustada durante sua execução e adaptada até que chegue aos resultados desejados. [WWW.GOOGLE.COM/ADWORDS]

Google Adwords, rede de conteúdo – segue a mesma lógica da rede de busca e é comercializada através da mesma interface. A segmentação pode ser contextual, conectando anúncios a páginas com conteúdo relacionado, ou pode ser por canal, em que websites são agrupados por categoria de assunto. Os anúncios podem ser compostos de textos, imagens, vídeos e multimídia, e direcionados para websites específicos, contanto que sejam propriedades do Google (como o YouTube) ou parceiros de sua rede de afiliados. Eles podem ser jogos, notificações RSS e páginas para smartphones. A segmentação pode ser encadeada, selecionando o canal e contexto em que o anúncio aparecerá.

boo-box – empresa brasileira de tecnologia para publicidade online que classifica o público de mais de 170 mil sites e busca exibir os anúncios mais relevantes para mais de 65 milhões de pessoas. Seu sistema permite a exibição de anúncios gráficos e multimídia em vários formatos, inclusive vídeos e compra de publicações via Twitter. A empresa vende anúncios por milhar (CPM), clique (CPC) ou ação (CPA). A construção de perfis demográficos se baseia no comportamento de navegação dos usuários, o que permite uma melhor segmentação. Tem ferramentas de gestão self-service e equipe de vendas para tratar de investimentos de maior porte e com agências de publicidade. [http://boo-box.com]

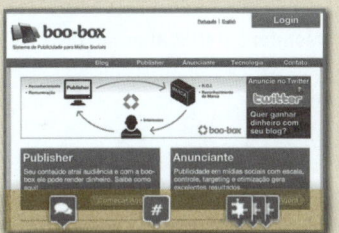

HOTWords – sistema de publicidade integrada ao texto do conteúdo, visível quando se passa o mouse sobre palavras sublinhadas. O anúncio pode ser uma simples mensagem de texto até um vídeo de 30 segundos de duração. É uma forma de publicidade menos invasiva, já que só aparece quando solicitada, por mais que usuários possam passar o mouse acidentalmente sobre seus tópicos a caminho de um link que realmente os interessem. A empresa disponibiliza a performance de visualização e cliques de seus anúncios diariamente, e se vangloria de ter a maior taxa de cliques do mercado. Para evitar abusos, é estabelecido o limite de três palavras por página. [www.hotwords.com]

BUSINESS CASES, FERRAMENTAS ADICIONAIS E SUGESTÕES DE USO

A boo-box criou **pacotes especiais de anúncios** para a divulgação de novas empresas. Ela usa a segmentação das mídias sociais para disponibilizar anúncios em mais de 8 mil perfis de Twitter e 170 mil sites, atingindo cerca de 65 milhões de pessoas, 80% dos usuários da rede no país. [http://slidesha.re/nuvem-AdStartups]

O lançamento da **Coca-Cola Zero** no Brasil tinha como desafio atrair o público jovem. Por isso sua campanha incluiu, além dos esforços tradicionais, Google AdWords e um canal no YouTube. Os anúncios tiveram 42 milhões de impressões e geraram 365 mil visitas ao vídeo, 65% do tráfego. [http://adwords.google.com]

A **HP** usou HotWords para divulgar o lançamento de uma promoção em que cada dois reais gastos em computadores HP acumulariam uma milha Smiles para seu comprador. Veiculada por 24 dias em websites de tecnologia e entretenimento, a campanha conduziu mais de 25 mil pessoas ao website da HP. [http://bit.ly/nuvem-HP]

SITUAÇÃO:
Marketing, CRM e contato com o consumidor.

PROPOSTA:
Micromídia, Twitter e impulso.

Sinais amarelos

Todo rumor começa em algum lugar. As mídias sociais ajudam a propagá-los, mas também podem ser usadas para identificá-los enquanto ainda são pequenos e alertar a empresa para que tome as atitudes necessárias para reparar problemas ou desfazer mal-entendidos. Por isso é importante fazer um adequado **gerenciamento de mídias sociais**. Seus usuários consomem informações a uma velocidade espantosa, sempre atentos a anunciar ou retransmitir as novidades encontradas, esperando de sua rede uma atitude igualmente proativa, sincera e prestativa. Como a presença nas redes é extremamente pessoal, o consumidor respeitará e responderá melhor às marcas que tomarem posição com relação à finalidade de seus perfis e ao claro escopo do que pretendem de cada rede. Vale lembrar que cada ação demanda uma consulta completamente diferente, e que não há como mensurar definições vagas ou genéricas. Os dados resultantes do gerenciamento de perfis precisam ser integrados a sistemas de marketing e relacionamento com o usuário para resultarem em políticas sólidas. De nada adiantam milhares de seguidores no Twitter ou centenas de aprovações em páginas do Facebook se não houver uma estratégia sólida de ação desenvolvida a partir deles.

RECOMENDAÇÕES

Descubra áreas de atuação. Use os resultados de sua pesquisa para outras áreas estratégicas, como definição de serviços, atendimento ao consumidor e desenvolvimento de produtos.

Monitore grafias alternativas. Principalmente se a empresa tiver um nome duplo ou estrangeiro. Considere o monitoramento de erros de ortografia, digitação e correções automáticas realizadas por computadores e celulares.

Descubra momentos de maior atividade de seu público na rede. Verifique picos de atividade e horários em que sua mensagem seja mais facilmente lida, clicada ou retransmitida.

Calibre ações de marketing. Mensure a atividade e nível de repercussão antes de realizar qualquer campanha de publicidade para estabelecer um parâmetro de base. Algumas marcas são naturalmente mais comentadas do que outras, não necessariamente com elogios. Uma campanha deve partir de um parâmetro inicial para que possa verificar sua real efetividade na promoção de causas ou controle de crises. Assim será mais fácil avaliá-la e comparar seu desempenho com outras ações.

Tenha um manual de procedimentos. Caso tenha vários profissionais para interagir com as redes sociais, crie um estilo para manter a uniformidade do diálogo. Mas não faça listas de frases prontas, interprete cada interação sob a ótica da empresa.

Teste iniciativas. O ambiente é excelente para se testar novas práticas e medir rapidamente seus resultados.

CUIDADOS

Conhecimento específico. Para utilizar adequadamente essas ferramentas é preciso ter domínio de áreas normalmente além do que se espera de profissionais de marketing e relações públicas. Contrate profissionais e prepare treinamentos para tirar o melhor possível de sua equipe.

Plano B. Tenha um plano de emergência caso precise agir rapidamente se sua ação for mal-interpretada ou no caso de imprevistos com seus produtos, serviços ou empresa. Evite ser pego de surpresa, porque reações impulsivas não costumam ser boas.

Considere o usuário. Analise seu perfil, idade, local, rede ou influência. Leve em conta sua atividade nas redes sociais e número de conexões. Uma resposta atravessada a um provocador obscuro ou desconhecido pode aumentar sua importância, além de provocar muito mais barulho.

Analise a rede de origem. Cada rede social é propícia a um tipo de tom e estilo de discurso. Compare a repercussão de publicações diferentes em diversas redes e avalie qual é o tom mais adequado para cada.

Avalie reações. O bom-senso é uma variável dinâmica, diferente conforme o tipo de rede e seu público. Seja flexível para agir de acordo com o que seu público espera.

Conclusões apressadas. Analise sempre os resultados obtidos com relação a parâmetros similares ou séries históricas. Os números isolados raramente significam algo relevante.

Ferramenta: SproutSocial

Ferramenta de gerenciamento que reúne, classifica e organiza as interações dos diversos perfis de uma empresa e suas marcas com mídias sociais em um painel único de administração. Sua interface ajuda a identificar as conexões mais significativas, acompanhar indicadores de sucesso e planejar estratégias. Os contatos podem ser organizados em grupos e as mensagens podem ser agendadas para publicação em datas, horários e plataformas específicas, e seu histórico é relatado em resumos periódicos. A ferramenta é completamente customizável e integrada ao Google Analytics, o que facilita a avaliação da eficiência e repercussão de cada campanha desenvolvida pela empresa com foco em mídias sociais. A versão business do serviço expande suas funcionalidades para o trabalho em equipe, permitindo que a gestão dos perfis seja feita por diversos profissionais simultaneamente. Ela também habilita ferramentas adicionais para a análise da concorrência e informações de geolocalização. [WWW.SPROUTSOCIAL.COM]

HootSuite – administra perfis em redes sociais e, como o SproutSocial, os diálogos ocorridos via Twitter, Facebook, Linkedin e Foursquare em um único painel, que também pode ser integrado ao Google Analytics e buscar menções a perfis, temas e combinações de palavras específicas. Seu diferencial está nos relatórios de performance, que podem se basear e customizar mais de 30 modelos diferentes. A versão gratuita é bem completa e pode ser utilizada para pequenas ações. Os planos pagos permitem o acesso a diversos colaboradores sem que seja necessário compartilhar senhas, delegação de tarefas e proteção de perfis, para evitar publicações acidentais. [www.hootsuite.com]

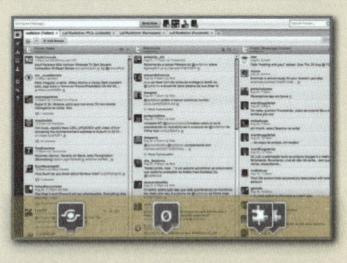

Seesmic – ferramenta de administração de diversas redes em tempo real. Com ele é possível acompanhar simultaneamente contas múltiplas em Twitter, Facebook, Linkedin, Salesforce Chatter, Foursquare e Google Buzz, entre outras, em um único painel de contato. O aplicativo tem uma versão desktop, que permite o acesso a recursos de monitoramento, tradução e complementos de publicações com fotos, vídeos e links direto da interface de operação. É possível instalar extensões para a integração com mais de 80 serviços, incluindo agregadores de notícias. Desenvolvedores têm acesso a seu código aberto para conectá-lo a outros aplicativos instalados na empresa. [www.seesmic.com]

CoTweet – ferramenta para a administração de relacionamentos via Twitter (e Facebook, na versão paga). Ela centraliza a publicação e monitora as conversas geradas, facilitando o acompanhamento do desempenho de campanhas e engajamento de consumidores. É possível criar grupos para o monitoramento de tarefas específicas, agendar publicações, mensurar taxas de cliques, armazenar buscas e delegar tarefas para outros membros da equipe. A ferramenta é integrada ao bit.ly, que disponibiliza um encurtador de links com monitoramento de taxa de cliques. Usuários podem ser notificados por e-mail periodicamente ou a cada atualização. [www.cotweet.com]

BUSINESS CASES, FERRAMENTAS ADICIONAIS E SUGESTÕES DE USO

A **Biblioteca pública de Nova York** e suas subsidiárias administram mais de cem contas em diversas mídias sociais. Suas atualizações são feitas por uma equipe descentralizada, que compartilha buscas e atualizações. Perguntas específicas são direcionadas aos responsáveis por respondê-las. [http://slidesha.re/nuvem-NYPL]

O **Museu Guggenheim** criou com o YouTube uma bienal de vídeo e usou mídias sociais para atingir participantes e interessados. O Hootsuite interligou os canais e identificou as mensagens e redes mais eficazes. A iniciativa conseguiu agregar mais de 20 mil obras, submetidas por 91 países. [http://slidesha.re/nuvem-Guggenheim]

TransLink, operadora de trens públicos de Vancouver, no Canadá, usa o Twitter para comunicar atrasos, coletar sugestões, dúvidas e reclamações de seus usuários. A equipe de atendimento, descentralizada, acompanha o movimento para notificar responsáveis e evitar respostas repetidas ou contraditórias. [http://slidesha.re/nuvem-TL]

| ferramenta | serviço | gratuito | preço variável | até US$100/ano | US$100~500 | US$600~2000 | US$2000+ | simples | mediana | difícil | para experts |

SITUAÇÃO:
Marketing, CRM e contato com o consumidor.

PROPOSTA:
Redes sociais, grupos e comunidades.

Malas mais que diretas

Inventado antes da web, o sistema de troca de mensagens escritas por e-mail continua muito usado. A proliferação de meios alternativos (SMS, Twitter, atualizações no Facebook, entre tantos) tornou o e-mail um ambiente de envio de informações e documentos, especialmente no ambiente profissional, em que suas mensagens também funcionam como comprovantes de transmissões e transações. Por esses motivos, é provável que o **e-mail marketing** continue a ser uma ferramenta importante da comunicação dirigida, usada para a transmissão de newsletters, informativos e, naturalmente, promoções. Por mais que utilize a mesma linguagem das páginas web (HTML), as mensagens de e-mail têm uma estrutura e padrão de comunicação muito diferentes, já que, ao contrário dos websites, seu conteúdo não foi buscado pelo visitante, mas "empurrado" para sua caixa postal por uma empresa de que talvez ele nunca tenha ouvido falar. O maior risco do e-mail marketing é ser tomado por spam, a prática de envio indesejado de mensagens, muitas delas com vírus ou links para websites suspeitos. Por isso é fundamental ao emissor se apresentar, identificar-se, explicar as intenções da mensagem e dar a seu destinatário a opção de rapidamente cancelar seu recebimento.

RECOMENDAÇÕES

Assunto da mensagem. É o elemento mais importante da comunicação. Boa parte das pessoas recebe mensagens demais todos os dias, e as filtra com base em seu emissor, data e assunto. Um título interessante pode estimular a leitura do resto da mensagem, enquanto frases exageradas facilitam seu descarte.

Histórias envolventes. Crie uma mensagem de conteúdo interessante, com imagens cativantes, que agregue valor a quem lê e o estimule a redistribuí-la. Recomendações de compras para datas especiais também podem ser bem recebidas.

Valide o recebimento. Se a sua intenção é o envio de newsletters periódicas para assinantes, garanta que seu recebimento seja voluntário. A melhor forma de fazê-lo é enviar uma mensagem personalizada, solicitando sua confirmação em um clique. Dessa forma se evita que e-mails digitados incorretamente sejam agregados à base.

Conteúdo adicional. O e-mail promocional é para a comunicação rápida. Mesmo que seu destinatário se interesse pela oferta, dificilmente terá tempo para lê-la em sua caixa de entrada, principalmente se o conteúdo for extenso. O ideal é que seja interessante e conquiste a atenção, redirecionando-a, com um clique, para um website com informações complementares.

Agregue valor. Agradeça a atenção dispensada com um conteúdo interessante, relevante e atualizado, que atraia leitores e seja redistribuído, mesmo que, em sua essência, ele seja um argumento de vendas.

CUIDADOS

Spam e cancelamentos. Mensagens registradas dessa forma impedem seus remetentes de voltarem a se comunicar com seus destinatários, a não ser que eles anulem a identificação. Há classificações que bloqueiam o acesso a qualquer endereço do domínio remetente, o que pode ser um problema grave, já que os filtros anti-spam estão sempre em contato e podem inviabilizar seu envio de mensagens. Boa parte das ferramentas de envio testa a probabilidade da identificação de suas mensagens como spam.

Layouts complexos. Evite qualquer tipo de gráfico desnecessário, animações e contrastes extremos. A falta de preocupação com design é uma das características mais evidentes de produções piratas, descuidadas e spam. Por causa disso, vários filtros de e-mail estabelecem restrições para mensagens que tenham muitos elementos estruturais. Além disso, diversos aplicativos leitores de e-mail bloqueiam as imagens de emissores desconhecidos.

Smartphones. Muitos verificam seus e-mails em trânsito, usando aplicativos que tiram o máximo possível da área limitada de sua tela, cujo tamanho e proporções variam conforme o aparelho, alguns são quadrados, outros horizontais. Ajuste seu layout para que a mensagem seja vista adequadamente pela maior quantidade possível de dispositivos.

Horário e data de pico. Cada um tem o seu. Há quem prefira enviar na sexta-feira para ser lido com mais calma no fim de semana e quem, para não cair na vala comum do spam, prefira exatamente o contrário. Não há regras gerais, o melhor é testar vários momentos com seu público até encontrar o mais conveniente.

Ferramenta: MailChimp

Sistema versátil de publicação de peças de e-mail marketing. Com ele é possível enviar mensagens diferentes para subgrupos específicos e verificar sua performance, criar respostas automáticas e agendadas para aumentar a personalização do contato e armazenar campanhas em endereços web para acesso posterior. Cada mensagem pode ser formatada de acordo com a localização de seu destinatário. Seu painel de controle é compatível com smartphones e ajuda a diagnosticar erros e aumentar a performance, identificando, por exemplo, o que possa ter ativado filtros de spam. O serviço é compatível com Google Analytics e permite a segmentação da mensagem em diversos grupos de interesse. Ferramentas de visualização facilitam o preview do layout final e mostram como a campanha será visualizada em mais de 60 diferentes clientes de e-mail. O MailChimp tem API aberta, o que permite que diversos aplicativos e serviços sejam integrados a ele. Em sua versão gratuita, permite o envio de até 12 mil mensagens por mês para uma base de 2 mil usuários. [HTTP://MAILCHIMP.COM]

Mail2easy — ferramenta nacional para o envio de mensagens comerciais em vários formatos, com testes de performance, pesquisas integradas e sugestões de ação. Possui modelos de layout prontos e um editor que analisa o conteúdo e alerta quanto a palavras que podem ser filtradas como spam. O envio de e-mails pode ser agendado e segmentado por localização, grupo de interesse e perfil. Relatórios de desempenho mostram o histórico de interações, identificam endereços com problemas de recebimento e facilitam a criação de campanhas derivadas de resultados anteriores. É integrado com redes sociais e permite a publicação automática de conteúdo nelas. [http://bit.ly/nuvem-Mail2easy]

VirtualTarget — ferramenta brasileira, de função estratégica no envio de e-mail marketing. Ela permite a configuração de metas para análise de ROI e segmentação detalhada de contatos. Com ela é possível configurar funis de conversão e segmentação e gerar mais de 80 relatórios com cruzamentos de dados, integrados ao Google Analytics. Tem simuladores de filtros de spam e de visualização da mensagem em diversos clientes de e-mail, extensões para a correção de sintaxe, formatação de valores e manipulação de documentos. Permite a criação de mensagens com vídeo e fornece diversas métricas sobre sua visualização, picos de acesso e trechos mais assistidos. [www.virtualtarget.com.br]

Icontact — ferramenta para envio e administração de campanhas de e-mail marketing de grande porte. Oferece mais de 250 modelos de layout gratuitos e é integrada a sistemas de gestão de conteúdo, como Drupal, Joomla e SalesForce. Com ela é possível organizar e administrar listas de contatos de qualquer tamanho e enviar pesquisas customizadas. O envio de mensagens é feito por uma empresa associada, que testa a mensagem antes de seu envio para minimizar sua rejeição. Relatórios detalhados identificam conteúdos recebidos, clicados, abertos, encaminhados e descadastrados, gerando dados estratégicos para o desenvolvimento de novas ações. [www.icontact.com]

BUSINESS CASES, FERRAMENTAS ADICIONAIS E SUGESTÕES DE USO

Nook, o leitor de e-books da rede Barnes&Noble, tirou proveito do formato da newsletter e da legibilidade proporcionada pela sua tecnologia para divulgar uma imagem em tamanho real, com um dedo humano para dar a dimensão de sua escala, exemplificando algumas de suas principais características. [http://bit.ly/nuvem-Nook]

Graphite é uma agência de propaganda que se aproveitou da limitação de tamanho de documentos imposta por muitos sistemas de e-mail para simular o envio de vídeo. Sua mensagem simples e direta simula uma janela de vídeo. Ao clicá-la, o usuário é transportado para uma landing page com o vídeo. [http://bit.ly/nuvem-Graphite]

A confecção **Old Navy** reproduz, em suas newsletters e mensagens promocionais, a mesma estética visual da linha de produtos da coleção que promove, transformando as mensagens em manifestações de estilo e apelando para os valores, as atitudes e o comportamento social de seus consumidores. [http://bit.ly/nuvem-OldNavy]

| ferramenta | serviço | gratuito | preço variável | até US$100/ano | US$100~500 | US$600~2000 | US$2000+ | simples | mediana | difícil | para experts |

SITUAÇÃO:
Marketing, CRM e contato com o consumidor.

PROPOSTA:
Fóruns, wikis, reputação e empowerment.

Discutindo a relação

O acesso a mais informações a respeito de consumidores e dos vários estágios de seu relacionamento com a marca tornaram os sistemas de **CRM** (gestão do relacionamento com o consumidor, em inglês) ferramentas estratégicas na administração do fluxo de informações dentro de empresas de qualquer tamanho. Os novos sistemas de administração integram diversas funcionalidades para centralizar, administrar e organizar os pontos de contato com o cliente, em diferentes momentos de sua relação com a empresa. Dessa forma é mais fácil uniformizar o atendimento e gerenciar o histórico do cliente, pouco importa o canal em que essa relação se dá. A experiência uniforme aumenta a qualidade e eficiência dos serviços, diminui custos e melhora a imagem da marca. Sistemas de CRM são complexos, e devem ser implementados cuidadosamente, pois sua administração não é fácil. De qualquer forma, precisam ser encarados como total prioridade, principalmente hoje que os diversos canais de mídias sociais tornam as marcas e seus produtos cada dia mais expostos e fragilizados – e que esta situação deve se agravar com o tempo. Quanto mais consistente e coerente for a postura da marca, mais sólida tenderá a ser a sua imagem.

RECOMENDAÇÕES

Apoio às vendas. Sistemas de CRM, integrados com resultados de métricas de desempenho de websites e campanhas, podem contribuir com informações valiosas para estabelecer estratégias e intensificar a relação com os clientes.

Inspiração. A inteligência decorrente do acompanhamento do cliente pode se estender para outras áreas da empresa. A análise sistemática das interações provenientes do atendimento podem sugerir boas ideias ou correções de processos. Todos os departamentos podem ser enriquecidos com dados de comportamento do consumidor.

Administre. Compreenda a tecnologia e os processos que sofrerão interferência do sistema e as torne clara para todos os envolvidos, especialmente as áreas de vendas, administração e TI. Se o CRM for considerado propriedade de um só departamento, boa parte da inteligência gerada por ele poderá ser desperdiçada.

Desenvolva relacionamentos. Procure se aproximar de seu consumidor de forma gradual e constante, sem sustos ou atropelos. Comece por se apresentar, crie ações para engajá-lo e resolver seus problemas, estimule a colaboração e distribuição e torne-os cúmplices dos produtos e serviços gerados.

Mude aos poucos. A implementação de sistemas estratégicos e sensíveis como o relacionamento com o cliente deve começar pequena, ser realizada por etapas e testada extensivamente antes de progredir para o próximo passo, já que qualquer falha pode causar um impacto muito grande.

CUIDADOS

Complexidade. Pela quantidade de processos envolvidos, soluções de CRM chegam facilmente a um padrão de complexidade enorme, o que leva à burocratização e engessamento dos processos. Defina claramente seu escopo, pois é fácil partir do monitoramento e acompanhamento de contatos com o consumidor e acabar abrangendo as áreas de vendas, negócios, finanças e administração. Sistemas complexos demais acabam abandonados.

Reputação. Na relação com o cliente está boa parte da imagem pública de uma marca. Como a Internet torna os websites similares, é na forma como os negócios são conduzidos (e os problemas resolvidos) que a marca se reforça.

Funcionalidades. Escolha o mínimo possível de ações a serem cobertas pelo sistema. Teste. Amplie cuidadosamente seu escopo, de preferência em uma função de cada vez.

Implementação. Escolha uma área para fazer os primeiros testes de implementação. Se tiver um volume pequeno de negócios e puder contar com a cumplicidade e apoio de alguns clientes fiéis, ainda melhor. Avance a passos pequenos.

Imperfeições. São normais. Não espere que o sistema seja perfeito logo em seu início. Problemas técnicos, de processos e de sua gestão podem se tornar evidentes ou até piorar a princípio, sendo absorvidos e incrementados com o tempo. Mas não se contente com quebra-galhos. Trabalhe para evoluir o melhor e mais rapidamente possível, já que um CRM ruim pode ser, conforme o caso, ainda pior do que não oferecer o serviço.

Ferramenta: Salesforce

Pioneira a oferecer software como serviço ainda em 1999, a Salesforce foi, por muito tempo, sinônimo das categorias CRM e SFA (automação de força de vendas) online. Hoje continua a inovar e a liderar o mercado, tanto em faturamento como em número de usuários. A experiência e o tamanho de sua rede ajudaram a empresa a desenvolver uma solução ágil e customizável, para clientes que vão de empreendedores iniciantes até grandes corporações. Seu modelo de negócios (e parte da razão de seu sucesso) é a comercialização de aplicativos sob demanda, formando uma estrutura modular que pode começar com tarefas simples e, conforme a demanda, se combinar a outros módulos até formar uma solução completa e integrada. O Salesforce também disponibiliza o AppExchange, portal de venda e distribuição de aplicativos complementares à sua plataforma, e o Force.com, que permite a desenvolvedores criarem suas próprias soluções. O excesso de opções, no entanto, pode complicar ou burocratizar o trabalho em equipe e tornar o custo da plataforma bem alto.

[WWW.SALESFORCE.COM]

ZoHo CRM – plataforma completa de CRM e gestão que administra o ciclo de vida de produtos e serviços e, em especial, o relacionamento com clientes. Através dela os dados de transações podem ser compartilhados entre vários departamentos, como vendas e marketing, em um sistema que integra produção e gestão com vendas. A ferramenta é compatível com aplicativos Microsoft Office e Google, e disponibiliza relatórios de performance. É possível usá-la gratuitamente em grupos de até três usuários. Planos pagos oferecem maior espaço de armazenamento a um custo bem acessível, a partir de US$12 por usuário por mês. [www.zoho.com/crm]

WorkETC – ferramenta de administração de negócios que associa a gestão de projetos a CRM. Permite a integração de sistemas diversos como administração de contatos e redes de pagamentos, podendo funcionar como uma espécie de intranet para empresas pequenas. Cada usuário acessa o sistema através de um painel de administração que sintetiza o cenário em que está envolvido, listando itens novos ou de destaque em sua caixa de entrada, transações em aberto, pendências, documentos recentemente utilizados, calendários, listas de tarefas e projetos. É possível combinar funções e customizar interfaces coletivamente adaptando-as de acordo com necessidades contextuais. [www.worketc.com]

Solve360 – sistema que integra CRM a gestão de projetos em uma área de trabalho única, que pode ser usada por empresas, departamentos ou grupos. A ferramenta é centralizada na gestão de contatos, com aplicativos para agendar e gerir atividades. Administradores podem agregar novos usuários ao grupo, determinando as funcionalidades a que têm acesso. Usuários são organizados em grupos de trabalho, compartilhando contatos e atualizações. É possível criar formulários customizados para a administração de dados específicos e reunir todas as metas, tarefas e informações necessárias em uma única tela, otimizada para plataformas móveis. [www.solve360.com]

BUSINESS CASES, FERRAMENTAS ADICIONAIS E SUGESTÕES DE USO

FreeCRM é um sistema de CRM que analisa o desempenho das transações e sua comparação com metas e orçamentos. Oferece uma versão gratuita e limitada para pequenos grupos, suas versões pagas permitem o armazenamento e sincronização com aplicativos Google e bases de dados offline. [www.freecrm.com]

My Next Customer organiza e integra informações de serviços de análise e monitoramento de CRM em mídias sociais em um painel de controle de fácil acesso e atualização dinâmica. É possível criar relatórios comparativos em um clique para apresentações em tempo real via iPhones e iPads. [www.mynextcustomer.com]

KPI.com é uma suíte de ferramentas genérica para novos negócios. Suas funcionalidades incluem a gestão de projetos, e-commerce, RH, finanças e CRM. Disponibiliza áreas de geração de propostas, compartilhamento de documentos e gestão de inventário. Voltada para pequenas e médias empresas. [www.kpi.com]

SITUAÇÃO:
Marketing, CRM e contato com o consumidor.

PROPOSTA:
Mobilidade, geolocalização e identificação.

Chaves remotas

Quantas vezes você já teve de ir ao escritório só para acessar arquivos que estavam na rede? Ou se atrasou para sair porque precisava copiar documentos para seu notebook? As restrições estabelecidas pelas redes corporativas têm provocado boas dores de cabeça em equipes de trabalho colaborativo – e vice-versa. Por mais que sejam seguros os servidores de uma empresa, não se pode dizer o mesmo dos notebooks de seus executivos e, principalmente, das redes públicas de acesso à Internet usados por eles. Sistemas de **acesso remoto** permitem que certos dados nunca deixem os servidores, sendo operados remotamente por seus usuários. Dessa forma é possível consultar repositórios de documentos localizados em servidores internos diretamente de qualquer equipamento cadastrado por seus administradores, o que garante uma forma segura de se trabalhar com a informação privativa da empresa a partir de casa ou de ambientes de acesso público, sem que seja necessário copiar os dados para uma máquina em que fiquem desatualizados e acessíveis. A transmissão dos dados é encriptada, o que a torna inacessível por quem a intercepte. Mesmo que o laptop e a senha de acesso sejam roubados, o administrador do sistema pode rapidamente bloquear o acesso aos servidores, protegendo-os.

RECOMENDAÇÕES

Funcionalidades específicas. Cada rede corporativa – e cada sistema de acesso remoto – tem suas características únicas, que podem ser combinadas para realizar tarefas de grande comodidade. Algumas permitem que seu usuário ligue o computador remotamente e disponibilize o acesso a um determinado documento através de um link na Internet, sem autenticações, firewalls ou acesso a outros documentos da mesma pasta. Outros permitem a impressão remota ou execução de rotinas de manutenção, tarefas importantes que tomam bastante tempo e que podem ser comandadas a distância em horários inativos.

Crie áreas de compartilhamento. E deixe o notebook no escritório. A estruturação e organização de seu trabalho em pastas divididas por cliente e tarefa, com vários níveis de acesso, dão trabalho para configurar, mas podem ser bastante úteis para consultar informações específicas e retransmiti-las aos responsáveis diretamente de um smartphone.

Separar o trabalho do pessoal. Você pode ter um computador em casa como opção de entretenimento, com um perfil estabelecido só para acesso ao trabalho, em que pode acessar aplicativos e dados específicos remotamente. Isso mantém seu trabalho organizado e evita que se tenha de carregar um notebook todos os dias, o que é desconfortável e arriscado.

Suporte técnico. Peça e ofereça apoio através de redes de acesso remoto, em que o especialista pode simplesmente entrar no computador com problemas e resolvê-los diretamente, em vez de especular, via telefone, qual a melhor atitude a tomar.

CUIDADOS

Sigilo. Cuidado com os links que compartilha. O sigilo das redes de uma empresa tem seu porquê. Evite compartilhar dados, informações ou fatos que podem chamar a atenção, provocar o interesse e mostrar caminhos para a invasão de redes.

Aeroportos e ambientes públicos. Uma técnica de hacking recente consiste em fotografar, com smartphones ou câmaras espiãs, a tela de um notebook em operação e, com elas, diversos dados com relação a seu portador, empresa em que trabalha, aplicativos instalados e sistemas de segurança. Examine sua área de trabalho e veja quais dados pode tornar públicos na ilusão de estar sozinho com seu notebook.

Furto e manutenção. Clonar discos rígidos é uma operação muito mais simples do que parece, e pode ser realizada sem a necessidade de senhas de administração ou acesso, para que hackers tenham bastante tempo hábil para vasculhar sua máquina em busca de informações de valor. Tenha backups variados e tome cuidado com equipamentos danificados ou perdidos, porque a perda material pode ser o menor dos danos.

Redes públicas ou redes sem fio que tenham senhas fáceis são ambientes bastante propícios para a invasão de máquinas por terceiros. Cuidado com redes duplicadas ou que não tenham uma clara identificação. Elas podem usar notebooks de outros, conectados a redes de telefonia, como falsos servidores.

Desconhecidos. Só libere o acesso a pessoas ou processos muito conhecidos. Feche a porta depois que todos se foram.

Ferramenta: LogMeIn

Ferramenta de operação remota de computadores, multiplataforma, versátil e robusta, que permite o acesso a uma máquina por outros computadores e smartphones conectados a qualquer endereço Internet. Cada equipamento pode ser controlado por diversos administradores autorizados, que podem instalar aplicativos e modificar o sistema sem incomodar seus usuários. Sua operação é bastante amigável e permite a realização de operações avançadas, como ligar ou desligar máquinas conectadas, imprimir remotamente, movimentar, editar, transferir ou sincronizar documentos, pouco importando seu tamanho ou formato. A operação é simples e dividida em abas de navegação, que dão uma visão geral da máquina compartilhada e permitem o acesso rápido à sua área de trabalho e documentos a compartilhar. O LogMeIn ganha acesso irrestrito à máquina conectada, e pode contornar firewalls. O sistema mantém informações detalhadas de cada operação, gerando alertas em tempo real para facilitar seu monitoramento. [HTTPS://SECURE.LOGMEIN.COM]

GoTomyPC – software compatível com os sistemas operacionais Windows e Macintosh, permite o acesso e operação remota de computadores que estejam ligados, conectados e autorizem seu acesso. A máquina acessada pode ser compartilhada por diversos administradores, gerando relatórios detalhados de operação. O serviço é seguro, pois as operações são mediadas pelos servidores da empresa. Mesmo assim sua intervenção é rápida a ponto do acesso remoto ser quase imperceptível: o que se vê na tela é uma imagem gerada em tempo real do computador conectado. O custo mensal do serviço não é alto, mas pode se tornar proibitivo se tiver muitos usuários. [www.gotomypc.com]

Radmin – aplicativo de controle remoto para a plataforma Windows, que permite o acesso de um PC por outros equipamentos que utilizem o mesmo sistema operacional. Ele possibilita a transferência de documentos de forma transparente e dá acesso à maioria das funções do computador controlado. Pelo Radmin é possível acessar aplicativos e instalar software através de uma rede interna ou via Internet. O sistema é seguro, e todas as transações são encriptadas para que não sejam interceptadas. Sua conexão é bastante estável e se adapta à velocidade de configuração das redes disponíveis. Sua instalação é simples e a um custo bem acessível. [www.radmin.com]

TeamViewer – software multiplataforma, compatível com Windows, Macintosh, Linux e diversos sistemas operacionais de smartphones. Sua principal função é compartilhar a atividade de usuários conectados, permitindo que cada um tenha acesso às telas de seus colegas e possa assumir o controle de suas máquinas, operando-as sem restrições de firewall. O TeamViewer é bastante útil para suporte de usuários, pois tem, entre suas funcionalidades, serviços de mensagem instantânea, transferência de documentos remotos, chamadas de voz e operação remota de servidores. Uma versão simples para uso pessoal ou por pequenas equipes pode ser baixada gratuitamente. [www.teamviewer.com]

BUSINESS CASES, FERRAMENTAS ADICIONAIS E SUGESTÕES DE USO

Real VNC é um aplicativo que permite o acesso e administração de um PC por outra máquina através da Internet. Basta instalar o software nas duas máquinas e autorizar o acesso para que se possa usar um smartphone como controle remoto de um PC, pouco importa a plataforma de ambas as máquinas. [www.realvnc.com]

Cellica permite a administradores de sistemas a consulta, alteração ou inclusão de registros em bases de dados a partir de computadores, tablets ou smartphones. Seus aplicativos permitem a construção de diversos tipos de formulário para pesquisa e alimentação remota de bases de vários formatos. [www.cellica.com]

GoToMeeting cria conexões entre PCs para que profissionais que trabalham remotamente possam realizar reuniões, compartilhar telas e documentos ou mostrar janelas de aplicativos específicos. O administrador pode passar a apresentação e controle do equipamento para qualquer participante. [www.gotomeeting.com]

SITUAÇÃO:
Marketing, CRM e contato com o consumidor.

PROPOSTA:
Nomadismo e compartilhamento.

O melhor vendedor do mundo

A automação da força de **vendas** (SFA, em inglês) é um processo bastante prático para aumentar a eficiência da área comercial. Ela é utilizada em negócios de vários tamanhos, por mais que sua aplicação não seja muito evidente para o consumidor final. Sua aplicação busca detalhar ao máximo todas as fases da cadeia de vendas, otimizando o tempo que seus profissionais precisam dedicar a cada etapa e permitindo que um menor número de executivos dê conta de uma vasta gama de clientes e contas. Por sua proximidade da área de CRM, é comum ver sistemas que realizam as duas tarefas e as integram a bases de dados administrativas de empresas. Uma solução integrada pode ser interessante, mas é preciso cuidado para que ela não se transforme em uma estrutura gigantesca, inadministrável, que acaba demorando demais para ser implementada – e nunca usada. Para novos empreendimentos ou empresas que não tenham suas soluções em igual nível de automação, uma estratégia mais cautelosa e dinâmica pode ser começar com ferramentas de pequeno escopo, independentes mas de bases de dados compatíveis, e integrá-las à medida que se desenvolvem, crescendo organicamente.

RECOMENDAÇÕES

Inove, mas não muito. Os usuários de operações que envolvem transações financeiras ou entregas de produto costumam ser um pouco resistentes com relação a seu formato. Vendedores muito solícitos ou propostas detalhadas demais podem transmitir a impressão de que algo está oculto nas entrelinhas. Conteúdos personalizados ou íntimos demais podem trazer suspeitas de invasão de privacidade. Teste a recepção de cada inovação antes de implementá-la definitivamente.

Planeje para desenvolvimento. Bons vendedores conhecem seus clientes e se adaptam a eles, não o contrário. Por mais que você comece com um processo fixo e até restrito, analise a reação de seus consumidores a cada etapa e busque ser o mais elegante e prestativo possível, usando o bom-senso para evitar interações desnecessárias, tarefas repetitivas ou burocracias diversas.

Mudanças graduais e modularização. O sucesso de sistemas estruturais como a automação da força de vendas depende muito do escopo de sua implementação, número de profissionais e clientes envolvidos e pressão por resultados. Quanto menores forem, mais fácil e rápida será sua implementação, identificação de eventuais falhas e até sua modularização para que algumas de suas ideias possam ser reutilizadas por outros departamentos.

Funcionalidades. Procure reproduzir o ambiente de vendas típico ao desenhar a sua interface para os profissionais de apoio. Crie telas que reúnam contextos, proponham soluções a partir de certas atitudes ou demandas do cliente e progridam à medida que a transação avança, sem distrair ou incomodar seu usuário.

CUIDADOS

Treinamento. O executivo de vendas é a interface entre seu sistema de administração e o consumidor, por isso deve conhecer a ferramenta com bastante segurança e testá-la extensivamente até que fique seguro e confortável com relação a suas funcionalidades, usando-as adequadamente. Invista em treinamento e reserve tempo para adaptação, já que cada profissional tem um ritmo diferente para a absorção de novos conhecimentos, independente de sua capacidade profissional.

Conflito de gerações. As idades e gerações de vendedores e consumidores podem ser bem diferentes, desde que seus valores e questionamentos se assemelhem. O executivo precisa ser capaz de identificar pontos de empatia para estabelecer um contato efetivo, e esses pontos devem estar claramente visíveis nas ferramentas administrativas.

Relevância. Leve em conta quais informações são verdadeiramente úteis para sua força de vendas. Evite bombardeá-la com conteúdo excessivo ou fora de contexto na esperança de que algo possa ajudá-los. O mais provável é que se desinteressem do relacionamento com a ferramenta.

Mídias sociais. A facilidade de expressão que elas promovem amplificaram a voz do mercado, dando a ele um alcance sem precedentes. Evite usá-las como um meio de propaganda ou promoção direta, pois isso poderá ser muito mal recebido. O melhor é monitorá-las para descobrir boas oportunidades de vendas e usar os perfis e páginas comerciais que tenha para habilitar um canal direto de transação aos interessados.

Ferramenta: Applane

Ferramenta de gestão de vendas e CRM que permite acompanhar o ciclo completo de transações. Seu painel integrado de administração dá acesso a contatos, vendas, performance, entregas e prazos, facilita a análise de tendências de mercado e dispara campanhas de e-mail marketing. O serviço possibilita o acesso e a classificação dos dados de acordo com a tarefa analisada, e vem com seis modelos predefinidos: Administrador, gestor de vendas, analista de dados, executivo de vendas, administrador e agente de cotações, cada um deles com informações configuradas de acordo com a prioridade do cargo, facilmente customizáveis. O gestor do sistema determina o nível de acesso e alteração de dados. Cada relatório é apresentado no formato de tabelas para fácil visualização e tomada de decisões. Os dados podem ser importados de uma planilha ou base de dados existentes ou criados de acordo com a necessidade do negócio. O Applane é compatível com Google Apps, o que facilita o compartilhamento de informações entre seus usuários. [WWW.APPLANE.COM]

Assistly – ferramenta que consolida o diálogo com consumidores em uma única interface, facilitando a administração de vários canais simultâneos. Solicitações via e-mail, telefone, Twitter, Facebook, mensagens instantâneas e outras mídias sociais são armazenadas em sua base de dados. O Assistly também cria uma página de dúvidas mais frequentes (FAQ) e uma ferramenta de colaboração pública e gestão de conhecimento, permitindo a seus usuários que colaborem com soluções através de um fórum e um documento colaborativo, no estilo wiki. As interações são monitoradas e apresentadas em relatórios. Sua política de preços é bem flexível e escalável. [www.assistly.com]

Batchbook – serviço de armazenamento e acompanhamento do ciclo de vendas. Por ele é possível registrar o histórico de relacionamento com os consumidores, incluindo o monitoramento de diálogos via mídias sociais. O Batchbook organiza os contatos, os classifica e compartilha com usuários autorizados, permitindo a criação de uma base de dados flexível e fácil de usar. Com ela é possível acompanhar diversas etapas do ciclo de vendas e criar estruturas para integrar campos específicos a classificações dinâmicas, o que facilita a busca por padrões e contextos. O sistema é compatível com várias ferramentas de e-mail marketing e de CRM. [www.batchbook.com]

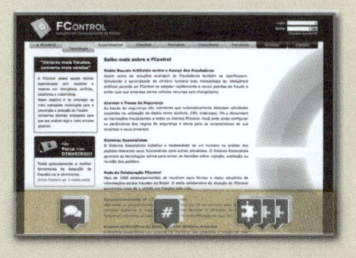

FControl – a facilidade da criação de empreendimentos online facilita o surgimento de negócios fraudulentos. Para detectá-los, esta ferramenta brasileira administra e classifica operações irregulares em vendas pela Internet e televendas em tempo real. Isso minimiza as perdas com fraudes e ajuda a manter um relacionamento de qualidade com bons clientes. O FControl tem um algoritmo próprio que estabelece alarmes e travas de segurança contra atividades suspeitas na utilização de dados de seus clientes, registrando suas operações em relatórios periódicos. Os parâmetros e regras de proteção são adaptados conforme as características de cada empresa e seus produtos. [www.fcontrol.com.br]

BUSINESS CASES, FERRAMENTAS ADICIONAIS E SUGESTÕES DE USO

Base é uma ferramenta de organização de propostas e oportunidades para freelancers e pequenas equipes. Ela cria uma página para a administração de informações do cliente e da transação, registro de detalhes, classificação e acompanhamento. O conteúdo é compatível com outras bases de dados. [www.base.com]

O **Quoteroller** facilita a elaboração de propostas comerciais. O aplicativo armazena informações gerais, condições da proposta, contatos e outros dados repetitivos. As propostas podem ser enviadas via PDF ou web e aprovadas online. O aplicativo também calcula totais e acompanha a aprovação. [www.quoteroller.com]

Oprius é um administrador de contatos para profissionais de vendas, que armazena a história de cada contato, envia e-mails e recebe alertas automaticamente, agenda chamadas, administra listas de contatos e e-mails, elabora listas de tarefas e sincroniza todas as informações com o smartphone. [www.oprius.com]

| ferramenta | serviço | gratuito | preço variável | até US$100/ano | US$100~600 | US$600~2000 | US$2000+ | simples | mediana | difícil | para experts |

SITUAÇÃO:
Marketing, CRM e contato com o consumidor.

PROPOSTA:
Colaboração, jogos e meritocracia.

Torcida organizada

O sucesso de muitos jogos e aplicativos em redes sociais vem de sua estrutura de funcionamento. Boa parte deles tem regras bastante simples e praticamente nenhuma barreira de entrada. Além disso, oferecem um estímulo à participação na forma de créditos iniciais ou um número limitado de operações gratuitas, dando a novos usuários um rápido contato com sua experiência. Ao promover a remuneração rápida e constante, compartilhamento e competição entre amigos, os **jogos sociais** se incorporam rapidamente às estruturas psicológicas de recompensa em seus usuários. Dificilmente se conseguirá um relacionamento de longo prazo através deles, mas com um bom roteiro e interface é possível criar uma relação social divertida, rápida e intensa. Para que ela seja satisfatória é preciso deixar a exposição à marca o mais sutil possível e explorar, através do jogo, o desenvolvimento de capacidades e conhecimentos coerentes com os valores da empresa. Um dos componentes mais importantes de qualquer atividade lúdica é a mensuração de atividades, tempos empenhados em cada tarefa e pontos de abandono. Com essas métricas será possível "calibrar" os desafios do jogo para que confrontem as habilidades de seus usuários.

RECOMENDAÇÕES

Design. Por mais que a interface de alguns jogos sociais pareça simples, em alguns casos até grosseira ou infantil, na verdade ela é muito bem pensada. Sua aparente simplicidade visa facilitar a compreensão e não desperdiçar a atenção do usuário com detalhes gráficos, mantendo sua coerência mesmo depois de intervenções variadas.

Texto. Seja conciso e direto ao ponto, mas tenha estilo. Jogos têm pouco texto, mas ele costuma dar o tom da interação desde sua apresentação. A descrição do aplicativo em sua apresentação na página de downloads costuma ser um argumento fundamental para o envolvimento de usuários nas atividades que desenvolverá.

Rankings. Compare o desempenho de cada usuário com seus colegas e com outros índices, por mais que pareçam desnecessários. A comparação transmite a sensação de progresso e estimula a participação coletiva.

Compartilhamento. Estimule seus usuários a competirem com amigos, criarem grupos e se relacionarem com outros jogadores. Experiências compartilhadas tendem a ser mais duradouras.

Boas práticas. Jogos costumam ser muito variados, tanto em temas quanto em maneiras de interagir com seus usuários. É recomendável analisar as características da plataforma em que se desenvolverá a competição, identificar os principais usos e comportamentos de seus membros e, com base nessas informações, pesquisar aplicativos similares pelo mundo para descobrir se o que se deseja é factível — e quanto custa.

CUIDADOS

Atitudes suspeitas. Cuidado com os dados que coleta, ou mesmo com os que solicita. Se for fundamental coletar um grande número de dados, tente dividir essa coleta em etapas para que seus usuários o conheçam e avaliem se a qualidade da experiência valerá o acesso. Por sua natureza provocadora, jogos e desafios são bastante usados por spammers, vírus e links de qualidade duvidosa. Evite ser tomado por um deles, pois isso pode provocar danos sérios à sua reputação.

Fora do controle. Limite o acesso a novos usuários por convites nos primeiros dias, para saber se a sua estrutura será capaz de suportar a demanda da operação. Depois de liberar o acesso geral, tome cuidado com qualquer ação promocional, divulgação ou inclusão em rankings para que a popularidade do jogo não comprometa a experiência de seus usuários. Se o jogo for mal-interpretado, controverso ou ofensivo, retire-o do ar o quanto antes e o substitua por um pedido de desculpas. Evite a má fama.

Cópias e coincidências. Muitas ideias de jogos são simples, por isso é normal haver alguns produtos diferentes com funcionalidades bastante parecidas. Procure partir de um universo ou atividade incomum e investir em um roteiro diferenciado para que não classifiquem seu jogo como plágio ou versão empobrecida de outro mais popular. Nesse caso, costuma ser melhor não oferecer a experiência, já que a imagem de falsificação pode ser associada à marca.

Propriedades intelectuais. Verifique todos os direitos de uso de personagens, temas, locais, narrações e trilhas sonoras.

Ferramenta: Aplicativos no Facebook

Parte do sucesso da rede social mais popular do mundo vem de sua utilização por aplicativos que expandem suas funcionalidades originais, como se vê em diversos jogos sociais. A rede social disponibiliza sua plataforma para que seus usuários possam instalar em seus perfis aplicativos desenvolvidos por terceiros. O aplicativo pode se integrar a várias funcionalidades do Facebook, gerando uma experiência mais completa, social e imersiva. Os aplicativos podem ser criados em linguagens de programação sofisticadas como C# ou Java e funcionam dentro de uma área em uma página específica. A maior vantagem em desenvolver aplicativos para este ambiente é o acesso a uma grande base de usuários. A plataforma do Facebook ajuda a reforçar o componente social, permitindo que as atividades sejam publicadas na linha do tempo de seus participantes, disponibilizando ferramentas para ampliar a rede de contatos, revelando dados de acesso para análise de métricas. O Facebook também tem uma boa plataforma para o desenvolvimento de aplicativos para dispositivos móveis. [HTTP://BIT.LY/FB-MOB]

OpenSocial – conjunto de APIs de código aberto para a criação de aplicativos multiusuário em websites, redes sociais e intranets. Apesar de não ser compatível com o Facebook, a plataforma está em constante crescimento e atualização. Seu foco principal é a construção de ferramentas de produtividade e compartilhamento. Existem aplicativos desenvolvidos para transferência de documentos, monitoramento de mídias sociais, contratação, gestão de projetos, vendas, CRM e agendamento de reuniões, além de jogos diversos. Com eles é possível integrar a atividade dos usuários com diversas aplicações dentro e fora da empresa, em uma experiência uniforme. [http://bit.ly/OpenSoc]

Twitter API – o Twitter disponibiliza diversas ferramentas para integrar a experiência de seus usuários a outros websites, permitindo o compartilhamento de suas páginas a jogos e ações promocionais, envolvendo a rede de contatos e criando canais de engajamento. Com essas ferramentas é possível criar atividades de engajamento específico e realizar pesquisas dentro da base de dados do Twitter através de outras páginas web, o que facilita a tomada de decisões rápidas a partir da identificação de mudanças no humor de seus consumidores. Com permissão dos usuários é possível ter acesso a perfis, dados e atividades, o que pode gerar ações ainda mais abrangentes. [https://dev.twitter.com]

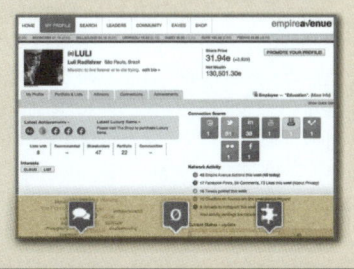

Empire Avenue – o acesso a APIs abertas e a leitura dinâmica dos dados relativos a seus usuários não é mais só um objeto de mensuração de analistas de mídias sociais. O Empire Avenue levou essa flutuação em conta para criar uma "bolsa de valores", cujos membros podem comprar ações de seus contatos no Facebook, Twitter, Linkedin e outras redes ou de perfis cujo valor reconheçam. Nessa comunidade o patrimônio é o capital social, negociado publicamente. O valor das ações é determinado por sua interação com redes sociais, perfil de investidor e influência. A dinâmica de jogo transforma a indicação de perfis e sua influência em uma brincadeira interativa. [www.empireavenue.com]

BUSINESS CASES, FERRAMENTAS ADICIONAIS E SUGESTÕES DE USO

UpRace é uma rede de apoio a conquistas, normalmente pessoais. Sua mecânica, baseada em pontos, é parecida com a de jogos sociais como o FourSquare. Pode funcionar muito bem para estimular atividades físicas, dietas, leituras e outras atividades que contem com o apoio do grupo, em uma competição construtiva. [www.uprace.com]

Nike+ é uma das mais duradouras campanhas de marca e jogo social. Usando um sensor preso no tênis que transmite informações para um iPod ou iPhone, cada corredor pode registrar seu treino automaticamente em uma rede social que registra seus dados e o coloca em um ranking, estimulando a praticar o esporte. [www.nikeplus.com]

Usuários de **EpicWin** no iPhone transformam tarefas a realizar em "missões", como se estivesse em um jogo, com seu personagem subindo de nível a cada tarefa completada. Suas conquistas são registradas em um mapa, com "missões" previamente cumpridas, reativadas quando necessário. [www.rexbox.co.uk/epicwin]

SITUAÇÃO:
Marketing, CRM e contato com o consumidor.

PROPOSTA:
Design, usabilidade e acessibilidade.

Elementos de estilo

Webdesign é um termo bastante amplo e genérico. Quando surgiu, era uma adaptação do design gráfico que dizia respeito a todas as atividades relacionadas à construção de websites. À medida que a rede evoluiu, o design centrado no usuário final foi se especializando e absorvendo as particularidades da web. E, principalmente, suas diferenças para a mídia de massa, que vão muito além de tamanho e resolução das telas, tipos de browsers e tecnologias instaladas em plataformas. Em uma interface, o contato é rápido, pragmático e intenso. Diferente das mensagens comerciais da televisão, cinema ou de páginas impressas, o contato é voluntário. Um bom paralelo para a relação do visitante a um website com o mundo físico é imaginar seu comportamento perante uma loja. Ele pode visitá-la porque conhece a marca, chegar a ela através da procura de um produto específico ou se interessar pelo que viu em sua vitrine e decidir entrar. A primeira tela, como a vitrine comercial, é um elemento extremamente importante. Mas não o único. A disposição dos elementos em cada página, sua harmonia, clareza e destaque, bem como o comportamento do serviço, sugerindo opções sem forçar a transação, ajuda na tomada de decisão.

RECOMENDAÇÕES

Desenhe para scan. A visualização de páginas é bem diferente de uma leitura. Como não há padrão gráfico em interfaces, o visitante costuma olhar para elas como vê uma fotografia: examinando o contexto. Por isso é comum olhar um pouco para uma imagem, ler um pedaço de texto, clicar em algo que chame a atenção. Em testes de usabilidade é comum identificar elementos que não chegaram a ser vistos. Assim que algo interessante, útil ou clicável aparece, ele é selecionado. Se não interessar, aperta-se o botão de "voltar" e o processo é repetido até que se encontre algo de valor ou o website seja abandonado. Como em uma loja.

Impaciência e gratificação instantânea. O visitante é ansioso em sua busca por conteúdo: o excesso de oferta do meio digital o torna assim. Quanto mais tiver que pensar para encontrar o que busca, mais insatisfatória tende a ser a experiência. O design não precisa ser espartano, mas deve entregar o que é demandado com o mínimo de rodeios.

Qualidade e credibilidade. Como em toda relação de marca, é preciso criar uma sensação agradável. Ela se dá através de imagens e cores assertivas, focadas e equilibradas, que inspiram confiança. Acima de tudo, o design deve refletir a qualidade do conteúdo que porta, funcionando como sua credencial.

Ambiente e referências. Por mais que alguns conceitos de design sejam universais, o histórico de cada visitante é extremamente variável, e com ele seu conjunto de referências. De nada adianta um layout belíssimo, premiado internacionalmente, que não consiga se comunicar com seu público.

CUIDADOS

Identidade visual. A aplicação da marca, tipografia e cores de uma empresa deve acompanhar todos os ambientes que patrocina, para ser facilmente reconhecida por seus usuários, parceiros e clientes. Empresas que não tenham lojas físicas ou vendam produtos de informação precisam se identificar claramente.

Propósito. É preciso afirmá-lo claramente e imediatamente. Quem for genérico demais ou estiver muito preocupado em não desagradar alguns públicos, corre o risco de ser considerado, em todas as escolhas, uma segunda ou terceira opção.

Chique brega. Há empresas e designers tão preocupados em mostrar elegância e distinção que acabam comprometendo a principal razão da visita de seus usuários, limitando a compatibilidade e legibilidade, dificultando o acesso a dados de contato ou até a páginas de conteúdo e transações.

Chamar a atenção. É uma atitude sutil. O ambiente deve ser interessante, mas não pode atordoar ou interromper a experiência forçando a atenção para algum produto ou promoção específica. Reserve as atitudes mais agressivas para o mundo externo (campanhas publicitárias, e-mail marketing). Uma vez no site, deixe-o à vontade para explorar. Coloque os elementos mais importantes bem visíveis e evite distrações, mas não bloqueie o acesso ao resto com chamadas, pois isso irrita e provoca o abandono do website.

Música. Nem sempre é agradável ou adequada. Em browsers com muitas abas ou janelas abertas, pode ser muito irritante.

Ferramenta: 960 grid system

Composições efetivas precisam ter uma estrutura implícita para facilitarem a percepção de seus principais elementos por seus usuários, o que transmite a sensação de um conteúdo mais coeso e organizado. Por mais que as telas de smartphones e tablets não cheguem a um padrão de proporções e os monitores de computadores se tornem maiores a cada dia, o grid de 960 pixels de largura ainda é uma das melhores formas de estruturar páginas web. Criado por Nathan Smith, a estrutura se acomoda bem em diversos browsers e permite sua subdivisão em várias larguras de coluna. O código que a acompanha permite a fácil acomodação de elementos gráficos em layouts de páginas web, de uma forma parecida com pontos de tabulação em editores de textos. Com ele o designer pode organizar textos e imagens em páginas sem precisar calcular a largura de cada coluna ou mesmo se preocupar com a geração de código HTML e formatação CSS para que os elementos fiquem na posição em que foram planejados, pouco importa o browser pelo qual foram acessados. [www.960.gs]

Google Web Fonts – já se foi a época em que a tipografia web era limitada a poucas famílias de letras por restrições de compatibilidade entre as diversas plataformas de computadores e restrições impostas por browsers. Algumas plataformas móveis ainda não são compatíveis com a tipografia web, mas boa parte dos browsers já permite que se visualizem páginas compostas em letras que não estejam presentes no sistema operacional de seus usuários. O Google Web Fonts hospeda, compila e cataloga tipografias de código aberto que podem ser instaladas em páginas web, tornando-os mais agradáveis e legíveis para seus visitantes. [www.google.com/webfonts]

IE NetRenderer e Spoon – Mesmo sendo gratuitos, nem sempre os browsers mais modernos estão universalmente instalados. Restrições de administração, capacidade de memória ou espaço em disco se aliam ao simples desinteresse e resultam em usuários com diversos browsers, em múltiplas versões, instalados em seus computadores. Como algumas tecnologias estão disponíveis apenas para determinadas plataformas, é preciso testar o layout para garantir a transmissão da mensagem. O Spoon facilita o trabalho ao simular a visualização em vários browsers e plataformas, menos o Internet Explorer, analisado pelo IE NetRenderer. [www.ipinfo.info/netrenderer] e [www.spoon.net]

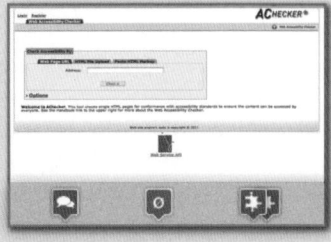

ACChecker – ferramenta de código aberto para a verificação da acessibilidade de websites, desenvolvida em 2009 pelo Inclusive Design Research Centre. O teste usa vários padrões internacionais de validação (HTML Validator, BITV, Section 508, Stanca Act, WCAG 1.0 e 2.0) para garantir que o conteúdo de uma página seja acessível pelo maior número possível de dispositivos. Conteúdos que sejam aprovados segundo a maioria dos requisitos desses padrões tem boa probabilidade de, além de serem interpretados por boa parte dos aparelhos de assistência a portadores de necessidades especiais, também sejam visíveis pela maioria dos smartphones, televisões e consoles de videogames. [www.achecker.ca]

BUSINESS CASES, FERRAMENTAS ADICIONAIS E SUGESTÕES DE USO

Referências são fundamentais para se manter atualizado em uma área em transformação constante. Algumas fontes de alta qualidade são a **Smashing** [www.smashingmagazine.com] para webdesign, **Tuts+** [www.tutsplus.com] para tutoriais e **Abduzeedo** [www.abduzeedo.com] para referência gráfica.

Pixlr é um aplicativo poderoso e gratuito para editar imagens com precisão a partir de um browser. Trabalha com múltiplas camadas e diversos formatos. **Splashup** e **Darkroom** também são opções para edições sofisticadas sem Photoshop. [www.pixlr.com], [www.splashup.com] e [www.mugtug.com/darkroom].

O MailChimp disponibiliza em sua área "Labs" várias ferramentas interessantes, entre elas o **CSS Inliner**, que insere automaticamente os estilos definidos no layout dentro do código, minimizando o risco do layout de uma Newsleter digital ser filtrado por clientes de e-mail e perdido. [www.mailchimp.com/labs/]

SITUAÇÃO:
Marketing, CRM e contato com o consumidor.

PROPOSTA:
Narrativas transmídia e geração de valor.

Ao vivo, em cores, direto da fonte

Há quem se queixe que a transmissão de conteúdo em vídeo de banda larga diminuiu a importância dos eventos presenciais. É mais correto dizer que ela mudou sua natureza. O armazenamento remoto de conteúdo permite o compartilhamento de treinamentos, palestras e consultorias entre um grande número de pessoas, fomentando e fundamentando discussões que antes seriam restritas ao ambiente (e período) do evento. Quem participa ao vivo de suas arenas tem a oportunidade de ver em primeira mão novas ideias e tecnologias apresentadas por profissionais diretamente ligados a sua análise e aplicação. Quem o vê pela web pode se interessar pela primeira vez em um novo conteúdo. De qualquer forma, vídeo ao vivo é uma tendência irreversível. Para os patrocinadores ele pode ser uma forma interessante de conseguir mídia adicional, gratuita e de grande relevância. Os congressistas também ganham ao poder rever as apresentações de que mais gostaram. Seus organizadores, no entanto, não podem se acomodar. Existem várias ferramentas de **administração de eventos** que podem agilizar e amplificar seu alcance, da venda de ingressos e envio de convites à conexão de seus participantes a redes de compartilhamento para distribuição de seu conteúdo.

RECOMENDAÇÕES

Aumente o número de canais de vendas e sua distribuição. Integre suas campanhas de marketing a escolha de assentos e reserva de ingresso. Aproveite a oportunidade conquistada com o interesse em eventos passados para buscar novas formas personalizadas de contato.

Crie expectativas. Aumente o interesse pelo evento agrupando conteúdo disponibilizado por seus participantes na web. Faça entrevistas e divulgue vídeos de anos anteriores.

Promoções tópicas. Crie promoções para incentivar o registro. Descontos para compras em grupo, uso de cupons e pacotes de transporte ou hospedagem pode ser uma boa forma de se associar com parceiros ou anunciantes para conseguir boas ofertas.

Relatórios de performance. Analise o desempenho de suas páginas promocionais: principais canais de entrada, conteúdos mais visualizados, formas de compartilhamento. Boas oportunidades podem estar ocultas nos interesses dos usuários do site.

Promova o evento em redes sociais. Use a rede de seus palestrantes como ação promocional. Crie páginas específicas de cada um e explore seu conteúdo em SEO.

Integração com outras ferramentas. O acesso a sistemas administrativos facilita a prestação de contas e relatórios.

Cobertura ao vivo. Crie uma voz oficial para centralizar as informações e transmissões.

CUIDADOS

Falsificações. Tome os mesmos cuidados que tem na impressão de convites e credenciais para a emissão de seus equivalentes digitais. Use códigos de leitura e acesso para limitar ou impedir sua pirataria.

Formas de pagamento. Procure ser o mais versátil possível e aceitar diversas opções, incluindo parcelamento. Só garanta a mesma segurança contra falsificações na emissão de recibos e comprovantes.

Valorize quem foi. Dê conteúdo para quem frequentou o evento ao vivo. Pode ser na forma de brindes físicos, livros, pacotes de serviços ou descontos para os próximos anos. Prêmios digitais podem ser rapidamente distribuídos e perdem a exclusividade.

Pulverize formas de venda e distribuição de conteúdos. As apresentações podem ser reempacotadas na forma de e-books, webinars e outras formas de conteúdo exclusivo. Lembre-se de sempre agregar material inédito ao conteúdo reciclado para garantir seu valor.

Patrocinadores. Evite abusos de quem ajuda a financiar a conta. Por mais que a frequência de visitantes a eventos tenha diminuído, é bem provável que a audiência esteja mais qualificada. Argumente que o conteúdo transmitido e armazenado na rede é mais longevo, respeitado, acessível e distribuído. Seu maior patrimônio é a comunidade construída em torno da qualidade de seu conteúdo, que pode ser perdida quando se fazem muitas concessões a quem paga a conta.

Ferramenta: EventBee

Serviço online para criar, administrar e promover eventos, que cobra uma taxa fixa de US$1 por ticket vendido, independente do valor de venda final ou moeda em que os ingressos forem comercializados. Sob esse aspecto o serviço se destaca da maioria de seus concorrentes, que costuma cobrar um percentual sobre o valor da venda. O sistema do EventBee permite a rápida criação de páginas para vender ingressos online, aceitando pagamentos em Google Checkout e Paypal. As páginas são compatíveis com smartphones e tablets, o que facilita a venda de ingressos e a escolha de lugares. Quando há diversos pontos de venda, a administração pode ser centralizada em uma página personalizada, com a marca e dados específicos a cada evento, relatórios de visitação, inscrições e pagamentos recebidos. É possível criar páginas promocionais para outros websites e integração com o Facebook, permitindo que os interessados se conectem a elas pela rede social e a promovam em suas atualizações.

[WWW.EVENTBEE.COM]

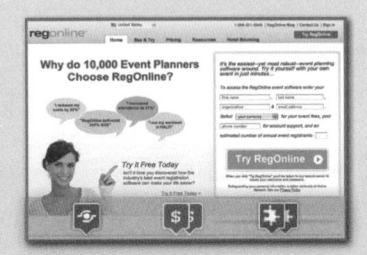

RegOnline – serviço de administração de eventos, que automatiza os processos de registro, promoção e emissão de bilhetes. Organizadores têm ferramentas à disposição para disparar campanhas de e-mail marketing, organizar inscrições, planejar seminários e criar sites com formulários para registro online, que direcionam seus visitantes para a venda de ingressos e confirmam seu registro por e-mail. O painel de administração do RegOnline monitora as vendas, envia relatórios e acompanha o estado das inscrições em tempo real. A inscrição na ferramenta é gratuita e o serviço cobra cerca de US$4 por ticket vendido. É possível testar sua eficácia com simulações. [www.regonline.com]

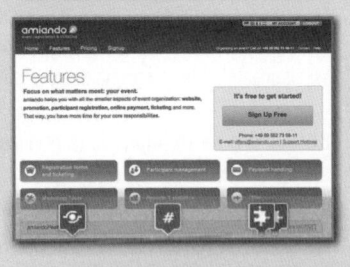

Amiando – suíte mais completa dentre as apresentadas nesta página, ela cobre praticamente todos os detalhes da organização de um evento, porém cobra uma comissão maior. Com o Amiando é possível criar um website customizado para se adequar à identidade visual da empresa, promovê-lo, registrar participantes e vender ingressos. A emissão de bilhetes permite o estabelecimento de políticas flexíveis de preços, com ingressos VIPs, compras antecipadas e descontos para grupos. A lista de participantes é apresentada em destaque e pode ser facilmente editada. Possui ferramentas de promoção para diversas mídias sociais. [www.amiando.com]

Lanyrd – diretório social de eventos e palestras ao redor do mundo, cujo conteúdo é gerado pelos usuários, como se faz em wikis. Seus membros podem acrescentar novos eventos, conferências, workshops, palestras e oficinas ao site, que funciona como um catálogo em que se pode consultar, acompanhar e ter acesso a materiais compartilhados pelos palestrantes. Usuários podem agregar informações a respeito do evento e contribuir com vídeos, slides, áudio, links, conteúdo suplementar e comentários em geral. A consulta às conferências pode ser feita por ano, tópico e país. Eventos que estejam acontecendo ao vivo podem ser acompanhados via Twitter. [www.lanyrd.com]

BUSINESS CASES, FERRAMENTAS ADICIONAIS E SUGESTÕES DE USO

O **Bookwhen** é uma ferramenta de agendamento e reserva abrangente, que lista os próximos eventos disponíveis, vende entradas, cria listas de espera e administra pagamentos online. Toda a experiência fica centralizada em um único serviço, que pode ser customizado para o layout do evento. [www.bookwhen.com]

Mozes Connect é um exemplo das novas plataformas de comunicação. Ela conecta marcas aos smartphones de seus públicos em eventos, permitindo a criação de campanhas multicanal que usem voz, SMS e dados para interligar câmaras e informações de geolocalização a redes sociais e perfis. [www.mozes.com]

WillCall e HotelTonight mostram cenários possíveis para serviços no mesmo dia, oferecendo ingressos e quartos vagos a preços promocionais para interessados que estejam por perto. Ampliam o modelo da venda de passagens aéreas de última hora para dispositivos geolocalizados. [www.getwillcall.com] e [www.hoteltonight.com]

SITUAÇÃO:
Branding, publicidade e promoção.

PROPOSTA:
Privacidade, sigilo e subversão.

A última moda

O enorme sucesso de produtos e serviços de empresas como Apple, Starbucks e Amazon.com vem do uso intensivo de pesquisas e de sua interpretação primorosa. Isso ajuda a explicar tantos acertos simultâneos em novos produtos e mercados — imprevisíveis por natureza — ao longo de mais de uma década. Para os reles mortais que não têm dinheiro, experts, institutos de pesquisa, laboratórios, fábricas e legiões de consumidores à disposição, a arena da pesquisa precisa ser outra. Por sorte as mídias sociais disponibilizam uma quantidade gigantesca de conteúdo no ar todos os dias, o que permite a frequente análise de **memes e tendências** que fazem sucesso entre determinados públicos. Obviamente não é uma mensuração tão precisa quanto a feita por institutos de pesquisas e validada por protótipos, mas pode ser muito útil para descobrir os temas de maior interesse e, através de sua análise, ofertar algo que conecte sua empresa à tendência, complementando-a. A avaliação recorrente do mercado é sempre uma boa forma de influenciar ou adequar a visão de um departamento, empresa ou segmento, inspirar conceitos, projetos, produtos, serviços, experiências ou marcas. De qualquer forma é válida para falar corretamente a língua de quem já as vive e, dessa forma, intensificar a relação.

RECOMENDAÇÕES

Reveja suas fontes. Onde você procura coisas novas? Nas mesmas fontes de referência? Faz tempo que você não atualiza nem revê as páginas que marcou ou pelas quais se interessou? Revisitá-las pode relembrar processos e trazer ideias interessantes. Considere seu patrimônio e histórico. Conexões inusitadas podem ser altamente criativas, mesmo que pareçam inúteis a princípio.

Busque em outro lugar. Se os resultados que aparecem em suas pesquisas no Google, Yahoo! ou Bing estão aquém do desejado, pode ser porque sua base de dados é grande demais e, por esse motivo, privilegia respostas mais genéricas.

Troque de curadores. Você consulta os mesmos veículos ou segue recomendações das mesmas pessoas no Twitter ou Facebook? Experimente visitar os perfis de veículos e fornecedores de serviços criativos e veja o que recomendam.

Surfe descompromissadamente. No século passado era assim que as pessoas se referiam ao ato de se acessar a Internet. Como eram poucas as empresas que disponibilizavam algum tipo de conteúdo online, boa parte do tempo na rede era gasto em visitar portais, que tinham esse nome porque serviam de porta de acesso a outros sites, com dezenas (alguns até centenas) de "links interessantes". A falta de conteúdo era tamanha a ponto de existir a profissão de mining, que nada mais era que o ato de visitar sites, selecionar os mais bacanas e ainda ser pago por isso.

Interprete o sucesso. Se você não compreende o porquê da popularidade de um link, dificilmente será capaz de reproduzi-la.

CUIDADOS

Seja coerente. E tenha critério. Evite tomar atitudes sem questionar o seu porquê e, acima de tudo, verifique como cada nova iniciativa se relacionará à imagem que seu público tem de você. O comportamento inadequado a uma situação ou público pode criar nele um preconceito e resistência com relação a você.

Modas de grupos, nichos e locais específicos. Nem tudo é popular para todos, por todo o tempo. Algumas coisas chamam a atenção temporariamente por serem inusitadas ou absurdas, mas assim que forem assimiladas, o interesse por elas desaparece. Iniciativas na mesma linha que vierem depois dela poderão ser consideradas plágio. E atrairão pouco interesse.

Má interpretação. Cuidado com brincadeiras e piadas. Tenha um plano B e esteja preparado caso sejam mal-interpretadas ou que ofendam alguém. Uma boa prática é remover o que puder da ação do ar, colocar um pedido de desculpas público (em uma página com excelente SEO, para que apareça antes de blogs e veículos a denunciar a atitude) e ficar de quarentena por um período, evitando ações similares.

Avançado demais para seu público. Verifique as referências culturais e tecnológicas de seu público antes de realizar uma iniciativa. Certas ações podem ser muito divertidas para um público específico, enquanto soam estranhas e herméticas para outros. Essas referências não precisam ser necessariamente técnicas, já que é possível fazer referências a um fato político, celebridade, dado global ou conjuntura econômica que não fazem sentido para quem não compartilha do mesmo contexto.

Serviço: Digg

Um dos 150 sites mais populares do mundo, o Digg é o principal ambiente de descoberta e compartilhamento de novos conteúdos. Seus links podem conectar a notícias de veículos populares, vídeos em geral e todo tipo de material gerado por usuários de diversas mídias sociais. Seu funcionamento é bastante simples: ele é composto de listas dos endereços das páginas mais compartilhadas, divididas em várias seções, como negócios, entretenimento, estilo de vida, política, ciência, esportes e tecnologia. É uma das principais fontes para se buscar o que vem sendo comentado, discutido e compartilhado nas últimas 24 horas. Blogs e sites podem implementar um botão para que os leitores que gostem de seu conteúdo o compartilhem. Cada voto conta como um "digg", e faz com que o link suba no ranking do serviço. Em sua página inicial ficam listados os links com maior número de "diggs", em ordem cronológica. A visão das notícias diárias pelos olhos de pessoas comuns pode dar acesso a conteúdos e pontos de vista bastante interessantes e inovadores. [www.digg.com]

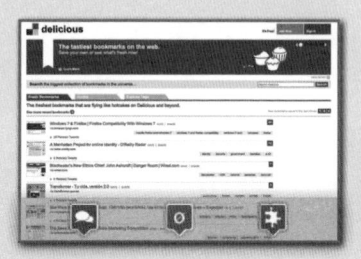

Del.icio.us – um dos primeiros serviços de compartilhamento de links, que popularizou a ideia de classificá-los com palavras-chave definidas pelo usuário. Também chamada de folcsonomia, essa é uma forma muito mais fácil, eficiente e flexível de organizar um conteúdo tão diverso quanto páginas encontradas na rede. Buscas por assuntos no Delicious tendem a trazer resultados melhores, já que os links armazenados costumam resultar de uma seleção prévia. Pode-se compartilhar todos os links, agrupá-los em pastas públicas ou torná-los privados, usados como ferramenta para sincronização e acesso remoto.   [www.delicious.com]

StumbleUpon – rede de compartilhamento de links, focada no descobrimento de novos websites. Por esse motivo ela não permite a importação de listas de endereços armazenados em browsers ou serviços como o Delicious ou Xmarks. Cada nova página precisa ser adicionada manualmente. Com ela é possível voltar a "surfar" na rede, selecionando textos, fotos e vídeos baseados em recomendações de amigos ou de pessoas com perfil similar. Cada usuário indica seus interesses e recebe do sistema uma sequência de recomendações de novos assuntos, ideias ou referências. Sua barra de navegação permite que se indique, aprove ou reprove o conteúdo recomendado.   [www.stumbleupon.com]

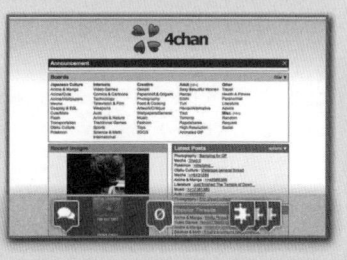

4Chan – este fórum é para quem tem estômago forte. Em muitos aspectos ele se parece com os sites do início da Web, na década de 90. Sua estrutura é caótica, polêmica, libertária e anárquica, por dois motivos: usuários podem postar anonimamente, sem registro ou referência a sua identidade; e todo o conteúdo é completamente apagado em períodos aleatórios. Por isso é difícil saber se algo visto ali ainda estará disponível em algumas horas. Nele surgiram iniciativas tão estranhas quanto fotos de gatos com frases divertidas (LOLCats) e grupos de hackers como o Anonymous. Como não há filtro para publicações, o conteúdo pode ser ofensivo ou inadequado.   [www.4chan.org]

BUSINESS CASES, FERRAMENTAS ADICIONAIS E SUGESTÕES DE USO

A popularização de bens produzidos em massa gera em muitos a vontade de ter produtos personalizados. **Etsy** aproveita essa tendência ao criar um mercado global de produtos feitos à mão, dando visibilidade para ideias criativas antes de serem populares o suficiente para serem produzidas em escala industrial.   [www.etsy.com]

DaWanda é uma loja online que vende produtos de design diferenciado criado por artistas de todo o mundo em seus três sites na França, Grã-Bretanha e Alemanha. Há lojas de diversos tipos de produtos, manuais ou não, baseadas em diversos países, reunidas em uma feira global de produtos únicos.   [www.dawanda.com]

Copious procura tornar o processo de compras mais humano e próximo. Para isso ele cria uma rede de compra e venda de produtos usados ou pequenas produções para contatos do Facebook. Assim garante a seus usuários uma transação segura e simples sem precisar de estrutura de comércio eletrônico.   [www.copious.com]

| ferramenta | serviço | gratuito | preço variável | até US$100/ano | US$100~600 | US$600~2000 | US$2000+ | simples | mediana | difícil | para experts |

O maior porta-malas da categoria
Branding, publicidade e promoção

A web não é lugar de propaganda. Ela não foi criada para veicular mensagens publicitárias. Por mais que muitos de seus produtos e serviços sejam comerciais, essas relações são baseadas em compras, não em vendas. Seu controle é feito pelo usuário, que define, vivencia e determina o que pretende ver.

Não é à toa que muitas marcas e agências de propaganda enfrentam dificuldades para transmitir suas mensagens. O consumidor mudou, não é mais tão interessado, receptivo ou aberto à propaganda como era feita no século passado.

O usuário é independente. Ele não precisa mais de "gentis patrocinadores" que disponibilizem um conteúdo formatado para ele. Esse conteúdo pode ser encontrado através dos mecanismos de busca. Nem mesmo as mídias são de algum interesse se não puderem contar com a sua participação e compartilhamento com seus amigos.

Não é à toa que muitas marcas e agências de propaganda enfrentem dificuldades para transmitir suas mensagens. O consumidor mudou, não é mais tão interessado, receptivo ou aberto à propaganda como era feita no século passado.

Isso faz a triangulação anunciante-mídia-consumidor mudar completamente. Antes era necessário alugar um espaço nos "edifícios" da mídia para se transmitir uma mensagem. Hoje é possível criar seu próprio ambiente de comunicação. As mudanças são muitas e bastante extensas. Não adianta mais falar com milhões, mas estimular esses milhões falarem um com o outro.

Uma boa forma de iniciar esse diálogo é contribuir para o enriquecimento do conteúdo na rede, disponibilizando gratuitamente parte das informações que tem guardadas em seus bancos de dados, já sem valor estratégico mas com grande validade para o público geral.

Mas esse é só um dentre os vários canais de relacionamento possíveis. Para acioná-los a publicidade precisa ser mais inteligente, sensível e astuta do que hoje o é nas mídias de massa. As novas formas de atingir o público são múltiplas e sofisticadas. Elas abrangem ações como as descritas neste capítulo, como websites temporários, definição do perfil da empresa e páginas de suas ações em redes sociais, medidas de feedback, serviços baseados em localização, balcões dedicados de vendas, jogos, medição dos focos de atenção, landing pages e até a elaboração de um canal de televisão promocional, entre tantas.

Não adianta ativar essas ferramentas em um mercado interativo sem uma clara intenção e expectativa com relação a seus resultados. Para isso é necessário determinar claramente os objetivos de negócios que se pretende atingir, a que público ela se destina, qual é o melhor formato, canal e conjunto de mídias que se pretende usar e, acima de tudo, o que se espera da relação de longo prazo que começa a ser construída com ele.

Tudo isso precisa ser feito muito rápido, pois é cada vez mais difícil atrair a atenção e prender o interesse dos visitantes. O tempo para fazê-lo é de cerca de cinco segundos, que costuma ser o suficiente para que ele tome consciência do que trata a página e decida abandoná-la ou ficar nela. É um tempo tão curto que faz os antigos comerciais de televisão de 30" parecerem espaçosos como os automóveis ou apartamentos antigos.

Este capítulo tratará das novas formas de se fazer branding, publicidade e promoção. Para isso é necessário começar pela lição de casa: como sua empresa se apresenta? O que dizem seus perfis em mídias sociais? Como utilizá-los para descobrir boas formas de abordar seu público? Assim que a apresentação da empresa e de seus produtos estiver bem estruturada, é hora de falar com o consumidor. Como fazê-lo? Quais são as melhores formas de comunicá-lo, que redes de publicidade devem ser usadas agora que a mídia não é mais centralizada? Que tipo de experiência se pretende promover? Algo mais intenso, como um videogame que prenda a sua atenção na frente do computador ou uma ação social geolocalizada, que use seu celular como forma de interagir com seus amigos? Por último, como integrar essa experiência às vendas?

As tarefas são muitas e as ferramentas, bem abrangentes. O último capítulo deste livro mostra que, como na Internet, não existem mais ações pontuais. Toda afirmação é só o ponto de partida de uma nova relação.

Solução	Ferramentas	Página
Websites temporários	*Webs*, Wix, Jimdo, Webnode	202
Perfil da empresa	*Página no Linkedin*, Canal no Slideshare, Perfil no Twitter, Brand App	204
Ações em redes sociais	*Páginas no Facebook*, Pagemodo, Comunidades Orkut, Redes de nicho	206
Crowdsourcing	*Edistorm*, Ideascale, Wridea, StormWeight	208
Serviços de localização	*Google Locais*, FourSquare, Google Latitude, Twitter	210
Comércio eletrônico	*Magento Go*, PrestaShop, Goodsie, Bondfaro	212
Advergames	*Unity3D*, Flash, JavaFX, XNA	214
Focos de atenção	*AttentionWizard*, CrazyEgg, ClickTale, ClickHeat	216
TV promocional	*Canais YouTube*, Vimeo, Videolog, GetGlue	218
Landing Pages	*Visual Website Optimizer*, Unbounce, Verify, Fivesecondtest	220

SITUAÇÃO:
Branding, publicidade e promoção.

PROPOSTA:
Blogs, curadoria, expressão e independência.

Intervenções e performances

Websites são pontos de referência em buscas por produtos, serviços e marcas. É neles que se procuram informações complementares a respeito de tópicos apresentados em campanhas de publicidade e promoção. Eles também podem ser bons exemplos de aplicações práticas dos valores da empresa e de seus produtos, que costumam ser genéricos demais. **Websites temporários** podem ser ferramentas de engajamento e conversação bastante maleáveis e customizáveis, que reforçam a proximidade da marca com seus consumidores, indo além do demonstrado em suas ações de comunicação e gerando cumplicidade. Por serem arenas exclusivas para falar do produto ou serviço que, ao contrário dos anúncios, não sofrem interrupção nem restrições de tempo ou espaço, eles são ferramentas importantes para auxílio à tomada de decisão em compras técnicas ou de grande valor, em que é preciso desenvolver confiança e conhecer o consumidor a fundo, pesquisando suas motivações e buscando resolver eventuais barreiras. Seu formato permite que se escape da estrutura padrão dos websites institucionais e se desenvolva uma relação mais intensa com seus usuários, levando-os a conhecer outras ações, além de transmitir informação em primeira mão, convidar para eventos e realizar pesquisas informais.

RECOMENDAÇÕES

Facilite o compartilhamento estruture seu conteúdo de forma que seus usuários fiéis e recorrentes possam compartilhar o que for de seu interesse com seus colegas, o que aumenta a penetração da marca.

Capriche na landing page. A página de entrada em um website temporário não é uma capa de livro nem a primeira página de um jornal. Para manter as comparações na mídia impressa, ela está mais para um anúncio de revista, que deve mostrar bem o produto e promover uma ação a partir dele. Qualquer outra informação deve estar em páginas adicionais. Deixe a tela inicial para sua mensagem principal.

Tenha toda a informação. Não desperdice a atenção dispensada. Concentre todo o conteúdo que considerar necessário em páginas próximas, mesmo que repitam conteúdo apresentado em outras propriedades da marca ou repositórios. Não redirecione o visitante, porque ele poderá não voltar mais.

Mensagem clara. "Teste gratuito" é bem diferente de "Gratuito. Teste". O primeiro permite que se faça uma análise, o segundo distribui o produto. A mensagem não pode provocar dúvidas em seu público, pois ele poderá ir embora simplesmente porque ficou inseguro com relação à decisão a tomar.

Mensure tudo. O site temporário é, em geral, o destino final de uma campanha de publicidade online. Como tudo nela, precisa ser extensivamente mensurado e alterado conforme a reação de seu público.

CUIDADOS

Evite páginas longas. Qualquer conteúdo que estiver abaixo da primeira tela de visualização tende a ser ignorado. Evite colocar informações importantes no rodapé, porque elas podem facilmente ser ignoradas.

Ladrões de atenção. Determine uma hierarquia visual clara para os elementos dispostos em suas páginas, de forma que a maioria de seus leitores vejam a mensagem em uma mesma sequência. Evite imagens que pisquem ou se movam ou o excesso de contraste, porque pode distrair a atenção, dificultar a leitura e incomodar o usuário.

Crie vínculos com seu público. E os estenda para além da campanha. Comunidades, grupos de discussão e contatos em mídias sociais podem abrir caminho para um relacionamento muito mais duradouro.

Seja fiel à sua imagem de marca. Não brinque ou faça vídeos arrojados ou engraçadinhos se a imagem que pretende passar é de seriedade.

Modismos e tecnologias complexas ou inúteis. Seja claro e discreto. Não torne seu website mais pesado, desfocado ou incompatível apenas para que tenha "cara de moderno". Conforme a tecnologia aplicada, a impressão resultante pode ser exatamente a oposta, causando desinteresse.

Deixe clara a sua marca e os objetivos de sua campanha. Evite confundir ou iludir o usuário.

Ferramenta: Webs

Ferramenta robusta e flexível para a construção e hospedagem de websites, que já vem com versões para acesso via plataformas móveis. Entre seus planos de serviços há a possibilidade de usar um domínio próprio, comprar anúncios no facebook, ter e-mails personalizados e opções variadas de armazenamento e capacidade de tráfego. Suas versões para smartphones permitem a habilitação de funcionalidades específicas, como a ativação de chamadas telefônicas em um clique ou acesso a mapas e direções a partir de informações de GPS. A construção e administração de conteúdo é simples e permite a criação de blogs, fóruns, álbuns de fotos, formulários, lojas online e integração com mídias sociais. O Webs usa Clicky e Webmaster Tools para ajudar na mensuração de tráfego e visitação, identificando áreas que chamaram a maior atenção e os termos mais buscados no website. Existem várias opções de templates à disposição de seus usuários, organizados por categoria e facilmente customizáveis, previamente configurados para facilitar o acesso de mecanismos de busca. [www.webs.com]

Wix — ferramenta para a construção de websites com animações interativas, usando Adobe Flash. Sua operação é bastante simples, mesmo para quem nunca teve contato com essa plataforma. Pode-se criar websites visualmente ricos e acessíveis por mecanismos de busca, o que contorna uma das maiores restrições que se tem com relação ao formato. O Wix oferece uma versão gratuita para se testar a tecnologia, mas sua experiência é prejudicada pela presença de anúncios e marcas diversas. Contas premium podem customizar suas páginas, oferecer serviços de e-commerce, utilizar um domínio próprio e analisar dados de uso via Google Analytics. [www.wix.com]

Jimdo — ferramenta de construção de websites simples e acessível, hospedada remotamente. Não é preciso conhecimento técnico para criar conteúdo e customizá-lo rapidamente. A interface de administração dá acesso às páginas como são vistas, permite reposicionar módulos e inserir códigos especiais (para análise de métricas, por exemplo) onde for necessário. A criação de galerias de fotos e integração com mídias sociais é simples e modular. É possível ter acesso ao código, caso se deseje adaptá-lo para situações específicas. Sites feitos com o Jimdo já vêm com versões compatíveis com smartphones e parcialmente otimizados para acesso via mecanismos de busca. [www.jimdo.com]

Webnode — ambiente intuitivo e bastante amigável para a criação rápida de sites pessoais, profissionais e lojas virtuais. A ferramenta disponibiliza módulos de extensão para a criação de blogs, enquetes, fóruns e galerias de fotos. Em suas páginas é fácil inserir mapas, vídeo, códigos de programação e Google Gadgets (funcionalidades específicas, disponibilizadas gratuitamente pelo Google). Sites são hospedados pelo próprio serviço segundo diferentes planos, que vão do gratuito, com restrições e um rodapé com a marca do Webnode, até serviços de hospedagem e tráfego ilimitados. Todos são compatíveis com dispositivos móveis. [www.webnode.com]

BUSINESS CASES, FERRAMENTAS ADICIONAIS E SUGESTÕES DE USO

Kuler, da Adobe, é uma ferramenta gratuita para definir paletas cromáticas para várias aplicações. É possível criar harmonias a partir de um tom original, pesquisar sugestões de cor ou palavra-chave enviadas por sua comunidade de usuários e descobrir os tons mais significativos de qualquer imagem. [http://kuler.adobe.com]

IconWanted é um repositório e mecanismo de busca de ícones. É possível pesquisar ilustrações individuais ou conjuntos e refinar a busca por tipo de ilustração, cor do fundo (branco, preto ou transparente), tamanho da imagem e licença de uso. Os ícones escolhidos podem ser baixados em vários formatos. [www.iconwanted.com]

BuildorPro é uma ferramenta de design e desenvolvimento de páginas web que funciona diretamente a partir do browser, sem a necessidade de outros aplicativos. Com ele é possível editar elementos e inserir linhas de código diretamente na página, visualizando seu resultado imediatamente. [http://www.buildorpro.com]

SITUAÇÃO:
Branding, publicidade e promoção.

PROPOSTA:
Micromídia, Twitter e impulso.

O que você tem a dizer?

Não são poucas as boas oportunidades de relações públicas ou contato com a marca perdidas pela falta de uma boa apresentação. Até há pouco tempo um pequeno site, com informações básicas, era tudo o que bastava. Hoje o **perfil da empresa** nas diversas mídias sociais de que ela e seus diferentes públicos fazem parte é uma importante referência de seu perfil, identidade e credibilidade. Um perfil inativo pode eliminar o efeito positivo de campanhas promocionais e desinteressar usuários. Da mesma forma que um candidato com um currículo impressionante precisa ter um bom desempenho em sua entrevista de emprego, as marcas estão cada vez mais submetidas ao escrutínio de seus consumidores. Quanto mais desconhecido for o produto, mais importante a sua apresentação. A interação demanda comprometimento e participação, adequado ao contexto de cada rede que participa. A escolha da fotografia, texto de apresentação, fundos e conteúdo a apresentar são bastante importantes para comunicar o perfil e estilo de comunicação intencionados. O perfil deve apresentar conteúdos inovadores, referências interessantes e que reforcem a personalidade da marca. Como o ecossistema é muito dinâmico, recomenda-se a renovação periódica de conteúdos e assuntos a tratar.

RECOMENDAÇÕES

Conecte as diversas redes. Integre seus perfis de redes cujo contexto seja relacionado. É possível criar perfis de blogs em comunidades profissionais como Slideshare e Linkedin, publicar no Twitter e Facebook todas as atualizações do blogs e promover conteúdos através de redes variadas. Essa conexão é importante para mostrar a seu usuário uma riqueza de conteúdo além do esperado. Só tome cuidado para não ser repetitivo.

Responda a seu público. A resposta direta é um tópico delicado de relacionamento, encarado por cada empresa e segmento de forma diferente. De qualquer forma, evite deixar comentários, especialmente críticas diretas, sem resposta, pois isso só aumenta o poder da crítica ao passar uma impressão de descaso.

Linha editorial consistente. Procure temas que possam ser de interesse de seu público, evite falar sobre uma grande variedade de tópicos para preservar sua relevância. Sempre que possível valide sua popularidade e busque sugestões em seu público.

Concentre-se em suas boas características. Procure, sempre que possível, ser inspirador, não defensivo. Mantenha seu perfil honesto e uniforme, evite mudar constantemente.

Encurtador de links. Serviços como bit.ly redirecionam links grandes, que seriam difíceis de copiar ou poderiam ocupar boa parte do espaço da atualização em endereços curtos e customizáveis, que, além de práticos para o uso em mídias sociais, têm a vantagem de ser mensuráveis. Seu painel de administração indica a popularidade dos links e a procedência de cada clique.

CUIDADOS

Planejamento. Para que a ação digital seja relevante e consistente é importante levar em conta algumas variáveis antes mesmo de começá-las. É fundamental, por exemplo, designar uma pessoa ou grupo para cuidar do perfil, já que conteúdos que pertencem a muitos podem ser facilmente abandonados. Também é importante determinar o que é apropriado dizer em nome da empresa, como proteger a conta, que perfis seguir, como agir face a perguntas indesejadas ou cuja resposta é sigilosa e assim por diante. Mídias sociais têm um código de comportamento bastante específico, que precisa ser seguido para ganhar relevância.

Conteúdo. Ás vezes é mais fácil agregar os conteúdos, temas e palavras-chave ditas a respeito de uma empresa ou evento do que mobilizar recursos para criar um perfil especialmente para uma determinada ocasião. Se esta for a sua opção, tome sempre o cuidado de filtrar os resultados da automatização antes de publicá-la para evitar comentários irrelevantes ou inadequados.

Incoerência e inconsistência. Mídias sociais são, acima de tudo, mídia. Por isso devem ter uma frequência de atualização condizente com as características da rede e hábitos dos usuários.

Evangelistas. Evite contratar profissionais de perfil público para fazer o relacionamento da empresa. Se a voz sempre for de um funcionários, há sempre o risco de se desfazer quando ele se for.

Palavras-chave. Monitore seu perfil e palavras-chave que digam respeito à sua empresa, mercado e concorrência, respondendo a comentários sempre que for apropriado.

Serviço: Página no Linkedin

A rede Linkedin oferece às empresas a possibilidade de criar páginas de perfil, em que disponibilizam suas informações institucionais, da mesma forma que pessoas físicas o fazem em seus perfis. Uma página de empresa pode ser um canal bastante prático para falar de produtos, políticas e serviços, além de servir como um bom canal de networking, divulgação e recrutamento. Através delas é possível receber recomendações e dar testemunhais a profissionais ou fornecedores cujo valor desejem reconhecer. Para os membros da rede, as páginas corporativas são um ótimo canal de informação oficial a respeito de vagas de interesse. Lá é possível conhecer o perfil e dinâmica de trabalho na empresa, acompanhá-la e comentar seus produtos, serviços ou notícias a seu respeito. Ao revelar o lado humano de sua cadeia de produtos e serviços, o uso desses perfis pode dar vida a marcas com pouco ou nenhum investimento de marketing. Perfis empresariais têm acesso a dados de visitação, que podem ser utilizados para a análise de métricas.

[WWW.LINKEDIN.COM/COMPANIES]

Canal no Slideshare – outra boa fonte de referência em conteúdo específico e focado, a rede de compartilhamento de apresentações permite que se estabeleça uma imagem de marca baseada no valor do conteúdo que compartilha. Além das apresentações, é possível usar o Slideshare para compartilhar documentos e vídeos. Um recurso bastante interessante é a transmissão de conteúdo acompanhado de trilhas de áudio (slidecasts). Planos de associação paga permitem a criação de canais exclusivos, identificados com a identidade visual da marca e sem anúncios. Neles é possível restringir com senhas o acesso a determinadas apresentações e criar salas virtuais de reunião. [http://slidesha.re/Pro-Acc]

Perfil no Twitter – muitas empresas se preocupam em realizar ações promocionais no Twitter sem se dar conta que a atividade de seu perfil é uma importante referência de personalidade da marca. Um perfil benfeito para a empresa (ou melhor, um perfil para cada marca, público e a ação promocional pretendida) abre um canal de comunicação direta e rápida com o mercado. É recomendável consultar outros departamentos e formadores de opinião dentro da empresa antes de usar esse canal, para evitar conflitos e mensagens contraditórias. O avatar (ícone que representa o perfil), o fundo da tela e a descrição do perfil são elementos essenciais de sua composição. [www.twitter.com]

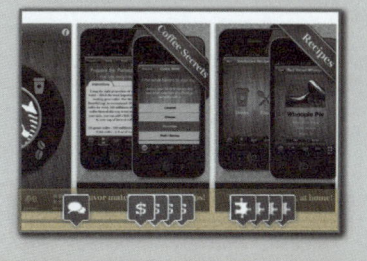

Brand app – com a explosão da comunicação em plataformas móveis, muitas marcas descobriram que uma boa forma de estar presente no cotidiano de seus consumidores – que não assistem mais televisão e mal leem jornais – é através de aplicativos inteligentes, práticos ou divertidos, que levem o espírito da marca para suas mãos e bolsos. Alguns chegam a ser tão sofisticados que são até vendidos, embora a maioria dos aplicativos patrocinados por marcas seja gratuita. Por mais que uma plataforma esteja em evidência, o mercado é muito versátil, por isso o ideal é desenvolver aplicativos compatíveis com iOS (iPhone e iPad), Android (Google e Motorola) e Windows Mobile (Nokia), entre outras.

BUSINESS CASES, FERRAMENTAS ADICIONAIS E SUGESTÕES DE USO

Volkswagen, Samsung e Dell são algumas das empresas que usam as **páginas corporativas no Linkedin** para fazer um pouco mais do que promoção institucional e networking. Elas também usam a aba "Produtos e Serviços" como divulgação de lançamentos para o público seleto da rede social. [www.linkedin.com/companies]

Canais de **consultorias e agências no SlideShare** costumam disponibilizar material didático a respeito de novas mídias e estratégias para acesso gratuito ou download. Como essas empresas precisam convencer seus clientes a respeito de novas oportunidades, é comum encontrar referências claras e atualizadas por lá.

Um relatório publicado pelo serviço encurtador de links Bit.ly em [http://bit.ly/vida-media] mostra que a **durabilidade dos links** é de aproximadamente três horas, um pouco mais para o YouTube. O Scup publicou um relatório dos horários de maior popularidade do Twitter em [http://bit.ly/horario-nobre]. Vale considerá-los antes de tuitar.

SITUAÇÃO:
Branding, publicidade e promoção.

PROPOSTA:
Redes sociais, grupos e comunidades.

Mercados são conversas

Páginas em redes sociais devem ser analisadas como iniciativas de relacionamento de longo prazo entre uma empresa e seu(s) público(s), que podem construir um patrimônio de marca de grande valor. Seu planejamento deve levar em conta variáveis mais comuns à criação de jornais e revistas do que ao planejamento de ações publicitárias ou promocionais. É preciso compreender bem o que move seu leitor e quais são as ações da concorrência no ambiente digital – frequência de atualizações, interação com os usuários, linguagem utilizada, expressões e jargão, geração de conteúdo próprio ou republicação de conteúdo de outros, parcerias, número de seguidores, redes de colaboração e crescimento da popularidade, entre outros – todos esses dados são públicos, como os seus também serão. Com esses dados em mãos e uma estratégia de relacionamento consistente, é possível fazer uma curadoria de conteúdo que mostre a expertise e estilo de uma marca. São muitos os usos possíveis para essas páginas. É possível usá-las como canal de vendas ou marketing direto, fonte de informações, formulário informal de pesquisas, ambiente de conversação, álbuns de fotos, divulgação de links, demonstração de produtos... sua relevância dependerá da forma com que dialoga com seus usuários.

RECOMENDAÇÕES

Ponto de chegada e partida. Como são ambientes de maior engajamento, é importante que as páginas em mídias sociais sejam mencionadas em campanhas publicitárias, links patrocinados, website da empresa e outras redes das quais ela participe, atraindo visitantes para um ambiente de relacionamento mais profundo e ajudando sua audiência a crescer. Mobilize recursos para deixá-la pronta para receber um aumento súbito de tráfego, respondendo prontamente a cada solicitação recebida.

Direcione a mensagem para o público correto. Mensagens genéricas ou específicas demais falham em atingir seu público simplesmente por não conseguir se comunicar com ele. Analise os dados sociodemográficos de cada rede que participar para saber se são arenas relevantes para concentrar esforços de marca.

Mensure o crescimento. Existem vários serviços, fornecidos pelos administradores das redes, independentes ou terceirizados que podem monitorar o crescimento, evidenciar momentos e ações mais populares, identificar movimentos similares na concorrência e sugerir novas formas de ação. Não deixe de consultá-los nem que seja apenas para validar sua estratégia.

Crie engajamento. A página na rede social, como um website, e-mail ou qualquer ação promocional da Internet, é só uma porta de entrada para serviços de relacionamento, por isso é importante definir claramente qual é seu objetivo e dar a seus visitantes motivos para recomendarem seu conteúdo e voltarem a ela. O número de seguidores é muito menos importante do que a qualidade de seu relacionamento.

CUIDADOS

Conteúdo. De nada adianta uma boa campanha promocional se a página de destino não reflete os valores destacados. Muito cuidado com a qualidade do texto, fotos e vídeos que publica, pois estes poderão dizer muito a respeito da qualidade de seus serviços e do empenho dedicado a eles. Quanto mais inéditos, curtos, bem-acabados e bonitos forem, maiores as possibilidades de redistribuição.

Investimento de longo prazo. Esteja preparado para um crescimento lento, que demandará esforço e pode mostrar poucos resultados em seu início, mesmo impulsionado por ações promocionais ou menções na mídia de massa. Integre o conteúdo à cultura da empresa e suas áreas de atuação para que o relacionamento seja integrado à filosofia da empresa.

Não "empurre" produtos. Cuidado com promoções veladas, autopropaganda, elogios, exageros e, sobretudo, mentiras. O relacionamento é pessoal, frágil e baseado em confiança, e a maioria dos consumidores apresenta reservas com relação às intenções das marcas.

Seeding. Nunca crie perfis falsos ou finja ser quem você não é. Além da atitude ser antiética (por mais que seja defendida por alguns), seus efeitos podem ser devastadores para sua imagem a médio ou longo prazo. O consumidor está acostumado a verificar a identidade e veracidade de links ou perfis suspeitos na rede, e não faltarão pessoas indignadas a denunciar atividades escusas. Muito melhor é estabelecer um perfil claro e sincero, mostrando as reais qualidades de sua empresa, produtos e serviços.

Serviço: Página no Facebook

O Facebook permite a criação gratuita de "páginas" agregadas a seus perfis. O layout costuma seguir a mesma linha espartana da própria rede, mas isso não implica que não possa ser customizada ou expandida para outras páginas (abas). Existem diversos serviços construtores de páginas e com conhecimento técnico é possível fazer grandes alterações. O tamanho e a penetração do Facebook permitem que páginas construídas nele alcancem grande repercussão, já que é possível entrar em contato com a marca sem sair da rede social. Pode-se criar desde páginas simples, com agregadores de publicações e tweets, até aplicativos bastante sofisticados, com inclusão de conteúdo multimídia, formulários para contato e material complementar para os usuários que a "curtirem". As páginas podem ser usadas para agregar usuários conectados através de outras redes, como Twitter e Flickr, criando um ambiente centralizado de interação e abrindo canais para diálogos mais ricos do que os oferecidos normalmente pela plataforma, como promoções e eventos. [www.facebook.com/pages]

Pagemodo – construtor de páginas para o Facebook com diversas funcionalidades e bastante fácil de usar. O serviço básico é gratuito, porém só permite a criação de uma página. Serviços pagos oferecem maior número de páginas e funcionalidades como mapas e atualizações automáticas. Há diversos templates para a rápida adequação de uma mensagem ao tom da marca. A criação de galerias de fotos e vídeos é bastante simples, bem como a criação de formulários para contato. Páginas criadas no Pagemodo podem dar acesso a conteúdos adicionais a quem marcar "curtir" seu conteúdo, além de oferecerem cupons e promoções. [www.pagemodo.com]

Comunidades Orkut – O sucesso do Facebook fez com que muitos se esquecessem que o Orkut, a primeira rede social a fazer um enorme sucesso no Brasil, ainda é muito grande e um dos principais canais de acesso a diversos públicos. Empresas podem criar perfis e comunidades e até customizá-las, embora esse processo não seja direto e demande contato com o setor comercial do Google no Brasil. De qualquer forma é recomendável dedicar tempo e atenção para monitorar e interagir com a rede, especialmente se já houver grupos ou debates a respeito de suas marcas, produtos ou segmentos por lá, criando um canal de esclarecimento, relacionamento e promoção. [www.orkut.com]

Redes de nicho – comunidades digitais se multiplicaram nos últimos anos. Vários de seus membros, depois de habituados a suas funcionalidades, perceberam que as grandes redes se tornaram genéricas demais para sua área de interesse. Por isso surgiram redes de discussão, recomendação e compartilhamento específicas, que podem ser arenas de relacionamento com formadores de opinião e busca de feedback de alto nível. Há redes para discutir assuntos tão variados quanto vinho, livros, viagens, educação e moda, entre tantas. Existem até redes exclusivíssimas, como ASmallWorld, restrita a convites feitos pelos muito ricos, como os clubes europeus do século XIX. [www.asmallworld.net]

BUSINESS CASES, FERRAMENTAS ADICIONAIS E SUGESTÕES DE USO

Apesar de restringir o acesso à sua página no Facebook apenas para quem a "curtir", a **Red Bull** disponibiliza nela muita informação sobre atletas patrocinados, games e vídeos de locais e eventos, envolvendo o usuário em uma experiência de marca ao mesmo tempo que divulga seus produtos.[http://on.fb.me/nuvem-FB-RB]

A página da **SonyEricsson** no Facebook apresenta informações da marca e inovações. Usuários que a "curtirem" podem participar de promoções e concursos, resenhar produtos, receber notícias e ver demonstrações em primeira mão. Vídeos de usuários são escolhidos e promovidos semanalmente.[http://on.fb.me/nuvem-FB-SE]

A **Lacoste** tem um perfil dinâmico e ativo no Facebook, buscando identificar a marca com um público mais jovem e conectado. Vídeos, cobertura de eventos, customizações, informações exclusivas sobre as novas coleções e cobertura dos principais campeonatos de Tênis fazem parte deste conteúdo. [http://on.fb.me/nuvem-FB-Lacoste]

| ferramenta | serviço | gratuito | preço variável | até US$100/ano | US$100~600 | US$600~2000 | US$2000+ | simples | mediana | difícil | para experts |

SITUAÇÃO:
Branding, publicidade e promoção.

PROPOSTA:
Fóruns, wikis, reputação e empowerment.

Criatividade terceirizada

Crowdsourcing é um neologismo que diz respeito à criação de um conteúdo por uma comunidade genérica, indefinida e normalmente grande na forma de um chamado aberto. Por mais que a ideia de transferir o processo criativo de uma equipe interna para um grande grupo de interessados possa soar como uma forma interessante de renovar ideias, economizar recursos e ainda ser uma boa iniciativa de relações públicas, é necessário cautela. Sem limites e estrutura bem definidos, os resultados podem gerar uma razoável dor de cabeça posterior no que diz respeito à propriedade da ideia. O ideal é estruturar a colaboração em grupos pequenos, controláveis e moderados, para entender bem qual é a melhor mecânica e forma de mobilização do público. Para obter uma boa contribuição, tanto em número de contribuições como em qualidade das mesmas, é preciso contar com o apoio de formadores de opinião ou oferecer prêmios para estímulo. Bons resultados também podem vir de pedidos simples, como a avaliação de uma ideia proposta ou uma grande caixa de sugestões. É importante ressaltar que não haverá confidencialidade, muitas sugestões serão de baixo nível e o voto popular pode levar a más ideias. Mesmo assim, custa muito pouco e pode gerar ótimos insights.

RECOMENDAÇÕES

Seja claro. Tenha um pedido de criação bastante detalhado e específico. Ele deve evitar qualquer tipo de dúvida e ser interpretado de uma única forma. Coloque-o em uma página que permita a publicação de comentários, para que as dúvidas sejam eliminadas em um só local.

Descreva o processo. Elabore um texto franco, em que todas as etapas são descritas. Organize-o em listas e elabore diagramas se considerar necessário. Fuja de termos genéricos ou vagos.

Transparência. Mantenha os participantes informados a respeito do andamento do processo e do estágio de aprovação. É estimulante acompanhar o desenvolvimento de uma ideia, e frustrante contribuir sem receber feedback. Deixe claro o processo de avaliação de ideias e qual foi o critério utilizado.

Colabore. Combine e expanda ideias. Faça um brainstorm com seus colaboradores, dê sugestões, contribua com informação adicional, direcione-os, conecte-os entre si e busque novas ideias.

Recompense. Estimule a competição produtiva, exponha todas as ideias que surgirem e permita que o grupo vote em sua relevância. Se considerar necessário, permita que as ideias sejam submetidas sob pseudônimo, mas garanta a moderação antes da publicação. Ao final do processo, recompense seus colaboradores de acordo com o esforço empenhado e o ganho proporcionado. Isso estimulará novas participações. Mas não deixe de premiar todos os participantes com algum conteúdo especial, nem que seja só o nome na lista de agradecimentos.

CUIDADOS

Defina o grupo. Ele é genérico ou específico? Se for genérico, como se pretende chegar a ele? Acima de tudo, como será feita a moderação para que não apareçam sugestões inadequadas ou ofensivas? Pesquise comunidades e grupos e debata sua ideia com os moderadores e principais membros. É mais fácil ter boas sugestões sob controle quando se tem o apoio de uma rede previamente estabelecida. Se envolva com o grupo e esteja disponível para esclarecimentos e sugestões.

Sobrecarga. Dê uma tarefa simples ao seu público, por mais que a oportunidade possa dar a seus participantes uma grande exposição. O trabalho coletivo é uma espécie de concorrência que pode desmotivar possíveis interessados de talento ao considerar a possibilidade de ter muito trabalho por nada. Se o esforço for pequeno, muitos poderão contribuir pela diversão ou exposição.

Curadoria. Conforme a popularidade da proposta, é possível surgir um grande número de sugestões, de relevância e qualidade variadas, nem todas originais. Tenha uma metodologia clara para selecioná-las de forma a evitar quaisquer dúvidas.

Deadline. Estabeleça um prazo final. Sem prazo não há urgência e a geração de ideias acaba sendo adiada em nome de outras prioridades. Não determine prazos muito longos, que acabam sendo esquecidos, nem curtos demais a ponto de serem inviáveis.

Propriedade da ideia. Quem participa de uma criação em grupo deve ter em mente que cede os direitos da criação Deixe essas condições bastante claras.

Ferramenta: Edistorm

Ferramenta para a criação de brainstorms públicas, com várias dinâmicas e modelos previamente estruturados para guiar o processo e ajudar a organização do fluxo livre de ideias. Seu modelo de brainstorm é bastante similar ao do uso de post-its, com a vantagem de poder ser feito online e através de smartphones. Cada novo projeto tem nome, descrição e objetivos e pode ser configurado para diferentes níveis de privacidade. Cada participante pode escrever sua contribuição em uma nota e colocá-la no lugar em que acredita ser mais adequado. As notas podem ser movidas e reorganizadas de diversas formas, em tempo real. Cada usuário tem acesso a dez notas em texto, e pode acrescentar fotos ou links para repositórios de vídeo a cada uma delas. Sessões encerradas podem ser armazenadas e reabertas posteriormente. As sugestões podem ser livremente comentadas, avaliadas e discutidas, depois registradas em documentos no formato PDF ou em tabelas Excel, com relatórios em que se pode avaliar a participação e contribuição, compilar links e material de referência. [www.edistorm.com]

IdeaScale — instrumento para coletar ideias, problemas, feedback e sugestões de usuários de websites, que funciona como um pequeno grupo de pesquisa online. Cada contribuição abre um tópico, que pode ser avaliado e comentado por outros usuários. Extensões do serviço podem ser incorporadas a redes sociais e páginas de websites, acessíveis por plataformas móveis. Cada formulário pode ser customizado, o que dá a seus administradores a opção de criar campos específicos para filtrar melhor a origem de cada sugestão. O acesso à ferramenta pode ser público, privado ou restrito a determinados endereços Internet. [www.ideascale.com]

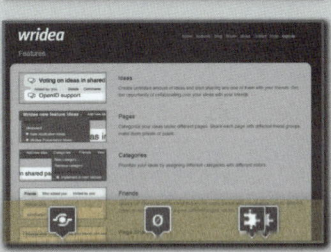

Wridea — ferramenta gratuita para a geração e gestão de propostas criativas. Usuários podem contribuir com sugestões e abri-las para discussão pública ou restrita a convidados. As ideias podem ser organizadas em categorias e classificadas por prioridades. Para organizá-las, é possível criar "páginas", mover sugestões entre elas e compartilhar cada uma dessas coleções com grupos diferentes, em diversos níveis de profundidade. É possível pesquisar categorias ou sugestões específicas e comentar cada resultado. A opção "idea rain" mostra dinamicamente as contribuições registradas, estimulando a geração de insights à medida que conexões inéditas surgem aleatoriamente. [www.wridea.com]

Stormweight — ferramenta para a gestão de colaborações, que organiza em colunas atualizadas dinamicamente as sugestões de cada membro, permitindo a seus gestores que as comparem e movam para grupos temáticos em que se mostrem mais relevantes. Cada ideia pode ser avaliada e comentada, o que auxilia na criação de consensos e rankings. O sistema é seguro e pode ter seu acesso restrito a membros autorizados, restritos a um máximo de 100 contribuidores. A organização das sugestões em colunas facilita a consulta e movimentação de propostas entre áreas de interesse, permitindo compará-las lado a lado. É possível colaborar por e-mail. [www.stormweight.com]

BUSINESS CASES, FERRAMENTAS ADICIONAIS E SUGESTÕES DE USO

Innocentive é uma rede de inovação aberta que conecta empresas a especialistas e profissionais com ideias para ajudar a resolvê-las. A rede publica "desafios" em 40 áreas, tão variadas quanto química e computação, para sua análise e proposta de solução, atribuindo um bom prêmio à solução escolhida. [www.innocentive.com]

Jovoto é outra rede de ideias, com um enfoque mais humanista. Ela premia tanto as soluções criativas quanto a qualidade das análises de seus colaboradores, estimulando a participação de seus usuários à medida que constrói sua reputação. Clientes a procuram como alternativas a agências de propaganda. [www.jovoto.com]

Crowdtap é uma forma de buscar ideias e feedback diretamente junto ao público consumidor. O serviço cadastra interessados em participar de pesquisas e envia os questionários de empresas diretamente para seus celulares, criando um espaço para discussões e remunerando cada ação com microcréditos. [www.crowdtap.com]

| ferramenta | serviço | gratuito | preço variável | até US$100/ano | US$100~600 | US$600~2000 | US$2000+ | simples | mediana | difícil | para experts |

SITUAÇÃO:
Branding, publicidade e promoção.

PROPOSTA:
Mobilidade, geolocalização e identificação.

Publicidade local

Serviços baseados em localização não dependem necessariamente de smartphones com GPS, embora esta seja a tecnologia mais precisa para a localização de um objeto. Conforme o aplicativo utilizado, é possível determinar, em níveis de precisão variáveis, a posição do aparelho através de redes sem fio, da triangulação de sinais de antenas de telefonia celular ou até por seu endereço Internet. A tecnologia necessária para a habilitação do serviço existe desde o ano 2000, originalmente restrita a sistemas de logística. A popularização de smartphones abriu o acesso a milhões de usuários pelo mundo, estimulando o desenvolvimento de uma série de serviços que tiram partido da geolocalização para a orientação em mapas, indicação de caminhos, registro de trajetórias, localização de contatos, identificação de serviços próximos, notificações diversas com relação ao ambiente, jogos sociais e solicitação de serviços como táxis ou entrega de pizzas. As ideias são muitas e redefiniram parte das interações que se tem com o ambiente físico. No entanto é necessário cuidado ao desenhar uma ação para redes geolocalizadas: nem todos os usuários se sentem confortáveis em divulgar sua localização – e a marcação do endereço particular pode trazer problemas de segurança.

RECOMENDAÇÕES

Seja pertinente. Mesmo que não haja determinações ou restrições legais para tal, sempre peça autorização para verificar o local em que está seu usuário. Indicações de áreas de interesse ou já frequentadas por ele devem ser feitas somente se solicitadas, para que não sejam inoportunas.

Redes sociais. Twitter e Facebook têm serviços de geolocalização, o que permite a seus usuários indicarem sua posição e procurarem contatos que estejam próximos. Os dados de suas APIs e de outras redes de geolocalização, como o FourSquare, são abertos e podem ser acessados por outros aplicativos que ofereçam serviços específicos para complementarem a experiência, como informações de trânsito e determinação de caminhos alternativos, dicas de entretenimento e localização de serviços específicos, de chaveiros a agências bancárias.

Dicas e roteiros. As informações de posicionamento permitem que se criem roteiros e dicas específicas para tirar proveito de boas opções que estejam próximas mas não sejam conhecidas. Museus, galerias, cafés, parques e outras áreas de interesse podem ser organizados em trajetórias personalizadas, determinadas de acordo com o perfil do usuário e sua posição. Dessa forma é possível criar roteiros culturais, gastronômicos ou turísticos ou simplesmente aproveitar o melhor possível de um tempo livre para se passear pelas redondezas.

Métricas. Como todo serviço digital, é possível associar as informações de geolocalização ao conteúdo, e assim descobrir hábitos de uso e acesso que podem ser muito interessantes.

CUIDADOS

Privacidade. Mesmo que seu usuário não registre sua própria casa no serviço, nada impede que seus amigos o façam quando forem visitá-lo. Basta um registro para que uma localização esteja relacionada a um nome. Se o endereço particular não for informado, a visita a estabelecimentos próximos ou o registro de fotografias geolocalizadas em serviços de compartilhamento como o Flickr e o Instagram podem dar claros indícios de rotina, padrão de vida e hábitos sociais.

Banalidade. As atualizações em redes sociais já são banais o suficiente. Acrescentar dados de localização que não tenham relevância para seu usuário nem ligação direta com a vida social de seus amigos poderá prejudicar sua popularidade e levar, indiretamente, ao cancelamento do serviço.

Segmentação. A geolocalização não é para todos. Há muitos que se sentem desconfortáveis em fornecer qualquer tipo de informação a respeito de sua posição, por mais que tenha vários amigos adeptos do serviço. Respeite sua opção e crie alternativas para que os que não querem ser localizados tenham acesso a partes de seu serviço de outras formas.

Spam. Um dos maiores temores levantados pela tecnologia de serviços baseados em localização foi o envio de mensagens não solicitadas a smartphones que passassem por perto de estabelecimentos comerciais. Por uma combinação de fatores comerciais, éticos e legais, isso não ocorreu, mas o desconforto de ser localizado à revelia persiste. Evite incomodar seu usuário com alertas ou notificações não solicitados.

Serviço: Google Locais

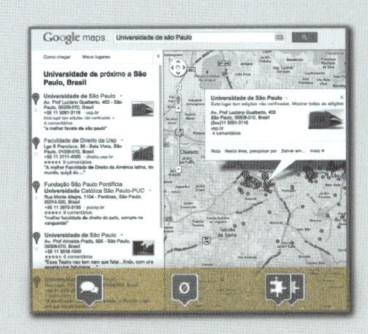

Funcionalidade gratuita, simples e prática do Google, útil para empresas de todos os tamanhos, apesar de pouco utilizada. Ela consiste em identificar a empresa no mapa, agregar a ela uma descrição simples e, nesse processo, torná-la facilmente acessível a custo zero. Não é necessário nem mesmo ter um website para se ter uma boa exposição, já que muitas pessoas usam a web para buscar endereços, telefones e conhecer a fachada do local procurado. Se encontrarem a resposta no Google, não precisarão ir ao website. Estabelecimentos cadastrados ganham maior visibilidade em buscas locais, e podem incorporar ao resultado seu endereço, horário de funcionamento e até fotografias ou vídeos de produtos. Empresas com filiais em mais de um endereço podem administrá-las a partir de uma única conta, e manter seus dados de contato sempre corretos, já que o sistema é atualizado em algumas semanas, ao contrário dos tradicionais catálogos anuais. Em alguns países é possível agregar ofertas e descontos aos resultados, funcionalidade que logo deve chegar ao Brasil. [WWW.GOOGLE.COM/PLACES]

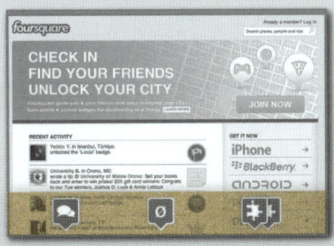

FourSquare – Rede social baseada em localização. Seus usuários podem registrar presença quando estiverem em um determinado local (dar check-ins) e agregar fotos e recomendações a seu perfil, ganhando pontos conforme o tipo de visita. O registro da localização é validado conforme a posição medida pelo GPS do smartphone ou por antenas de celulares e roteadores. Marcas podem criar diversas promoções utilizando seus dados e baseando-as em horário, proximidade, número de pessoas registradas e visitas recorrentes, o que pode dar acesso a promoções ou brindes a clientes fiéis ou que tenham um estilo de vida compatível com os seus valores. [www.foursquare.com]

Facebook Locais – funcionalidade do Facebook similar ao Foursquare. A experiência do usuário não é tão rica, mas leva a vantagem de estar integrado à rede social, com acesso a seus recursos. Novos registros são automaticamente publicados no mural do usuário, ficando abertos a comentários e sugestões de amigos. É possível marcar as posições de outros, dar indicações, comentar ou aprovar ("curtir") a ação. As empresas podem conectar suas páginas à ferramenta para fazer promoções conforme o local, horário ou condições que cruzem variáveis de uso do Facebook com o de celulares. [http://on.fb.me/nuvem-loc]

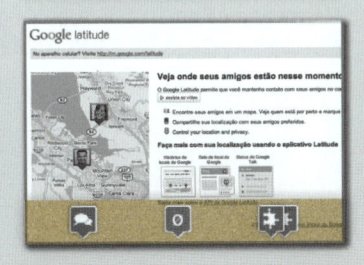

Google Latitude – serviço gratuito que fornece a localização de seus usuários e atualiza sua posição em tempo real, traçando seu deslocamento no mapa. Usuários podem restringir o acesso a círculos de afinidade para assegurar sua privacidade. A conexão ao serviço é gratuita, feita através de uma conta do Google e integrada a outros serviços da rede (pode-se, por exemplo, saber o clima, trânsito ou até ver uma foto das ruas no local, via Street View). O acesso à base de dados é aberto, e permite o desenvolvimento de aplicativos que conectem a posição de seus usuários a comunicadores instantâneos, fotografias, blogs, documentos e e-mail. [www.google.com/latitude]

BUSINESS CASES, FERRAMENTAS ADICIONAIS E SUGESTÕES DE USO

O **Bar Brejas** é um exemplo de boa publicidade com baixo orçamento. Quem busca "bar campinas" no Google costuma encontrá-lo na primeira página de resultados porque, ao perceberem que o sistema privilegiava a exibição de cadastrados no Google Locais, os administradores ampliaram a descrição do bar no serviço e pediram aos clientes para comentarem.

Pictometry, empresa de manutenção e engenharia civil, não teria por que ser citada se não usasse duas tecnologias pouco comuns para o segmento ao fazer estimativas de custo e tempo de serviços: a fotografia por satélite, refinada por medidas tiradas por seus usuários via aplicativos para smartphones. [www.pictometry.com]

Social report mostra como se pode obter métricas através de aplicativos de geolocalização social. Ela analisa, de forma similar à que o Google Analytics faz em websites, novos visitantes a um local, tempo empenhado ali, termos utilizados para descrevê-lo e diversos dados sociodemográficos. [www.socialreport.com]

211

| ferramenta | serviço | gratuito | preço variável | até US$100/ano | US$100~500 | US$600~2000 | US$2000+ | simples | mediana | difícil | para experts |

SITUAÇÃO:
Branding, publicidade e promoção.

PROPOSTA:
Nomadismo e compartilhamento.

Carrinhos e compras

Não há cálculo de ROI mais direto do que o proporcionado por ações que se concluam em vendas de produtos. Há empresas, no entanto, que ainda não consideram o ambiente de e-commerce como uma arena de exposição aos valores da marca. O serviço de **comércio eletrônico**, pelo volume de transações envolvidas e acesso que dá a novos empreendedores a mercados ao redor do mundo, já é por si só um dos maiores sucessos na rede. Por mais que não seja possível ter contato físico com o produto adquirido nem sair da transação com ele em mãos, essas desvantagens são compensadas pela comodidade de uma loja que nunca fecha e que pode atender o mundo todo. Na época em que a implementação desses serviços era cara e difícil, o simples fato de oferecê-los já era um diferencial. Hoje que existem milhões de websites, de categorias diversas, a vender produtos de todo tipo, é preciso ir além. Há diversos serviços de comparação de preços, compra em grupo, busca por promoções e uso de cupons, a ponto de ser necessário investir na identidade da loja. O consumidor, mais exigente, se contenta cada vez menos com uma marca que não ofereça uma experiência de compra além do satisfatório.

RECOMENDAÇÕES

Especialize-se. Quanto mais específica for a sua loja, maiores serão as opções de ser encontrada por buscas diretas, escapando da competição com as grandes magazines.

Funcionalidades. Uma boa estruturação de funcionalidades em uma loja auxilia o consumidor a chegar rapidamente ao caixa, fazer quantas listas de produtos quiser e armazená-las por tempo indeterminado. Sem pressão para comprar, o visitante tende a ser mais receptivo. Pressionado, pode ir embora a qualquer momento e não voltar mais.

Mostre os produtos. Quanto mais fotos houver, mais sedutor o produto tenderá a ser. Se as fotos forem de alta qualidade ou vierem acompanhadas de vídeos bem produzidos, maior será a segurança transmitida pelo vendedor. Se permitir que seus usuários comentem, avaliem e alimentem o sistema com suas próprias análises, fotos e vídeos do uso dos produtos, melhor será a impressão de segurança da qualidade e clientela satisfeita.

Produtos relacionados. Agrupe produtos similares por categoria para estimular compras relacionadas. Roupas demandam acessórios, eletrônicos precisam de baterias, livros podem ser organizados em listas. Monte pacotes com descontos e promoções para que seu consumidor "aproveite" o dinheiro que já gastará com o frete e acrescente uma ou duas coisinhas no pacote.

Condições de negociação. Ofereça o maior número de opções de pagamento, mesmo que as comissões não sejam vantajosas. Isso ajuda a garantir a venda.

CUIDADOS

Impostos e taxas. Deixe bastante claro o valor total a pagar, incluindo opções de frete e, quando aplicável, impostos de importação ou utilização. Poucas coisas irritam mais um consumidor do que custos embutidos, invisíveis. Por mais que não sejam culpa ou responsabilidade da loja, a sensação de má-fé resultante é muito grande. Pode não ser sua obrigação avisar, mas é um ato nobre de colaboração.

Não venda o que não pode entregar. Se você não tem um produto em estoque ou enfrenta problemas de envio para determinadas localidades, procure parceiros de negócios que resolvam o problema. Se não tiver aliança com nenhum, evite oferecê-lo. Poucas sensações são mais frustrantes do que ter a transação cancelada no momento em que está para ser concluída.

Detalhes da transação. Envie e-mails ou mensagens de confirmação do recebimento do pedido o quanto antes, incluindo uma estimativa do prazo de entrega. A transação já é virtual demais, dê um comprovante para torná-la mais palpável.

Opções de compra. Onde não há presença física, os constrangimentos tendem a ser muito menores. Seu consumidor não hesitará em procurar o produto mais barato, estabelecer uma faixa de preço baixa, buscar promoções, vasculhar a loja toda — e sair com as mãos abanando. Quanto mais opções de busca e organização forem oferecidas a ele, mais fácil estabelecer uma relação de cumplicidade que pode resultar em muitas compras, mesmo que não nos primeiros contatos. O consumidor é arisco, não o assuste. Deixe-o se aproximar na velocidade em que se sentir confortável.

Ferramenta: Magento Go

Magento é a principal ferramenta para criação de soluções de e-commerce pelo mundo. A mesma estrutura que oferece planos corporativos que precisam de suporte técnico avançado e chegam a custar US$13.000 por ano lançou uma versão voltada para pequenos e médios empreendimentos: Magento Go. Hospedada e administrada remotamente, a ferramenta oferece planos que variam entre 15 e 125 dólares por mês, e permitem a criação de lojas de diversos tamanhos, com número ilimitado de itens e páginas otimizadas para fácil acesso por mecanismos de busca. É fácil criar pacotes de produtos e descontos promocionais, cupons, vale-presentes e adaptar cada página de produto para suas características únicas, o que permite ao consumidor a escolha entre as várias opções disponíveis de um produto antes de adicionar a escolhida ao carrinho de compras. Banners podem ser desenvolvidos para áreas específicas, chamando a atenção para produtos ou promoções. Consumidores podem criar listas de interesse, fazer comparações, avaliar e escrever resenhas. [HTTP://GO.MAGENTO.COM]

Prestashop – plataforma gratuita e de código aberto para a construção de lojas online. Deve ser instalada em servidor próprio, por isso demanda conhecimento técnico em sua configuração inicial, para evitar problemas de segurança ou instabilidade. A ferramenta é bem completa, e permite o controle de catálogo, carrinho de compras, transferências criptografadas e acesso a vários métodos de pagamento, com modelos de layout prontos e customizáveis. O sistema gera métricas detalhadas quanto à visitação, fidelidade e transações realizadas ou abandonadas. Módulos adicionais permitem que a loja seja adaptada ou expandida quando necessário. [www.prestashop.com]

Goodsie – plataforma para a criação rápida de lojas online visualmente sofisticadas. O serviço hospeda e administra a loja a um preço bastante acessível e sem cobrar comissão. As transações são seguras e diretas, com poucas etapas entre a apresentação do produto e o caixa. Não é preciso conhecimento técnico para criar lojas bonitas, em cores e tipografia pouco comuns, e mesmo assim compatíveis com os principais browsers e plataformas móveis. É fácil mudar o design rapidamente, adaptando-o para datas especiais. As lojas são integradas com Paypal e seus administradores têm acesso a painéis de controle em que podem acompanhar a visitação e vendas. [www.goodsie.com]

Bondfaro – mecanismo de busca e recomendação para comércio eletrônico, parte do grupo BuscaPé. O serviço se propõe a ajudar na tomada de decisão, pesquisando diversas lojas online e filtrando resultados por marca, popularidade, preço e avaliação de seus consumidores. Produtos selecionados encaminham o visitante direto para o carrinho de compras da loja selecionada, o que facilita a transação. O site também possui um serviço que remunera a fidelidade de seus associados com créditos e ofertas exclusivas. O destaque editorial fica por conta das análises de produtos, em fotos e vídeo, apresentando suas principais características. [www.bondfaro.com.br]

BUSINESS CASES, FERRAMENTAS ADICIONAIS E SUGESTÕES DE USO

Lojas pequenas como a **PlanetArchitecture**, livraria de arquitetura, usam MagentoGo como ferramenta de e-commerce porque ela disponibiliza as ferramentas necessárias para criar uma loja rapidamente, customizar seu design e otimizá-la de acordo com a resposta de seus consumidores. [http://bit.ly/nuvem-MagentoGo]

Da confecção da Peugeot, **Peugeot Sport**, à loja do **Centre Pompidou**, na França o Prestashop é um sucesso, e cresce rapidamente no resto do mundo. Por ser gratuito e robusto, tem clientes de todos os tamanhos, embora não seja muito atraente para quem precise de um design cativante em suas páginas. [http://bit.ly/nuvem-Prestashop]

Goodsie costuma ser a escolha de lojas independentes, que precisam de design e atitude. Papelarias artesanais, pequenas confecções, gravadoras alternativas, lojas de acessórios, gadgets e objetos de todos os tipos, de biscoitos para cachorros a bicicletas usadas. Vários exemplos estão no blog da ferramenta. [www.blog.goodsie.com]

---

ferramenta | serviço | gratuito | preço variável | até US$100/ano | US$100~500 | US$600~2000 | US$2000+ | simples | mediana | difícil | para experts

SITUAÇÃO:
Branding, publicidade e promoção.

PROPOSTA:
Colaboração, jogos e meritocracia.

Vem brincar comigo

Quando o assunto é videogames, não faltam controvérsias. Há quem os considere uma grande perda de tempo, quem tenha aversão ao risco envolvido e até quem se queixe da apropriação de seus valores de colaboração e engajamento para usá-los com fins comerciais. Uma coisa, no entanto, é indiscutível: jogos, ao mesmo tempo triviais e poderosos, criam um mundo à parte com seus elementos de terror e mágica, envolvendo seus usuários com uma intensidade sem par na indústria do entretenimento. Este é o fascínio e o terror de quem pensa em **advergames** para seus produtos. A experiência gerada por eles é tão intensa e particular que não pode ser aplicada a qualquer marca ou público. Não se pode, aliás, "aplicar" jogos a nada. Utilizá-los implica reestruturar a relação que uma empresa tem com seus consumidores, o que pode, em última instância, mudar até partes de seu modelo de negócio. Não se pode aplicar credenciais e rankings a um serviço frio, impessoal e distante e acreditar que a atitude mudará a relação que tem com seu público. Por mais que a sensação de conquista a curto prazo que os jogos gerem seja similar à propiciada pelo consumo, suas estratégias são totalmente diversas. Quem, afinal, vai querer jogar com uma marca de pasta de dentes?

RECOMENDAÇÕES

Seja criativo. Em seu início a tecnologia não permitia mais do que jogos primários. Silenciosamente, o cenário mudou. Games online hoje podem gerar experiências sofisticadas e envolventes a partir de mundos criados em janelas de browsers. Eles ainda perdem em qualidade e velocidade para os jogos de consoles porque os aplicativos e computadores em que funcionam não foram desenvolvidos para esta finalidade, mas já são uma opção interessante. O maior limite para seu desenvolvimento está em seus inventores, em agências de propaganda e promoções que, sem a prática de desenvolver jogos, raramente inventam algo novo.

Seja corajoso. Jogos não são ambientes para elogiar ou facilitar a vida do usuário. Por sua natureza única, precisam desafiá-lo, provocá-lo e até frustrá-lo. Não são atitudes típicas da comunicação de marcas. Se não forem bem estruturadas, podem gerar uma péssima reação.

Seja relevante. Use jogos em áreas que pedem reformulação por causa das mudanças proporcionadas pela Internet. Aulas, bibliotecas, referências e notícias estão entre os vários ambientes que eram utilizados para a transmissão simples de informação e hoje estão meio perdidos em sua função. Jogos podem reformulá-los e transformá-los novamente em experiências ricas.

Tenha um bom roteiro e personagens complexos. Evite maniqueísmos e obviedades. Intrigue seu usuário e o desafie a conhecê-lo melhor. Meça e indique seu progresso, recompense resultados atingidos rapidamente e se prepare para remunerar ações de médio ou longo prazo.

CUIDADOS

Analise o esforço empenhado. Vale a pena investir tempo e recursos em um jogo? Ele faz parte dos valores defendidos pela empresa ou é mais uma moda, como tantas da rede, e irá passar? O esforço para criar um jogo é só o começo. Atrair novos usuários e manter sua comunidade viva e ativa não são mais fáceis.

Nível. Não faça jogos tão simples que desmotivem o usuário nem tão complexos que o desanimem.

Recompense. Premie o esforço, mas evite punir a falha. Esse é um dos erros mais comuns do processo educativo, que não pode ser levado para ambientes voluntários. Ele pode até funcionar para situações extremas, mas se torna frustrante rapidamente.

Evite jogar contra a máquina. Seus usuários são mais inteligentes do que qualquer computador. É muito mais difícil fazer um jogo em que o opositor seja um computador do que um ambiente em que a máquina ajuda e estimula a competição entre colegas.

Ritual. Todo jogo tem seu ritual e arena. Tome cuidado para que essa arena não conflite com os interesses e ambiente da empresa.

Tenha objetivos. Para que serve o jogo? Se não tiver uma meta clara, mesmo que implícita, desperdiçará tempo e recursos.

Estabeleça limites. Jogos podem ser vítimas de seu sucesso se tornarem interessantes a ponto de comprometerem outras atividades de seus usuários. Estabeleça horários em que a arena estará aberta. Isso aumenta a expectativa e pode diminuir críticas.

Ferramenta: Unity3D

Plataforma para o desenvolvimento de videogames tridimensionais multiplataforma, que podem ser jogados nos principais PCs, consoles, browsers e smartphones. Ela facilita a criação e implementação de conteúdo de alta qualidade, proporcionando interações que até há pouco tempo eram restritas a produtos comerciais sofisticados. Por ser compatível com várias plataformas e ter em sua biblioteca funções completas previamente desenvolvidas, a ferramenta se encarrega dos problemas técnicos comuns e permite a desenvolvedores que se concentrem no roteiro e personagens. Para utilizar aplicativos Unity em um browser é necessário instalar uma extensão gratuita e simples, que não requer conhecimento técnico. Esses motivos a transformaram no recurso mais utilizado atualmente para a exibição de conteúdo tridimensional na Internet, com aplicações que incluem jogos comerciais, advergames, ações de ponto de venda, demonstrações de produtos e treinamentos. Para desenvolver aplicativos com a ferramenta é preciso conhecer programação e modelagem 3D. [HTTP://UNITY3D.COM]

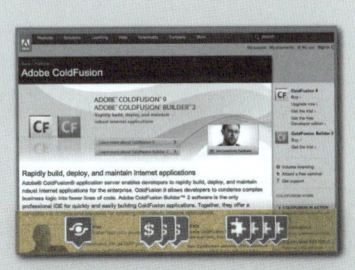

Flash – plataforma para criação de produtos interativos, animações, aplicativos web e jogos multiplataforma desenvolvida pela Adobe e muito utilizada no desenvolvimento de websites. Como existe há algum tempo, é compatível com diversos browsers e pode ser adaptada para aplicativos desktop, o Flash tem uma base maior de recursos profissionais disponíveis. Seus jogos, normalmente bidimensionais, devem ser programados em sua linguagem proprietária, ActionScript. É a mais amigável das plataformas da página, embora demande conhecimentos de animação. Recentemente a empresa lançou uma atualização para desenvolvimento 3D. [www.adobe.com/products/flash.html]

JavaFX – plataforma gratuita de desenvolvimento que permite a criação de interfaces ricas e jogos compatíveis com PCs, browsers, consoles e dispositivos móveis. Java, sua linguagem de programação, é uma das mais populares e versáteis em utilização. Com ela é possível criar ambientes graficamente ricos e de grande interatividade, embora seu desenvolvimento demande conhecimento técnico e tempo. A plataforma tem uma API para simplificar o desenvolvimento de aplicativos gráficos bastante rápidos e eficientes e integrá-los a conteúdos disponíveis na rede. Com ela é possível administrar grandes bases de dados e reutilizar partes de código previamente desenvolvidas. [http://javafx.com]

XNA – ferramenta de desenvolvimento que busca facilitar a criação de aplicativos multimídia e jogos para consoles XBox 360, smartphones Windows e browsers compatíveis com Microsoft Silverlight. Ela implementa bibliotecas e estruturas de código e cria um canal para conectar o produto desenvolvido a fontes externas de dados, permitindo atualização frequente e dinâmica. Seu pacote de desenvolvimento é composto de diversas ferramentas complementares, que incluem funções essenciais, extensões e aplicativos, maleáveis e expansíveis. Isso permite a estruturação de experiências completas sem a necessidade de construí-las a partir do zero. [www.create.msdn.com]

BUSINESS CASES, FERRAMENTAS ADICIONAIS E SUGESTÕES DE USO

Magnum Pleasure hunt é um jogo simples em que uma modelo é guiada por ações de teclado para pegar bombons de chocolate enquanto visita websites sofisticados, compatíveis com o perfil da marca. Entre eles estão hotéis de luxo, spas, boutiques e joalherias. A interação é familiar e despretensiosa. [http://www.pleasurehunt.mymagnum.com]

Obsessed with sound é um jogo bem elaborado, desenvolvido para mostrar a capacidade de reprodução de alto nível de equipamentos Philips. O usuário é apresentado a uma orquestra e pode isolar cada um dos 51 músicos e ouvir detalhadamente sua performance enquanto lê a seu respeito. [www.sound.philips.com/ows]

The Escape é um jogo que usa recursos do YouTube para divulgar a capacidade de reprodução de vídeo do chip Intel Core i5. O usuário se conecta via Facebook e traz dois amigos para interagir com um vídeo em que resolve problemas e atira em inimigos para ajudar uma agente a escapar. [www.youtube.com/inteltheescape]

SITUAÇÃO:
Branding, publicidade e promoção.

PROPOSTA:
Design, usabilidade e acessibilidade.

O centro das atenções

Alguns serviços digitais são mais agradáveis de usar do que outros porque parecem "saber" para onde seus usuários vão olhar e qual é a posição do mouse de quem interage com eles. Muitos usam testes de usabilidade e preferências, que vão de pesquisas simples até mensurações sofisticadas em laboratórios, em que é medida a posição do olhar de seus usuários. Alguns desses processos são bastante dispendiosos e demorados, em muitos casos inacessíveis para pequenos e médios negócios. Mas há opções. Simuladores e ferramentas especializadas em analisar os principais **focos de atenção** identificam os elementos que costumam atrair o olhar dos visitantes a um website, com base em históricos acumulados e da combinação de diferentes variáveis, incluindo diferenças cromáticas, contraste, brilho e intensidade dos tons, densidade dos elementos, interseção de imagens, comprimento e largura das formas, tamanho desenho de letras e até a textura de pele e padrões de faces humanas. Dessa forma são capazes de gerar vários tipos de diagramas, como "mapas de calor", que marcam as regiões de interesse e simulam a trajetória do olhar ao longo da página. Assim podem ajudar os designers a testar seus layouts, deixando-os mais atrativos e funcionais.

RECOMENDAÇÕES

Conheça suas ferramentas. Cada simulador e aplicativo especializado em analisar focos de atenção tem suas próprias regras e metodologia. Procure entender bem o funcionamento de sua ferramenta antes de tirar qualquer tipo de conclusão apressada.

Reduza a carga cognitiva. Apresente o conteúdo de sua página em uma ordem e hierarquia claras, para que seus visitantes tenham uma boa ideia do que trata o conteúdo, o que fazer e onde clicar. Isso facilita a tomada de decisões.

Simplifique. Como não há padrão de navegação universal para a web, cada website tem uma posição e tamanho diferentes para seus elementos gráficos e links de navegação. Facilite a vida do usuário tornando a navegação e acesso às informações de seu site o mais fácil e direta possível.

Estimule a exploração. A comunicação é uma espécie de sedução. Quem visita a página pela primeira vez não costuma estar desesperado para preencher formulários. Apresente seu produto ou serviço, deixe-o explorá-lo, mostre suas características particulares. Só colete qualquer espécie de informação quando tornar claro quais são as vantagens de fazê-lo.

Atraia a atenção. Combine textos e imagens em estruturas dinâmicas, que ao mesmo tempo capturem o olhar do visitante mas não o distraiam. Qualquer imagem animada ou de alto contraste chama muito a atenção, por isso deve ser usada com parcimônia para não irritá-lo quando se interessar por outras áreas da página.

CUIDADOS

Pontos de indecisão. Aplicativos de diagnóstico ajudam a identificar os pontos em que o conjunto de elementos dispostos leva a dúvidas sobre o que fazer e onde clicar. Se a estrutura não for clara, alguns elementos de interesse podem ser perdidos.

Commoditização. Evite padronizar seu layout com regras de eficiência. O cérebro sempre se interessa por novidades, a tal ponto que uma composição "certinha" demais se tornar desinteressante por ser previsível. O que se chama pejorativamente de "design web 2.0" (letras arredondadas, cores cítricas, efeitos visuais e botões grandes) é um exemplo da reação que ocorre quando um estilo de layout é usado em excesso.

Superlotação. Espaços vazios são usados para dois fins: eles dão à página um ar de amplitude e solenidade, atribuindo uma maior sofisticação a seus layouts; e tendem a tornar o resto da área visual mais organizada e coesa. Evite sobrecarregar a composição com degradês, fundos texturizados e outros elementos gráficos que não tenham maior relevância.

Ladrões de eficiência. Existem vários elementos de interfaces que demandam trabalho cognitivo do usuário, diminuindo sua eficiência. A hierarquia visual e busca por significado é só um deles. Movimentos de mouse, número de cliques, troca de janelas, redimensionamentos e confirmações são exemplos de esforços muitas vezes desnecessários.

Não substitui o teste. Simulações não podem avaliar a força de uma marca, qualidade do texto e outros fatores de influência.

Ferramenta: AttentionWizard

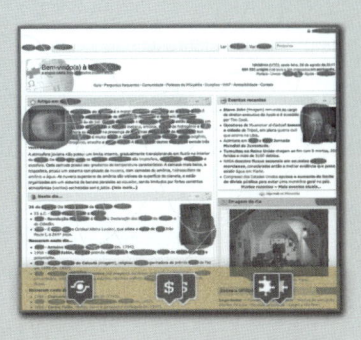

Ferramenta de inteligência artificial que simula a trajetória do olhar de um usuário mediano em seu primeiro contato com determinada imagem ou interface. Ele simula um teste simplificado que busca evidenciar os pontos de interesse em uma interface. Baseado em pesquisas neurológicas, o teste não é perfeito — ele tem uma dificuldade em identificar emoções ou sutilezas, afinal é uma máquina — mas é um substituto interessante para os testes sofisticados, porém caros e demorados, realizados por grupos de pesquisas com equipamentos específicos. A imagem ilustrada aqui é a tela inicial da Wikipédia analisada pela ferramenta. Fica claro a importância de imagens (em especial, rostos) e variações de contraste para chamar a atenção instintiva de visitantes. O AttentionWizard analisa uma foto de tela, por isso pode testar qualquer website, protótipo ou layout, suas cores indicam áreas em que os olhos deverão passar mais tempo e uma provável sequência de centros de atenção percorrida pelo olhar de um usuário que não esteja familiarizado com o conteúdo. [WWW.ATTENTIONWIZARD.COM]

CrazyEgg – ferramenta online paga usada para mapear a interação que os visitantes a um website têm com sua interface. Ao contrário do AttentionWizard, esta ferramenta mensura ações efetivas, e precisa ser instalada por seu administrador. São quatro análises: o Mapa de Calor (Heatmap) mede os locais mais clicados em um website; o Mapa de Rolagem (Scrollmap) avalia o quanto de páginas longas é percorrido e ajuda a identificar o ponto em que os visitantes a abandonam; o Confetti ajuda a identificar ações realizadas de acordo com o website de origem (algo como "quem veio pelo Google clicou ali"); e o Overlay mostra o número de cliques por elemento da página. [www.crazyegg.com]

ClickTale – ferramenta que registra em vídeo a interação feita pelos usuários de uma página durante todo o período de sua visita. As atividades podem ser compiladas em mapas com as áreas de maior interesse, número de cliques, movimento do mouse e métricas de conversão, estabelecidas conforme identificadores definidos na estratégia do website. Bons exemplos de falhas na conversão estão em formulários que sejam abandonados incompletos ou que demorem demais para serem preenchidos. Outros exemplos mensuráveis são a rolagem (scroll) da página, o ponto e momento em que o usuário realiza a operação desejada ou deixa o website. [www.clicktale.com]

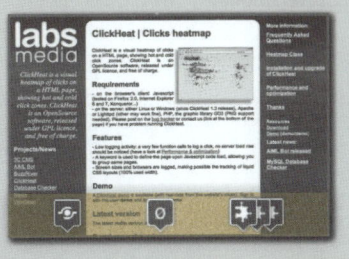

ClickHeat – ferramenta gratuita e de código aberto para a geração de heatmaps, que pode ser instalada diretamente no servidor. Isso garante que a mensuração seja feita sobre uma base de usuários efetivos do website, o que garante maior precisão quanto aos resultados. Sua instalação demanda algum conhecimento técnico e configurações específicas de servidor e browser. Uma vez instalada, a operação é simples e invisível para o visitante do website. Somente serão registrados os usuários que tiverem Javascript instalado (padrão na maioria dos browsers modernos). A ferramenta também é disponibilizada na forma de uma extensão para WordPress. [http://bit.ly/nuvem-ClickHeat]

BUSINESS CASES, FERRAMENTAS ADICIONAIS E SUGESTÕES DE USO

O AttentionWizard mostra com a operadora de telefonia social **Credo Mobile** o que acontece com vários websites: uma página colorida e moderna nem sempre é eficiente. A análise feita pelo software mostrou como a atenção é dispersa. Um redesign manteve o estilo e aumentou as conversões em 85%. [http://bit.ly/nuvem-CredoMob]

Usabilia é uma ferramenta que habilita mapas de atenção e cliques para coletar o feedback com relação a um layout. É possível testar diversos tipos de imagens e comentá-las, pedindo aos usuários interações específicas e medindo o seu tempo de resposta. Os resultados podem ser baixados para análise posterior. [www.usabilia.com]

Feng-GUI simula a visão humana durante os primeiros cinco segundos de contato com uma imagem para criar mapas de calor. A ferramenta permite a análise de níveis de atenção, efetividade da comunicação, pontos de maior interesse e fluxo de leitura da imagem, ajudando a aprimorar o layout. [www.feng-gui.com]

SITUAÇÃO:
Branding, publicidade e promoção.

PROPOSTA:
Narrativas transmídia e geração de valor.

Rede infomercial

Vídeos são um sucesso na Internet. A TV mostrou como usá-los para fazer análises, realizar entrevistas, coletar depoimentos e contar histórias variadas. A publicidade evidenciou o poder das mensagens curtas e impactantes e as popularizou. Grandes repositórios de vídeo na rede pulverizaram esse microconteúdo feito por pessoas e empresas em todo tipo de câmaras, de estúdios profissionais a smartphones nas ruas, principalmente o último tipo. Como boa parte dos vídeos pode ser republicada em blogs e páginas web livremente, praticamente sem restrições, muitas marcas têm criado canais de **TV promocional** em que distribuem suas mensagens de forma dinâmica, eficiente e relevante. Elas podem ir de demonstrações de produtos a pronunciamentos, registro de eventos a cursos online, o espaço é bastante livre para explorar as principais características de cada marca e produto em páginas desenhadas sob medida para engajar seus consumidores em uma experiência imersiva e interativa, de grande visibilidade. Páginas de marca podem tocar vídeos automaticamente, relacioná-los com outros conteúdos, se integrarem a outros websites e mensurarem a atividade de seus visitantes para gerar uma experiência de relevância cada vez maior.

RECOMENDAÇÕES

Seja interessante. Se aproveite do legado deixado pela TV para fazer uma produção de qualidade. Qualquer produtor de vídeo sabe que as condições de iluminação, som e edição controlados são essenciais para um bom resultado. Não espere que um vídeo gravado em um carro parado no meio do trânsito gere empatia.

Entreviste. Bons conteúdos podem surgir de entrevistas com especialistas ou profissionais de renome na área. Escolha-os bem e faça boas perguntas que um material de excelente qualidade poderá ser feito rapidamente.

Diversifique. Procure entender diferentes aspectos da vida de seus espectadores e tente atendê-los na medida do possível. Abra espaço para a contribuição com comentários ou respostas em vídeo, mas esteja preparado para monitorar ou censurar comentários improcedentes ou irrelevantes.

Mensure. A maioria dos canais de vídeo digital permite a mensuração de dados para análise: visitas, visualizações, assinantes, comentários, tempo empenhado em cada página, link de procedência, ponto de abandono do vídeo e duração média são alguns deles. Se bem analisados, esses dados podem ajudar na definição de pautas e formatos.

Temas. Engana-se quem pensa que os canais de vídeo digital servem apenas a um propósito, tipo de marca ou demográfico. É possível segmentá-lo para conversar com diversos públicos, atitudes e pontos de vista. Crie a quantidade de canais auxiliares que acreditar serem necessários. E os enriqueça com conteúdo.

CUIDADOS

Orgulho e política. Cuidado com a escolha dos porta-vozes. Executivos com grande conhecimento e poder de decisão nem sempre são aqueles com a maior capacidade de expressão. Cuidado também com a hierarquia de poder para que a emissora não fique muito burocrática. O ideal é que seus programas sejam apresentados por pessoas simpáticas, de diversas áreas.

Corporativês. Fala-se, em muitas empresas, uma língua tão hermética, cheia de acrônimos, expressões, jargões, referências, frases cortadas e gírias específicas que sua comunicação se torna dificílima. Busque clareza nos depoimentos dirigidos ao público interno para transmitir uma mensagem mais abrangente.

Irregularidade. Um canal de vídeo, como um blog ou podcast, é uma forma de mídia. Por isso deve ter linha editorial e frequência de publicação para gerar expectativa entre seus espectadores.

Compatibilidade. Padrões de vídeo e plataformas de tablets e smartphones ainda não são completamente compatíveis. Busque formatos que possam atender à maior parte delas e crie alternativas para atingir o maior número possível de pessoas.

Tamanho e duração. Vídeo consome banda, ocupa espaço e prende a atenção. Quanto mais sucinta for a mensagem, maior será a possibilidade de ser vista em momentos livres.

Seja encontrado. Marque seus vídeos e páginas com palavras-chave e categorias que permitam sua localização por mecanismos de busca. Eles (ainda) não têm como interpretar a palavra falada.

Serviço: Canais YouTube

O maior repositório de vídeos da Internet é uma referência para qualquer marca, já que permite o armazenamento, compartilhamento e incorporação gratuita de seus conteúdos em blogs, páginas do Facebook, apresentações do Slideshare e várias outras mídias sociais. Além do conhecido armazenamento de vídeos, o YouTube permite a criação gratuita de canais personalizados, que podem ter suas páginas customizadas e funcionar como galerias de vídeo. Anunciantes também podem comprar o que é chamado de Brand Channel, um canal com maiores recursos de customização, deixando a administração, armazenamento e banda necessária para sua transmissão a cargo do YouTube. Quando um usuário chega a um desses canais, o vídeo de destaque é apresentado automaticamente enquanto ao seu redor são dispostos outros vídeos recomendados por seu administrador. Para assegurar uma boa experiência de marca, o acesso pode ser restrito a certas idades ou gêneros e os comentários podem ser moderados. [WWW.YOUTUBE.COM]

Vimeo — como o YouTube, é um repositório e rede de compartilhamento de vídeos. Para assegurar maior qualidade, seus vídeos não são compactados, o que torna sua transmissão um pouco mais lenta do que o YouTube. Ele costuma ser bastante utilizado por bandas, artistas, publicitários e empresas que se preocupem com a qualidade dos vídeos mostrados. O sistema é compatível com formatos variados, inclusive os de alta definição, e oferece armazenamento gratuito de até 500 MB por semana (a versão paga expande o limite para até 5 GB por semana). O compartilhamento é automático, e pode ser publicado em mídias sociais ou copiado para páginas web com um clique. [www.vimeo.com]

Videolog — repositório brasileiro de vídeos, muito usado por produtores e publicadores de conteúdo local na integração dos vídeos às suas páginas. Seu algoritmo de compressão permite a exposição de vídeos que, em geral, tem qualidade maior que a do YouTube e tamanho menor que os documentos armazenados no Vimeo. O serviço permite a customização da área de reprodução e a possibilidade de adicionar campanhas publicitárias antes, sobre ou após o vídeo, permitindo que os produtores de conteúdo possam comercializá-lo de forma independente, com acesso a métricas detalhadas de acesso, visualização e interação. [www.videolog.tv]

GetGlue — boa parte das interações ocorridas nas mídias sociais tem sua origem em ações promovidas por canais de maior alcance, em especial os de notícias e entretenimento. GetGlue é uma rede social de em que seus usuários não registram sua presença em lugares físicos ou links da rede, mas no conteúdo que tenham lido, ouvido ou assistido. Com isso é possível compartilhar interesses e opiniões a respeito de um tópico ou ter acesso a recomendações específicas. Empresas e produtores de conteúdo podem criar seus próprios emblemas (stickers), que como as credenciais do FourSquare (badges) ficam agregados a seus perfis. O acesso à rede pode ser integrado ao Facebook. [www.getglue.com]

BUSINESS CASES, FERRAMENTAS ADICIONAIS E SUGESTÕES DE USO

Amazon Video on demand é um bom canal de distribuição de conteúdo original em vídeo pela Internet. A transmissão, feita por streaming, é de difícil cópia e compatível com vários dispositivos e consoles. Os títulos devem ter um mínimo de 20 minutos de duração e podem ser alugados ou vendidos. [http://bit.ly/nuvem-AmazonVideo]

Blip.tv é um repositório de vídeo focado na transmissão de episódios, como videocasts e seriados. Sua estrutura facilita o acompanhamento de vídeos em sequência e estimula os produtores a gerar séries contínuas. O Blip.tv também oferece soluções de armazenamento e distribuição de conteúdo por empresas. [www.blip.tv]

Miro é um aplicativo gratuito utilizado para baixar, converter, legendar, organizar e reproduzir vídeo em diversos formatos, em especial os utilizados por videocasts. Com ele é fácil reunir vídeos de diversas fontes e transmiti-los em sequência para diversos equipamentos que estiverem conectados a uma rede. [www.getmiro.com]

| ferramenta | gratuito | preço variável | até US$100/ano | US$100~500 | US$600~2000 | US$2000+ | simples | mediana | difícil | para experts |

SITUAÇÃO:
Branding, publicidade e promoção.

PROPOSTA:
Privacidade, sigilo e subversão.

Pistas de pouso e decolagem

Muitos concentram sua ação de publicidade digital na campanha de banners, otimização para mecanismos de busca ou links patrocinados. Outros se preocupam com uma eventual recomendação de uma marca por formadores de opinião em mídias sociais. Por mais que essas estratégias sejam importantes, elas se referem somente a partes do processo. O ápice de qualquer campanha de publicidade, relações públicas, promoção ou branding online é a página para que se destinam os links, também chamada de **landing page**. Boas páginas convertem o interesse de seus visitantes em ação, consumando o objetivo da campanha. Engana-se quem acredita que landing page é sinônimo de página principal do website, aquela que aparece quando se digita seu domínio. Com as práticas de SEO e encurtadores de links em mídias sociais, qualquer página pode ser a landing page. Muitas empresas, mesmo sem o saber, tem várias. Para descobri-las basta digitar seu nome — ou o nome de algum de seus produtos — em um mecanismo de buscas. O resultado pode decepcionar, levando a páginas desatualizadas, links que não funcionam ou até a conteúdos que foram esquecidos com o tempo e acabaram tomados por spam ou conteúdo inadequado em suas áreas de feedback.

RECOMENDAÇÕES

Tipos de páginas. Landing pages podem realizar diversas funções: preenchimento de formulários, convites ou coberturas de eventos, inscrições em redes, apresentações de serviços, captação de contatos, assinatura de mailing lists ou venda de produtos, entre outros. Chama-se conversão o momento em que o visitante realiza a função desejada. A eficiência de uma landing page costuma ser medida por sua taxa de conversão.

Sem rodeios. Vá direto ao ponto, não tenha medo de desagradar seu consumidor. Uma boa página pode ser configurada para atender um determinado tipo de público, que chega a ela como resultado de determinadas buscas. O que se espera dele? Qual é o perfil imaginado? O que são consideradas métricas e indicadores de sucesso mesmo que não se tenha alcançado a conversão?

Use-as como estratégia. Landing pages podem ser usadas como uma estratégia de segmentação, para mensurar a eficácia de campanhas de publicidade digital e propostas. Com elas é possível identificar qual foi o canal, oferta e tipo de mensagem que atraiu mais público.

Integre a página à campanha de marca. Sempre que possível, use os mesmos termos, cores, imagens e tom de voz usados pela empresa em outros canais para que o usuário saiba que clicou no lugar certo e continue o processo.

Experimente. Mensure. Modifique. Até conseguir os resultados desejados. Repita o processo a cada nova iniciativa. Não existe boa prática que não possa ser incrementada.

CUIDADOS

Tamanho da página. É um tópico controverso. Ele precisa ser, ao mesmo tempo, curto o suficiente para transmitir a notícia na primeira tela, sem precisar acessar as barras de rolagem, e completo o suficiente para transmitir toda a informação. Mas se tiver muito conteúdo, pode atordoar o visitante e dar uma impressão de má qualidade. Se não falar o suficiente e redirecioná-lo pode perder uma boa oportunidade de conversão. Para contornar esse problema, muitas empresas têm desenvolvido páginas que transmitem o conteúdo principal na área visível pela maior parte dos browsers, com links que revelam maiores conteúdos para os interessados, sendo assim ao mesmo tempo curtas e longas.

Imagens ruins. Evite imagens caseiras, montagens amadoras, fotos genéricas de bancos de imagens ou ilustrações gratuitas que vêm com aplicativos gráficos, porque o barato pode sair caro. Quanto menor a qualidade das imagens, maior a sensação de desleixo e falta de consideração, o que naturalmente afasta potenciais interessados.

Zumbis. Tire do ar a página assim que a campanha acabar. Poucas coisas irritam mais do que páginas mortas-vivas a vagar pelo limbo da Internet, sempre evocadas pelo Google só porque tiveram, em sua época, um bom trabalho de SEO.

Texto. Espera-se que o visitante que chega a uma landing page tenha um objetivo ou necessidade clara em mente. Por mais que o layout atraia o interesse, o texto não pode ser vago ou genérico. Cumpra o que promete com uma linha narrativa que conecte as páginas de forma clara, para não deixar dúvidas.

Ferramenta: Visual Website Optimizer

Ferramenta para a criação de múltiplas versões de layouts para testes de usabilidade e popularidade de páginas. Os resultados são apresentados com base em objetivos predefinidos, como downloads, transações ou registros. Cada componente da página tem seu desempenho analisado individualmente, o que permite alterações precisas. A ferramenta permite a divisão do tráfego entre diferentes versões, para testar layouts alternativos de páginas populares (A/B testing). Assistentes de publicação facilitam a criação de interfaces sofisticadas, que podem ter partes de seus layouts alteradas para comparação, não sendo preciso recriá-las por inteiros para testar mudanças pontuais. Cada página pode ser configurada para testes com múltiplas variáveis e estar hospedadas em qualquer servidor, o sistema garante que visitantes que retornem a elas vejam sempre a mesma versão. O sistema gera automaticamente relatórios com as áreas de maior atenção e índice de cliques. É compatível com diversas ferramentas de análise de métricas.

[WWW.VISUALWEBSITEOPTIMIZER.COM]

Unbounce – ferramenta para a criação e testes de páginas, com menos recursos do que o Visual Web-site Optimizer. Seu editor gráfico pode recriar com precisão páginas complexas. A ferramenta disponibiliza vários modelos de banners, páginas web e aplicativos para iPhone e Android para edição rápida. As páginas testadas podem ter vídeos, componentes dinâmicos de mídias sociais e formulários. Pode-se dividir o tráfego e colocá-las no ar sem precisar de conhecimentos técnicos, e ocultar variáveis em formulários para identificar de que página certos contatos surgiram. O tráfego, taxa de conversão e cliques são analisados em tempo real. [www.unbounce.com]

Verify – ferramenta para coletar opiniões a respeito de layouts e modelos. Com ela é possível analisar as áreas clicadas e ter feedback com relação à impressão causada pela página e quais são suas partes mais lembradas. É possível criar diversos testes rapidamente, entre os nove modelos de análise que a ferramenta disponibiliza, enviá-los por mídias sociais ou compartilhar links públicos ou privados. Os resultados vêm com recomendações de ação com base em resultados mensurados. É possível testar onde os usuários clicaram em sequências de telas, do que se lembraram, e que tela preferem. Usuários ainda podem rotular e comentar os layouts apresentados. [www.verifyapp.com]

Fivesecondtest – versão simplificada do Verify, esta ferramenta faz exatamente o que seu nome se propõe: mostra páginas por cinco segundos e faz a seus usuários perguntas diversas com relação ao que viram. O tempo pode parecer curto, mas na verdade é o suficiente para que se tenha uma impressão geral do que trata a página e qual impressão ela causou. A ferramenta pede que se elabore uma pergunta genérica antes de ver a página, algo como "suponha que você está procurando um dentista". O layout é então mostrado, seguido de perguntas contextuais, como a credibilidade ou eficiência que o serviço mostrado transmite. [www.fivesecondtest.com]

BUSINESS CASES, FERRAMENTAS ADICIONAIS E SUGESTÕES DE USO

Usaura permite que seus usuários criem três testes de usabilidade a partir de fotos de tela: cliques, em que se decide onde clicar; preferência, em que se escolhe entre duas opções; e feedback, em que se opina. O link com o teste é enviado para ser compartilhado e o resultado, mostrado na forma de heatmaps e listas. [www.usaura.com]

Clue é um teste simples que mostra uma tela por cinco segundos e meio e pede a seus visitantes para enumerarem o que se lembram de ter visto. Para usá-lo basta fornecer um link ou imagem e compartilhar o teste com sua rede. Os resultados aparecem na forma de listas de popularidade e são públicos. [www.clueapp.com]

IntuitionHQ oferece bons testes de usabilidade por apenas nove dólares. O usuário envia um rascunho, wireframe ou layout da tela a testar, preenche o tipo de teste a realizar (A/B, navegação, pergunta direta) e recebe um link com a página para compartilhar. São avaliados os cliques e tempos de resposta. [www.intuitionhq.com]

ferramenta | serviço | gratuito | preço variável | até US$100/ano | US$100~500 | US$600~2000 | US$2000+ | simples | mediana | difícil | para experts

Surf e tendências
Considerações finais

Depois de tantas ideias e ferramentas, é natural se sentir um pouco perdido, talvez até mais desorientado do que se estava antes de começar a ler o livro. Mil perdões, o objetivo não foi confundir, mas apresentar a quantidade enorme de opções que existem à disposição e, nesse processo, mostrar como é importante começar a mudar. Mas como fazê-lo? Minha sugestão é que você considere a forma como o surfista encara o mar que tem à frente.

Antes que surja o preconceito natural que se tem contra esse tipo de esporte, pense no que ele significa. Se você já tentou pegar uma onda com aquela prancha de plástico e, depois de vários tombos praticamente instantâneos, desistiu, pense no porquê isso aconteceu.

Teoricamente, nada deveria dar errado. Assumindo que você saiba nadar, que o equipamento esteja em ordem e que o mar... bom, o mar seja um velho conhecido, por que surfar é tão difícil? Por que alguém tão esclarecido como você, que conhece minúcias técnicas e usa a Internet com maestria, não consegue fazer algo tão simples quanto se equilibrar?

Olhando de perto, percebe-se que o surf é bastante parecido com o processo de inovação e análise de tendências. O que parece "só" um golpe de sorte ou jeito é, na verdade, fruto de muita preparação e observação. Poderia discorrer sobre artes marciais ou alpinismo, mas continuemos na areia.

O surfista chega à praia, protege seu equipamento (deixa a prancha à sombra), cruza os braços e observa o mar. Nada escapa de seu escrutínio: forma e tamanho das ondas, força do vento, posição e movimento de quem já está lá dentro. Depois de coletar o máximo de informação que consegue por conta própria, reúne-se com alguns de seus colegas e conversa para saber o que lhe é invisível: a temperatura e força da água, se há buracos, correntes, águas-vivas e assim por diante. Daí finalmente pega a prancha e... caminha até um ponto da praia cuja entrada no mar seja mais fácil. Ninguém arrasta aquele fraldão de neoprene, pisando na cordinha e com o peso da prancha debaixo do braço para se fazer sexy.

Ao chegar ao ponto, o surfista alonga o corpo, pega a prancha e nada rapidamente até atravessar a arrebentação. Ao chegar lá, senta-se e espera. Ele está em um ponto de vista privilegiado, em que pode sentir os movimentos da água e se antecipar a eles. Quando a onda chega, ele está a postos. Em duas braçadas, pegá-la é fácil. É hora de fazer manobras.

Mas até essa etapa tem fim, não há bom surfista que desça a onda até a areia. Todos sabem que, a partir de um determinado tamanho, não há mais desafio, e atravessar a arrebentação não é fácil. Enquanto houver ação, haverá reação. Acabada a graça, o surfista desiste voluntariamente e recomeça.

Se esse processo é consciente, eu não sei – eu não surfo – mas se o for, tanto melhor. O que é inegável é que esse estado de constante observação e autodisciplina demanda muito esforço, muita tentativa e muito, muito erro.

Fora da praia, no mundo digital, "novas ondas" surgem a todo momento. Nunca se falou tanto sobre tendências emergentes de consumo, nem se deu tanta importância a elas. O resultado natural é uma multiplicidade de termos, uma sobrecarga de informação e de inovação. Saber escolher as fontes relevantes de ideias e, principalmente, como aplicá-las é o grande desafio.

Mas o que essas tendências têm de tão especial, afinal? Na minha opinião, elas são periscópios. Importantes para se manter atualizado e perceber, como o surfista desta parábola, as ondas no momento em que se formam – ou pelo menos antes que seja tarde demais. Conforme o caso, é possível até se antecipar a elas.

Em outras palavras, estudar tendências e desenhar cenários é uma atitude estratégica, muito mais complexa que determinar a nova "cor da moda" ou um estilo "descolado". Não tem nada a ver com futurologia, mas com o desenho de cenários de situações que estão para começar a acontecer. Com experiência e um pouco de sorte, é possível se vislumbrar algo que dure para os próximos anos.

Na feira mundial de 1893, líderes mundiais e pensadores foram convidados a imaginar como seria o mundo dali a um século. De guerras a doenças, de transporte aéreo a redes de comunicação, tudo foi sugerido. Boa parte no estilo Leonardo ou Júlio Verne de invenção, em que se propõe a concretização de um sonho sem explicar o caminho para tal. Curiosamente, ninguém pensou em uma máquina barulhenta e malcheirosa que um alemão chamado Karl desenvolvia no quintal de casa. Ele não era importante, não foi convidado para a festa. Sua invenção, no entanto, que ele batizou com o nome da sobrinha, daria a forma do século XX. Sem ela, boa parte das mágicas imaginadas pelos sujeitos célebres não chegaria a ser um rascunho. O sobrenome do alemão era Benz, sua sobrinha se chamava Mercedes e sua invenção, o motor a explosão.

Marshall McLuhan dizia que corremos para o futuro, com os olhos no retrovisor. O passado é mais confortável, já estivemos por ali. Todas as utopias humanas são retratos do passado, entre elas o Comunismo e muitas visões do "paraíso". No entanto, ninguém quer voltar para o passado, nem mesmo para o mês passado. Invejo os netos que um dia terei. Quando rogo uma praga, gostaria que meu antagonista acordasse em Julho de 1977 – sem telefone, computador, ar condicionado ou protetor solar que preste.

É curioso pensar que já disseram que a TV seria a mídia do futuro, o futuro da mídia. Que já foi uma forma de comunicação alternativa, irregular, de baixa qualidade e com falta de conteúdo. Foi aquela TV preto-e--branco, com 625 linhas, dependente de retransmissoras e sinal UHF, com imagens borradas e "fantasmas" de sinal que mostrou ao mundo o homem na Lua, empolgou políticos e cientistas e plantou a ideia de um só povo interconectado ao redor do planeta.

No entanto algo se quebrou. Justo ela, que tinha tantas possibilidades, acabou seguindo por um caminho tão torto e descontrolado. Não há como negar que tenha se tornado gigantesca e influente, mas quando se compara suas conquistas com o potencial que tinha, fica claro que se ela tivesse uma mão um pouco mais firme em sua formação talvez hoje ainda fosse fascinante. Pois bem antes do DVD, sinal digital, alta definição, cabos, satélites, monitores de plasma e LCD, Home Theaters e smartphones, ninguém de bom-senso ainda esperava algo de valor vindo dela. A TV do futuro morreu antes do futuro chegar.

Pesquisar tendências é observar onde se está. Nesse processo fica mais fácil descobrir para onde se vai. As fontes estão por toda parte, a curadoria de relevância está dentro da cabeça de cada um. Compreender a inovação atordoa a princípio, mas acaba por tornar o mundo novo fascinante, um passo além do admirável. Os desafios que se mostram à frente têm a forma de problemas, não de mistérios. Problemas pedem por soluções, têm sua origem e comportamento próprios e vê-los surgir é a mais fascinante atividade.

Como o surfista faz com as ondas ou qualquer bom esportista faz com uma grandeza natural incontrolável, quanto mais se observa e discute o cenário, tanto mais fácil se torna identificar nele elementos conhecidos e, nesse processo, se antecipar aos próximos movimentos. Dessa forma, até as manifestações mais tímidas se transformam em pistas interessantes. Na melhor das hipóteses isso trará um ponto de vista privilegiado, inovador, moderno, difícil de envelhecer. E na pior das hipóteses… não existe pior das hipóteses.

Indo além
Leituras complementares

Não é preciso dizer que foram consultados centenas de websites e dezenas de livros para chegar a esta compilação, dos quais muitos mereceriam menção. Mas como esta enciclopédia já é muito abrangente, para que esta página não fique imensa (e se desatualize rapidamente), prefiro listá-los em um link, em que cada livro pode ser comentado por vocês e novas sugestões podem ser agregadas às compilações. Espero dessa forma tornar a lista mais dinâmica. De qualquer forma, cada lista sempre pode ser impressa ou comprada diretamente do website que as promove.

Vocês encontrarão a lista completa de livros, links e referências adicionais em http://bit.ly/nuvem-refs

Luli Radfahrer
O autor deste livro

Luli Radfahrer é professor-doutor de Comunicação Digital da ECA/USP há quase duas décadas. Trabalha com internet desde 1994, quando fundou a Hipermídia, uma das primeiras agências de publicidade digital do país, posteriormente adquirida pelo grupo Ogilvy. Já foi diretor e responsável pela divisão digital de alguns dos maiores portais e agências de publicidade do país. Hoje é consultor em inovação digital, com clientes no Brasil, Estados Unidos, Europa e Oriente Médio. Mantém um blog com seu nome (www.luli.com.br), em que discute e analisa as principais tendências e influências sociais das tecnologias e mídias digitais. Em seu perfil do Twitter, @radfahrer, compartilha descobertas e pontos de vista na área digital. Escreve uma coluna semanal no caderno Tec da *Folha de S. Paulo*, em que discute tendências e comportamentos sociais na era digital.

Outros contatos em http://bit.ly/luli-radfahrer

© 2010 Dani Gurgel (danigurgel.com.br)

Índice
alfabético
remissivo

1calendar, 39
4Chan, 199
4shared, 155
4SQ AppGallery, 105
99designs, 11
960 grid system, 195
Abduzeedo, 195
AboutMe, 43
ACChecker, 195
Acesso remoto, 188
Acompanhamento de processos, 98
ActiveCollab, 109
ActiveInbox, 161
Add Google Translate to sites, 35
Administração de Cenários, 28
Administração de eventos, 196
Administração de viagens, 78
Adobe Business Catalyst, 137
Advergames, 214
Alfresco Enterprise, 93
Amazon Android Store, 167
Amazon Video on demand, 219
Amiando, 197
AmoebaOS, 101
Análise de métricas, 124
Android Market, 167
Animoto, 41
AnyClip, 147
AOL Editions, 51
Aplicativos Google, 97
Aplicativos no Facebook, 193
Aplicativos para smartphones, 166
Aplicativos sob medida, 96
Apontador API, 105
AppExchange e Force.com, 97
Applane, 191
Apple App Store, 167
Apresentações Coletivas, 84
Apresentações Gerenciais, 40
Assistly, 191
AttentionWizard, 217
Atualizações de status, 70

Audible, 35
Audiolivros, 34
Axiis, 129
Axure, 145
Badgeville, 17
Balsamiq, 145
Bancos de imagens, 172
Base, 191
BaseCamp, 75
Batchbook, 191
Beevolve, 139
Behance, 173
Benchmarking, 116
Bigdoor, 17
Bime, 121
Biografias profissionais, 42
Bit Torrent, 133
Bitweaver, 109
BizSum, 119
Blekko, 33
Blip.tv, 219
Blogger, 137
Blogs de empresas, 4
Blogs de produtos, 136
Blogs internos, 92
Bloomfire, 37
BoletoBancario.com, 89
BoltWIre, 65
Bondfaro, 213
boo-box, 181
Bookwhen, 197
Bounce, 165
Box, 45
Bplans, 131
Brand app, 205
Branding, publicidade e promoção, 200
Brandwatch, 139
Brightcove, 151
BuddyPress e BbPress, 55
BuilderPro, 203
Bunchball, 17
Bundlr, 153
Busca no Twitter, 29
Buscapé, 149
Calaméo, 147
Campfire, 13
Canais YouTube, 219

Canal no Slideshare, 205
CardFlick, 87
Case: ver lista cases no final do índice.
Catarse, 131
Cellica, 189
Certificação e-bit, 141
ChartBeat, 125
Chatle.net, 107
Chatter, 73
CitizenTube, 59
Clarizen, 71
ClickHeat, 217
Clickon, 149
ClickTale, 217
Clue, 221
CMSMatrix.org, 93
Codecademy, 119
Colaboração interna, 82
Collaborize Classroom, 53
Comércio Eletrônico, 212
Compfight, 173
Compilações sociais, 50
Comunicação empresarial e proposta de valor, 134
Comunidades Orkut, 207
Conceptfeedback, 131
Conceptshare, 165
Concrete5, 27
Confiômetro, 141
Confluence, 109
Considerações finais 222
ContaAzul, 23
Contato remoto, 12
Coolendar, 39
Cooliris, 159
Copious, 199
Copyscape, 67
CoTweet, 183
Cozimo, 165
CrazyEgg, 217
Creately, 107
CreativeCommons, 67
Credibilidade, 140
Criatividade, inovação e tendências, 156
CRM, 186
Crowdsourcing, 208

Crowdtap, 209
Cubender, 137
Curated.by, 153
Darkroom, 195
Dashboard, 143
Debates, 64
Del.icio.us, 199
Desenvolvimento pessoal e profissional, 2
DeviantART, 173
Diagramas, 106
Diaspora, 131
Digg, 199
Digital Analytix, 125
Dipity, 175
Direção da criação, 164
Direitos de reprodução, 66
Disconnect.me, 111
Disqus, 65
Do, 83
Docstoc, 119
Documentos coletivos, 80
Documents2Go, 101
DocuSign, 23
Doit.im, 39
DokuWiki, 87
Doodle, 103
Doodlekit, 137
Dropbox, 45
Drupal, 61
DuckDuckGo, 111
Durabilidade dos links, 205
E-books e revistas digitais, 146
E-mail marketing, 184
Edistorm, 209
Edmodo, 53
Educação continuada, 46
Edufire, 33
eFront, 49
Elance, 11
Elgg, 9
Embed.ly, 153
Empire Avenue, 193
Empreendedorismo, carreira e iniciativa, 24
Empressr, 85
Engrade, 49

225

Ensino compartilhado, 58
EpicWin, 193
Escritório móvel, 100
Estratégia e inteligência competitiva, 112
Ether, 57
EventBee, 197
Evernote Clearly, 159
Evernote MyEN, 161
Evernote trunk, 21
Evernote, 21
Evri, 159
Expensd, 23
ExpressionEngine, 5
Facebook Connect, 177
Facebook Locais, 211
FControl, 191
Feng-GUI, 217
Fengoffice, 15
FieldAgent, 101
FileFactory, 45
FindTheBest, 33
Fivesecondtest, 221
Flare, 129
Flash, 215
Flavors.me, 43
Flickr, 173
Flipboard, 51
FlipSnack, 147
Flowzit, 165
Fluxo de caixa, 22
Fluxo de trabalho e administração de tempo, 90
Focos de atenção, 216
Focus, 163
FollowupThen, 161
FORA.TV, 59
Formação de equipes e gestão de projetos, 68
Fornecedores e freelancers, 10
Fóruns de especialistas, 32
Fóruns de suporte, 54
Foswiki, 83
FourSquare API, 105
FourSquare, 211
Freebase, 169
FreeCRM, 187
Freelancer, 11
Freemind, 19
Freetheapps, 11
Fuze Meeting, 103
Gamificação, 16
Gamify, 17

Ganttter, 75
Geckoboard, 115
Geolocalização social, 104
Gerenciamento de mídias sociais, 182
Gerenciamento de projetos, 74
Gestão do conhecimento, 60
GetAbstract, 119
GetGlue, 219
GetJar, 167
GetSimple, 27
GitHub, 133
GlassCubes, 71
Gliffy, 107
GoalScape, 175
Goodsie, 213
Google Acadêmico, 119
Google AdWords, rede de busca, 181
Google Adwords, rede de conteúdo, 181
Google Analytics, 125
Google Checkout, 89
Google Docs, 81
Google Insights para pesquisa, 169
Google Latitude, 211
Google Locais, 211
Google Moderator, 59
Google Ngram Viewer, 169
Google presentations, 85
Google Refine, 177
Google Sites, 99
Google Talk, 13
Google Tradutor, 35
Google Web Fonts, 195
Google+, 31
GoogleForms, 123
GoogleMaps API, 105
GoToMeeting, 189
GoTomyPC, 189
GrafirePM, 17
Granatum, 23
Greeting Scheduler, 161
Greplin, 101
Grou.ps, 53
Groupon, 149
Groupsite, 9
Grupos de trabalho, 126
Grupos do Facebook, 127
Grupos do Linkedin, 127
Grupos Google, 127
Guidu, 141

Harvest, 15
Hello There, 43
Help desk, 142
Histórias visuais, 152
HootSuite, 183
HotGloo, 145
HOTWords, 181
Huddle, 71
Hunch, 169
Icontact, 185
IconWanted, 203
IdeaScale, 209
IDidWork, 73
IE NetRenderer e Spoon, 195
If This Then That, 97
Ilias, 49
Imeet, 103
Indeed, 163
Infinite Conferencing, 103
Influencer Exchange, 7
Innocentive, 209
Innovative Resume, 43
Instagram, 173
Instapaper, 159
IntenseDebate, 65
Intercâmbio remoto de documentos, 44
Intervals, 15
IntuitionHQ, 221
IP Board, 55
iPlotz, 145
Ispionage, 139
Issuu, 147
iStockPhoto, 173
iTunes, 35
iTunesU, 59
JavaFX, 215
Jimdo, 203
Jogos sociais, 192
Jolicloud, 101
Joomla!, 61
Jovoto, 209
Justin.tv, 151
Kampyle, 143
Kashoo, 23
Kayak, 79
KeePass, 111
KeywordSpy, 171
Kickstarter, 131
KissMetrics, 125
Klipfolio, 115
Klout, 7
Kno, 59
Knoodle, 85
KnowledgeTree, 71

KPI.com, 187
Kuler, 203
Lanbito, 123
Landing Pages, 220
Lanyrd, 197
LastPass, 177
Learnboost , 53
Lectureshare, 63
LegalZoom, 163
Leituras complementares 224
Lembretes, 160
LibreOffice Impress, 85
Liferay, 61
LightCMS, 27
Likester, 117
Linhas do tempo, 174
Linkedin Answers, 31
Linkedin complementos, 31
Linkedin Today, 51
Linkedin, 31
Listas de tarefas, 38
Litmos, 37
Live Messenger e Lync, 13
LiveBuzz, 139
LiveDocuments, 81
Livestream, 151
Load Impact, 155
LogMeIn, 189
Looplabs, 57
LovelyCharts, 107
Lucidchart, 107
Machine translation detector, 59
Magento Go, 213
Mail2easy, 185
MailChimp Labs, 195
MailChimp, 185
ManyEyes, 129
Mapas mentais, 18
MapBox, 79
Marketing e CRM, 178
Material didático, 48
Meadiciona, 43
MediaWiki, 77
Medição de influência, 6
Meetin.gs, 103
Memes e tendências, 198
Memolane, 153
MentionMapp, 51
MicroStrategy, 121
Mindmeister, 19
MindTouch TCS, 109
Miniblogs de diretoria, 26
Miniblogs, 94
MinuteBox, 75

Miro, 219
MIT World, 59
Mockflow, 145
MODx Revolution, 99
Monitoramento de mídias sociais, 138
Moodle, 49
Movable Type Enterprise, 5
Mozes Connect, 197
Multicolr, 173
My Next Customer, 187
MyAppBuilder, 97
Myna, 57
Name Voyager, 129
Newsmap, 51
Ning, 9
OAuth, 177
Odesk, 11
Office web Apps, 81
Office365, 99
OfficeDrop, 33
Onbile, 155
Open Courseware, 59
OpenID, 177
OpenSocial, 193
OpenStreetMap, 105
OpenStudy, 63
Oprius, 191
Otimização de tempo, 14
Pagamentos, 88
Pagemodo, 207
Página no Facebook, 207
Página no Linkedin, 205
Páginas em redes sociais, 206
PagSeguro e MOIP, 89
Painéis de controle, 114
Pandaform, 123
Paper.li, 51
Paypal, 89
PBWorks, 53
Pearltrees, 153
Peela, 89
PeerIndex, 7
Peixe Urbano, 149
PencilProject, 145
Perfil da empresa, 204
Perfil no Twitter, 205
Perguntas do Facebook, 23
Pesquisas customizadas, 122
Phoenix e Raven, 63
PHPbb, 55
PickyDomains.com, 131

Pidoco, 145
Pikimal, 33
Pingdom, 155
Pingg, 155
Pixlr, 195
Planejamento estrutural, 144
Plano de negócios, 131
Plaxo, 163
Plone, 61
Podcasts educativos, 56
Podio, 97
PollEverywhere, 123
Portais, 141
Pose app, 173
Posterous, 27
PostPost, 51
Preceden, 175
Present.ly, 73
Prestashop, 213
Previsão, 168
Prezi, 41
Pinterest, 173
Privacidade, 110
Product Planner, 107
Producteev, 75
Profilactic, 43
Project // Draw, 107
Promoções, 148
Proposable, 23
Protovis e D3, 129
Publisha, 147
Qik, 155
Qlikview, 115
QuickOffice, 101
Quora, 33
Quoteroller, 191
Qwiki, 63
Radian6, 139
Rádio-peão, 72
Radmin, 189
Rapidshare, 155
Real VNC, 189
ReclameAqui, 141
Recurse, 165
Redes de especialistas, 162
Redes de nicho, 207
Redes de publicidade digital, 180
Redes de relacionamento profissional, 30
Redes distribuídas, 132
Redes sociais privadas, 8
Registro de identidade, 176
Registro de Processos, 86

Registros coletivos, 108
RegOnline, 197
RememberTheMilk Twitter, 161
RememberTheMilk, 39
Rememble, 175
Repositórios para download, 155
ResearchGate, 163
RoamBI, 115
RunMyProcess, 97
Salas de aula, 52
Salas virtuais de reunião, 102
Salesforce, 187
Saveme, 149
Sazneo, 83
Screencast-o-matic, 63
Screencasts, 62
ScrewTurnWiki, 87
Scribd, 119
Scrubly, 177
Scup, 139
Seesmic, 183
Seleção de informação, 158
SEMRush, 171
SEO for Firefox, 171
SEO, 170
SEOmoz, 171
Serviços de localização, 210
ShareFlow, 165
SideJobTrack, 75
SimpleGEO, 105
Skanz, 101
Skype, 13
Sliderocket, 85
Slideshare, 41
Smartsheet, 83
Smashing Magazine, 195
SnapPages, 137
So1o, 75
Social report, 211
SocialBakers, 117
SocialCast, 65
SocialEngine, 127
SocialGo, 9
Software como serviço, 67
Software livre (open source), 67
SolFinanceiro, 23
Solve360, 187
Soundation Studio, 57
SoundCloud, 57
Soup, 95
SourceForge, 133
Spicynodes, 19
Splashup, 195
Splunk, 111

Spotfire, 121
Spreedly, 119
Springnote e Privnote, 21
SproutSocial, 183
Square, 89
SquareSpace, 5
StackOverflow, 33
Startupnation e SEBRAE, 131
Startups e incubação, 130
Storify, 153
Stormweight, 209
Streaming, 150
StumbleUpon, 199
Sumários executivos, 118
Superdistribuição, 154
SurveyMonkey, 123
Swebapps, 97
Symphony, 5
Tableau, 121
Tagxedo e Wordle, 19
Teamlab, 87
TeamViewer, 189
TED, 59
Temas para CMS, 95
Textaloud e Ivona, 35
TextPattern, 93
The Ladders, 163
The Resumator, 11
Tiki Wiki CMS Groupware, 77
Tiki-Toki, 175
TimeOff manager, 79
Timesheets, 15
TimeToast, 175
Todoist, 39
TokBox, 103
Tomada de notas, 20
Toodledo, 39
Topsy, 29
TOR, 111
Touristeye, 79
Treina TOM, 37
Trending Topics, 155
Trendsmap, 29
TripAdvisor, 79
TripIt, 79
Tumblr, 95
Tutor.com, 57
Tutoriais, 36
Tuts+, 195
TV promocional, 218
Tweet Old Post, 161
Tweetlevel, 7
TweetReach, 29
Twiangulate, 139
Twiki, 37

Twitalyzer, 117
Twitter API, 193
TwitterCounter, 117
Twitterfeed, 161
Twournal, 51
Unbounce, 221
Unity3D, 215
UpRace, 193
Usabilia, 217
Usaura, 221
Usenet, 133
Uservoice, 143
Ustream, 151
Vanilla, 55
Vendas, 190
Verify, 221
Videolog, 219
Viewrl, 159
Vimeo, 219
VIRB, 137
VirtualTarget, 185
Visual Website Optimizer, 221
Visual.ly, 159
Visualização de dados, 128
Visualização dinâmica, 120
Vizualize.me, 175
Vyew, 103
Vyoopoint, 165
Web Developer's SEO Cheat Sheet, 171
Webdesign, 194
Webdoc, 95
Webmaster Tools, 171
Webnode, 203
Webs, 203
Websites temporários, 201
Weebly, 137
What The Trend Pro, 29
WikiMatrix.org, 77
Wikis de colaboração, 76
Wikispaces, 77
Wix, 203
WizeHive, 75
WoBook, 147
WolframAlpha, 169
WordPress, 93
WorkETC, 187
Wridea, 209
Writeboard, 21
Wufoo, 123
Wunderlist, 39
Xing, 163
Xmarks, 159

XMind, 41
XNA, 215
Xpenser, 23
XWiki, 87
Yammer, 73
Yelp, 141
Yousendit, 45
Yslow, 171
Yudu, 147
Zamzar, 63
Zendesk, 143
Zerply, 43
ZocDoc, 141
ZoHo Creator, 97
ZoHo CRM, 187
ZoHo Docs, 81
ZoHo para Google Apps, 81
Zoho Wiki, 99

CASES
ABB Group, 19
Activision, 55
Adidas Originals, 167
Adventure Networks, 27
Air France e KLM, 87
Air Products, 19
AKQA, 71
Al Jazeera, 67
Allergan, 121
American Cancer Society, 125
American Idol, 117
Arduino, 71
ArmorWorks, 5
Audi, 7
Bacardi, 57
Banco Santander EUA, 73
Bar Brejas, 211
Benetton Japão, 5
Betterworks, 149
Biblioteca pública de Nova York, 183
BigSpaceship, 15
blog Mad Men, 5
Bluefly.com, 17
Booz Allen Hamilton, 109
canal da Dell no Slideshare, 41
Centro de Congressos de Quebec, 77
Charles Schwab , 19
CNN Money, 31
Coca-Cola Zero, 181
Colégio Dante Alighieri, 49

Credo Mobile, 217
D-Link, 83
data.gov.uk, 61
DaWanda, 199
Deloitte Digital, 53
Diageo, 125
Discovery Communications, 85
Epoch Staffing e Marathon, 15
Ericsson, 67
Etsy, 199
Facebook Live, 151
Ford Motors, 93
Fórum da Cultura Digital, 9
fórum Wordpress, 55
Fujitsu Austrália, 49
Fundação Grammy, 45
Fundação Mozilla, 143
GAP MAG, 27
Genetech, 41
GetaTaxi, 105
Governo de Flandres, 73
Graphite, 185
Hard Rock Cafe, 121
Heidelberg, 115
Herbalife, 121
Hertz e Google Streetview, 79
HotelTonight , 197
HP, 181
Hunter College, 45
IBM Smarter Planet, 95
Ideeli, 149
Inventure Management, 83
Jobs@Intel, 93
John Deere, 123
Kellogg's, 37
Kia Motors, 71
KLM, 13
Konica Minolta, 99
Lacoste, 207
Learnvest, 63
LG Electronics, 73
liga de Baseball dos EUA, 17
LonelyPlanet, 143
Lufthansa, 115
MafiaWars Wiki, 87
Magnum Pleasure hunt, 215
Map of the Market, 129
Marriott Recruiting, 17
McLane, 71
Merck Serono, 93
Microsoft MVP, 7
Ministério da defesa francês, 61
Motorola mobile, 81

Museu Guggenheim , 183
National Geographic, 81
NBC News, 27
Nike+, 193
Nikon Corporation, 13
Nine Inch Nails, 133
Nook, 185
Obsessed with sound, 215
Old Navy, 185
Ordflyt, 35
Organizações humanitárias, 111
Oscar 2011, 29
Pantone app, 167
Patagonia, 99
Pearl Jam, 55
perfil Britney Spears, 7
Pictometry, 211
PlanetArchitecture, 213
portadores de necessidades especiais, 35
Portais Novell, 77
Red Bull, 207
Rip Curl, 13
Ruby on Rails, 133
Roberto Cavalli, 99
Saatchi&Saatchi, 45
San Francisco Ballet, 151
SeeClickFix, 141
ShareWik, 53
SherwinWilliams app, 167
Smart, 9
SonyEricsson, 207
Sopas Campbell's, 115
Starbucks apps, 167
TED, 41
The Escape, 215
The Weather Channel, 31
Time Magazine, 95
TOPSAN, 109
TransLink, 183
Travel Channel, 95
Universidade de São Paulo, 61
Universidade Federal de Pelotas, 37
Universidade Federal de São Carlos, 49
Vail Resorts, 151
Venture Capital Partners, 83
Voz da América, 111
Who runs GOV, 109
WillCall, 197
XBL Gamer Hub, 9
Xerox, 143

Cartão Resposta

050120048-7/2003-DR/RJ

Elsevier Editora Ltda

CORREIOS

ELSEVIER

SAC | 0800 026 53 40
ELSEVIER | sac@elsevier.com.br

CARTÃO RESPOSTA

Não é necessário selar

O SELO SERÁ PAGO POR

Elsevier Editora Ltda

20299-999 - Rio de Janeiro - RJ

Acreditamos que sua resposta nos ajuda a aperfeiçoar continuamente nosso trabalho para atendê-lo(la) melhor e aos outros leitores.
Por favor, preencha o formulário abaixo e envie pelos correios ou acesse www.elsevier.com.br/cartaoresposta. Agradecemos sua colaboração.

Seu nome: _____

Sexo: ☐ Feminino ☐ Masculino   CPF: _____

Endereço: _____

E-mail: _____

Curso ou Profissão: _____

Ano/Período em que estuda: _____

Livro adquirido e autor: _____

Como conheceu o livro?

☐ Mala direta   ☐ E-mail da Campus/Elsever
☐ Recomendação de amigo   ☐ Anúncio (onde?) _____
☐ Recomendação de professor
☐ Site (qual?) _____   ☐ Resenha em jornal, revista ou blog
☐ Evento (qual?) _____   ☐ Outros (quais?) _____

Onde costuma comprar livros?

☐ Internet. Quais sites? _____
☐ Livrarias   ☐ Feiras e eventos   ☐ Mala direta

☐ Quero receber informações e ofertas especiais sobre livros da Campus/Elsevier e Parceiros.

Siga-nos no twitter @CampusElsevier

Qual(is) o(s) conteúdo(s) de seu interesse?

Concursos
- [ ] Administração Pública e Orçamento
- [ ] Arquivologia
- [ ] Atualidades
- [ ] Ciências Exatas
- [ ] Contabilidade
- [ ] Direito e Legislação
- [ ] Economia
- [ ] Educação Física
- [ ] Engenharia
- [ ] Física
- [ ] Gestão de Pessoas
- [ ] Informática
- [ ] Língua Portuguesa
- [ ] Línguas Estrangeiras
- [ ] Saúde
- [ ] Sistema Financeiro e Bancário
- [ ] Técnicas de Estudo e Motivação
- [ ] Todas as Áreas
- [ ] Outros (quais?): _____

Educação & Referência
- [ ] Comportamento
- [ ] Desenvolvimento Sustentável
- [ ] Dicionários e Enciclopédias
- [ ] Divulgação Científica
- [ ] Educação Familiar
- [ ] Finanças Pessoais
- [ ] Idiomas
- [ ] Interesse Geral
- [ ] Motivação
- [ ] Qualidade de Vida
- [ ] Sociedade e Política

Jurídicos
- [ ] Direito e Processo do Trabalho/Previdenciário
- [ ] Direito Processual Civil
- [ ] Direito e Processo Penal
- [ ] Direito Administrativo
- [ ] Direito Constitucional
- [ ] Direito Civil
- [ ] Direito Empresarial
- [ ] Direito Econômico e Concorrencial
- [ ] Direito do Consumidor
- [ ] Linguagem Jurídica/Argumentação/Monografia
- [ ] Direito Ambiental
- [ ] Filosofia e Teoria do Direito/Ética
- [ ] Direito Internacional
- [ ] História e Introdução ao Direito
- [ ] Sociologia Jurídica
- [ ] Todas as Áreas

Media Technology
- [ ] Animação e Computação Gráfica
- [ ] Áudio
- [ ] Filme e Vídeo
- [ ] Fotografia
- [ ] Jogos
- [ ] Multimídia e Web

Negócios
- [ ] Administração/Gestão Empresarial
- [ ] Biografias
- [ ] Carreira e Liderança Empresariais
- [ ] E-business
- [ ] Estratégia
- [ ] Light Business
- [ ] Marketing/Vendas
- [ ] RH/Gestão de Pessoas
- [ ] Tecnologia

Universitários
- [ ] Administração
- [ ] Ciências Políticas
- [ ] Computação
- [ ] Comunicação
- [ ] Economia
- [ ] Engenharia
- [ ] Estatística
- [ ] Finanças
- [ ] Física
- [ ] História
- [ ] Psicologia
- [ ] Relações Internacionais
- [ ] Turismo

Áreas da Saúde
- [ ]

Outras áreas (quais?): _____

Tem algum comentário sobre este livro que deseja compartilhar conosco?

_____

Atenção:
- As informações que você está fornecendo serão usadas apenas pela Campus/Elsevier e não serão vendidas, alugadas ou distribuídas por terceiros sem permissão preliminar.

Pré-impressão, impressão e acabamento

GRÁFICA SANTUÁRIO

grafica@editorasantuario.com.br
www.editorasantuario.com.br
Aparecida-SP